21世纪法学应用型规划教材

简明法理学

Introduction to Jurisprudence

李红勃 著

图书在版编目(CIP)数据

简明法理学/李红勃著.—北京:北京大学出版社,2016.11
(21世纪法学应用型规划教材)
ISBN 978-7-301-27741-6

Ⅰ.①简… Ⅱ.①李… Ⅲ.①法理学—高等学校—教材 Ⅳ.①D90

中国版本图书馆 CIP 数据核字(2016)第 269818 号

书　　　名	简明法理学 JIANMING FALIXUE
著作责任者	李红勃　著
责 任 编 辑	李　铎
标 准 书 号	ISBN 978-7-301-27741-6
出 版 发 行	北京大学出版社
地　　　址	北京市海淀区成府路 205 号　100871
网　　　址	http://www.pup.cn
电 子 信 箱	law@pup.pku.edu.cn
新 浪 微 博	@北京大学出版社　@北大出版社法律图书
电　　　话	邮购部 62752015　发行部 62750672　编辑部 62752027
印 刷 者	三河市博文印刷有限公司
经 销 者	新华书店 787 毫米×1092 毫米　16 开本　14.5 印张　353 千字 2016 年 11 月第 1 版　2016 年 11 月第 1 次印刷
定　　　价	36.00 元

未经许可,不得以任何方式复制或抄袭本书之部分或全部内容。
版权所有,侵权必究
举报电话:010-62752024　电子信箱:fd@pup.pku.edu.cn
图书如有印装质量问题,请与出版部联系,电话:010-62756370

作者简介

　　李红勃,陕西长安人,法学博士,中国外交学院法律系教授、人权研究中心副主任、北京市第四中级人民法院咨询委员,先后在挪威(2010年)、美国(2015年)从事访问学者研究。代表性著作包括《法制现代化进程中的人民信访》(清华大学出版社2007年版)、《法理学阶梯》(副主编,清华大学出版社2012年版)、《通过法治实现和谐》(法律出版社2013年版)、《文化权利法律保障机制研究》(主编,世界知识出版社2014年版)、《法律的成长》(译著,北京大学出版社2014年版)等,在《比较法研究》《法制与社会发展》《清华法律评论》等学术期刊发表论文三十余篇,主要研究方向为法理学、比较法和人权法学。

前　言

法理学，顾名思义，是关于法律的一般理论或基本原理。在现代法学体系中，法理学是学习法律的入门性学科，它介绍法学的基础概念和一般知识；同时，法理学又是法学中思辨性最强的学科，它关注法的价值，分析法的本质，从而追问法的终极意义。

本书的定位是为刚刚接触法学的读者提供一本正统的、全面的法理学入门读物。基于这一目的，与目前流行的法理学或法学导论教材相比，本书的设计和写作呈现如下一些特点：

其一，知识体系简洁、明了。从内容的选择上，本书不求全面而复杂，而是挑选法理学比较基本和重要的内容，按照更为顺畅的逻辑进行排列铺陈。通过这本书，读者可以比较清晰地了解到法理学这门学科的基本内容。

其二，行文表述平实、愉悦。虽然谈论的是相对比较抽象和高深的法学原理，但本书尽量采用通俗、易懂的专业语言进行描述和解析。法学院的学生常常有一种印象，即法理学的教材比较枯燥和复杂，本书希望可以改变这一情况，让法理学也可以深入而浅出，活泼而愉悦。

其三，原理与案例相结合。理论是灰色的，而生命之树常青。抽象的法理源于生活，也可以回归于生活。为了帮助读者更好地理解法学原理，本书挑选了若干法制发展史上比较经典的或者在生活中比较常见的案例，用以阐释和解析法学原理，力求从生活出发理解法理，用法理解释生活。

其四，知识与文化、方法相结合。法理学要向读者提供法学的基础性知识，但同时更要向读者提供法学的方法、文化和理念。在习得知识的同时，期待读者可以去体会法律的关怀，掌握法学分析的方法。为此目的，在每一讲的后面，附有相应的推荐阅读，主要为中文的论文和著作，有兴趣的读者，可以在阅读本书相关内容之后，沿着这些作品继续前行，相信你会体悟到更耀眼的法学思想，更博大的法学智慧。

总之，本书的作者希望自己是一个导游，在法学的精彩世界里，引导读者认识法律现象，学习法学知识，启发读者进行法学思考，去体会法律的深沉意蕴，发现法律的理论之美。在林林总总的法学导论和法理学教材中，希望这本集知识性、趣味性与思想性于一体的小书，为你了解法律、学习法学，提供一个别样的读本和素材。

李红勃

2016 年 7 月 12 日

于北京市展览路 24 号

目 录

第一讲　法学导论 ……………………………………………………………………（1）
　第一节　法学的产生 ………………………………………………………………（1）
　第二节　中国法学史 ………………………………………………………………（2）
　　　一、从百家争鸣到律学的一统天下（2）　　二、中国近现代法学思想（5）
　第三节　西方法学史 ………………………………………………………………（6）
　　　一、从古希腊到中世纪（6）　　二、近现代西方法学（9）
　第四节　法学的性质 ………………………………………………………………（11）
　　　一、法学是关于人和社会的学问（11）　　二、法学是关于利益平衡的学问（12）
　　　三、法学是关于理性生活的学问（13）

第二讲　法的概念与性质 ……………………………………………………………（15）
　第一节　法律是什么：一个希腊式追问 …………………………………………（15）
　　　一、众说纷纭：思想家的见解（15）　　二、应当的法和实际的法（16）
　　　三、文本中的法与实践中的法（17）
　第二节　法的特征 …………………………………………………………………（18）
　　　一、从产生方式看，法律是由国家创制的（18）
　　　二、从内容上看，法律通过权利、义务调整人的行为（19）
　　　三、从适用范围看，法律具有普遍性（20）
　　　四、从实施的角度看，法律具有程序性和强制性（21）
　　　五、从价值的角度看，法律具有中立性或形式理性（22）
　第三节　法的分类 …………………………………………………………………（23）
　　　一、成文法与不成文法（23）　　二、公法与私法（24）
　　　三、程序法与实体法（25）　　四、国内法与国际法（26）

第三讲　法的渊源与效力 ……………………………………………………………（29）
　第一节　法律的渊源 ………………………………………………………………（29）
　　　一、法的渊源：法律的表现形式（29）　　二、法的正式渊源与非正式渊源（30）
　　　三、当代中国法的正式渊源（32）　　四、当代中国法的非正式渊源（33）
　第二节　法律的效力 ………………………………………………………………（37）
　　　一、法律的对象效力（37）　　二、法律的时间效力（40）
　　　三、法的空间效力（42）

第三节　法的效力等级及冲突解决 …………………………………………… (43)
　　　　一、法的效力等级（43）　　　　　　二、法的冲突解决（44）

第四讲　法的规范与体系 ………………………………………………………… (49)
　　　第一节　法律规则 ……………………………………………………………… (49)
　　　　一、法律与语言（49）　　　　　　二、法律规则的结构与分类（52）
　　　　三、法律规则的内容：权利与义务（54）
　　　第二节　法律原则 ……………………………………………………………… (57)
　　　　一、认识法律原则（57）　　　　　二、法律原则的功能及其适用（63）
　　　第三节　法律体系 ……………………………………………………………… (65)
　　　　一、法律体系与法律部门（65）　　二、当代中国的法律体系（67）
　　　　三、"一国两制"下的中国法律体系（72）

第五讲　法的制定与实施 ………………………………………………………… (75)
　　　第一节　立法：比火药更伟大的发明 ………………………………………… (75)
　　　　一、立法：法的制定（75）　　　　二、现代立法的基本原则（76）
　　　　三、良法的形式标准（79）　　　　四、良法的实质标准（81）
　　　第二节　法的遵守 ……………………………………………………………… (83)
　　　　一、守法：公民的神圣义务（83）　二、违法：特殊意志对普遍意志的违背（86）
　　　　三、法律责任（87）
　　　第三节　行政执法 ……………………………………………………………… (91)
　　　　一、行政执法与行政法（91）　　　二、行政执法的基本原则（92）
　　　　三、行政执法的主要内容（94）

第六讲　法的适用与方法 ………………………………………………………… (98)
　　　第一节　司法：最权威的纠纷解决 …………………………………………… (98)
　　　　一、作为法的适用的司法（98）　　二、司法的基本原则（103）
　　　第二节　司法的方法：法官是如何判案的 …………………………………… (106)
　　　　一、司法方法的一般原理（106）　　二、法律解释：追问法的含义（111）
　　　　三、法律推理：通过逻辑推出结果（119）
　　　第三节　司法的艺术之美 ……………………………………………………… (123)
　　　　一、司法的器物之美（123）　　　　二、司法主体的行为之美（124）
　　　　三、司法的文本之美（125）

第七讲　法的作用与价值 ………………………………………………………… (128)
　　　第一节　法的作用 ……………………………………………………………… (128)
　　　　一、法的作用（128）　　　　　　　二、法的社会作用（129）
　　　　三、法的规范作用（131）　　　　　四、法的局限性（133）
　　　第二节　法的价值 ……………………………………………………………… (136)
　　　　一、如何理解"法的价值"（136）　二、自由论（137）

三、正义论（143）

　第三节　法的价值冲突及其解决 …………………………………………………（149）
　　　一、法的价值冲突（149）　　　　　二、法的价值冲突的解决（151）

第八讲　法律文化与法律传统 ……………………………………………………（155）
　第一节　法律文化 …………………………………………………………………（155）
　　　一、作为文化的法律（155）　　　二、中国传统法律文化及其现代转型（156）
　第二节　民法法系与普通法系 ……………………………………………………（159）
　　　一、大陆法系：罗马的幽灵（159）　二、英美法系：大法官的智慧（164）
　第三节　世界上的其他法系 ………………………………………………………（168）
　　　一、大唐遗风：中华法系（168）　　二、真主的声音：伊斯兰法系（168）
　　　三、恒河的法文明：印度法系（170）

第九讲　法的现代化与法治国家 …………………………………………………（172）
　第一节　法的现代化 ………………………………………………………………（172）
　　　一、法的现代化及其模式（172）　　二、中国法制现代化（174）
　　　三、法律继承与法律移植（175）
　第二节　法治理论与法治国家 ……………………………………………………（178）
　　　一、从人治到法治（178）　　　　　二、法治的要素（181）
　　　三、实现法治的条件（182）　　　　四、百年中国法治之路（184）
　第三节　法律职业 …………………………………………………………………（187）
　　　一、法律职业（188）　　　　　　　二、法律职业的素养（191）
　　　三、法律职业的道德（194）
　　　四、建设法治国家：中国法律人的时代使命（200）

第十讲　法与宗教、道德 …………………………………………………………（203）
　第一节　法律和宗教 ………………………………………………………………（203）
　　　一、宗教对法律的引领（203）　　　二、法律对宗教的作用（207）
　　　三、宗教自由：公民的基本人权（209）
　第二节　法律与道德 ………………………………………………………………（210）
　　　一、法律与道德的学术争议（210）　二、法律与道德的互助与冲突（212）
　第三节　法律与宗教、道德争议案例 ……………………………………………（214）
　　　一、堕胎的争议（214）　　　　　　二、安乐死的争议（216）
　　　三、情欲罪与罚（217）　　　　　　四、生还是死：死刑问题（219）

参考及推荐阅读文献 ………………………………………………………………（222）

第一讲

法 学 导 论

> 法学对人的智识乐于提供也许是最好的科学思维技巧的训练,——任何人,当他从法学转向其他科学时,都会感激曾有过这种法学的润养。
>
> ——〔德〕古斯塔夫·拉德布鲁赫
>
> 法学在人文科学中无与伦比的优越性存在于:其并非立于法秩序之旁,亦非追随其后,毋宁得直接参与法秩序本身及法律生活的形成。
>
> ——〔德〕卡尔·恩吉施

"法学是什么",这是几乎每一个初次接触法学的人都会要面对的问题。在古罗马法律教科书《法学阶梯》中,盖尤斯说:"法学是对人和神的事务的认识、关于正义和不正义的科学。"①与其他学科不同,法学以人类社会中形形色色的法律现象、法律问题为研究对象,帮助我们了解法律,认识法律,引领人们过理性、和平、正义的生活。

第一节 法学的产生

在人类庞大浩瀚的知识体系中,法学是一门古老的学问,自从人类开始有了简陋的法律规则时,人们关于法律问题的追问和探索就从来都没有停止过;法学也是一门高贵的学问,它强调理性和秩序,追求善良与公正,曾被人们尊称为"写在羊皮纸上的学问"。历史的洪流一日千里,奔涌不息,经过了千百年的积累,立法者的创造、司法官的裁判和法学家的思想推动了法学的不断发展,法学已经成为现代社会科学中一门显赫的学科,成为维护社会秩序、推动人类发展的智慧资源。"问渠哪得清如许,为有源头活水来",在开始法学旅行的第一步,我们需要穿越时空,到漫长的历史隧道中去追寻法学留下的一串串足迹。

大约是在公元前两三千年左右,人类创造了历史上第一个法律体系——奴隶制法律,或者叫"远古法律"。奴隶制法律是在前古时代先民们的生活习惯基础上发展起来的,有的有明确的文字记载,而有的仅仅通过口头讲述代代相传。在两河流域,即底格里斯河(Tigris)

---

① 〔古罗马〕尤士丁尼:《法学阶梯》,徐国栋译,中国政法大学出版社2005年版,第11页。

和幼发拉底河（Euphrates）流经的美索不达米亚地区，苏美尔人制定了《乌尔纳姆法典》①，据说这是世界上第一部成文法典，而古巴比伦王国颁布的《汉谟拉比法典》则是楔形文字法中最具有代表性的一部法典；在黄河流域，聪明的华夏民族早在夏、商时期就已经创造了成文法律，"夏有乱政，而作禹刑；商有乱政，而作汤刑"②，这些湮没在历史尘埃中的法律曾在中华文明的发源时期起到了重要作用；在南亚的古印度，出现了集婆罗门法大成的《摩奴法典》，它既是印度最古老的宗教、哲学和法律的汇编，也是古代印度最重要的法律文献。到公元前450年左右，共和时代的古罗马人制定了著名的《十二铜表法》，这部法律铭刻在十二块铜板上，公布于罗马广场。《十二铜表法》的制定，促成和催生了伟大的罗马法的产生，它是欧洲地区资本主义出现之前最完善的法律文明，标志着西方奴隶制法律发展到了最巅峰时代。

法律制度的日益复杂和精细，一方面是人类智力发育和文明程度提高的产物，另一方面反过来又会促进人类对法律现象的进一步探索和研究。大约就是在这一个时期，越来越多的思想家开始关注法律问题，研究法律现象，探讨如何推进法律完善和进步，法学作为一个专门学问开始慢慢萌芽和成长。

实际上，法学的产生取决于法律的发展和社会的需求，诚如法学家所描述的，"在昔唐虞之世，垂拱而治。……当世时，不但国与国之交际寡，即一国之内，交通运输之便未开，商工等业，亦未发达。人民散居，各为部落，仅营晨业以供生计，自耕自织，俯仰自足。人事朴素，故无细密之法律。……及社会渐进，运输交通之途开，商工贸易之事起，人事日趋于复杂。民间争讼，亦因之而繁。至是法律不得不加密，一人之心力，不能尽记忆矣。至于近世，文明之利器，益行于天下。诸种法律，日趋繁杂，乃自然之势也。……人之财力有限，凡百法令，势难一一识记，则必研究法学。"③

社会进步导致了法律日渐严密，而法律的复杂与精密则促成了专门的法学研究。自法学产生以来，作为一种关于人类正义及善良生活的科学，它不仅指导着人类法律制度的制定与实施，引导着人类生活的正确方向，而且逐步发育成长为一种特别的文化现象。在不同的国家和地区，人们创造出具有地方特色的法律制度和法律文化，包括埃及法律文明、犹太法律文明、希腊法律文明、中华法律文明、印度法律文明、美索不达米亚法律文明等，所有民族的法律文化在阳光下迎风闪烁，千姿百态，这个颤动着的实体构成一个全人类共有的文明财富。

第二节　中国法学史

一、从百家争鸣到律学的一统天下

在古代中国，夏、商、周三代时期的文明辉煌灿烂，尽管许多文献典籍在历史尘埃中已经

---

① 《乌尔纳姆法典》是古代西亚乌尔第三王朝（约公元前2060年—前1955年）创始者乌尔纳姆颁布的。法典大约由30至35块泥板组成，其中大多数都未能保存下来。法典包括序言和正文29条（传下来的只有23条）两大部分，主要涉及政治、宗教和法律等方面。序言宣称，是神授予乌尔纳姆统治权力，乌尔纳姆在人世间的行为是按照神意，确立"正义"和"社会秩序"，并列举了他在保护贫弱、抑制豪强等方面所采取的措施。
② 《左传·昭公六年》。
③ 〔日〕矶谷幸次郎：《法学通论》，王国维译，中国政法大学出版社2006年版，第21页。

灰飞烟灭,但躺在博物馆中泛着冷光的青铜器则默默无言地向后人炫耀着那个年代的奢华与美艳。可以想象,三代时期的古人既然可以铸造精美的青铜器,自然也有能力制定完备的法典和创造先进的法律学问。

三代之后,"春秋战国乱悠悠",那是一个烽火连天的年代,长期的战争使人民如陷水火,但诸侯争霸求生存的政治环境却为学术尤其是政治法律学说的发展提供了绝好的时机。在这一时期,中国历史上出现了罕见的学术繁荣,史称"百家争鸣",儒、墨、道、法、名、农、阴阳、纵横、杂家等学术流派粉墨登场,在中国文化史上留下了一段段飘逸的身影。

儒家的政治追求是在红尘俗世中建立一个等级有序、温文尔雅的"道德理想国"。"为人君,止于仁",在儒家看来,统治者必须以"仁"为政,"仁"就是至善,就是将美好的德性推己及人,使天下大治。因此,在治国模式上,儒家选择了"礼治"或"德治"。孔子指出:"礼乐不兴则刑罚不中,刑罚不中则民无所措手足"①,法律只能矫偏救失,解决已然问题,而道德却能防患于未然,建立良好的社会秩序。因此,道德才是治理国家的根本手段。道德的具体表达就是"礼",礼是中国古代社会维护血缘宗法关系和宗法等级制度的一系列精神原则及行为规范的总称。礼有两层含义:首先,礼是一套抽象的精神原则,可归纳为"亲亲"与"尊尊"两个方面。"亲亲"要求在家族范围内,每个人都应按自己身份行事,不能以下凌上、以疏压亲,其中尤其强调"亲亲父为首",全体亲族成员都应以父家长为中心,以"孝"为本;"尊尊"要求在社会范围内,尊敬一切应该尊敬的人,君臣、上下、贵贱都应恪守名分,其中尤其强调"尊尊君为首",因此一切臣民都应以君主为中心,以"忠"为本。其次,礼又是一套具体、详细的礼仪形式和行为规范,主要包括五个方面,通称"五礼":吉礼,即祭祀之礼;凶礼,即丧葬之礼;军礼,即行军打仗之礼,宾礼,即迎宾待客之礼;嘉礼,即饮宴婚冠之礼。总之,儒家的观点是,在家庭生活和社会交往中,人人皆应知礼行礼,用礼的标准规范自己的言行,这样社会就会和谐,国家就会强盛。孔、孟的思想固然美好,可惜却生不逢时,在春秋战国那个礼崩乐坏的时代,孔子带着他的学生,"知其不可而为之",风尘仆仆地奔走在来往列国的大道上,为他的政治理想作着孤独而固执的呼号。

与儒家的贵族情结不同,墨翟出身于手工业者,曾自称"贱人",他所创立的墨家基本反映了当时小私有生产者的要求与愿望。墨家的弟子曾"充满天下",他们自称"墨者",既是一个影响深远的学术流派,又是一个纪律严格的民间团体。墨家提出"兼相爱,交相利",这构成他们整个政治法律思想的基础。所谓"兼相爱",就是人和人之间不分贵贱贫富,不论亲疏远近,一视同仁地相互关怀和尊重;所谓"交相利",就是人和人之间互相尊重对方利益,"投我以桃,报之以李",进行等价交换。在此基础上,墨家提出了"杀人者死,伤人者刑"的法律标准,并把它作为所有"墨者"必须遵守的集体纪律。墨家弟子身穿褐衣,行色匆匆,在春秋战国的历史上留下了一道特别的风景。

道家以老子和庄子为代表,因其以"无为而无不为"的"道"作为万物的本原而得名。在老子看来,"道"是宇宙的本体,是最高的原则,君王只有顺应自然,才能维护自己的统治。因此,最理想的治国方法就是"无为",而最完美的治国境界就是无为而治下的小国寡民:"虽有舟舆,无所乘之;虽有甲兵,无所陈之;使人复结绳而用之。甘其食,美其服,安其居,乐其俗,

---

① 《论语·子路》。

临国相望,鸡犬之声相闻,民止老死,不相往来"。① 老子之后,庄子把道家的思想推到了另一个阶段,他主张"天人合一"和"清静无为",否定法律、道德和一切文化,在他的心中,只有原始的才是美好的,而社会的发展只不过是对自然的破坏和离弃。庄子生活贫穷困顿,却鄙弃荣华富贵、权势名利,力图在乱世保持独立的人格,追求逍遥无恃的精神自由。"昔者庄周梦为胡蝶,栩栩然胡蝶也,自喻适志与! 不知周也。俄然觉,则蘧蘧然周也。不知周之梦为胡蝶与,胡蝶之梦为周与? 周与胡蝶,则必有分矣。此之谓物化。"②

与其他学派相比,法家思想呈现出浓烈的现实主义风格。法家的头面人物多为当时大权在握的政治家,包括李悝、吴起、商鞅、韩非、李斯等人。法家反对孔孟的"礼治"与"德治",主张推行法治。法律制定出来之后,应当向老百姓公布,做到人人皆知,在此基础上,必须通过严格执法来维护法律权威,"刑过不避大臣,赏善不遗匹夫。"为实现自己的政治理想,法家主持和推动了许多重大的法律改革:李悝编撰了我国历史上第一部系统的封建法典——《法经》,为后世立法确立了通行的模式,而商鞅则在孝公支持下在秦国进行了大刀阔斧的政治、法律改革,通过法律实现了富国强兵,为原本积贫积弱的秦国夯实了横扫六国、统一天下的实力和资本。"道家认为,人本来完全是天真的;法家认为,人本来完全是邪恶的。道家主张绝对的个人自由,法家主张绝对的社会控制。"③在那个弱肉强食的战乱年代,无论是儒家的文质彬彬还是道家的遁世无为,都解决不了国家的危机和民生的艰难,倒是撕破了温文尔雅面纱的法家思想,为诊治社会的顽疾提供了一剂有效的猛药。

商鞅图像

---

① 《老子》第八十章。
② 《庄子·齐物论》。
③ 冯友兰:《中国哲学简史》,北京大学出版社1996年版,第141页。

短命的大秦帝国之后,曾被历史冷落的儒学在孔子谢世多年之后终于获得垂青,并借助董仲舒的文笔和西汉皇帝的权杖走上了政治中心。"罢黜百家,独尊儒术",在儒家的意识形态指导之下,传统中国的主流法学——律学开始形成。律学是中国古代政治土壤上生长发育起来的本土法学,这种法学将注释和完善国家成文律法视为自己的本职使命,它并不对国家法律提出批评和评价,而是兢兢业业地对法律进行注释分析,研究法律操作的技巧,以帮助司法官员准确揣摩王法的本意,并通过司法审判贯彻和推行忠孝、仁义等王道价值。

西汉之后,中国法制史上涌现出了一大批的律学大家,比如张斐、杜预、长孙无忌、薛允升、沈家本等人。张斐和杜预对《晋律》的注释被史家称为"张杜律",长孙无忌等人对唐《永徽律》所作的注释汇集而成的《唐律疏议》成为了大唐法制的基石和中华法系的代表性文献,薛允升著有《读例存疑》《汉律辑存》《唐明律合编》《薛大司寇遗集》等律学经典,而沈家本则在光绪年间主持著名的"清末修律",首开西法东渐之先河,拉开了中国一百多年法制现代化的序幕。

总之,作为传统中国法学中的"国学",律学主导中国法律思想史上千年,伴随和见证着中国封建法制的创立和发展,并成就了古代东亚地区一个影响深远的法律家族——中华法系。

二、中国近现代法学思想

古代中国的法学,经历了春秋的勃发、秦汉的统一、大唐的鼎盛,到了晚明时期,虽然政治日渐专制,但法学思想却达到了一个新的高度。"明清之际是中国封建社会后期一个'天崩地裂'的大动荡时期"①,在这个时代,经济领域开始出现了资本主义经济的萌芽,而在思想界则涌现了一大批叛逆的启蒙思想家,包括黄宗羲、王夫子、顾炎武、唐甄等人。

与明代以前的律学家不同,晚明社会的启蒙思想家在被独裁专制的现实百般蹂躏和折磨之后,决绝而无奈地提出了"限制君权"的激进思想。在黄宗羲看来,政治腐败和人民受苦的最大祸根就在于君主的专制独裁,"为天下之大害者,君而已矣。"②而唐甄则不无激愤的说:"自秦以来,凡为帝王者,皆贼也"。传统理论认为:"普天之下,莫非王土;率土之滨,莫非王臣",这样的观点在启蒙思想家看来是落后和过时的。事实上,天下并不是一家一姓的私人财产,而是天下人共同的天下,所以正确的理解应该是"天下为主,君为客"。为了限制君权,黄宗羲提出了设置宰相并提高相权、主张学校议政以及地方自治等思路。在法律方面,启蒙思想家反对维护君主专制的法律,要求立法为"公",立法必须兼顾平民的利益,也就是用"天下之法"代替君主的"一家之法"。

总体说来,晚明启蒙思想家的理论观点在中国法学史上写下了光辉的一页,虽然他们的思想在当时的社会环境下无法实施,但是这些思想如同暗夜中的一缕晨光,给封建专制的中国社会带来了一种别样的启迪与希望。

大约是在两百多年之后,满清王朝沉寂的思想池塘再次被乍然来风吹起波澜,中国近代法学史上迎来了又一个气象万千的时代。

晚清法律领域最早的争论发生在第二次鸦片战争之后,清朝统治集团内部出现了两股

---

① 张国华:《中国法律思想史新编》,北京大学出版社1998年版,第231页。
② 《明夷待访录·原君》。

势力,一派是以曾国藩、李鸿章、左宗棠、张之洞等封疆大吏为代表的洋务派,另一派是以王韬、薛福成、郑观应等学者和资本家为代表的资产阶级改良派,前者主张"中学为体,西学为用",治国应该宽猛相济、刚柔结合,但必须维护以"三纲"(君为臣纲、父为子纲、夫为妻纲)为核心的封建礼教;后者在提出"富国富民"、"商战固本"的同时,要求革新政治,建立君主立宪的政治制度。到"戊戌变法"时期,资产阶级改良派的理论由于受到光绪皇帝的支持一度几乎成为大清国的治国指导思想。康有为、梁启超、严复、谭嗣同等思想家不仅撰写、翻译了介绍西方宪政、法治、民主方面的作品,而且还行走于庙堂之上参与政治事务,他们主张立宪法、设议院、开国会,甚至主张仿行西方搞三权分立,他们希望通过变法,用资产主义的法律制度代替封建主义的法律制度,再造一个强健富足的大清帝国。然而,在严酷的政治环境下,康、梁等人的激情与理想很快就被慈禧太后等保守权贵的权杖击得粉碎,菜市口飞溅起来的鲜血凝固成暗红的印迹,并使改良派通过温和改革实现国家富强、人民幸福的理想完全绝望。于是,'戊戌变法'的失败让思想家走的更加奋勇和决绝,资产阶级革命派走上了历史舞台的中心。资产阶级革命派的代表人物是孙中山和章太炎,对于清政府的统治及其改革的可能性他们已经完全抛弃了幻想,而决定用铁和血的暴力来推翻腐朽的王朝,挽救中国的危亡。孙中山提出了民族、民权、民生为内容的"三民主义",并在辛亥革命胜利后将其奉为中华民国立法的基本指导思想,他主导制定了中国历史上第一部资产阶级的宪法性文件——《中华民国临时约法》,《约法》明确规定:"中华民国之主权属于国民全体","中华民国人民一律平等,无种族、阶级、宗教之区别"。为了保护公民的基本权利和自由,防止权力腐败和政治专制,约法确立了参议院、总统、国务总理及司法机关之间的分权制衡机制。《约法》是近代中国资产阶段治国理政思想的法律体现,是法律史上一部伟大的文献,虽然最终没有得到有效的实施,但其地位、价值及对后世的影响却值得永远铭记。

总之,19世纪以来中国法学思想界的争鸣与论战,不仅敲响了传统封建法制灭亡的丧钟,也预示着法律新时代、新气象的到来。如果要对这一时期法学的发展作一个简单概括,可以说这是一个"西法东渐"的运动。在这一时期,各个阶层和集团无论出于被迫还是自愿,纷纷从西方资本主义国家法治实践中寻找借鉴和资源,用西方的药方诊疗中国的社会疾病,在此过程中,中国这辆古旧的大车,终于慢慢摆脱封建专制,在通往现代民主法治的道路上吱吱呀呀地前进。

第三节 西方法学史

一、从古希腊到中世纪

整个西方文明,其地理中心在欧洲大陆,其文化故乡在古希腊,因此,论及西方文化,无论是哲学、艺术还是法学,都要从古希腊谈起。

古希腊是一个哲学繁荣甚至早熟的时代,在那个时候,法学还没有从哲学的怀抱中脱离出来,因此,诚如美国法学家庞德所说:"与许多其他科学一样,法律科学也植根于古希腊哲学。较为具体地讲,法律科学的起源之一乃是有关正义和社会秩序的古希腊哲学理论。"[①] 古

---

① 〔美〕罗斯科·庞德:《法理学》(第1卷),邓正来译,中国政法大学出版社2004年版,第26页。

希腊的哲学具有浓厚的自然主义色彩,它是从山川、河流、草木、鸟兽等自然现象出发来解释宇宙的,万物的存在,只要是自然的,就是正当的、永恒的。

或许是受到哲学思维的影响,希腊人很早就提出了法律的二元论观点。在希腊人看来,人世间存在着两种法律,一种是国家制定的"实在法",就是国王或执政者颁布的成文法,另外一种是"自然法",它存在于社会之中,留住在人心之内,虽没有明确的文字表达,但却是适用于万事万物的永恒而普遍的法律,它高于国家法并指导着国家法。希腊历史上的"安提戈涅之怨"便形象地展现了自然法与国家法的关系。

> 安提戈涅是古希腊悲剧作家索富克勒斯在其作品《安提戈涅》中塑造的一个女英雄的形象。在这一作品中,安提戈涅的兄弟普雷尼克因犯叛国罪,触犯了国家的法律,处死之后被禁止埋葬。但是,古希腊人一直把埋葬死者视为神圣的义务,死者得不到埋葬,便不能渡过冥间,前往冥土。因此,安提戈涅基于血缘关系和基本的伦理,冒着生命危险,挑战城邦的法律,按当时的通行仪式埋葬了她的兄弟。
>
> 她说:"我要埋葬哥哥。即使为此而死,也是一件光荣的事。我遵守神圣的天条而犯罪,倒可以同他在一起,亲爱的人陪伴着亲爱的人,我将永久得地下鬼魂的欢心,胜似讨凡人欢喜,因为我将永久躺在那里。"她认为埋葬自己的兄弟只是违反了克瑞翁国王的法律,而不是那种更高的法律,这种最高的法律,"它们既不属于今天,也不属于昨天,永恒地存在着","它们永不消亡,也无人知道它们何时起源",这就是高于国家法的自然法。虽然安提戈涅最终受到了克瑞翁国王的严惩,但她依据自然法对城邦法的控诉却被人们永远铭记。

早在柏拉图和亚里士多德之前的几百年里,古希腊的哲学家就认为人世间的法律是有其更高的渊源和依据的。在前城邦时代,出现了以神话为载体的自然法思想的萌芽,在《荷马史诗》中,正义女神"狄凯"和惩罚女神"忒弥斯"分别是正义和习惯法的象征。史诗通过描述两位女神之间的关系表述了正义和习惯法之间的主从关系,正义作为神人共守的秩序,是习惯法的基础,而习惯法作为人间的秩序,则是正义的体现和化身。米利都学派的第二位哲学家阿那克西曼德认为世间之物皆有其原因,它们之所以变化,是命运(必然性)使其然,"万物所由之而生的东西,万物消灭后复归于它,这是命运规定了的……"① 该观念为"自然法"的出现作了先声,因而被誉为"西方最古老的法律思想"②。百年之后,哲学家赫拉克利特终于指出:"人类的一切法律都因那唯一的神的法律而存在。神的法律从心所欲地支配着,满足一切,也超过一切"。③ 这里的"神的法律"就是必然的、客观的规律或自然法,它乃是人间万法的根源和依据。

天赋自然法的理论,乃苏格拉底所首创,并为后世许多思想家所继承。柏拉图在苏氏哲学的基础上,构筑了他的理念论。柏拉图认为世界由现象世界和理念世界组成,理念是现象的本质。理念具有一贯的、先验的内容。同样,变动不居的法律现象也都必须符合不变的法理念。换言之,只有理念中的自然法才是本质上的法律,其他的法律都必须与理念的自然法

---

① 〔英〕罗素:《西方哲学史》(上卷),何兆武、李约瑟译,商务印书馆1963年版,第52页。
② 参见郑永流:《法哲学是什么》,载郑永流主编:《法哲学与法社会学论丛》(1),中国政法大学出版社1998年版,第3页。
③ 同上。

保持一致。这种思想使古希腊的自然法理论将法划分为"作为本质的"自然法与"作为现象的"实在法两个层次。柏拉图指出:"凡是若干个体有着一个共同的名字的,它们就有着一个共同的'理念'或'形式'"。① 实存的万物,皆是理念的影子或摹本。于是,世间存在的法律都有一个共同的理念或本体,那就是自然法,一种恒定不变的最高准则。

到亚里士多德时,自然法学说达到了第一个历史高峰。在亚氏的观念中,法是与正义同名的,而正义乃是最高的善的具体表现,因而法是自然的,合乎公道而朝向善的。当现实中人们制定的法律与正义不相符合时,就应当依公道对其进行修改。也就是说,立法者创造的法律,必须以一种更高的东西——正义或自然法——为标准和依据。亚里士多德的自然法理论是一种城邦自然法,"法律的目的就是按有序的方式维护一种理想化的社会现状。法律秩序就是对人们进行规制,以使每个人都位于按政治方式组织起来的一个理想的希腊城邦社会中被指定的位置之中。正当和法律(Right and Law)的基础乃在于那种寓于事物本性之中的和谐或相宜。正当和法律独立于人的意志而在,而且还具有普遍的效力。"②

总之,古希腊的自然法理论认为:自然法就是事物的本质,是适用于一切事物的基本规律,人类创造出来的实在法必须与自然法保持一致,否则就会失去法律的基本性质。自然法思想的提出是希腊人对世界法律文明的重大贡献,它不仅成为后来西方自然法学派的理论渊源,而且它开创了一种质疑和批判国家法的学术传统,在一定程度上保证了西方法律沿着正确方向健康成长。

西方法学繁荣的第二个时期是古罗马时期。罗马共和国时期的法学家西塞罗继承了古希腊的自然法思想,认为自然法是与自然即事物的本质相适应的法,其本质为正确的理性。"真正的法律乃是一种与自然相符合的正当理性,它具有普遍的适用性并且是不变和永恒的。"③ 自然法效力高于实在法,实在法必须反映和体现自然法的要求。因为"恶法非法",所以法律必须体现正义和公正。据此,西塞罗还提出了"人人平等"的主张,这种主张也影响了日后罗马法的进步,比如对妻子和子女的法律保护。在这一时期,基于庞大的罗马帝国国家管理的现实需要,罗马人在希腊文明的基础上创造了古代欧洲最发达的法律制度——罗马法。罗马法以民事法律为主体,包括了人法、物法、程序法等部分,是一个结构严谨、内容丰富的法律体系。与法律的高度发达相伴随,罗马出现了历史上较早的法律职业家集团——一群以讲授和研究法律为职业的贵族,他们研究罗马法,讲授辩论技巧,参与立法、诉讼和政治活动,成为罗马社会中呼风唤雨的一个群体,其中最具代表性的是"五大法学家",包括帕比尼安、保罗、乌尔比安、盖尤斯和莫迪斯汀。公元426年,罗马皇帝颁布了《引证法》,赋予五大法学家的著述以法律效力,其理论观点在法庭上可以直接作为法律来引用,法学家在当时地位的显赫可见一斑。公元6世纪,东罗马皇帝查士丁尼成立了法典编纂委员会,对罗马帝国的法律制度和法学作品进行了全面整理,编撰了著名的《国法大全》,它包括《查士丁尼法典》《法学阶梯》《学说汇编》和《查士丁尼新律》等四个部分,《国法大全》是罗马法律智慧的集中展现,它的问世标志着罗马法发展到最发达、最完备的阶段。

中世纪(公元5到15世纪)是欧洲的封建时代,这个时代也曾被人称为"黑色年代"

---

① 〔英〕罗素:《西方哲学史》(上卷),何兆武、李约瑟译,商务印书馆1963年版,第163页。
② 〔美〕罗斯科·庞德:《法理学》(第1卷),邓正来译,中国政法大学出版社2004年版,第28页。
③ 〔美〕E. 博登海默:《法理学:法律哲学与法律方法》,邓正来译,中国政法大学出版社1999年版,第14页。

(Black Age),因为在这一时期,天主教的神学的光辉笼罩了一切,源自希腊的科学、理性以及对人本身的关注被神学所掩盖。法学,如同哲学、伦理学乃至物理和化学一样,皆被神学所统辖,成为神学的奴婢。在以奥古斯丁为代表的天主教法学家看来,人间的国家法来源于上帝的永恒法,俗世中的一切法律现象,都要从神的意志出发进行解释,并最终回归于神的惩罚或恩典。所谓国家和法律,并不具有根本的正当性和价值,它们都只不过是人类堕落和犯罪的产物和结果而已。终极的法律和正义,只在上帝那里,神主宰一切生活,并审判一切罪恶。

在中世纪的法学史上,生活在意大利文艺复兴前夜的托马斯·阿奎纳是神学思想史上另一位重要的人物,他把理性引进神学体系,用"自然法则"来论证"君权神圣"说,他的思想被认为是罗马天主教神学、哲学、法学的最权威理论。托马斯同意亚里士多德关于人是社会的动物的观点,指出人是天然要过政治生活的,人并不是仅仅依赖自我的理性以实现其目的的单独个体,他生来就是社会或政治的存在,生来就要同自己的同类一起生活在社会中。托马斯认为,既然社会对于人是自然的,那么维护社会秩序的国家也是自然的,社会和国家都有神圣的正义和权威,国家既不是原罪的产物,也不是个人主义的结果,它的建立乃是为了公共的善。与国家相伴随的法律,"它不外乎是对于种种有关公共幸福的事项的合理安排,由任何负有管理社会之责的人予以公布。"① 在继承亚里士多德的基础上,托马斯完善了神学理论,提出了永恒法、自然法、人定法、神诫法的划分,他的努力赋予了神学法学以自然理性,在一定程度上拯救了中世纪天主教法学面临的危机。

二、近现代西方法学

"江山代有才人出,各领风骚数百年",漫长的中世纪之后,在文艺复兴和商品经济日渐活跃的背景下,西方法学迎来了期待已久的春天,自17世纪以来的三四百年里,西方法学的天空可谓群星闪耀、光辉灿烂。

在传统中国的皇权政治之外,武林中的侠客们曾经创造了一个多姿多彩的江湖世界,少林、峨嵋、武当、华山、崆峒,各大门派你来我往,造就了一段喧闹而传奇的历史。在近现代西方法学史上,法学家们也成就了一个思想的江湖,上演了几百年的热闹的大戏,舞台上的主角不断更换,但其中最有影响的是三大法学派:自然法学、实证主义法学和社会法学,三大法学流派如同三根大理石柱,共同支撑起了近现代西方法学恢弘巍峨的大厦。

自然法学的思想最早可以溯源到古希腊,斯多葛学派曾经提出了较系统的自然法学说。② 到17世纪时,自然法的思想得到了空前的发展,欧洲很多一流的学者皆被自然法思想的魅力所吸引和折服,他们形成了一个影响巨大而深远的法学流派,即"古典自然法学派",其代表人物包括格老秀斯、霍布斯、洛克、孟德斯鸠、卢梭等人。在自然法学派看来,国家和公民之间的关系并非一种统治和被统治的关系,而是一种平等的契约关系,国家如果违反了

---

① 〔意大利〕托马斯·阿奎那:《阿奎那政治著作选》,马清槐译,商务印书馆1963年版,第106页。
② 斯多葛学派(Stoicism)是古希腊哲学家芝诺约于西元前305年左右创立的哲学派别。这个学派的名字"斯多葛"(Stoa)这个词汇来源于Stoa poikile(屋顶的柱廊),据说当时他们常在此种建筑下讲学聚会。斯多葛学派的基本主张即宇宙是绝对的理性,理性能提供"共同概念"(common notions),使人人具有共同的经验,从而形成知识和真理的标准。世界是由理性主宰的,人是世界理性的一部分,应该避免心智的判断受到感情的影响。他们的人生目标就是符合这个世界的理性,即达到有德性的生活,将克制、知足、平静(一种对外在事物的冷漠)视为美德。

为社会成员谋福利的契约宗旨,则人民有权利不服从这个违约的政府。在一个主权国家里,公民应该享有充分的自由与人权,这些权利并非来自政府的恩赐,乃是源于人的本性,即"天赋人权"。既然国家存在的目的在于实现人民的幸福,那么政府制定的法律就必须尊重公民的自然权利和本性需求,也就是说,国家的制定法(Positive Law)必须符合更高的自然法(Natural Law),自然法代表了公平、人权、自由和正义。如果国家制定的法律违反了自然法的原则和标准,就丧失了合法性基础,就属于"恶法",而邪恶的法律不是真正的法律,人民没有义务去遵守。在西方法学史上,自然法学派对国家制定的法律始终保持着足够的警惕,强调法律必须符合道德和人性,自然法学倡导的"人生而平等"、"天赋人权"、"人民主权"等理论对封建法律和政治构成了致命的冲击,不仅为资产阶级反封建的革命提供了辩护,而且为资本主义的政治、法律体制确立了指导思想和基本原则。

在西方法学史上,实证主义法学是以反自然法的面目出现在思想史的舞台上的,其创始人一般被认为是英国19世纪的法学家约翰·奥斯丁,在他之后,凯尔森、哈特、拉兹等人先后扛起了实证主义法学的大旗,把它推进到更高的阶段。与自然法学关注法律内容的良善邪恶不同,实证分析法学就像自然科学家作实验一样,强调对国家制定的现实法律进行客观的形式、技术分析。在实证分析法学家看来,法律就是国家的一种命令,法律和道德在内容上尽管常常相似,但在逻辑和本质上并不存在必然联系,因此,法律归法律,道德归道德,法学应当关注国家的制定法,研究其规则、语言、结构,即"分析法律术语、探究法律命题在逻辑上的相互关系"[①],而不是空洞地讨论法律内容的公平正义,正义的问题从来就没有标准,也不会有答案,只是永无休止的各说各话、众声喧哗。总之,严格意义上的法学是关于"法律是什么"的学问,而不是"法律应当是什么"的问题,后者是伦理学家而不是法学家应当考虑的事。在西方法学史上,实证主义法学明确了法学的研究对象是"国家法"而非"自然法",强调对国家的制定法进行价值中立的技术解剖和形式分析,从而大大提高了法学的科学性和实践性。

如果说自然法学关注法律的价值,实证分析法学关注法律的形式,那么社会法学关注的则是法律的实效问题。社会法学派强调运用社会学的方法来研究法律问题,其研究兴趣不在于法律的内容是否良善、逻辑是否严谨,他们更关心的是法律在社会生活中通过何种方式得到实施、其作用和效果如何、法律与社会之间存在着怎样的相互关系等。社会法学存在欧洲和美国两个大的分支:在欧洲,社会法学的代表人物包括德国的耶林、奥地利的埃利希、法国的狄骥等;在美国,霍姆斯、卡多佐大法官和哈佛法学院的庞德教授均属于社会法学的领军人物。在他们其中,庞德是社会法学的集大成者,他发表在《哈佛法律评论》上的论文《社会学法学的范围和目的》提出了社会法学的纲领和目的,成为社会法学崛起的宣言。庞德提出,社会法学所注意的是法律的作用,而不是法律抽象的内容,与此相对应,社会法学强调法律的社会目的是促进和保障社会利益,而不在于惩罚和制裁。庞德指出,法律本质上不外乎是一种"社会工程"(social engineering)或"社会控制"(social control)的工具。法律是和一定时间、空间的文明密切联系的,法律本身是文明的产物,同时也是维护文明和推进文明的手段。人类社会要过文明的生活,就要维持正常的秩序,必须使自身的活动扔按一定的社会行为规范进行。通过某种社会力量促使人们遵守社会规范和维护社会秩序的过程就是社会

---

① 〔美〕E.博登海默:《法理学:法律哲学与法律方法》,邓正来译,中国政法大学出版社1999年版,第117页。

控制,而法律是社会控制的主要工具。庞德继承和发展了耶林的社会功利主义法学关于社会利益的基本思想,提出法律的任务就在于实现社会利益。作为社会控制最有效的工具,法律的任务就在于使人的合作本能与利己本能之间保持均衡。在法学史上,社会法学打破了自然法学和实证法学在法律之内研究法律的模式,开拓了法学的视野,把法律与社会密切连接,法学开始走出殿堂和学府,接触地气,进入生活,从而有了更真实的对象和更深远的关怀。

除上述三大法学派之外,西方法学界还先后出现了功利主义法学、哲理法学、历史法学、马克思主义法学、经济分析法学、批判法学、女权主义法学、法律与文学运动等思潮,各个学派之间相互辩论、彼此竞争,从而使得西方法学呈现出百家争鸣、百舸争流的繁荣景象。

第四节　法学的性质

哈佛大学法学院第一任院长、案例教学法的创始人兰德尔(Christopher C. Langdell)教授曾言:"法律被视为一门科学,由特定的原则或学说组成。掌握这些原则或学说,以能够将之持续、简便且确定地适用于永远错综复杂的人类事务,这是成为一名真正的律师所必备的条件。因而,拥有这种能力,乃是每一位认真的法学院学生的功课。"[①]如兰德尔一样,法律界人士喜欢把法学称为"法律科学"(science of law),可是,法学真的是一门科学吗?它和物理、化学一样严密而精确吗?法学上的疑惑可以在实验室里得到求证和解答吗?法学上的结论可以在社会实践中得到统一而无差异的再现和证实吗?

事实上,严格意义上的"科学"一般指自然科学,即运用人的理性并借助技术工具研究自然世界的科学,科学的目的在于发现绝对的事实和真理,其结论在同等的条件下可以完全再现。17世纪以来,自然科学的进步不仅促进了社会生产力的提高,甚至还影响了人类的思维模式。在自然科学和笛卡尔理性主义的影响下,很多社会科学也开始宣称自己具有所谓的"科学性",法学就是其中一个。然而,尽管法学可以建立严谨的逻辑体系,可以有独立的思维方法,但是法学的科学性归根到底是和物理、化学、数学等自然科学不同的,法学永远不可能不受意识形态、阶级利益、道德观念等价值性因素的影响,法学家也永远不可能像科学家研究自然现象那样来面对法学的对象——制度、人、复杂的社会和形形色色的矛盾与纠纷。因此,与其他学科相比,法学具有自己独特的个性和品质。

一、法学是关于人和社会的学问

在世界上第一所近代意义的大学——意大利的波伦亚大学(University of Bologna)[②],据说那里开设了三门主要的学科:神学、医学和法学。在某种意义上讲,这三个学科之间是具有共性的,它们都是治病的学问:神学解决人精神的危机,医学医治人肉体的病痛,而法学则医治社会的矛盾和纠纷。因此,如果说自然科学面对的是自然,则法学面对的是人和社

[①]　Christopher C. Langdell, Teaching Law as a Science, 21 American Law Review 123 (1887).
[②]　波伦亚大学,也被译为"博洛尼亚大学",是西方最古老的大学、欧洲四大文化中心之首,被誉为欧洲"大学之母",是全世界第一所近代意义上的大学。建立于1088年,至今已有900多年的历史。波伦亚大学坐落于意大利艾米利亚—罗马涅大区的首府博洛尼亚,由依内里奥于1088年创立,主校区座落于意大利博洛尼亚城的赞鲍尼大街33号,但丁、彼德拉克、丢勒、伊拉斯谟、哥尔多尼、伽利略、哥白尼等都曾在这里学习或执教。

会,换句话说,法学是关于人和社会的学问,法学讨论的问题是:人类如何避免冲突与伤害,如何才能过上善的生活。

印度诗人泰戈尔在其《飞鸟集》中写到:"水里的游鱼是沉默的,陆地上的兽类是喧闹的,空中的飞鸟是歌唱的。但是,人类却兼有海里的沉默、地上的喧闹与空中的音乐。"事实上,人是世界上唯一拥有理性的最高级的生命形态,人的活动构成了世界上最复杂和最难理解的社会现象,因此,以人和社会为研究对象的法学必然不同于其他学科,尤其是自然学科。简单的说,法学缺少自然科学的一种特点和属性:高度的纯粹性和严格的客观性。

法学关注人的需求、人的行为及人与人之间的社会互动,而人的行动和选择要受诸多因素的影响,包括人的个性、感情、宗教信仰,也包括社会的道德规范、政治制度和意识形态等。孟德斯鸠指出:"从最广泛的意义来说,法是由事物的性质产生出来的必然关系"①,法律要和国家的自然状态、气候、土地、人民的生活方式、宗教、性癖、财富、人口、风俗、习惯、立法等因素发生千丝万缕的关系,而"这些关系综合起来就构成所谓'法的精神'"。② 诸多的因素相互交织相互影响,决定着个人和社会的一切行动,并导致了不同主体行为的必然的差异。世界上找不出两片相同的叶子,世界上也不可能存在完全一致的人及其行为,所以,法学面临的是一个不断变动、充满差异和偶然性的世界,法学要在个体和全体、共性与差异之间流连徘徊,尽力寻找到可能被大多数人接受的结论和方案。在这种情况下,法学上的任何一个结论都只能是一个相对较好的选择而不是一个终极正确的论断。自然科学可以得到一个相对永恒的东西,牛顿的万有引力和爱因斯坦的相对论在整个地球乃至整个宇宙世界中可能都是普遍适用的,然而法学作不到。在不同的时代和不同的地域,法学的标准和结论可能出现差异甚至大相径庭,最根本的原因在于,法学面对的是不同的人群,而这些人群的思想和生活是存在差异的,并且他们随着历史在生生不息地变化和运动。

美国法学家吉尔兹指出:"法学……一如航行术、园艺、政治和诗歌,都是具有地方性意义的技艺,因为它们的运作凭靠的乃是地方性知识(local knowledge)。"③ 法学是一种地方性知识,是一个民族的精神和生活方式的体现,而民族的法学指导着民族的法制,人类法律文化因此而显得丰富多样、千姿百态。总之,与自然科学相比,自然科学研究的是自然,自然具有客观性、恒定性和统一性,而法学研究的是人和社会,具有地域性、民族性和时代性。

二、法学是关于利益平衡的学问

据说天堂是不需要法律的,因为那里没有欲望,没有罪恶,没有利益冲突和人际纷争。然而,在红尘俗世,社会和个人时刻都不能离开法律,法律是协调利益关系、维护社会秩序和解决社会冲突的最重要手段。与此相对应,法学作为研究法律的学科,它也必然要面对不同的人生需求及其矛盾关系,在这个意义上,法学是一门关于利益和价值平衡的学问。

在现实生活中,个人与国家常常面临着利益矛盾与价值冲突,而这需要法学予以关注,为立法、司法及个人行动提供方向性指导。

---

① 〔法〕孟德斯鸠:《论法的精神》(上册),张雁深译,商务印书馆1997年版,第1页。
② 同上书,第7页。
③ 〔美〕克利福德·吉尔兹:《地方性知识:事实与法律的比较透视》,载梁治平编:《法律的文化解释》,三联书店1994年版,第73页。

在立法过程中,任何一部法案的制定,背后都有不同利益主张的博弈,都表现为不同价值之间的争夺。比如,在保护专利权人垄断地位和尊重其知识成果的同时,法律也不得不考虑国家或其他特殊群体对该专利的免费分享以及专利权人应尽的社会义务;在城市中养狗的人越来越多的时候,立法就必须协调养狗人的兴趣爱好、生活自由与宠物对城市环境及公共卫生带来的危险这两种有时候很难兼容的利益需求;在道路交通管理中,司机希望一路畅通,行人期待出行安全,而政府则希望大家各行其道,井井有条,不同的期待之间既有通融,也有矛盾,这都需要法律作出妥帖的协调和安排。

在司法审判和解决纠纷的过程中,问题同样突出和棘手。法庭上的每一个当事人,都有着自己的诉求和理由,都有着自己的委屈和难过,如何在不同的证据、不同的观点、不同的利益主张之间进行权衡和选择,从而得到一个最佳的判决,这对法官而言是一种考验;同时,社会在快速发展,法律相对而言常常显得滞后和不足,在这种情况下,法官必须享有自由裁量权,必要的时候甚至依靠良心来审判,但这种裁量权又绝不允许被扩大甚至滥用,否则会带来司法专断与司法独裁;在案件裁判过程中,法官常常面临着程序正义和实体正义的较量,在一些时候,严格按照程序办事的结果是放纵了坏人,在一些时候,法官要在自己的专业判断和来势汹汹的舆论与民意之间进行艰难的选择。因而,司法从来不是一个简单的真与假、对与错的判断,司法乃是一门复杂的、涉及利益平衡的艺术。

在一个民主国家,在不伤害他人和社会的前提下,任何一种主张和意见都应当有机会得到发表和张扬,越是民主的地方,越是自由的国度,法律面临的价值困惑和利益冲突就越是多样和复杂。于是,法学作为一门专业的学科,就需要运用特定的原则和标准,对不同价值间的关系进行分析,对不同主体的利益进行协调,确立共识和标准,寻找问题解决的最佳思路。

功利主义法学派的代表人物边沁曾指出:法律的根本目的是让大多数人获得最大量的幸福。然而,幸福的标准从来都是因人而异的,有些人认为幸福就是拥有物质财富或者生活平静,而有些人则更看重身体和心灵的自由。在不同的人群和民族,不同的时代和政治形态下,人们的利益取向和价值选择是必然差异和不断变化的,因而,法学必须关注社会发展,关注人性需求,并以民主、人权、法治等标准为指导,为法律的制定和实施提供价值平衡与利益协调的方案,促进社会的公正、文明与和谐。

三、法学是关于理性生活的学问

亚里士多德曾言:"人在达到完美境界时,是最优秀的动物,然而一旦脱离了法律和正义,他就是最恶劣的动物。"[①]在古典思想家如柏拉图看来,只有理性主导激情和欲望时,人才符合正义,才算过着善和正当的生活。因而,法律以及法学,是节制的艺术,引导人理性地生活。

人是肉体与灵魂的统一,肉体是我们的存在方式,感官的享受与痛苦主宰人的感性世界,灵魂栖息于躯体,指引着人的行为,它主宰着理性世界。如果说艺术更为关注人的感性和更依赖于艺术家的敏感和激情,那么法学则特别突出理性,法学关注的是个人和社会如何实现正义,如何经营理性的生活,如何避免堕落和罪恶,从而如何可能过上有意义的生活。

[①] 〔古希腊〕亚里士多德:《政治学》,吴寿彭译,商务印书馆1965年版,第23页。

古希腊的斯多葛学派主张，人要服从理性的指引，这样才能过上正当的生活。那么，何为"理性"呢？简而言之，理性不是压抑和禁锢，不是如宗教那样叫人罪己和禁欲，而是强调人的正当的欲求必须通过正当的方式得到满足，自由而不放纵，满足自我而不伤害他人，理性生活要求个人服从规则，对社会及未来负责。法律是实现理性生活的重要保障，换句话说，合法即为理性，依法行使自己的权利，依法履行自己的义务，人生若能做到"游刃有余而不逾矩"，这就是理性的生活。

理性可以分为两种，包括公共理性和个人理性，个人理性指导个体作出最佳选择，而公共理性则关注由不同人组成的共同体如何和谐相处。在很多时候，公共理性不同于个人理性，两者之间甚至还可能存在紧张和冲突。比如，对一个排队购买紧俏商品的人来说，插队和加塞对他而言或许是最理性的选择，既买到了商品又节省了时间，但是这却有违公共理性，因为这样的行为对他人是不公平的，破坏了游戏规则，最终可能导致秩序大乱，人与人之间丧失了起码的互信和尊重。

法律追求自由而平等的和谐社会，即符合公共理性法则的生活。为了达致这一目的，法学必须调和个人理性之间的冲突，设计出符合公共理性的生活方案。在此过程中，法学必须要解决很多问题：如何协调个人利益与个人利益之间的冲突，比如公路上步行者、骑单车者和开机动车者之间的通行矛盾；如何协调个人利益和社会利益的冲突，比如企业盈利和环境污染之间的矛盾；如何解决当代人的需求和下一代人的发展需求，比如对自然资源的过度开采和利用；在发生冲突之后，如何选择最佳的纠纷解决方法，应该坚持什么样的程序标准等。在解决诸如此类种种问题的过程中，法学要按照现代法治标准为个人生活和公共生活、为行政管理和司法审判指明方向，确立规矩，引导人类不要被冲动、私欲、激情所迷惑和宰制，在理性生活中建设共同体的幸福和未来。

一、推荐阅读文献

1. 郑永流：《法学野渡：写给法学院新生》，中国人民大学出版社2013年版。
2. 许章润：《汉语法学论纲》，广西师范大学出版社2014年版。
3. 郑戈：《法学是一门社会科学吗》，载《北大法律评论》1998年第1期。
4. 舒国滢：《法学是一门什么样的学问？》，载《清华法学》2013年第1期。

二、课后教学活动

哈佛大学桑德尔（Michael Sandel）教授在其关于正义的课程开始，讲给学生们这样一个故事：一个电车司机开着车快速行驶，突然刹车失灵，车辆无法停止，而车前方正好有五个工人在施工，如果采取其他措施，他们必死无疑，这时恰好有个岔道，而车的方向盘完全正常，在这条岔道上只有一个工人。这时候，电车司机只有两个选择：要么沿着原轨道前行压死五个工人，要么拐入岔道压死一个工人。该如何选择，这是一个难题，是一个关乎选择的道德和法律难题。"是生，还是死，这是一个问题"（to be, or not to be, which is a question）。

问题：在本案中，什么样的选择会是正确的，请运用不同的法学理论或方法，对这个问题作出论证与分析。

第二讲

法的概念与性质

> "法"不仅仅是一个范畴,一切法律上的考察由此出发并以此为基础的,也不仅仅是一个思考方式,舍此根本不能思考法律之事,而且它还是一种现实的文化形态,其使法律世界的一切事实得以形成和塑造。
>
> ——〔德〕拉德布鲁赫

哲学家奥斯丁曾说:时间是什么,你不问我,我还明白,你一问我,我倒糊涂了。同样,"法律是什么",这是法理学的基本命题,对于这个问题的追问,或许也会让人感到糊涂和困惑,但它却是我们理解法学和法律现象的第一步。

第一节 法律是什么:一个希腊式追问

一、众说纷纭:思想家的见解

在人类历史的早期,由于人对自然和社会的了解相对有限,所以在关于法律的讨论方面,很多观点充斥着浓厚的神学色彩。在奴隶社会,关于法律的主流观点是:法律乃是神的意志,是神对于人世间生活的妥当安排。与这种法律观念相呼应,"神判"在早期社会大量应用,最早的法官往往就是祭司和僧侣。在古代中国,据说发生纠纷的双方必须面对一只长着独角、会判断对错的神兽——獬豸,它会用自己的犄角去抵触有过错的一方;在古罗马,法官则常常进行"水审",就是将被指控者扔进河水中,漂浮在水上是有罪,而沉入水中则无罪,因为水本洁净,只会拥抱和接纳清白之人。在西方,神学的法律观源远流长,一直绵延到中世纪,在大约1220年出现的德意志第一部法律著作《萨克森明镜》中,作者还曾写下了这样的句子:"上帝即法律本身,故他珍爱法律。"[1]

随着人类文明的进步,人们对法律的看法越来越务实和客观。历史上赫赫有名的自然法学是以反封建、反神权的面目登上历史舞台的,它继承了源自古希腊的自然法观念,认为世界上存在着两种法律:一个是自然法,它是理想的和绝对完美的法律,是一切法律的基础,另一个是实在法,是国家制定出来的现实的法律。与神学思想不同,自然法学家相信,即使不依赖信仰,仅仅依靠人的理性,人类也可以发现并理解自然法。"上帝不存在,自然法仍将

---

[1] 〔美〕哈罗德·J.伯尔曼:《法律与革命——西方法律传统的形成》,贺卫方等译,中国大百科全书出版社1993年版,第628页。

存在。"在古典自然法思想的引导下,学者们以探求"人类与生俱来的法"为业,提出"所有法的课程都是讲授我们的天赋理性之课程","理性就是法的灵魂"等口号,将法的本质归结为人的理性。显然,在"法律是什么"这个本源性问题上,自然法学抛弃了对神的依赖,直接肯定了人的主体性地位,认为法律乃是人的理性的产物。

到了19世纪,在哲学方面,实证主义学说处于领导地位。这种学说对人类的认识能力进行了批判性审察。它认为,必须放弃那些超越于人的认识能力之外的形而上学或神学的观念,只有建立在经验基础上的知识才是有意义的。哲学的新观点,深刻地影响了法学的思维。在此背景下,自然法学说开始遇到实证分析法学派的强烈挑战。分析法学派反对自然法的主张,认为实在法之外没有超越性的理想法存在。因此,必须放弃法的价值评析,法学的研究就应当从当下出发,来观察本国实际存在的法。在分析法学派看来,法律就是主权者的命令,正是由于主权者的意志,法律才得以出现在人类社会之中。因此,归根到底,法律就是主权者意志的体现,它不可能是神或上帝的意志,也绝非抽象的所谓人的"理性"或者是"公意"的体现,毋宁说,法律不过就是拥有主权的少数人的强制性命令。

显然,从神的意志到人的理性再到主权者的意志,人类对法律的认识经过了一个形而下的认知过程。作为这个认识和探索过程的一个理论总结,马克思法学提出,法律,作为国家意志,它并非是全民的公共意志,而只能是在该社会中居于强势地位的统治阶级意志的体现,而统治阶级的意志也并非是个人思维的产物,它归根到底要由客观的物质生活条件所决定。因此,在根本意义上,法律是由经济生活决定的,是社会的产物。人们首先必须吃、喝、住、穿,然后才能从事政治、科学、艺术、宗教等等;所以,直接的物质的生活资料生产,因而一个民族或一个时代的一定经济发展阶段,便构成为基础,人们的国家制度、法的观点、艺术以至宗教观点,就是从这个基础上发展起来的,因而,也必须由这个基础来解释,而不是像过去那样做得相反。

事实上,关于"法律是什么"的话题的讨论,它不是一个可以停止和有确定答案的探讨。美国法理学家博登海默曾说:"法律是一个带有许多大厅、房间、凹角、拐角的大厦,在同一时间里想用一盏探照灯照亮每一个房间、凹角和拐角是极为困难的。"[1]因此,不同的学派从不同的角度来审视和分析法律,提出了形形色色的理论观点,而这有助于人类更加全面地认识和把握这个复杂的法律世界。

二、应当的法和实际的法

在关于法律基本问题的讨论中,自然法学派的思想家提出了法律的"二元论"观点,他们把法律分为自然法和实在法,也就是"应当的法"和"实际的法",这种划分曾深刻影响了人们对于现实法律世界的认识和设计。

古希腊是自然法思想的源头。在人类社会的早期,古希腊思想家并没有对宇宙、自然和人类社会作出明晰的区分。在他们看来,既然宇宙万物是有规律、有秩序的,并且是合理的,那么人类社会也就应当分享着某种规律和必然性。因此,在各种不断变化和多种多样的实在法之上,还存在着一个抽象的、普遍的、决定性的"应然法"或"自然法",它是一切法律的来源,是判断法律好坏的唯一标准。古罗马的《法学阶梯》指出:"自然法是自然界教给一切动

---

[1] 〔美〕博登海默:《法理学、法律哲学与法律方法》,邓正来译,中国政法大学出版社1999年版,第198页。

物的法律。因为这种法律不是人类所特有,而是一切动物都具有的,不问是天空、地上或海里的动物。由自然法产生了男女的结合,我们把它叫做婚姻;从而有子女的繁殖和教养。的确我们看到,除人而外,其他一切动物都被视为同样知道这种法则。"[1]

在古希腊思想家和古罗马政治家、法学家的努力下,西方法学得以形成了一个基本的认识:即法的终极目标是实现公平正义,带领人们过上善和有意义的生活;世界上存在着一个理想的和完美的法律,它是一切现实法律的基础。到了17世纪,自然法的思想经由资产阶级思想家的继承和发扬,成为当时政治法律领域的主导性思潮和学术流派。自然法学者认为:国家制定的实在法必须要符合自然法的原则和标准,如果制定法和自然法的准则冲突,那么它就是"恶法",而恶法是没有法的效力的,人们没有义务遵守这样的法律。

与应当的法也就是"应然法"相对应的就是实际的法也就是"实然法",它在现代社会一般就是指"国家法",即一个国家中具有立法权的国家机关(比如议会、政府)或个人(比如国王、总统)制定、颁布的法律,这些法律往往有清晰、规范的表述,由特定的国家机关保障其实施。从人类历史来看,有些时代里,国家制定的法律和理想状态的法律能够保持基本一致,比如在中国古代,儒家的伦理道德提供了法律的应然标准,唐代以《永徽律疏》为代表的国家法坚持以儒家道德原则为指导,从而实现了"礼法合一"的良好状态;而在有些时代,由于种种原因,国家制定的现实法律公然违背了这个时代主流的是非、对错、善恶的道德准则,比如德国法西斯统治时期颁布的种族灭绝的法律以及南非白人统治时期颁布的种族隔离的法律,人们常常把这样的法律称为"恶法",这是立法的一种不正常的状态。

事实上,在人的生活中有理想与现实的区别,法律也是如此,人们对于法律的期望总是和法律的现实之间存在距离,而或许正是这种距离的存在,推动着法律的一步步前行。但是,在什么是理想的法律这个问题上,人们讨论了很久,但似乎并没有统一的标准和答案。边沁等功利主义法学派提出,能够使"最大多数人获得最大量的幸福"的法律就是理想的法律,而在自由主义看来,能够全面保障私人权利、尊严和自由的法律才符合法律的理想,在马克思主义看来,能够消除阶级剥削和阶级压迫,实现共同富裕的法律才是最完美的法律。虽然,在"何为美好的法律问题上",似乎很难有完全统一的标准,但是,在人们心目中,追求完美的法律永远是一个努力的方向,无论是在立法设计还是司法实践中,应然的法律和实际的法律都会存在无法一致的情况,而这种差距激励着法律人不断努力,去推动法律的文明和进步。

三、文本中的法与实践中的法

"文本中的法律"(law in book)和"实践中的法律"(law in action),是理解法律的另一个视角或方法。前者一般是指法律的条文性规定,表述了国家对人们从事相关活动的要求和期待,后者一般是指现实生活中,真正约束着人们的行为、调整着人们生活的规则,它有可能是国家的法律,也有可能是乡土的习惯、宗教的戒律或者行业的纪律等。

在任何一个时代和任何一个国家,写在文本上的法律不一定能够进入生活,不一定发挥预期的作用,不一定能够实现立法者的意图。比如,法律中规定要尊重和保护女性,男女之间应该平等对待,但现实中有可能存在着比较普遍的职场上对女性的歧视和家庭生活中对

---

[1] 〔古罗马〕查士丁尼:《法学总论——法学阶梯》,张企泰译,商务印书馆1989年版,第6页。

女性的暴力;法律中规定在道路交通中应该红灯停、绿灯行,司机应该礼让行人,但在现实生活中,可能会出现行人无视红绿灯横冲直撞的"中国式过马路",而司机野蛮开车与行人争抢道路导致每年发生成千上万的交通事故;法律规定官员必须廉洁,但现实中权力腐败却可能非常严重,而公众对此甚至会熟视无睹。当法律的条文规定在现实生活中得到公众的普遍遵守时,这无疑是一种良好的状态,法律的意图和目的可能得到很好的实现,而当法律的规定在现实生活中得不到认同和遵守时,这无疑是一种很糟糕的状态,法律停留于文字,无法成为有效的规则,这样的法律,就是失去生命的"死法"而非"活法"。

对"实践中的法律"的特别关注是由社会法学派首先提出来的。分析法学派认为法学只需要研究和了解文本上的法,也就是国家制定出来的表现为规范的文字的成文法;而社会法学派则认为,文本上的法律固然重要,但如果不关注现实生活中法律的运行,法学就不具有实践意义,就有可能成为空洞无物的"屠龙术"。在社会法学看来,研究司法审判,研究法律在现实生活中的命运,研究法律与社会之间的相互关系,才是对法律的真正负责和关怀。

在社会法学派看来,关注"实践中的法律"可以包括"非国家的法"和"行动中的法"两个方面。"非国家的法"是指那些并非由国家立法机关制定和颁布,不具有国家法的形式,但却客观存在,并在社会生活被普遍遵守的行为规范,比如商业习惯、乡规民约、宗教规则等,它们实际上也具有法的属性和效力,社会法学派把这些法律称为"民间法"或者"活法"(living law);"行动中的法"是指法律从文本进入生活的状态,即现实中的各种法律行为和法律活动,比如普通公民缔结合约、行政官员进行管理、法官开庭审理案件等,这都属于法律在实践中的运行和体现。在法律实践中,"文本上的法律"是一回事,"实践中的法律"可能是另一回事,法学一定不可以忽视后者,因为立法者创制的再完美的法律,如果无法被公众接受并对社会实践产生积极作用,那将都是无用和徒劳的。

法社会学对法律含义的界定,反映了它独特而具有启发意义的研究旨趣,它主要关注法律如何受到社会关系的制约、国家制定的法律在多大程度上能够改变社会、法律运行的效果在多大程度上符合立法的目标等。因而,法社会学把法律理解为一个开放的、运动的体系,而不是立法者创立的那个封闭的、静止的规则体系。在法学发展史上,社会法学的兴起为人们了解法律打开了又一扇窗户,通过这扇窗,人们超越了文本上的法律的局限,看到了一个更广阔、更真实、更接近生活本身的法律领域。

第二节 法 的 特 征

"没有规矩,不成方圆",在现实生活中,存在着多种多样的游戏规则,约束着人的言行,规范着人际关系,包括道德、宗教、习俗和法律等,我们可以将其统称为"社会规范"。在古代社会,法律与道德、宗教、习俗常常融合在一起,很难分离,在现代社会,法律日渐独立,具有自己不同于其他社会规范的鲜明的特点与个性。

一、从产生方式看,法律是由国家创制的

站在无神论的角度,社会规范的产生一般有两种方式:第一种是国家创制的,最典型的就是现代法律,它是由特定国家拥有立法权的国家机关或个人严格按照法定程序制定出来的,代表了国家的意志;第二种是自然演化的,比如道德、习俗,它们并非由国家创制,而是在

特定民族的生活中自然而然形成的,套用英国学者哈耶克的话,可以将其称为"自生自发的规则"。

一般来说,国家创制法的方式主要有两种,一是制定法律,二是认可法律。所谓的"制定法律",即享有国家立法权的机关,依照法定的程序将国家的意志和想法直接转化为法律,我们可以将其称为"发明法律",这样制定出来的法律被称为成文法、制定法,一般具有系统的条文化的逻辑结构;所谓"认可法律",指国家立法机关对生活中本来已经存在的社会规范赋予法的效力,我们可以将其称为"发现法律"。

法是国家创制的,带有立法者的目的和理想,但是,这并不意味着人们可以随心所欲地立法。按照马克思主义的观点,法律的内容和性质,归根到底,是由当时当下客观的物质生活条件决定的,也就是所谓的"经济基础决定上层建筑。"无论从历史还是现实来看,人类的全部活动最终都是以经济生活为基础的。小到个人,大到国家,必须先满足人的最基本的物质需求,其他的精神性、政治性的活动,都建立在此基础之上,并且受此基础所制约。因此,国家在制定法律的时候,必须立足于当时的经济生活,从客观现实出发。

法律由于出自国家,因而具有高度的统一性,这种统一性是建立在主权的统一性基础之上的。法的统一性首先指各个法律之间在根本原则上的一致,其次是指除极特殊的情况之外,一个国家只能有一个总的法律体系,且该法律体系内部各个规范之间应上下一致,不应相互矛盾。相比而言,道德、宗教、习俗等其他规范则不具备这种高度的统一性。比如,在一个国家中,道德规范就可以以一种多元的状态存在,统治者的道德和被统治者的道德,或如尼采所说的"奴隶主的道德和奴隶的道德",可以并存在同一个国家中。[①] 至于习惯,更是因地而异,所谓的"五里不同风,十里不同俗",说的就是习俗的多样性。

二、从内容上看,法律通过权利、义务调整人的行为

法以人的行为为调整对象。在现代社会,法一般只规范和关注外在行为,一般不离开人的行为过问纯粹的动机和思想。换句话说,法律要求人的行为必须符合法律规定,但对于人内心的想法和观念,法律并不介入,也无法介入。相比而言,其他一些规范,如道德、宗教规范,往往首先和主要关注人的内在动机,比如在宗教看来,人最大的恶也许不是行为之恶,而是内心之恶。

现代法律对人的行为提出要求、给予指引或者进行惩罚,其着眼点是人的公共行为而非私人生活。换而言之,法律是人在经营群体活动和社会生活时应遵守的游戏规则,而对其私人生活和私人行动,法律原则上采取不干涉的原则。政治学曾将人的活动领域分为"公域"和"私域"两个部分,无论是公法还是私法,都是对个人参与社会交往提出的基本要求,这种要求保障了个人之间在"公域"中交往的顺利进行,并在维护个人利益的同时使社会合作与社会共同目标实现成为可能。而对于公民在"私域"中的活动,现代社会的基本大法——宪法——明确要求国家保护个人的私生活自由、保护个人的信仰自由、思想自由和良心自由,法律不涉及私生活,不涉及思想,法律不担当道德和宗教的角色。

法以人的行为为对象,以权利义务的双向规定为调整机制。在法的世界中,权利意味着自由、资格、利益以及行为的正当性,而义务意味着约束、负担、对他人与社会的尊重,权利为

[①] 〔俄〕B. B. 拉扎列夫主编:《法与国家的一般理论》,王哲等译,法律出版社1999年版,第112页。

目的,义务为手段,权利与义务相互对应,彼此依存。《法国民法典》第 1134 条规定:任何人都可以自由订立契约,自由决定契约的内容、形式,自由选择缔约的对方,以使和他人发生联系,享受权利,履行义务。因为有了权利,个人可以以自己的方式实现自己的意志,因为有了义务,个人可以使得自己的意志与他人的意志彼此无害地和谐相处。相比而言,道德、宗教等社会规范的重心则一般侧重于义务或责任,而且这种义务和责任往往没有相互对应的权利,从而呈现出一种不平衡性。毕竟,对于道德而言,人生的意义在于实现自我的道德完善,对于宗教而言,人生的意义在于死后的救赎或涅槃,因此,只有抑制自己的欲望,约束自己的言行,友善而悲悯地对待世界,才有可能实现终极的目标。简而言之,法律的目的在于维护人的俗世利益,因而是权利本位的,道德和宗教的目的在于关注人的价值完善,因而是义务本位的。

在法律上,把公民的权利和义务一般分为基本权利义务和普通权利义务,前者是指规定在宪法之中、最重要和最根本的权利与义务,后者是指规定在民法、行政法、程序法中的普通的、具体的权利与义务。以权利为例,根据我国宪法的规定,中华人民共和国的公民享有平等权、人身权、集会、结社、游行示威权、宗教信仰自由、财产权、文化权、社会保障权等,这些就是基本权利;根据民法的规定,公民享有生命权、健康权、姓名权、名誉权、荣誉权、肖像权、隐私权、婚姻自主权、监护权、所有权、著作权、专利权、商标专用权、股权、继承权等,这些就是普通权利。

三、从适用范围看,法律具有普遍性

与习俗或宗教不同,法律是一种具有高度权威性的公共规范,法律的内容是以人的公共生活为导向的,在一个国家的主权范围内,法律具有普遍性,约束着全部人的行为。

法的普遍性的第一层含义表现为:法作为一个整体,在一国全部领域内,具有普遍的约束力。"普天之下,莫非王土,率土之滨,莫非王臣",在一个国家之内,法律的约束力及于该国的全部领地,及于该国的全体公民。法律的这种普遍约束力是由法律的性质决定的,所有人都必须服从,所有人都必须尊重,没有任何人可以例外。

法的普遍性的第二层含义表现为:法律要求平等对待每个人,亦即法律面前人人平等。同等情况必须得到同等对待,每个人都平等地享有法律权利,平等地承担法律义务,不允许任何人享有特权,也不允许任何人遭受歧视。

从古代法到现代法的进步,同时也是一个从等级之法到平等之法的飞跃。在古代社会,虽然声称"王子犯法与庶民同罪",但真正意义上的法律平等并没有实现,层层叠叠的等级制度把人在法律面前划分为不同阶层,不同阶层享有不同待遇、承担不同义务。到了现代社会,世界上大多数国家都在宪法和法律中确立了"法律面前人人平等"的原则,任何个人、任何机关、政党和团体都要接受法律的约束,不能超越法律而享有不遵守法律的特权。正如丹宁勋爵所说:"对这块土地上的每个臣民,不论他的力量多么强大,我都要奉献托马斯·富勒三百多年以前说过的一句话:无论你的地位有多高,法律总要高过你。"① 因此,现代法律不再仅仅只是套在普通老百姓头上的枷锁,同时也是大资本家、政府官员乃至国家元首都必须服从的普遍性规则。

---

① 〔英〕丹宁:《法律的训诫》,杨百揆等译,法律出版社 1999 年版,第 120 页。

当然,法具有普遍适用性,是从"法作为一个整体"这个角度来界定的。这并不意味着一国全部的法律都有在该国全部领域中普遍适用的性质。一般而言,最高立法机关制定的法律,往往在一国主权所及的全部领域内都有约束力,而地方国家立法机关制定的法,仅能在该地方有约束力。尤其是在中国,不仅有中央立法,还有地方立法,不仅有内地的立法,还有香港、澳门、台湾地区的立法,不同立法主体制定的法律,一般仅在其管辖范围内有效,因而其效力范围是有差别的。

四、从实施的角度看,法律具有程序性和强制性

西谚曾说:"法律是有牙齿的,必要的时候它会咬人。"法律不是小孩子玩过家家的规则,偶尔可以耍赖撒娇,法律是强硬的规则,它以国家强制力为保障,有着严格的实施程序,人人都必须遵守,而"没有强制力的法律如同一封无人收启的死信"[①]。

法律的实施,具有严格的程序性。法的程序性意味着法的实施必须遵守一定的方式、方法、手段,受到特定的时间、空间的约束。比如,在行政处罚中,行政执法人员必须出示自己的证件,告知处罚的法律依据,听取被处罚者的申辩等;在司法诉讼中,案件审判必须由特定的法院在特定的地点进行,原被告的诉讼活动必须按照一定的顺序和方式展开,遵守一定的时间要求等,这就是法律中的程序。在现代社会,为了保障法律主体之间——特别是代表国家行使权力的国家机关与其他法律主体之间——能够形成理性互动,法律往往都设计了复杂的程序规则,这就使得严格的程序性成为法律区别于其他社会规范的重要特征。相比而言,对于道德和习俗而言,程序并不重要,因为它不关注过程和方法,更关注的是目的和结果。

除了严格的程序性之外,法律还具有国家强制性,即法律是由特定机关保障实施的,违反法律者,将会遭受来自国家机关的强制和惩罚。法律的强制性是与军队、警察、法庭、监狱等专门机构、暴力后盾相关联的强制,这种强制保障了法律的有效实施并使它与其他规范有所不同。道德、宗教等规范也具有强制性,但这种强制性往往是一种内在的强制性,它主要凭靠人的内在良知或信仰的力量来发挥作用;执政党政策、行业规范也有强制性,尽管也表现为一种外部强制,但这种外部强制与有组织的国家强制力无关,它是组织内部的强制。

在实践中,法的强制性的具体的表现就是法律责任和法律制裁,如果违法行为得不到制裁,法律也就成为没有牙齿的"纸老虎"。古巴比伦的《汉穆拉比法典》规定:如果一个人挖出了另一个人的眼睛,他的眼睛也该被挖出来,如果他打碎另一个人的骨头,将打碎他的骨头;如果一个人击落他的牙齿,他的牙齿也该被同等的打掉。古罗马的《十二铜表法》规定:毁伤他人肢体而不能和解的,他人亦得依同态复仇而"毁伤其形体"。中国秦代《法律问答》规定:"或盗采人桑叶,赃不盈一钱,何论?赀徭三旬。"《唐律疏议》中的《斗讼律》规定:"诸奴婢有罪,其主不请官司而杀者,杖一百。"与古代法律相比,现代法律中的责任与制裁已经很少有血腥、残忍的一面。现代法律中的责任包括:违宪责任,主要是对国家机关及其官员违反宪法的惩罚,具体形式有罢免、撤销决定、宣布决定无效等;民事责任,主要是对侵犯他人民事权利的行为进行的惩罚,具体形式有赔礼道歉、恢复原状、支付违约金、赔偿金等;行政责任,

---

[①] 〔英〕彼得·斯坦、约翰·香德:《西方社会的法律价值》,王献平译,中国人民公安大学出版社1990年版,第57页。

主要是对违反行政管理的行为给予的惩罚,具体形式有批评警告、处以罚金、吊销证照、行政拘留等;刑事责任,对犯罪行为给予的比较严厉的惩罚,在我国主要包括管制、拘役、有期徒刑、无期徒刑和死刑等。

法律代表的是国家意志,国家要实现其管理职能,就必须依靠特定的国家强制力保障法律的实施。"徒善不足以为政,徒法不足以自行",法的遵守不可能始终和完全地依赖于公民的自觉自愿,因而,国家强制性使得法律与道德、宗教和习俗相比,具有更大的威力,具有更高的权威。

五、从价值的角度看,法律具有中立性或形式理性

形式理性是德国思想家马克斯·韦伯在研究现代法律时提出的一个重要概念。在韦伯看来,传统法律突出强调其实质理性,也就是法律的内容和运作与社会的实质价值要求保持一致,法律应符合道德、宗教与政治的标准,法律往往成为实现道德、宗教目的的工具。比如,在古代中国,法律必须与儒家道德保持一致,违反"忠孝"伦理的行为必然遭受法律的严厉惩罚;在古代欧洲,法律是实施基督教理想的世俗工具,不信上帝、不敬教会的行为被视为严重的犯罪。进入近现代以来,法律开始不断强调和突出其价值中立或形式理性的特点,也就是说,法律在一定程度上保持与道德、宗教及政治的距离,法律逐步独立于其他社会规范。法律有一套完全属于自己的独立而明确的标准和程序,这套标准和程序保障了法律的实施可以最大程度不受外部因素包括民意、政策、宗教的干预。在韦伯看来,法律的形式理性保障了现代法律具有"可预测性"和"可计算性"的优点,而正是这种具有"形式理性"特征的法律保障了资本主义的发展进步,"如没有这样的法律保障,资本主义的事业是不可能进行的。"①

现代法律刻意保持其价值中立,避免与道德、宗教走得太近,对此,人们存在争议。在有些人看来,法的形式理性意味着法的堕落,因为法律日渐成为冰冷的规则,这种规则既可以成为高尚者实现其高尚意图的工具,也可以成为卑鄙者实现其卑鄙意图的工具,法律再也不神圣了,无法寄托和安放终极意义。不同的观点则认为,法律从实质理性走向形式理性,意味着现代法律的成熟,法律是一种中道的行为标准,它仅仅提供行为的约束和指南,不关涉价值和目的,法律不应将特定群体的道德标准或宗教情怀强加给所有人。

事实上,法律强调其独立性或形式理性是现代工商业社会发展对法律提出的必然性要求。在现代社会,法律如果在内容上过多依赖和考虑道德、宗教、政治、意识形态、社会舆论等因素,法律就很有可能成为权力的工具而无法保障民主和个人自由等珍贵价值,而法律如果在操作上过分依赖权贵的个人裁量而缺乏明确的操作性规则,则法律不仅不能给当事人提供事先的预测和指导,而且可能因人的内心价值取向的差异而导致法律在实践中的不统一。

生活中人们常说的"法不容情",其实就是现代法律形式理性的一种表现。尽管在很多时候,现代法律与道德的脱离让人很不舒服,法律竟然会保护无政府主义者和同性恋;尽管在很多时候,现代法律的严格程序会导致好人蒙冤而坏人逃脱这种实质不公正的结果,但是

---

① Max Weber, Economy and Society: An Outline of Interpretative Sociology, ed. by Guenthey Roth and Claus Wittich, University of California Press, 1978, p. 853.

这是法律进步必不可少付出的代价。试想一下,如果在现代社会依然允许法律与道德、宗教及政治无节制的结盟,依然允许法官运用道德、宗教或意识形态进行"春秋决狱",那么,这样的法律会带给我们一个什么样的社会?

第三节　法的分类

一、成文法与不成文法

从法律的历史看,人类最早的法律,往往就是当地的习惯,没有人刻意去制定,也缺乏清晰的法律条文的记载。到了近现代社会,法律主要出自国家,立法机关根据一定的标准设计出法律,并将其写成法典,从而可以更方便传播,更准确地被人理解。因而,人类法律的发展,大致经历了一个从不成文法到成文法的过程。

成文法是现代法律的最主要形式,指由特定的国家机关制定和公布的、以规范化的文字形式表现的法,又称制定法。成文法是通过文字表现出来的,而且是以非常严谨、准确和规范的文字形式表现出来,有特定的名称,有严格的体例结构。

在西方法制史上,《十二铜表法》是比较早的成文法,包括第一表《传唤》,第二表《审判》,第三表《求偿》,第四表《家父权》,第五表《继承及监护》,第六表《所有权及占有》,第七表《房屋及土地》,第八表《私犯》,第九表《公法》,第十表《宗教法》,第十一表为前五表之补充,第十二表为后五表之补充。由其篇目可见,《十二铜表法》在结构和内容上表现出诸法合体、私法为主、程序法先于实体法的特点;在中国法制史上,春秋时期郑国李悝制定的《法经》开创了中国成文法的先河,这部法律共包括六篇,分别为《盗法》《贼法》《囚法》《捕法》《杂法》《具法》,其中《盗法》和《贼法》是关于最重要的犯罪行为的规定,《囚法》和《捕法》是关于缉捕罪犯的程序性规定,《杂法》属于其他一些罪名,而《具法》相当于后世的名例篇或刑法总则,是关于刑法一般问题的规定。由此可见,《法经》是一部民事、刑事、刑诉诸法合体,但以刑为主的封建法典,《法经》在中国历史上具有重要地位,它的体例结构深刻影响了后世成文法的制定。在近现代社会,法律的最主要形式就是成文法,因为成文法明确、清晰,具有形式理性的突出优点,方便传播,方便理解和适用。法国1804年制定的《拿破仑民法典》是近代大陆法系国家成文法的杰出代表,"其行文流畅明快,司汤达为了获得其韵律,每天必读数节的故事被传为佳话,而保尔·瓦莱利甚至将其称为'法国最伟大的文学著作'。"[①]

不成文法一般是指非经国家立法机关制定,不具备规范的文字表现形式,但经国家认可并赋予其法律效力的行为规则,不成文法主要包括习惯法、判例法两种。

习惯法与习惯并不相同,一项习惯要成为习惯法至少应满足以下要件:它在事实上得到了人们的遵守;人们相信该习惯具有法的效力;该习惯的内容不违背公序良俗。[②]换句话说,当社会中存在某种普遍常行的习惯,这种习惯的内容符合公正和善良风俗的要求,同时许多人都确信应当遵守这种习惯,就像应当遵守法律一样,此时该习惯在实质上才获得了法的资格,就像古罗马《法学阶梯》所说的:"不成文法来自习俗确认的规范。事实上,经使用者的同

---

① 〔日〕大木雅夫:《比较法》,范愉译,法律出版社2006年版,第179页。
② 黄茂荣:《法学方法与现代民法》,中国政法大学出版社2001年版,第6—7页。

意确认的持久的习惯,扮演了法律的角色。"① 同样,判例法与判例也存在差异,判例指法院就以往的具体案件进行裁判而构成的先例。如果法院的前一个判决能够产生约束法官此后审理类似案件行为的效力,那么这种先例就具有了法的约束力,进而就可以被称为"判例法",有时候也叫"法官法"(Judge-made-law)。如果法院的判决仅仅只能对其现在审结的案件有效力,并不能作为以后其他案件的判决依据,那么这种判决就不能构成正式的法律渊源,不能称为"判例法"。由于不具有类似于立法机关创制的制定法那样的规范化的条文形式,习惯法和判例法一般被认为属于不成文法。

相比而言,不成文法在适用上存在一些局限。首先是记载和传播的困难。不成文法往往没有书面文字记载,主要靠口耳相授进行记忆和传播,难免出错甚至失传。在古代的挪威、瑞典等北欧国家,曾经有一种职业叫"法律讲述官"(law-speaker),他们的工作就是帮助当地人记忆本地的法律并在开庭时负责向法官描述法律的内容。② 其次是审判中的模糊和不统一。由于缺乏清晰的法条,不同人对法律会有不同的说法,也会有不同的解读和理解,这既影响了法的实施效果,也会导致司法不统一。在现代社会,基于对法律确定性和统一性的追求,成文法成为法律的主体,不成文法的地位日渐下降,即使是在英美这些传统上以判例法为主的国家,判例法也逐步被成文法所代替。

二、公法与私法

从法律结构上看,公法与私法的划分是大陆法系国家所特有的一种法律传统。依照这种划分方法,一国的法律体系在整体上被分成具有不同属性的两大类别,这两类法律调整不同的法律关系,遵循不同的法律原则。

一般认为,古罗马是公法与私法之区分的始作俑者。古罗马法学家乌尔比安的名言"公法是涉及罗马国家的关系,而私法是涉及个人的利益"至今仍是公法与私法的经典划分根据。中世纪,公私法划分的基本原则在罗马法研究著作和罗马法课程的讲授中得以进一步确立。但是,学者们对罗马法的研究主要集中于其私法部分,公法部分的内容一直不能引起他们的兴趣。在当时地方政体的法律制度中,公法与私法的界限也并不十分明显。③

不过,在中世纪的教会法中却出现了后世所称为"公法"的部分内容。比如,为了安置作为社团而存在的教会与教会的成员、教会的首脑之间的关系,教会法学家曾赋予罗马法的一个私法原则以公法上的意义。这一私法上的原则就是:"凡影响众人者,需经众人同意。"④ 根据这一原则,教会首脑的权利来自于教会成员所构成的共同体——教会——的授权,因而这些首脑人物并不具有不经他们的顾问和下属的同意就独自行事的专制权力。这样,私法上的"同意"原则就构成了公共性权力的正当性基础。美国法学家伯尔曼认为,在11、12世纪时,教会法中已经出现了公认的宪法性原则,这些原则成为作为整体的教会法律体系的基础。⑤

---

① 〔古罗马〕尤士丁尼:《法学阶梯》,徐国栋译,中国政法大学出版社2005年版,第21页。
② 许冬妮、李红勃:《古代北欧的法律讲述官》,载《人民法院报》2014年8月8日第6版。
③ 〔美〕艾伦·沃森:《民法法系的演变及形成》,李静冰等译,中国政法大学出版社1992年版,第207—211页。
④ 〔美〕哈罗德·J.伯尔曼:《法律与革命》,贺卫方等译,中国大百科全书出版社1993年版,第260—267页。
⑤ 同上书,第250页。

随着资本主义革命的胜利以及崇尚个人权利的古典自然法学说的崛起，公与私之间——也就是国家与个人之间——对立观点得到了特别强调。人们认为，调整统治者与被统治者、政府与个人之间关系的法律是"公法"，它不同于调整被统治者之间即私人与私人之间关系的"私法"。19世纪时，公法与私法的二元化模式逐步成为大陆法系各国建构资本主义法律制度的基础。与此相适应，法学研究也牢牢扎根于公私法的二分法之中。"19世纪末，当法学家们开始认真研究现存的法律规范和制度时，公、私法的划分就成了他们重建法律制度的基础。公、私法划分不断演进和发展的历史，使这种划分产生了极大的权威，并与大陆法系各国的文化交溶在一起，这样，法学家们在几个世纪中所创造和发展的公法、私法概念，就成为基本的、必要的和明确的概念了。"①

一般而言，在大陆法系国家，公法主要由宪法和行政法两个主要部分构成，宪法规定国家机关组织及其活动的原则，行政法调整对公共事务的行政管理以及行政机关与私人之间的关系。与公法相对应，私法主要由处理私人事务的民法和商法组成，民法处理民事活动，商法规范商事行为。不过，现实情况中各国对公法和私法的理解要比理论上的划分复杂得多。比如在法国，属于公法的领域包括宪法、行政法、财政法、国际公法，属于私法的领域包括民法、商法、民事诉讼法、刑法（刑法本具有公法性质，但是因为它的许多条款是保护私法关系，因而在传统上被视为私法）等；在德国，宪法、行政法、税法、刑法、刑事诉讼法、民事诉讼法、破产法、教会法、国际公法以及调整州与其他公共机关的关系的州法都属于公法，而私法则包括严格意义上的民法和私法的特别部门法如商法、公司法、票据法、版权法、竞争法、专利法、商标法、新型设计法以及国际私法等。

简单来说，公法的目的主要在于约束国家机关的权力，而私法的目的主要在于维护私人活动的自由。因而，有一句话也许可以概括两者的差别：在公法上，对国家机关而言，法无规定即禁止；而在私法中，对公民而言，法无规定即自由。

三、程序法与实体法

翻开《民法通则》，我们可以看到有关公民各种民事权利和义务的规定，翻开《民事诉讼法》，我们会看到关于民事权利受到侵害时应如何进行诉讼的步骤和方法的规定。两法相比，前者属于实体法，后者属于程序法。

一般认为，实体法主要是指规定当事人有关实体权利和义务的法律，如民法、刑法、行政法等。实体法的基本功能在于界定法律主体在一个国家法律上的地位和待遇，通过实体法，国家保护公民享有一系列实体的权利，包括人身权、财产权、政治权等，同时也确定公民对社会和国家应尽的义务，包括纳税、服兵役、遵守合同等。比如，民法作为实体法，详细地规定了公民的民事权利，而刑法作为实体法，主要规定了公民的法律义务，包括不可盗窃、不可抢劫、不可放火、杀人等。

与实体法相对应，程序法是为保障公民权利和义务的实现而规定的有关方法、步骤、模式的法律。法律格言云："无保障的权利不是权利"，程序法的基本功能就在于保障当事人的实体权利、义务通过适当的方式得以实现。法律上的程序包括立法程序、执法程序、司法程序、仲裁程序等，一般意义上的程序法主要是指关于司法审判程序的法律，是关于当事人资

---

① 〔美〕梅利曼：《大陆法系》，顾培东、禄正平译，法律出版社2004年版，第108页。

格、诉讼管辖、开庭审理、上诉、裁决的执行等有关诉讼问题的规定。在我国,《民事诉讼法》《刑事诉讼法》《海事诉讼法》等都是典型的司法程序法。

从法律发展的历史看,程序法的兴起相对要晚一些。在古代社会,司法审判特别强调实体正义,为了追求结果公正,裁判者可以采用各种手段,甚至包括欺骗和刑讯逼供。因此,在古代法律体系中一般没有独立而发达的诉讼法。到了近现代社会,考虑到不受约束的司法权往往带来冤假错案和人权侵害,资产阶级法制开始强调和推崇程序正义,即司法审判必须严格遵守正当程序,在此背景下,程序法开始获得独立地位并不断成长,并最终成为与实体法同样庞大同样重要的法律部门。

就世界法律文化比较来看,古代中国的法律主要是实体法,无论是唐代的《永徽律》还是明代的《大明律》,其主要内容都是关于义务及权利的实体性规定,在程序方面的规定不算特别突出。而古代英国的普通法则不一样,其最初的内容主要是程序性的。在传统英国,当事人要想到国王法院打官司,首先必须获得一个启动诉讼的"令状"(writ),这是典型的诉讼程序的要求,能否获得令状以及令状的类型是否适当,直接决定了诉讼的启动及其最终结果。因而,没有令状就没有救济,没有救济就没有权利,程序法在前,通过程序规范审判活动,通过审判提炼和形成判例,最终,日积月累的判例形成了英国的实体法体系。

四、国内法与国际法

在中国,远在春秋战国时期,就已经出现了国家之间相互交往的游戏规则,比如"两国交战不斩来使";在西方,古罗马时期就专门制定了针对外国居民的万民法。但是,真正意义上的国际法是在16世纪时期才出现的,而国际法的出现,打破了国内法一统天下的格局,国际法开始成为与国内法同样重要的现代法律形态。

国内法与国际法是按照法的创制与适用主体的不同对法律所作的分类。从创制主体上看,国内法是由特定的主权国家创制的,它仅仅在该国主权管辖范围内普遍适用,对一国主权范围内的自然人、社会组织都有约束力;而国际法的创制主体主要是参与国际交往的不同主权国家以及像联合国、欧盟、东盟、WTO等国际组织,国际法一般也只适用于参加或者缔结该公约的各个国家、政治实体和国际组织。因此,与国内法不同,国际法是指由不同的主权国家、政治实体和国际组织通过协议制定或公认的、适用于相关国家的法律。

在历史上,近代国际公法最早出现在17世纪的欧洲,而它的产生与历史上著名的三十年战争是分不开的。三十年战争发生在1618年到1648之间,是欧洲在封建末期爆发的第一次大规模战争。长期的战争使参战各国财政困难,兵力疲惫。"三十年战争的主要受害者是平民,因为他们处于军纪涣散、常常拿不到军饷的雇佣兵的蹂躏之下。德意志和波西米亚损失了三分之一的人口,结果,城市和乡村哀鸿遍野。"[①]在此背景下,1643年7月,交战双方在威斯特伐利亚的奥斯布鲁克地和闵斯特两个城市开始谈判议和,一直到1648年10月24日终于签订了和约,史称《威斯特伐利亚和约》(the Peace Treaty of Westphalia)。

《威斯特伐利亚和约》的签订,开创了以国际会议的形式和平解决国际争端的先例,确立了国家主权、国家领土和国家独立等国际关系准则,是国际关系史上新时代开始的重大标

---

① 〔美〕斯塔夫里阿诺斯:《全球通史:从史前史到21世纪》(下),吴象婴、梁赤民、董书慧、王昶译,北京大学出版社2006年版,第397页。

志。和约作为欧洲中世纪与近代史交替之际的第一个多边条约,是"国际法发展过程中的一块重要里程碑",或者可以说,它是近代国际法的源头。历史学家指出:"《威斯特伐利亚和约》的领土条款并未能维持很久,但它们总的影响是明确的。此后,单一主权国家被认为是国际政治的基本单元,人们根据外交实践中普遍接受的原则处理国家之间的关系。于是开始了一个由无限制主权的国家组成的、处于无政府状态的国际社会,一个从威斯特伐利亚会议一直延续到今天的国际社会。"①

现代国际法的内容主要包括:首先是联合国主导制定的条约,以联合国为首的国际组织制定了大量的国际法规则,包括国际条约法、外交关系法、战争与人道主义法、国际人权法、国际海洋法等,具体的公约包括《联合国宪章》《公民权利和政治权利国际公约》《经济、社会、文化权利国际公约》《联合国国际货物销售合同公约》《联合国反腐败公约》等;其次是欧洲联盟、世界贸易组织等地区性国际政治组织主导制定的公约,如欧盟的《欧洲联盟条约》《欧洲人权公约》、WTO的《货物贸易多边协定》《服务贸易总协定》和《与贸易有关的知识产权协定》以及亚投行的《亚洲基础设施投资银行协定》等;最后还有国家和国家之间签订的双边条约或多边条约,如1984年《中华人民共和国政府和大不列颠及北爱尔兰联合王国政府关于香港问题的联合声明》、2001年《中华人民共和国和俄罗斯联邦睦邻友好合作条约》、2002年《上海合作组织宪章》、2013年《中欧能源安全联合声明》等。

20世纪以来,随着国际交往的日益频繁,国际法的调整范围也在不断扩张,开始从政治、军事领域扩展到国际民事、经济领域,国际法的家族也不断庞大,包括国际条约法、国际战争法、国际海洋法、国际人权法、国际私法、国际经济法等内容。尤其是在1945年联合国成立之后,国际法在国际社会中发挥了越来越积极的作用,国际法的存在及其实施使国际交往日益远离野蛮的暴力和战争,开始引领人类交往步入和平与理性的轨道。

一、推荐阅读文献

1. 周旺生:《法的概念界说》,载《北京大学学报(哲学社会科学版)》1994年第2期。
2. 郭道晖:《论法的本质内容与本质形式》,载《法律科学》2006年第3期。
3. 胡玉鸿:《马克思主义法本质观之重述》,载《学习与探索》2006年第3期。

二、课后教学活动

1946年8月,当纽伦堡审判已接近尾声、而德国各地对纳粹十二年统治期间涌现的诸多"合法恐怖"事件的审判正进行得如火如荼的时候,当时德国最重要的法学家之一、前魏玛时期司法部长古斯塔夫·拉德布鲁赫(Gustav Radbruch,1878—1949)在《南德意志法学家报》上发表了一篇名为《制定法的不法与超制定法的法》的短文。这篇文章中的核心论点被德国学者命名为"拉德布鲁赫公式",并得到了广泛的流传。

"拉德布鲁赫公式"主要是这样一段话:"正义与法的安定性之间的冲突应当这样来解决,实在的、受到立法与权力来保障的法获有优先地位,即使其在内容上是不正义和不合目的的,除非制定法与正义间的矛盾达到如此不能容忍的地步,以至于作为'非正确法'的制定法必须向正义屈服。在制定法的不法与虽然内容不正确但仍属有效的制定法这两种情形之

---

① 〔美〕斯塔夫里阿诺斯:《全球通史:从史前史到21世纪》(下),吴象婴、梁赤民、董书慧、王昶译,北京大学出版社2006年版,第397页。

间划出一条截然分明的界线是不可能的,但最大限度明确地作出另一种划界还是可能的:凡是正义根本不被追求的地方,凡是构成正义之核心的平等在制定实在法时有意被否认的地方,制定法就不再仅仅是'非正确法',毋宁说它压根就缺乏法的性质。"①

问题:不正义的法还能否被称为法,它是否还具有法的权威性和效力?为什么?

---

① Gustav Radbruch. Gesetzliches Unrecht und übergesetzliches Recht (1946) // Gustav Radbruch. Gesamtausgabe, Bd. 3. hrsg. v. Arthur Kaufmann. Heidelberg : Müller, 1990, p. 89.

第三讲

法的渊源与效力

所有发达民族的法律在阳光下迎风闪烁,千姿百态。这个颤动着的实体构成一个任何人依靠直觉无法了解的整体。

——〔德〕拉贝尔

一旦法律丧失了力量,一切就都告绝望了;只要法律不再有力量,一切合法的东西也都不会再有力量。

——〔法〕卢梭

地球上的生物种类繁多,相互依赖又相互竞争,在阳光下呈现出一副生机勃勃的景象。同样,在法律的世界里,不同来源、不同形式和不同效力的法律共生共栖,相互交织,共同构成一个严密的规范体系,法律的帝国人丁兴旺、绵延生息。

第一节 法律的渊源

一、法的渊源:法律的表现形式

渊源,水积为渊,水之所出为源,渊源的本义乃是指河流的来源,而法的渊源,顾名思义也是指法的来源、源头,法的栖身之地,或者法的表现形式。

作为法学中一个重要概念,"法律渊源"来自罗马法 fontes juris(法的源泉)一词,指法律的来源,法律的栖身之处。法的渊源这个概念在不同的情形下会有不同的含义。英国法学家沃克在其所著的《牛津法律大辞典》中罗列了法律渊源的五种含义:一是指法的历史来源,指产生特定法律的原则和规则的过去的行为和事件。例如美国1803年的"马伯里诉麦迪逊"(Marbury v. Madison)案确立了宪法中的司法审查制度。二是指影响法律、促进立法及推动法律变革的一些理论或哲学原则。例如卢梭和孟德斯鸠的三权分立学说直接指导着美国1789年宪法的设计与起草。三是指法律的形式渊源,如议会以立法形式发布的法典、高级法院的法律解释、权威性法学著作、习惯、公平、正义的法律观念等。四是指文件渊源,即对法律规则做出权威性说明的文件,人们可以从中找到对法律的权威性阐述。如中国的各种法律法规汇编、英美国家的判例法汇编等。五是指文字渊源,也就是法律文献,人们可以从中找到有关法律的信息,发现一些关于法律的非权威性解说,比如法学家的著作等。沃克认为:"从研究方面看,第一和第二个渊源更有意义,它可以让人认识该原则的真正范围和含义。从实践方面看,第三和第四个渊源的重要性更大,一条所称的规则,除非它来自实质渊源,且能在文件渊源里找到关于它的陈述,否则是没有法律强制力或效力的。"①

法律渊源具有多种意义,但是法学上一般使用的法律渊源就是指法律的形式渊源或效力渊源,即由特定国家机关制定或者认可,通过不同方式创立的,具有不同法律效力或地位的法律的外在表现形式,或者说是法律的不同模样。

在不同的历史阶段和不同的国家,由于立法机制的差异,法律的渊源或表现形式是多姿多样、不断变化的。

在古罗马,法律的渊源包括议会制定法、皇帝敕令、元老院决议、法学家注释等,它们是罗马法律的不同表现形态,是社会活动和司法审判必须遵守的有效规则。

在中世纪的英国,法律的渊源包括制定法、普通法和衡平法,前一种是由国王制定的成文法,后两种则是法院在审判活动中创造的判例法。而在今天的英国,法律的三大来源包括:议会立法、法官造法和欧盟法。②

在现代伊斯兰国家,除了国家颁布的各类法律之外,《古兰经》、圣训以及伊斯兰教法学家对《古兰经》的注解也是有效的法律形式。《古兰经》被认为是直接来自于真主的法律,通过使者启示于人间,圣训则是真主的使者默罕默德确立的法律规范。

在古代中国,法律文明高度发达。在秦代,国家法的主要形式包括一般的法律、皇帝的诏令、法律解释(法律答问)以及法庭的判例(廷行事)等。唐朝时期,已经形成了丰富多样、条款完备的各类成文法,包括律、令、格、式等不同形式,律是指国家颁布的基本法,如《贞观律》《永徽律》等,令是指皇帝颁布的单个命令,格和式则主要指公文程式。自明朝开始,由于"律文有尽而情伪无穷",明朝皇帝开始在成文法典之外将以往的判例归纳提升,编纂为"条例",以弥补普通法律的不足。

到了现代社会,根据社会治理的需要,有立法权的国家机关制定了各种法律,包括宪法、议会立法、政府立法及判例等。同时,随着国际交往的日益频繁,国际法开始成为一种越来越重要的法的表现形式。其中最重要的就是联合国制定的国际公约,一个国家只要参加或缔结了联合国的公约,则该公约就对这个国家有效。

总之,无论是古代还是现代,法律的世界都是驳杂多样、异彩纷呈的。在不同的时空条件下,法律往往具有不同的渊源和形式。

二、法的正式渊源与非正式渊源

在一个国家内,法律的表现形式是多种多样的,从法官的角度讲,不同的法律形式,对司法审判具有不同的效力:有些法律是必须遵守的,具有普遍的约束力,而有些法律则并不具有强制性,只有参考价值,一般只是潜移默化地影响着法官的判断。这就涉及法律渊源的一个重要分类——正式渊源与非正式渊源。

美国法理学家博登海默指出:"所谓正式渊源,我们意指那些可以体现为权威性法律文件的明确文本形式中得到的渊源。这类正式渊源的主要例子有,宪法和法规、行政命令、行政法规、条例、自主或半自主机构和组织的章程与规章、条约与某些其他协议,以及司法先

---

① 〔英〕戴维·M.沃克:《牛津法律大辞典》,李双元等译,法律出版社2003年版,第1049页。
② James Holland and Julian Webb, Learning Legal Rules: A Students' Guide to Legal Method and Reasoning, Oxford University Press, 2010, p.7.

例。所谓非正式渊源,我们是指那些具有法律意义的资料和值得考虑的材料,而这些资料和值得考虑的材料尚未在正式法律文件中得到权威性的或至少是明文的阐述和体现。尽管无需对非正式渊源作详尽无遗的列举,但我们仍将非正式渊源分为下述一些种类:正义标准、推理和思考事物本质(nature rerum)的原则、衡平法、公共政策、道德信念、社会倾向和习惯法。"①

一般认为,由国家专门的法律机关创制的、可以直接作为处理法律问题依据的法律形式,属于法的正式渊源,主要指国家立法机关制定的各种法律文件。这种法律出自权威的国家机关,体现了国家的意志,它能够产生法的约束力,是有关当事人以及法官、律师等法律职业人士必须遵守的有效规则。与正式渊源相对应,法的非正式渊源指的是那些并非出自法律创设机关、不能作为处理法律问题必要和充分根据,但对于法律活动具有一定影响和参考价值的法的渊源,主要包括习惯和判例等。法的非正式渊源可以被视为"法的半成品",它尽管不具有正式法的强制效力,但对法律活动又不是完全没有意义,尤其是在正式的法律存在漏洞或者含混时,它能够发挥补充正式法律不足的作用,成为法官判案的依据。

在大陆法系国家,源于古罗马的成文法传统造就了其完备而系统的制定法体系,成文法成为国家的基本法律形态,甚至是唯一的法的正式渊源。因而,在传统的司法审判中,法官往往奉行严格规则主义,即只依据国家立法机关制定的成文法来审判案件,成文法之外的规则一般不能被直接运用。但是,随着社会的日益复杂,人们开始意识到,即便是最聪明的立法者——如聪慧而自负的拿破仑皇帝——也不可能制定出绝对完备的万能法典,成文法在变动的社会生活面前永远是落后和不全面的。欧洲法社会学的代表性人物、奥地利法学家埃利希(E. Ehrlich)指出:"想把一个时代或一个民族的全部法律都框进某个法典的法律条文之中,其实就像欲把一条河流堵截在池子里一样愚蠢:凡被放进池子里的水就不再是流动的活水,而是一潭死水,何况大量的活水根本不可能放进池子里。"②因此,在成文法出现漏洞或者存在不足的时候,立法者应允许法官进行自由裁量,在一定程度上运用那些非正式的法律渊源来裁判案件。尤其是在民事审判中,法典的封闭性和民事活动的无限性之间总是存在鸿沟和不对应,为了解决这一问题,很多国家的民法典都规定:民事活动,有法律依法律,无法律依习惯,无习惯依法理。通过这样的方式,风俗习惯和法学家的学说不仅可以为人们开展民事活动提供指导,而且还可以直接进入司法审判,成为法官裁判案件的根据。

在普通法系国家,由于历史上比较缺乏系统的成文法典,司法审判主要靠法官根据各地习惯发挥自己的法律智慧进行自由裁判。在普通法的故乡英国,12 世纪时逐步形成了判例法的传统,在面对具体案件时,如果缺乏明确的法律依据,则允许法官根据当地习惯、凭借自己对法律公平正义的理解做出裁判,而这个裁判一旦被认可和接受,则对后来的法官在审判同类案件时具有当然的约束力,这就是"遵循先例"。在这种传统下,法官实际上担任了立法者的角色,他们创造了一个庞大的判例法体系,包括普通法和衡平法两种类型。因而,在国王的立法之外,法院的判例也属于正式的法律渊源。进入现代以来,随着社会的变化,英美法系国家也开始重视议会立法,成文法的地位显得越来越重要,开始成为国家主要的正式法律渊源。与大陆法系一样,习惯和法学家学说在英美法国家也属于非正式的法律渊源,它们

---

① 〔美〕博登海默:《法理学:法律哲学与法律方法》,邓正来译,中国政法大学出版社 1999 年版,第 414—415 页。
② 〔奥〕欧根·埃利希:《法社会学原理》,舒国滢译,中国大百科全书出版社 2009 年版,第 539 页。

并非源于国家机关,所以不具有法的当然约束力,它们是法律家族中特殊的一类,在幕后默默地影响着法律活动,指导着法官的审判。

三、当代中国法的正式渊源

中国是一个大国,地域辽阔,人口众多,各地发展不平衡,这样的国情决定了我国独特的立法体制,即中央和地方均享有不同程度的立法权,而这样的立法体制直接决定了我国正式法律渊源的多样化。

1. 宪法

在我国,宪法为首要法源,它是国家的根本大法,对我国政治生活中最重要、最根本的事项作出了最权威的规定。新中国第一部《宪法》产生于1954年,后经过了多次修改,现行宪法是1982年修改后的《宪法》。宪法的内容涉及国家的基本构架,涉及国家权力与公民自由,它是国家公共事务的总宪章,在国家法律体系中具有最高效力,其他任何法律都不得与宪法相冲突。

2. 法律

宪法之下是"法律"。在我国,广义上的"法律"包括所有拥有立法权的国家机关制定的规范性法律文件,而狭义的法律则专指由全国人民代表大会及其常务委员会制定的规范性法律文件。作为法律渊源意义上的"法律"就是指狭义的法律。在我国正式的法律渊源中,法律是由最高立法机关——全国人大及其常委会——制定的,其地位和效力仅次于宪法。在日常生活中,最核心和最重要的法律包括《刑法》《治安管理处罚法》《民法通则》《物权法》《合同法》《刑事诉讼法》《民事诉讼法》等。

3. 行政法规

行政法规是由国务院制定的关于行政管理方面的规范性法律文件,行政法规的名称一般为"某某条例",比如《信访条例》《学位条例》《物业管理条例》《音像制品管理条例》等。在法的正式渊源中,行政法规的效力低于宪法、法律但高于一般的地方性法规,在全国范围内普遍有效。

4. 地方性法规

地方性法规是有立法权的各级地方人民代表大会及其常务委员会,在不违背上位法的前提下,根据本行政区域的具体情况和实际需要制定的规范性法律文件,如《北京市人口与计划生育条例》《吉林省大气污染防治条例》《杭州市智慧经济促进条例》《武汉市志愿服务条例》等。从效力等级上看,地方性法规的效力低于宪法、法律和行政法规;从效力范围上看,地方性法规具有地方性,其效力范围仅限于本地行政区域内。

5. 民族自治法规

民族自治地方,包括自治区、自治州、自治县,它的人民代表大会有权依据当地民族的政治、经济、文化的特点制定自治条例和单行条例,比如青海《海西蒙古族藏族自治州自治条例》、四川《凉山彝族自治州自治条例》、贵州《黔东南苗族侗族自治州自治条例》、海南《白沙黎族自治县自治条例》。其中自治条例是一种综合性法规,内容比较广泛,单行条例是关于某一方面具体事务的规范性文件,针对性比较强。民族自治条例和单行条例可以对国家法律的有关内容进行变通性规定,经过有关上级国家机关批准后在本自治区域范围内内有效。

6. 规章

国务院各部委及设区的市以上的地方人民政府,可以根据宪法和法律行使一定程度的立法权,它们制定的法律叫"政府规章"。根据制定主体不同,规章分为三种:部门规章、地方政府规章和军事规章。

部门规章是国务院各部、委员会、中国人民银行、审计署和具有行政管理职能的直属机构在其职权范围内制定的规范性文件,比如人力资源和社会保障部《外国人在中国就业管理规定》、交通运输部《道路运输从业人员管理规定》、公安部《公安机关人民警察佩带使用枪支规范》等。部门规章规定的事项应当属于执行法律或者国务院的行政法规、决定、命令的事项。没有法律或者国务院的行政法规、决定、命令的依据,部门规章不得设定减损公民、法人和其他组织权利或者增加其义务的规范,不得增加本部门的权力或者减少本部门的法定职责。

地方政府规章指的是省、自治区、直辖市和设区的市、自治州的人民政府依照法定程序制定的规范性文件,比如《江苏省土地利用总体规划管理办法》《西藏自治区大型宗教活动管理办法》《青岛市社会医疗保险办法》。没有法律、行政法规、地方性法规的依据,地方政府规章不得设定减损公民、法人和其他组织权利或者增加其义务的规范。

军事规章是中央军事委员会各总部、军兵种、军区、中国人民武装警察部队,根据法律和中央军事委员会的军事法规、决定、命令,在其权限范围内制定的规范性法律文件,如《伤病残军人退役安置规定》《军队文职人员管理规定》等。

7. 国际条约和国际惯例

国际条约是我国同国际组织、其他国家缔结或参与的双边、多边协议和其他具有条约、协定性质的文件。条约生效后,根据"条约必须遵守"的国际准则,对缔约国的国家机关、团体和公民就具有法律上的约束力,因而国际条约也是我国法的正式渊源之一。国际惯例是指以国际法院等各种国际裁决机构的判例所体现或确认的国际法规则和国际交往中形成的共同遵守的不成文的习惯,如在战争中应优待战俘、不得对平民使用武力等。国际惯例是国际条约的重要补充,同样也是法的正式渊源。

除以上法律渊源之外,在我国还有一些特殊形式的正式法源,这些法源包括:中央军事委员会制定的军事法规、军事部门制定的军事规章;香港、澳门特别行政区立法会制定的特别行政区法规;深圳、珠海、汕头等经济特区根据全国人大或者全国人大常委会的授权而制定的经济特区法规等。

四、当代中国法的非正式渊源

除正式渊源以外,在我国还存在一些不同形式的法的非正式渊源,它们主要表现为来自民间的法律规则,这些规则尽管不具有法的名份和效力,但在司法审判中却发挥了补充官方法律不足的重要作用。

1. 政策

政策,一般是指特定的政党或政治组织在处理国家事务、公共事务中制定的调整各种社会关系的路线、方针、规则和措施的总称。在我国,最重要的政策是中国共产党的政策。执政党的政策作为一种非正式的法律渊源,具有前瞻性和灵活性,不仅可以指导立法和法律实施,而且能够补救成文法的不足。

我国《民法通则》第 6 条规定:"民事活动必须遵守法律,法律没有规定的,应当遵守国家政策。"这里可以举公有住房使用权的承租继承这一具有"本土化"特色的实例说明。公有住房使用权是我国传统福利住房分配政策和计划经济体制遗留下来的特殊产物,具有迥异于一般私有房屋租赁使用权的性质,其所具有的永续性、支配性、可转让性等特征,使其在性质上更接近于物权而非债权。房管部门对公有住房的管理模式却是采取产权单位与承租人之间通过签订"房屋租赁合同"的形式,来约定双方的权利和义务。司法实务中,如何界定公有住房使用权的法律属性成为比较棘手的问题,有的法院甚至不予受理此类案件。这是一种典型的必须依靠政策解释才得适用法律的实例,因为对于这类案件的处理,法律上并无明确规定,有关公有住房的形式规范均来源于政策文件。[1]

2. 风俗习惯

西方法谚云:"习惯是法律的最佳阐释者"。在人类社会的早期,调整社会关系的主要手段就是习惯,因此,习惯在某种意义上是近现代法律、道德、宗教的源头。法律和习惯之间密不可分,人类很多早期的法律就是习惯的汇编,比如德国大约编纂于 1220 年的著名法典《萨克森法典》就属于典型的习惯法汇编。在谈到中国传统社会的习惯法时,学者梁治平指出:"习惯法乃是由乡民长期生活与劳作过程中逐渐形成的一套地方性规范;它被用来分配乡民之间的权利、义务,调整和解决他们之间的利益冲突。习惯法并未形诸文字,但并不因此而缺乏效力和确定性,它在一套关系网络中实施,其效力来源于乡民对于此种'地方性知识'的熟悉和依赖,并且主要靠一套与'特殊主义的关系结构'有关的舆论机制来维护。"[2]

风俗习惯并非只是与古老的乡土生活联系在一起,即使是在现代社会,人们依然可以看到各种各样的习惯,看到它们在调整社会及解决纠纷方面活跃的身影。根据法社会学家的研究,在西方发达资本主义国家,在许多商事活动中,对于正规法律的援引反倒是一种不正常和例外的情况,人们往往更愿意通过遵从商事习惯、互相协商、互相谅解等方式来达成协议,协调彼此的活动。[3]

美国文学家马克·吐温曾说:"法律是沙子,习惯是岩石。法律可以被违反,刑罚也可规避,但公然违反习惯的人才会获得真正的惩罚。"[4]风俗习惯对法律的影响主要表现在两个方面:首先,习惯作为一种民间法,它具有一定的合理性,得到社会的普遍认可,会对国家立法产生重要的影响,很多国家法律的内容就直接来自于民间习惯;其次,在司法审判中,尤其是在民事审判中,如果国家的制定法存在漏洞或者含义不明,则风俗习惯可以作为一种非正式的法源,引导法官作出既符合法理又让公众满意的裁判结果。

江苏省如皋市法院审理过一个很有意思的案件。朱某与陆某两家系同组村民,南北紧邻。两家为一些生活琐事素有矛盾,经有关组织多次调处未果。2004 年 10 月,陆某在其家楼房后树立四扇石磨,两扇一组,正对朱某家楼房大门。石磨外侧还有镜子对着朱某家,其中一面镜子上写有"死"字。朱某因此到法院诉称:陆某以巫蛊手段诅咒原告及其家人,原告整日感到心神恍惚,无心农事,陆某行为给原告及家人造成精神痛苦

---

[1] 李超:《政策解释在民法适用中的价值》,载《西部法学评论》2013 年第 6 期。
[2] 梁治平:《清代习惯法:社会与国家》,中国政法大学出版社 1996 年版,第 166 页。
[3] 〔英〕罗杰·科特威尔:《法律社会学导论》,潘大松等译,华夏出版社 1989 年版,第 37—39 页。
[4] 转引自陈新民:《公法学札记》,中国政法大学出版社 2001 年版,第 305 页。

和心灵创伤,要求被告立即移走石磨及镜子,停止其巫蛊行为,并支付精神损害赔偿。

法院审理认为,石磨及镜子是日常生活用品,本身并没有特别的意义,但在特定条件下也会被赋予特定的内涵。陆某用石磨对着他人大门并在镜子写有"死"字,这在当地习俗中有磨人之类的迷信说法,可以被看作是一种诅咒他人的巫蛊之物。巫蛊行为是一种封建迷信,有悖于社会公序良俗,其本身虽不会对他人造成实质性的伤害,但客观上会使相对人心存疑虑、顾忌,使其精神压抑、郁闷,从而造成精神痛苦和创伤。据此,法院判决被告立即停止巫蛊行为,并赔偿原告精神损失费500元。①

在上述案件中,陆某用石磨对着他人大门并在镜子写有"死"字,这种行为并未违反法律的规定,但若考虑到当地特定的风俗习惯、风土人情,则该行为无疑具有较大的破坏性和挑衅性,会对当事人造成精神损害。据此,法院认定被告的行为构成侵权,应承担相应的法律责任。

3. 道德原则和正义标准

在西方,道德规范和正义观念往往被视为是一种"高级法"或者"自然法"。尽管近代以来,直接诉诸这种"高级法"进行审判的司法实践越来越少,但是法院有时还是会将道德规范和正义观念揉入其对宪法和法律条文的解释中,从而在事实上使得道德规范和正义观念具有了法源的地位。第二次世界大战之后著名的纽伦堡审判,在很大程度上就是法官运用道德规范和正义观念对纳粹战犯罪恶行为的清算和审判。

纽伦堡审判

1945年11月20日,针对23名德国纳粹党匪首的审判在纽伦堡举行。在公诉人对他们的战争犯罪进行指控时,这些战犯们无一例外地回答说:自己只是依法奉行上级命令而行事。面对纳粹战犯们的种种狡辩,国际法庭的公诉人、美国杰克逊大法官严厉地指出:"有一个不容否认的事实是:纳粹党徒,在一个相当大的范围里对人类犯下了前所未有的残酷罪行!谋杀、拷打、奴役、种族屠杀这些行为,不是早已被全世界的文明人认定是一种罪行吗?我们的提议,就是要惩罚这些罪行!"杰克逊法官接着说:德国法西

---

① 陈璇、沙建国:《巫蛊诅咒被判赔偿》,载《江苏法制报》2005年4月25日第2版。

斯党的种族屠杀、践踏公民权利的"法律"与"法令",是与人类最基本点的道德与人性完全相悖的,任何一个有良知的人都不会执行这样的"恶法",而这样的"恶法"亦不能成为任何人拿来为自己的犯罪行为进行辩护的理由。最终,这 23 名战犯中 11 人被判处绞刑,其余被告被判无期、20 年、10 年徒刑不等。①

4. 法理学说

在历史上,法学家的理论学说往往是法的渊源之一。比如,中国古代的儒家学说就对封建法律制度产生了深远的影响,而在古罗马,盖尤斯等五大法学家的著述对司法审判具有直接的约束力。到了现代社会,理论学说一般不再被看作是法的正式渊源,法官们也不能直接将某一法学理论、法律学说作为审判的依据。尽管不是法的正式渊源,但是理论学说、法律学说所蕴涵的法理,仍然是法律实践中所必不可少的组成部分。这种法理学说能够指导法律职业者分析法律问题,为其法律论证和法律推理提供论据。因此,理论学说、法律学说在我国属于法的非正式渊源。

5. 指导性案例

2010 年,最高人民法院发布的《关于案例指导工作的规定》指出:为总结审判经验,统一法律适用,提高审判质量,维护司法公正,实施指导性案例制度。所谓"指导性案例",是指裁判已经发生法律效力,并符合以下条件的案例:社会广泛关注的;法律规定比较原则的;具有典型性的;疑难复杂或者新类型的;其他具有指导作用的案例。

最高人民法院设立了案例指导工作办公室,负责指导性案例的遴选、审查和报审工作。最高人民法院审判委员会讨论决定的指导性案例,统一在《最高人民法院公报》、最高人民法院网站、《人民法院报》上以公告的形式发布。最高人民法院发布的指导性案例,各级人民法院审判类似案例时应当参照。

6. 外国法

一般而言,一国的法律只能在本国主权范围内发挥效力,他国并无义务接受该法律的约束。因此,外国法并不是法的正式渊源。但是,如果各国面临的法律问题非常相似,而本国的法律规定又不明确或者存在漏洞的时候,国外的相关规定就可以作为一个补充性的"法律仓库"供法官参考使用。比如,在香港终审法院的"侮辱国旗案"②中,法院就援引了挪威、芬兰等国的法律。由于这种做法有利于法官接触到各种良好的解决办法以应对疑难法律问题,因此,可以将外国法视为我国法的非正式渊源。

---

① 余定宇:《寻找法律的印迹:从古埃及到美利坚》,法律出版社 2004 年版,第 158 页。
② "侮辱国旗案"是香港回归后第一起有关全国性法律适用问题的案件。1998 年 1 月 1 日,两名被告(Ng Kung Siu 和 Lee Ki Yun))在游行示威活动中,手持被严重涂污的国旗、区旗,沿途挥舞,并将涂污的国旗、区旗绑在特区政府合署栏杆上。警方以违反《国旗及国徽条例》第 7 条、《区旗及区徽条例》第 7 条关于禁止侮辱国旗、区旗的规定,对两被告提出刑事检控。裁判法院裁定,两名被告侮辱国旗、区旗罪名成立,各判签保 2000 港元,守行为 12 个月。两被告不服,上诉至高等法院上诉庭。上诉庭裁定,《国旗及国徽条例》《区旗及区徽条例》中将侮辱国旗、区旗行为犯罪化的规定违《公民权利和政治权利国际公约》第 19 条和《香港特别行政区基本法》第 39 条对发表自由的保障,因而无效,故撤销对两名被告的定罪。随后,特区政府上诉至终审法院。终审法院裁定,《国旗及国徽条例》《区旗及区徽条例》的规定符合《香港特别行政区基本法》,其通过侮辱国旗行为犯罪化来限制发表自由具有充分的理据,故维持裁判法院一审判决。"侮辱国旗案"即"香港特别行政区诉吴恭劭及利建润",初审判决编号 CASE NOS WSS 3151 AND 3152 OF 1998,见[1999]2 HKC10;上诉庭判决编号 HCMA563/98,见[1999]1 HKLRD 783;终审法院判决编号 FACC4/1999,见[1999]3 HKLRD 907。转引自马正楠:《论全国性法律在香港适用的权力冲突》,载《法律适用》2012 年第 11 期。

第二节 法律的效力

与温和的道德、宗教、习俗相比,法律是强硬的:它在一定的时间和空间范围内,对所有的人普遍有效,具有无可争辩的约束力。西方法谚曰:"法律有效力,国民便昌盛",法律正是凭借其普遍的约束力规范着社会成员的一言一行,保障了公共生活的安全、有序、公平与和谐。

一、法律的对象效力

法律是人制定的社会规范,它有自己明确的调整对象。法律的对象效力,就是指一个国家的法律对哪些对象、哪些主体有效的问题。

(一)历史的变迁

在现代社会,法律的调整对象是"人",这里的"人"既包括自然人,也包括公司、国家机关和民间社团等社会组织。法的对象效力也被称为"法律对人的效力"。

但是,在古代法律中,由于受到宗教、神学的影响,某些动物甚至也被赋予了一定的法律人格,在某种意义上也成为法律约束的对象。例如,猫在古埃及、白象在暹罗(siam 今泰国)就受到法律的尊重和保护,享有人格权;而美国人类学家霍贝尔在其《初民的法律》一书中讲到:家畜在伊富高人眼中具有法律上的人格,恶意杀死一头家畜与杀人相类似,需要支付一种称为"拉波得"(labod)的赔偿金,该赔偿金与一桩杀人案中可能支付的赔偿金额相同。[1] 与伊富高文化相似,科曼奇人认为马匹,尤其是好马具有准人格,因此故意杀死他人心爱的坐骑,是一种近似杀人的行为,尤其当这匹马是物主最好的朋友在弥留之际的遗赠之物时更是如此,对此予以复仇的方式不是去杀死违法者心爱的坐骑,而是杀死其本人。[2]

另外,在古代法律中,奴隶不具有人的资格和权利,往往不能成为法律上的主体而是被视为主人的财产,而妇女及外国人的法律地位也受到诸多方面的限制,不是完整意义上的法律主体。例如,公元前 3000 年两河流域的《乌尔纳姆法典》就将居民划分为自由民和奴隶两个阶层,法律严格保护奴隶主对奴隶的私有权,奴隶可作为财产被任意买卖,也可作为实物赔偿给受害者。此后,两河流域其他城邦国家制定的《苏美尔法典》《俾拉拉马法典》《李必特·伊丝达法典》,公元前 18 世纪古巴比伦王国颁布的《汉穆拉比法典》,都规定奴隶并不是法律意义上的人,他们只能被作为客体来对待,奴隶不享有人格权,其生命、身体、健康等不受法律保护。甚至西方法律在发展到古罗马时期,对奴隶、妇女及外国人法律人格的剥夺和限制依然十分明显,比如《十二铜表法》(Law of the Twelve Tables)就规定:

第五表 继承和监护
一、除维斯塔贞女外,妇女终身受监护。
十一、以遗嘱解放奴隶而以支付一定金额给继承人为条件的,则该奴隶在付足金额后,即取得自由;如该奴隶已被转让,则在付给让受人以该金额后,亦即取得自由。
第六表 所有权和占有

---

[1] 〔美〕霍贝尔:《初民的法律——法的动态比较研究》,周勇译,中国社会科学出版社 1993 年版,第 129、133 页。
[2] 同上书,第 145、154 页。

五、外国人永远不能因使用而取得罗马市民财产的所有权。

第八表 私犯

三、折断自由人一骨的,处 300 阿斯的罚金;如被害人为奴隶,处 150 阿斯的罚金。

十四、现行窃盗被捕,处笞刑后交被窃者处理;如为奴隶,处笞刑后投塔尔佩欧岩下摔死。

第十表 宗教法

六、禁止:对奴隶的尸体用香料防腐;举行丧事宴会、奢侈地洒圣水、长行列的花环、用香炉焚香。

进入近代以来,"法律面前人人平等"成为现代法律的基本原则和价值目标。法国 1789 年《人权宣言》宣称:"在权利方面,人们生来是而且始终是自由平等的。"而 1804 年《法国民法典》第 8 条明确规定:"所有法国人都享有民事权利。"在这种情况下,奴隶制及等级制被彻底废除,妇女的地位也不断提高,法律的对象——也就是法律尊重、约束和保护的主体——开始包括所有的人,无论他的性别、种族、年龄、宗教信仰及健康程度。

与此同时,随着法人制度、公司制度的日益完善,法律的主体范围不断扩大,不仅包括自然人,还包括法律上拟制的人——法人。法人是具有独立法律人格,能够以自己名义享有权利并承担义务的组织,包括财团法人、社团法人、机关法人等。在今天的社会生活中,法人已经成为一种数量巨大、种类繁多、呼风唤雨的法律主体。有意思的是,在希特勒法西斯统治时期,其法律还创制和突出强调了"人民"这一法律主体,纳粹提出的原则是:"你的人民至高无上——而你自己一文不值!"

工业化和城市化以来,为了解决日益严峻的生态问题,实现人类可持续发展,一些国家也开始以法律的名义关照、善待生态和自然,动物、植物等本身不具有人格和理性的对象再次受到法律的关怀和尊重。受到动物保护观念的影响,1896 年《德国民法典》在其后的修改过程中专门增加了有关条款:"动物不是物。它们由特别法加以保护";1994 年《法国刑法典》甚至将非故意伤害动物的生命或身体规定为"三级违警罪",将虐待动物规定为"四级违警罪",将故意伤害动物生命规定为"五级违警罪"。在理论界,关于动物权利和地位的讨论作为一个热点问题,开始受到了人们的重视。

与此同时,随着人工智能的进步,机器人越来越具有人的特征,因此,机器人算不算是人,要不要接受法律的约束,也成为一个热点问题。

据英国《电讯报》网站报道,欧盟正在评估一项与机器人相关的提案。如果该提案最终被通过,则当前的机器人工人可能被视为"电子人"。而且,它的主人有责任为它们缴纳社会保险。

当前,机器人被大批量地部署到各种工厂里,承担着各种任务,如个人护理和手术等。这引发了人们对于失业、财富分配不均和异化等问题的担忧。欧洲议会的一份签署日期为 2016 年 5 月 31 日的提案称,机器人越来越智能、越来越普遍、越来越独立,这就要求我们重新思考各种问题,如纳税和法律责任等。而且,一些机器人甚至还拥有了人的外形。2016 年 3 月,在全球最大的旅游展会 ITB 上,游客们得到了东芝公司的仿真机器人的接待,也得到了法国机器人公司 Aldebaran Robotics 开发的另一款机器人的帮助。

该提案呼吁,欧盟委员会至少应该将那些最先进的自动化机器人视为"电子人",并赋予特定的权利和义务。此外,该提案还建议建立智能机器人注册登记制度,建立专门的基金会来承担机器人的法律责任,并让每台机器人都与相应的基金会挂钩。

但德国机械设备制造业联合会(VDMA)认为,这种提案太复杂,而且为时过早。该联合会代表了自动化巨头西门子和机器人制造商 Kuka 等公司。VDMA 总裁帕特里克·舒瓦茨科夫(Patrick Schwarzkopf)对此表示:"该提案将制定一个针对'电子人'的法律框架,但这应该是 50 年以内的事情,而不是 10 年内。这样的法律体系可能会很官僚化,将阻碍机器人的发展。"

这份提案由欧洲议会法律事务委员会起草。提案还称,企业在利用机器人取代人工时,必须要申报使用机器人后企业节省了多少社会保障金,以便于核算企业应缴税款。①

(二)中国法律的规定

在一个主权国家范围内,法的对人效力主要涉及的是法律对本国公民、外国人和无国籍人的约束力问题。对于这个问题,世界各国的做法存在差异,大体上有下面四种做法:

其一是"属人主义",即法对自然人的效力以其国籍为准,法律适用于本国人,不适用于外国人。因此,本国人无论是居住在国内还是在国外,本国法律均对其有效,而外国人即使生活在本国领域内,也不适用本国法。

其二是"属地主义",即法对自然人的效力以地域为准,不论本国人或外国人,凡居住在本国领域内则一律适用本国法。而当本国人在自己国家领域外活动时,则可以不受本国法的约束。属地主义是确定法律对人效力的传统作法,我国唐代法律《唐律疏议》中就规定:"诸化外人,同类自相犯者,各依本俗法;异类相犯者,以法律论。"也就是说,不同国籍的公民在唐帝国发生纠纷,应按属地主义,适用大唐的法律。

其三是"保护主义",即以维护本国国家和公民利益为根据,不管是哪个国家的人,不管是在哪里作出的行为,只要侵害了本国的利益,就一律适用本国的法律。一般来说,国家的属地管辖权只限于国家的领土范围,国家的属人管辖权只限于本国国民,因而,对于外国人在外国的行为,主权国家本来是无管辖权的,但为了保护国家的重大利益,对于外国人在外国所作的、危害到该国利益的行为,国家有时候也会行使管辖权,这就叫保护主义。在法律史上,关于"保护主义"管辖的著名案例是"荷花号"案。

1926 年 8 月 2 日,法国"荷花号"邮船与土耳其的一艘运煤船在公海上发生碰撞,导致土耳其船舶沉没,8 人死亡。法国"荷花号"在第二天到达伊斯坦布尔,土耳其当局依据土耳其法律对该事件进行调查,伊斯坦布尔法院于 9 月 26 日对"荷花号"上负责瞭望的法国海军戴蒙上尉进行了刑事审讯,并判处拘留 8 天和 22 镑的罚款。

法国政府对此提出外交抗议,认为土耳其法院无权审讯戴蒙,因为碰撞发生在公海,荷花号船员应由船旗国审理。但土耳其法院认为,根据土耳其《刑法》第 6 条规定,外国人在外国作出侵害土耳其或其国民的罪行时,按土耳其法律规定该受处罚,当此人

---

① 李明:《欧洲议会提议把机器人当作人,须缴纳社会保险》,载新浪网:http://tech.sina.com.cn/it/2016-06-23/doc-ifxtmweh2422268.shtml,2016 年 6 月 24 日访问。

在土耳其被捕时就要受土耳其法律惩罚。

1926年10月12日,两国签订特别协议,同意将争端递交国际常设法院解决。在诉讼中,法国认为:(1)国际法不允许一个国家单纯以受害者具有其国籍为理由对外国人在国外所作的犯罪行为进行惩罚;(2)国际法承认船旗国对船舶在公海上发生的一切事情有排他的管辖权;(3)上述原则特别适用于碰撞事件。国际常设法院在诉讼中驳回了法国的上述主张,最后判定土耳其的行为没有违背国际法。

其四是"折衷主义",这种做法是以"属地主义"为基础,以"属人主义"作为补充,兼及"保护主义"。根据这种原则,首先,在一国领域内活动的人和组织,无论是本国的还是外国的,一般都适用该国的法律;其次,外国人和外国组织以适用居住国的法为原则,但有关公民义务、婚姻、家庭、继承以及刑法中有特殊规定的某些犯罪等问题,仍适用其本国法;再次,依据国际条约和惯例,享有外交特权和豁免权的人,适用其本国法。目前,世界上许多国家在法律的对象效力问题上都采用了相对比较全面和合理的"折衷主义"做法,我国亦不例外。

根据我国法律的有关规定,我国法律对人的效力的规定主要包括两个方面:

首先,对中国公民的效力:中国公民在中国领域内的一切活动均适用中国法律,无人可以例外;中国公民在国外的时候,原则上仍应适用中国法律,受中国法的保护并履行中国法的义务,但是当中国法律与所在国的法律发生冲突时,要区别不同的情况,根据相应的国际法及国内法的规定,来确定是适用中国法律还是适用外国法律。

2016年4月,肯尼亚警方根据相关线索抓获41名(其中中国大陆地区19人、台湾地区22人)冒充中国大陆公检法机关对中国大陆群众实施诈骗的犯罪嫌疑人。肯尼亚政府随后发出遣返令,将上述41人遣返回中国大陆。

在问及台湾地区嫌犯是否会在中国大陆受审,公安部表示,此次从肯尼亚押回的团伙是在肯尼亚设点诈骗中国大陆群众,受害人都在中国大陆,而且部分犯罪嫌疑人也是中国大陆人。因此,本案适用中国大陆的法律,司法机关将按照中国大陆法律的有关规定,对犯罪团伙进行侦查、起诉和审判。

其次,对于外国公民和无国籍人的法律适用:外国公民和无国籍人在中国境内,除法律另有规定外,一律适用中国法律。所谓另有规定,一般是指法律上明确规定不适用中国法律的情形,比如享有外交特权和豁免权的外国人,需要通过外交途径来解决;对于外国公民和无国籍人在中国境外对中国国家或中国公民实施的犯罪,如果按中国刑法规定其最低刑为3年以上有期徒刑的,可以适用中国刑法,但是按照犯罪地的刑法不构成犯罪的除外。这一条规定表明中国法律在一定程度上采用了"保护主义"的原则。

二、法律的时间效力

同人一样,法律也有寿命,有自己的存活时间和效力期间。法律的时间效力,涉及法律何时开始生效、何时终止效力,以及法律对于其生效前的事件或者行为是否具有溯及力的问题。法律的时间效力设定了法律对于人的行为约束的时间期限,也是法律自己寿命长短的直接规定。一般来说,越健康的人寿命越长,而越合理的法律,其生效的时间也就越长。

关于法律的生效时间,世界各国的做法不太一致,在过去交通不发达的时候,法律一般以送达到某一地区的时间为生效时间,比如,英国国王的法律可能在伦敦是月初生效,而到了爱丁堡则是月底生效。在现代,如果没有特别规定,法律一般自公布之日或规定的日期在全国范围内同时生效。

在我国,关于法律的生效时间通常有如下几种做法:其一,自法律公布之日起生效。其二,在法律中明确规定该法的生效时间。对于某些新出台的法律,由于社会公众需要一定时间进行学习和了解,不宜在公布之日即生效,因此往往采取在法律中明确规定日期的形式来确定该法的生效时间。其三,比照其他法律确定本法律的生效时间。由于某些法律的目的在于辅助其他法律的应用,因此这些法律就需要比照其辅助的法律来确定自身的生效时间。比如,《公司登记条例》作为《公司法》的辅助法,它的生效时间就取决于《公司法》的生效时间。其四,法律自其试行之日起生效。在20世纪80年代,由于我国的改革开放和市场经济尚处在摸索阶段,加上立法经验和水平有限,所以国家制定了许多"试行法",这些法律基本上都是自试行之日起生效,试行日一般由该法律或法规自身规定或另行颁布法律、法规加以规定。

与生效对应,法律的失效意味着法律的死亡和终结。一般来说,法律可以通过明令废止或默示废止的形式终止其效力。我国法律的终止生效主要有这几种形式:新法律公布后,原有的法律即自动丧失效力;新法取代旧法,同时明确宣布旧法作废;法律本身规定的有效期届满,该法失去效力;由有关国家机关颁发专门文件宣布废止某个法律;法律已完成其历史任务而自行失效,等等。

在一部法律被修改后,往往会涉及法的溯及力问题。法的溯及力,也叫"法律溯及既往"的效力,是指法律对其生效以前的事件和行为是否适用的问题,如果适用,就具有溯及力,如果不适用,就没有溯及力。在法的溯及力问题上,往往会涉及两个法律,一个是原来的旧法,一个是现在的新法,两者之间是前后替代关系,新法出台,旧法失效。例如,某国的新《刑法》于6月1日生效,在5月28日发生了一起犯罪活动,法院在6月15日开庭审理该案件,这时候就涉及该国新《刑法》的溯及力问题:对发生在其生效之前的案件,到底是依据新刑法来审判,还是依据犯罪行为发生时的旧刑法来审判呢?

世界各国关于法的溯及力问题主要有如下几种规定和做法:其一,从旧原则。按照这个原则,新的法律颁布后,对其生效以前发生的事件和行为一律不适用,以前的问题适用行为当时的旧法。其二,从新原则。按照这个原则,新的法律颁布后,对其生效以前的事件和行为一律适用。其三,从轻原则。按照这个原则,在具体适用法律时要对新法与旧法的内容进行比较,从中选择对行为人更加有利的或者处罚较轻的法律加以适用。其四,从新兼从轻原则。即新法原则上具有溯及既往的效力,但如果旧法对行为人的处罚较轻时,则依照旧法处理。其五,从旧兼从轻原则。即以前发生的事件和行为原则上应适用旧法,但如新法的规定对行为人更有利或处罚较轻时,则适用新法。

一般说来,在古代社会,出于维护王权统治和打击犯罪的需要,法律具有溯及力是比较平常的事。但是自进入现代法治社会以来,法不溯及既往已成为大多数国家确认的一个基本法律原则。例如美国《宪法》规定:"追溯既往的法律不得通过之。"而法国的《人权宣言》第8条规定:"法律只应规定确实需要和显然不可少的刑罚,而且除非根据在犯法前已经制定和公布的且系依法施行的法律以外,不得处罚任何人。"第二次世界大战之后,联合国制定的人权公约也明确提出新颁布的法律对其生效前的行为不得溯及既往;

1948年联合国《世界人权宣言》第11条第2款规定:"任何人的任何行为或不行为,在其发生时依国家法或国际法均不构成刑事罪者,不得被判为犯有刑事罪。刑罚不得重于犯罪时适用的法律规定。"

1966年联合国的《公民权利和政治权利国际公约》第15条规定:"任何人的任何行为或不行为,在其发生时依照国家法或国际法均不构成刑事罪者,不得据以认为犯有刑事罪。所加的刑罚也不得重于犯罪时适用的规定。如果在犯罪之后依法规定了应处以较轻的刑罚,犯罪者应予减刑。"

法谚曰:"法律不能强人所难",让人在行为当时去遵守未来之法,既不人道,也不现实。因此,法不溯及既往已经成为国际社会公认的一项法治的基本原则。之所以说法不溯及既往是现代法治的一个基本法律原则,主要是因为法律随意溯及既往不仅会损害法律本身的权威性、安定性和可预测性,而且还会给国家利用后来的法律惩罚公民先前的行为提供便利,而这将导致公权力滥用和人权遭受侵害,这是与现代法治的标准及理念相冲突的。

当然,任何原则都是相对的,都有可能存在例外情况,法不溯及既往原则亦如此,尤其是从人权保障的角度考虑,适当允许某些法律溯及既往可能会给公民带来好处。因此,当今世界大多数国家都有条件地允许某些法律可以溯及既往,即采用"从旧兼从轻"的做法:原则上新法不溯及既往,新法生效前的行为仍适用旧的法律,但如果新法的规定给公民的好处更多而惩罚更轻的话,则可以适用新法,即承认新法具有溯及力。

三、法的空间效力

法律的空间效力,指法律在哪些地域有效、适用于哪些地区的问题。一般来说,一国的法律适用于该国主权范围所及的全部领域,包括领土、领水、领空,以及作为领土延伸的本国驻外使馆、在外船舶及航空器等。

法律的空间范围明确了法律产生效力的地域,生活在该特定领域之内的人们必须服从和遵守法律。古人说:"溥天之下,莫非王土;率土之滨,莫非王臣。"① 也就是说,全天下的土地都归君王所有,全部土地上的子民都归君王管理。到了今天,法治代替了人治,法律取代了国王和皇帝,成为世俗生活中最高的主宰和权威,所以我们可以说"率土之滨,莫非法域"。

国内法和国际法在法的空间效力问题上是存在差别的。一般来说,国际法对一个国家有效的前提取决于该国政府的自愿接受,而国内法一旦制定,它对于整个辖区内的所有人是无条件适用的。

在立法主体单一的国家,国家的法律往往只由唯一的立法机关制定,所以该法律的空间效力也往往及于整个国家。但是在立法主体多元化的国家,由于制定法律的机关不同,法律的空间效力也存在一定的差别。另外,随着现代国际交往的发展,一国的国内法在特殊情况下也可能会在域外产生约束力。

具体说来,一国国内法的空间效力主要包括下列三种情况:

第一种是法律在全国范围内生效。这种法律一般是由国家最高立法机关制定的,所以适用于全国范围内。在美国,联邦议会制定的法律适用于美国各州;在我国,全国人民代表

---

① 《诗·小雅·北山》。

大会制定的宪法和基本法律、全国人大常委会制定的非基本法律以及国务院制定的行政法规,它们均在全国范围内生效。但是,由于我国实行了"一国两制",因此在香港、澳门、台湾等地区,中央立法机关制定的法律并不必然在这些地区有效。

第二种是在局部地区生效。凡是地方国家机关制定的法规就只能在制定机关所管辖的范围内生效。例如,我国各省、自治区、直辖市人民代表大会制定的地方性法规、自治条例、单行条例等,也仅在相应地区生效,河北省的规定到了河南就是无效的;在实行联邦制的美国,各州均拥有立法权,阿拉巴马州的法律仅适用于本州,到了亚利桑那州就无效了。

第三种情况是一国或一地制定的法律在域外生效。法律在域外生效是说法律的效力及于制定机关所管辖的领域之外,包括一地的法律在异地有效和一国的法律在国外有效两种情况。在我国,《刑法》规定:"外国人在中华人民共和国领域外对中华人民共和国国家或者公民犯罪,而按本法规定的最低刑为3年以上有期徒刑的,可以适用本法,但是按照犯罪地的法律不受处罚的除外。"这使我国《刑法》在一定条件下可以在我国领域外生效;在美国,民事诉讼中"长臂管辖权"(Long Arm Jurisdiction)的存在也使一州的法律可以对发生在其他州的行为有效。1955年伊利诺伊州首先制定了"长臂管辖法令",扩大了州法院对人管辖权的连接因素,之后为各州效仿。所谓"长臂管辖权",即只要被告和立案法院所在地存在某种"最低联系",而且原告所提权利要求和这种联系有关时,该法院就对被告具有属人管辖权,可以对被告发出传票,哪怕被告在州外甚至国外。美国的长臂管辖法原来是国内法,后来美国的法学会对最低限度接触和长臂管辖作了扩大解释,从而可以使其适用到美国同其他国家的相关案件中。长臂管辖原则扩大了美国的司法管辖权,即使一个被告从未在美国交易过,只要它的产品在美国使用并造成损害即可构成在美国司法管辖所要求的"最低限度的接触",从而使美国法院获得管辖权。①

第三节 法的效力等级及冲突解决

一、法的效力等级

法的效力等级,是法的效力问题的一个重要组成部分,在一个多元化的法律体系中,法律的来源与形式不同,其效力也往往不同,有的法律效力很高,有的法律效力较低,相互之间形成一个有机的整体。

法律效力等级是和立法体制紧密相关的,越是在立法主体多元的国家,法律的形式越多样,法律的效力等级也就越复杂。一般说来,法律的效力高低是和立法主体及法律的内容相关联的,立法主体的地位较高,法律的内容较重要,法律的效力也就比较高。

由于具体国情的原因,我国的立法体制相对复杂,拥有立法权的国家机关比较多,因此,为了保证整个法律体系的和谐、统一,确定一个合理的法律效力层次就非常重要。根据我国《宪法》和《立法法》的有关规定,我国法律的效力等级大致可以分为下面几个层次:

第一等级:宪法。宪法是国家的根本大法,由最高国家权力机关即全国人大制定,规定的内容具有根本性和重要性,因而,宪法具有最高的法律效力,一切法律、行政法规、地方性

---

① 张博:《美国的长臂管辖权原则》,载《人民法院报》2011年7月15日第8版。

法规、自治条例和单行条例、规章都不得同宪法相抵触。

第二等级：法律、国际公约。这里的"法律"专指全国人大及其常委会制定的规范性法律文件，而国际公约指我国参加和缔结的国际公约，它们的效力仅次于宪法，处于效力等级的第二个层次。

第三等级：行政法规。国务院根据宪法和法律，在行政管理领域制定的行政法规，是我国法律体系的重要组成部分，其效力处于第三个层次。

第四等级：地方性法规、自治条例、单行条例。一般来说，地方性法规、自治条例和单行条例这几类规范性法律文件的效力大致处于同一个效力等级，但是由于该类法律文件的制定主体比较多，所以在其内部，依据制定主体的级别高低又会有所区别。具体说来包括：上一级人大和常委会制定的规范性文件高于下一级人大和常委会制定的规范性文件，同级人大制定的规范性文件高于同级人大常委会制定的规范性文件。

第五等级：规章。在我国的法律体系中，行政机关制定的规章是效力最低的，处于第五等级。具体说来：地方性法规的效力高于本级和下级地方政府规章；省、自治区的人民政府制定的规章的效力高于本行政区域内的设区的市、自治州的人民政府制定的规章；部门规章之间、部门规章与地方政府规章之间具有同等效力，在各自的权限范围内施行。

二、法的冲突解决

在理想状态下，一个国家的不同形式的法律相互之间应当是一个和谐统一的整体，但是事实上，没有任何一个国家的法律体系是完美无缺的，出现法律与法律之间的矛盾和冲突倒是常见之事。在我国，立法主体众多，立法监督不足，出现法律冲突的可能性就更大。所谓法律冲突，是指不同法律因为内容规定不一致而带来的适用上的抵触和矛盾，这种冲突可能是发生在同等效力的法律之间，也可能是发生在上位法和下位法之间。

> 2003年7月，国务院出台了《婚姻登记条例》，该行政法规根据2001年修订的《婚姻法》的有关规定，取消了婚姻登记中的强制婚检制度，这被认为是婚姻登记改革的一大进步。但是后来人们发现，1994年颁布的《中华人民共和国母婴保健法》第12条则要求："男女双方在结婚登记时，应当持有婚前医学检查证明或者医学鉴定证明。"这说明，两部法律在"婚姻登记中是否应当进行婚检"的问题上发生了冲突。在这个问题尚未解决之际，黑龙江省人大常委会制定的《黑龙江省母婴保健条例》却以地方法规的形式恢复了强制婚检，在全国上下引起了广泛争议。①

在这个引发争议的立法事件中，实际上存在两个层次的法律冲突：一个是《婚姻法》《婚姻登记条例》和《母婴保健法》之间的冲突，另一个是《黑龙江省母婴保健条例》与《婚姻登记条例》之间的冲突。法律冲突不仅影响了国家法制统一，而且损害了公民的权益。为了解决这类问题，我国《立法法》设计了一套法律冲突解决的原则和机制。

首先，确立了立法过程中的批准和备案制度，要求有关下级立法机关制定的法律必须报上级立法机关进行审查，力求在立法的源头尽可能消除下位法违反上位法的情形。

我国《立法法》规定：(1) 民族自治地方的人民代表大会有权依照当地民族的政治、经济

---

① 《法学专家：〈黑龙江母婴保健条例〉属越权立法》，载《中国青年报》2005年7月26日。

和文化的特点,制定自治条例和单行条例。自治区的自治条例和单行条例,报全国人民代表大会常务委员会批准后生效。自治州、自治县的自治条例和单行条例,报省、自治区、直辖市的人民代表大会常务委员会批准后生效。(2) 行政法规、地方性法规、自治条例和单行条例、规章应当在公布后的30日内依照下列规定报有关机关备案:行政法规报全国人民代表大会常务委员会备案;省、自治区、直辖市的人民代表大会及其常务委员会制定的地方性法规,报全国人民代表大会常务委员会和国务院备案;设区的市、自治州的人民代表大会及其常务委员会制定的地方性法规,由省、自治区的人民代表大会常务委员会报全国人民代表大会常务委员会和国务院备案;自治州、自治县的人民代表大会制定的自治条例和单行条例,由省、自治区、直辖市的人民代表大会常务委员会报全国人民代表大会常务委员会和国务院备案;部门规章和地方政府规章报国务院备案;地方政府规章应当同时报本级人民代表大会常务委员会备案;设区的市、自治州的人民政府制定的规章应当同时报省、自治区的人民代表大会常务委员会和人民政府备案。(3) 根据授权制定的法规应当报授权决定规定的机关备案;经济特区法规报送备案时,应当说明对法律、行政法规、地方性法规作出变通的情况。

其次,对于已经出现的下位法违反上位法的情形,我国《立法法》确立了法律冲突的审查和处理机制。

国务院、中央军事委员会、最高人民法院、最高人民检察院和各省、自治区、直辖市的人民代表大会常务委员会认为行政法规、地方性法规、自治条例和单行条例同宪法或者法律相抵触的,可以向全国人民代表大会常务委员会书面提出进行审查的要求,由常务委员会工作机构分送有关的专门委员会进行审查、提出意见。其他国家机关和社会团体、企业事业组织以及公民认为行政法规、地方性法规、自治条例和单行条例同宪法或者法律相抵触的,也可以向全国人民代表大会常务委员会书面提出进行审查的建议。

> 2003年3月17日,27岁的大学生孙志刚,因未带暂住证和身份证,在广州街头被警方依据《城市生活无着的流浪乞讨人员救助管理办法》的相关规定送至收容站。3月20日死亡。尸检结果表明,孙志刚死前曾遭毒打。《南方都市报》发表题为"被收容者孙志刚之死"的报道。报道一出,群情激愤。
>
> 5月14日,北京大学毕业的三位法学博士以普通公民身份把一份题为"关于审查《城市流浪乞讨人员收容遣送办法》的建议书"传真至全国人大常委会法制工作委员会,提出审查《城市流浪乞讨人员收容遣送办法》的建议。这份薄薄的公民建议书,以民间形式开启了要求全国人大常委会启动违宪审查权的程序。"我们认为,《城市流浪乞讨人员收容遣送办法》作为国务院制定的行政法规,其中有关限制人身自由的内容,与我国现行《宪法》以及有关法律相抵触,属于《立法法》中规定的'超越权限的'和'下位法违反上位法的'行政法规,应该予以改变或撤销。为此,建议全国人大常委会审查《城市流浪乞讨人员收容遣送办法》。"
>
> 6月20日,国务院颁布了《城市生活无着的流浪乞讨人员救助管理办法》,《城市流浪乞讨人员收容遣送办法》被废止,从而实现了从"收容遣送"到"救助管理"的法律转变。

全国人民代表大会专门委员会、常务委员会工作机构在审查、研究中认为行政法规、地方性法规、自治条例和单行条例同宪法或者法律相抵触的,可以向制定机关提出书面审查意见、研究意见;也可以由法律委员会与有关的专门委员会、常务委员会工作机构召开联合审查会议,要求制定机关到会说明情况,再向制定机关提出书面审查意见。制定机关应当在两个月内研究提出是否修改的意见,并向全国人民代表大会法律委员会和有关的专门委员会或者常务委员会工作机构反馈。

最后,对于执法和司法而言,面对法律规定不一致,我国《立法法》确立了法律适用过程中处理冲突的基本原则和裁决机制。

在发生法律规定不一致时,执法者和司法人员可以针对不同情况分别处理:(1)如果发生冲突的法律存在效力上的高低区别,则按照"上位法优于下位法"的原则,直接适用上位法。比如,当全国人大常委会的《劳动合同法》与国务院的《工伤保险条例》在某个具体问题上发生冲突时,前者的效力高于后者,因此应直接适用《劳动合同法》的规定。(2)如果发生冲突的法律效力相同,处于同一位阶,则按照"特别法优于一般法和新法优于旧法"的原则进行处理。比如《公司法》和《商业银行法》都是全国人大常委会制定的法律,两者的效力等同,在发生冲突时,应适用《商业银行法》的相关规定,因为商业银行也是公司,《公司法》是《商业银行法》的一般法,而《商业银行法》则属于《公司法》的特别法;《环境保护法》是全国人大常委会在2014年修订的,而《城乡规划法》是全国人大常委会在2007年通过的,两者若在具体事项上发生冲突,则应适用《环境保护法》,因为它是新法,新法与时代的发展更能保持一致,具有适用上的优先性。

但是,在出现了新的一般规定与旧的特别规定不一致,以及地方性法规、规章之间不一致的情况,上述原则就无能为力了,这时候就需要启动最后的裁决机制。我国《立法法》规定:(1)法律之间对同一事项的新的一般规定与旧的特别规定不一致,不能确定如何适用时,由全国人民代表大会常务委员会裁决。(2)行政法规之间对同一事项的新的一般规定与旧的特别规定不一致,不能确定如何适用时,由国务院裁决。(3)地方性法规、规章之间不一致时,由有关机关依照下列规定的权限作出裁决:同一机关制定的新的一般规定与旧的特别规定不一致时,由制定机关裁决;地方性法规与部门规章之间对同一事项的规定不一致,不能确定如何适用时,由国务院提出意见,国务院认为应当适用地方性法规的,应当决定在该地方适用地方性法规的规定;国务院认为应当适用部门规章的,则应当提请全国人民代表大会常务委员会作出最后裁决;部门规章之间、部门规章与地方政府规章之间对同一事项的规定不一致时,由国务院裁决;根据授权制定的法规与法律规定不一致,不能确定如何适用时,由全国人民代表大会常务委员会裁决。

一、推荐阅读文献

1. 彭中礼:《法律渊源论》,方志出版社2014年版。
2. 高其才:《作为当代中国正式法律渊源的习惯法》,载《华东政法大学学报》2013年第2期。
3. 蔡定剑:《法律冲突及其解决的途径》,载《中国法学》1999年第3期。

二、课后教学活动

1. 女子邝某以护工名义与有妇之夫王某同居长达十余年,男子因病辞世,该女子持有男子生前遗嘱,一纸诉状将其原配妻子告至法院,要求凭遗嘱继承男子名下房产、退休费、丧葬费补贴、抚恤金、保险金等合计46万多元。珠海市香洲区法院一审认定原告违背公序良俗,判决驳回了原告的诉讼请求。

经法院审理查明,确认了王某遗嘱的真实性,认为邝某从1995年开始住进王家,此时王某身体尚足以应付日常工作,无需护理,数年后方才退休。结合本案证据,足以认定邝某是在明知王某有配偶的情况下仍与其以夫妻名义同居生活。王某在与其妻婚姻关系尚存的情况下,将自己的财产遗赠给与之有同居关系的邝某,有悖公序良俗,故其遗赠行为无效,法院判决驳回了原告邝某的诉讼请求。①

结合上述材料,回答如下问题:
(1)从法的渊源的角度,谈谈法院裁判的法律依据是什么?
(2)针对法院裁判的正当性,谈谈自己的看法,说出观点和理由?

2. 2001年5月,洛阳市汝阳县种子公司委托伊川县种子公司代为繁殖一种玉米杂交种子,双方约定了收购种子的价格等具体内容,并约定无论种子市场形势好坏,伊川公司生产的合格种子必须无条件全部供给汝阳公司,汝阳公司也必须全部接收。2003年初,汝阳县种子公司向洛阳市中级人民法院提起诉讼,称伊川县种子公司没有履行双方签订的代繁种子的合同,将繁殖的种子卖给了别人,给他们造成巨大经济损失,请求法院判令伊川公司赔偿。

洛阳市中级人民法院依法对此案进行了审理。在审理过程中,伊川公司同意赔偿,但在赔偿损失的计算方法上却与汝阳公司存在巨大差异。汝阳公司认为,玉米种子的销售价格应依照国家《种子法》的相关规定,按市场价执行;伊川公司则认为,应当依据《河南省农作物种子管理条例》及省物价局、农业厅根据该《条例》制定的《河南省主要农作物种子价格管理办法的通知》的相关规定,按政府指导价进行赔偿。"市场价"和"政府指导价"两者差距甚大,因此依据不同的法律法规算出的损失相差60多万元。

2003年5月,洛阳市中级人民法院对此案作出一审判决,基本支持原告汝阳公司的诉讼请求,判令被告伊川公司赔偿原告汝阳公司经济损失近60万元及其他费用。关于适用法律的问题,本案审判长李慧娟法官在判决书中解释说:"《种子法》实施后,玉米种子的价格已由市场调节,《河南省农作物种子管理条例》作为法律阶位较低的地方性法规,其与《种子法》相冲突的条款自然无效,而河南省物价局、农业厅联合下发的《通知》又是依据该条例制定的一般性规范性文件,其与《种子法》相冲突的条款亦为无效条款。因此伊川公司关于应按《通知》中规定方法计收可得利益损失的辩解于法无据,本院不予支持。"

就是判决书中的这几句解释,给李慧娟和洛阳市中级人民法院带来了麻烦。2003年10月,河南省人大常委会法制室发文表示,经省人大主任会议研究认为,《河南省农作物种子管理条例》关于种子经营价格的规定与《种子法》没有抵触,应继续适用。同时,该答复还指出:"洛阳市中级人民法院在其民事判决书中宣告地方性法规有关内容无效,这种行为的实质是对省人大常委会通过的地方性法规的违法审查,违背了我国的人民代表大会制度,侵犯了权力机关的职权,是严重违法行为",要求洛阳市人大常委会"依法行使监督权,纠正洛阳市中级人民法院的违法行为,对直接负责人员和主管领导依法作出处理,通报洛阳市有关单位,并将处理结果报告省人大常委会"。同一天,河南省人大常委会办公厅还向河南省高级人民

---

① 朱鹏景:《"二奶"持遗嘱,告原配索财产被驳回》,载《南方都市报》2013年11月7日第1版。

法院发出通报,称:"1998年省高级人民法院已就沁阳市人民法院在审理一起案件中错误地审查地方性法规的问题通报全省各级法院,洛阳市中级人民法院却明知故犯","请省法院对洛阳市中级人民法院的严重违法行为作出认真、严肃的处理","并将处理结果报告省人大常委会"。

2003年11月,根据省、市人大常委提出的处理要求,洛阳市中级人民法院党组拟出一份书面决定,准备撤销赵广云的副庭长职务和李慧娟的审判长职务,免去李慧娟的助理审判员资格。①

请查阅我国《宪法》和《立法法》的相关规定,讨论如下问题:

(1) 人民法院和法官是否有权在审判中对相关法律进行合法性审查并确认其无效?

(2) 结合本案,围绕"如何完善中国的立法审查机制"的主题,谈谈你的看法与建议?

---

① 韩俊杰:《河南李慧娟事件再起波澜》,载《中国青年报》2004年2月6日第3版。

第四讲

法的规范与体系

> 我们的权利是以义务之可能履行为基础的权利,是要尽我们的义务之权利,——因此,与此相反,义务就是要保证我们权利的实现。
>
> ——〔德〕拉德布鲁赫
>
> 一个规则和一个原则之间的差别在于,一个规则对于一个特定的事件做出一个固定的反映;而一个原则则在我们决定如何对一个特定的事件做出反映时,指导我们对特定因素的思考。
>
> ——〔美〕罗纳德·德沃金

法律文件承载和表达的是法律规范(legal norm),法律规范分为法律规则(legal rule)和法律原则(principle of law),法律规则清晰、明确,法律原则抽象、灵活,两者相互联系,彼此支持。不同的法律文件,调整的对象和规定的内容往往存在差异,因而,可以根据法律管理的事项及其方法,把法律分为不同的部门,比如刑法部门、民法部门、行政法部门等,不同法律部门组成的统一整体,就是一个国家的法律体系。

第一节 法 律 规 则

一、法律与语言

法律对语言具有依赖性。所有的法律,都是通过特定的语言表达的,离开了语言,法律就无以表达与传递,也无法适用和发展。

在古代社会,法律的主要形式是习惯法,因而,表达法律的语言就是口头语言。近代以来,法律更多是成文法和判例法,成文法和判例法都是通过书面语言表述的,但两者也有区别,判例法是写在法院的判决书中的,而成文法一般是写在立法者颁布的规范性法律文件中,规范性法律文件所使用的语言,是一种严谨、规范和专业的语言,一般将其称为"法律条文"。

在成文法中,表达法律规范的语句往往是一种规范语句。根据规范语句所使用的助动词的不同,可以分为命令句和允许句。命令句是指使用了"必须"、"应该"或"禁止"等这样一些助动词的语句,如"年满18周岁、身体健康的公民应当服兵役"、"禁止醉酒驾车,否则处3年以下有期徒刑"、"结婚的男女必须亲自到婚姻登记机关进行结婚登记"等,这些都是典型的命令句;允许句是指使用了"可以"、"有权"这类助动词的语句,如"当事人协商一致,可以变更合同"、"父母对其未成年子女,有权进行批评教育"等。命令句一般是关于义务的规定,而允许句一般是关于权利的规定。

法律规范,即法律规则和法律原则,一般是通过规范语句来表述的,但这并不意味着所有法律规范都必须以规范语句的形式来表达。事实上,有些法律规范也可以用陈述语句来表达,如我国《宪法》第2条规定:"中华人民共和国的一切权力属于人民。人民行使国家权力的机关是全国人民代表大会和地方各级人民代表大会。"《民法通则》第15条规定:"公民以他的户籍所在地的居住地为住所,经常居住地与住所不一致的,经常居住地视为住所。"尽管是以陈述性语句表达的,但是,这些法律条文不能被理解为是在描述一个事实,实际上它是表达了一个命令,这些语句可以被改写为一个规范语句,即"中华人民共和国的一切权力应当属于人民。人民应当通过全国人民代表大会和地方各级人民代表大会行使国家权力"、"公民应当以他的户籍所在地的居住地为住所,经常居住地与住所不一致的,经常居住地应该视为住所"。

规范性法律文件中的法律条文,有的表述的是法律原则,比如我国《物权法》第7条:"物权的取得和行使,应当遵守法律,尊重社会公德,不得损害公共利益和他人合法权益",有的表述的是法律规则,比如《物权法》第175条:"第三人提供担保,未经其书面同意,债权人允许债务人转移全部或者部分债务的,担保人不再承担相应的担保责任。"法律规则和法律原则,构成法律的实质内容,它们规定着权利和义务,规范着人们的行为。

除了表述法律规则和法律原则外,法律中还有少量的法律条文,它们的主要功能在于对法律中的核心概念或重要名词进行解释和说明,可以将其称为"定义性条文"。如我国《物权法》第2条第3款:"本法所称物权,是指权利人依法对特定的物享有直接支配和排他的权利,包括所有权、用益物权和担保物权。"我国《刑法》第367条:"本法所称淫秽物品,是指具体描绘性行为或者露骨宣扬色情的诲淫性的书刊、影片、录像带、录音带、图片及其他淫秽物品。有关人体生理、医学知识的科学著作不是淫秽物品。包含有色情内容的有艺术价值的文学、艺术作品不视为淫秽物品。"我国《禁毒法》第2条第1款:"本法所称毒品,是指鸦片、海洛因、甲基苯丙胺(冰毒)、吗啡、大麻、可卡因,以及国家规定管制的其他能够使人形成瘾癖的麻醉药品和精神药品。"这些法律条文分别对"物权""淫秽物品""毒品"等法律概念进行了权威的界定。

《中华人民共和国食品安全法》

第一百五十条 本法下列用语的含义:

食品,指各种供人食用或者饮用的成品和原料以及按照传统既是食品又是中药材的物品,但是不包括以治疗为目的的物品。

食品安全,指食品无毒、无害,符合应当有的营养要求,对人体健康不造成任何急性、亚急性或者慢性危害。

预包装食品,指预先定量包装或者制作在包装材料、容器中的食品。

食品添加剂,指为改善食品品质和色、香、味以及为防腐、保鲜和加工工艺的需要而加入食品中的人工合成或者天然物质,包括营养强化剂。

用于食品的包装材料和容器,指包装、盛放食品或者食品添加剂用的纸、竹、木、金属、搪瓷、陶瓷、塑料、橡胶、天然纤维、化学纤维、玻璃等制品和直接接触食品或者食品添加剂的涂料。

用于食品生产经营的工具、设备,指在食品或者食品添加剂生产、销售、使用过程中直接接触食品或者食品添加剂的机械、管道、传送带、容器、用具、餐具等。

用于食品的洗涤剂、消毒剂,指直接用于洗涤或者消毒食品、餐具、饮具以及直接接触食品的工具、设备或者食品包装材料和容器的物质。

食品保质期,指食品在标明的贮存条件下保持品质的期限。

食源性疾病,指食品中致病因素进入人体引起的感染性、中毒性等疾病,包括食物中毒。

食品安全事故,指食源性疾病、食品污染等源于食品,对人体健康有危害或者可能有危害的事故。

对于重要的法律概念,如果立法中能有清晰的界定,则可以减少不必要的误解,相反,如果表述不清晰,则有可能引发争议,产生纠纷,中日围绕"冲之鸟是岛还是礁"的外交冲突,就是一个典型案例。

《联合国海洋法公约》(1982年12月10日订于蒙特哥湾)

第一百二十一条 岛屿制度

1. 岛屿是四面环水并在高潮时高于水面的自然形成的陆地区域。

2. 除第3款另有规定外,岛屿的领海、毗连区、专属经济区和大陆架应按照本公约适用于其他陆地领土的规定加以确定。

3. 不能维持人类居住或其本身的经济生活的岩礁,不应有专属经济区或大陆架。

冲之鸟礁是位于日本南部、西太平洋海域、菲律宾海当中的一组珊瑚环礁。冲之鸟礁退潮时东西长4.5公里、南北长1.7公里。涨潮时,只有两块礁石露出水面,即东露岩和北露岩,面积分别为$1.6m^2$和$6.4m^2$。日本自1987年开始围礁造岛,筑起混凝土墙等,通过不断建设,使这个不足10平方米的礁石成为人工"岛"。日本根据《联合国海洋法公约》第121条第1款"岛屿是四面环水并在高潮时高于水面的自然形成的陆地区域",认为冲之鸟礁是岛屿。如果冲之鸟礁被认定为"岛屿",将使日本得到其周边200海里的专属经济区,但如果这不是个岛而是礁,它只有12海里的领海和24海里的毗连区,没有经济权利,只有海关、财政或者卫生、移民这四种权利。同时,冲之鸟礁周围海域蕴藏着丰富的石油、天然气,还有一些稀缺矿产。如果冲之鸟礁被认定为"岛屿",那么周边200海里一带丰富的天然资源就归日本所独占。

中国根据《联合国海洋法公约》第121条第3款"不能维持人类居住或其本身的经济生活的岩礁,不应有专属经济区或大陆架",主张冲之鸟礁是岩礁而不是岛屿,不应用作基点设定专属经济海域或大陆架,只可拥有方圆12海里的领海。2008年11月,日本向联合国大陆架委员会提交关于外大陆架划界案,对此,中国外交部以"冲之鸟礁是岩礁无权设定大陆架"为由,正式提出反对。2016年5月,拥有哈佛大学法学博士学位的台湾地区领导人马英九,在会见日本议员时也严正指出:冲之鸟面积只有9平方公尺,连他会面的房间1/8都不到,是礁不是岛!

除了法律规则、法律原则和法律概念,法律中还有一些辅助性法律条文,或者对立法的目的进行说明,或者对法律的效力进行说明,如我国《物权法》第1条:"为了维护国家基本经济制度,维护社会主义市场经济秩序,明确物的归属,发挥物的效用,保护权利人的物权,根据宪法,制定本法",这是关于立法目的的说明;第247条规定:"本法自2007年10月1日起施行",这则是对于法律生效时间的说明。

二、法律规则的结构与分类

人的身体是由头颅、躯干、四肢组成的,这就是人体的结构;房子是由墙壁、屋顶、窗户组成的,这就是房屋的结构。那么,作为法律规范主体的法律规则,又是由哪些要素组成的,或者说,什么是法律规则的逻辑结构呢?

(一)法律规则的逻辑结构

法律规则的结构是指一个法律规则由哪些要素构成,以及这些要素之间在逻辑上的相互关系。法律规则与法律原则的显著区别就在于:法律规则有严密的逻辑结构,而正是因为这种严密的逻辑性,法律规则才可以向行为人提供清晰的指引。

一般认为,法律规则由假定条件、行为模式和法律后果三个要素构成。一个完备的法律规则可以这么表述:在什么情况下,某某主体,可以作什么(或者必须作什么,或者禁止作什么),如果这么做,会有什么后果,如果不这么作,会有什么后果。在这里,涉及什么情况和什么主体的部分,属于假定条件,涉及该怎么做的部分,属于行为模式,而涉及行为后果的部分,则属于法律后果。比如,某刑法条文规定:"外国人在本国犯罪,一律驱逐出境",在这一规则中,假定条件是"外国人",行为模式是"不得从事犯罪",法律后果是"驱逐出境";再比如,某民法条文规定:"土地、房屋的交易,必须签订书面合同并且登记过户,否则该交易无效",在这一规则中,假定条件是"买卖土地、房屋的人",行为模式是"必须签订书面合同并且登记过户",法律后果是"否则该交易无效"。

假定条件指法律规则中有关适用该规则的条件和情况的部分,包括:(1)法律规则的适用条件。即法律规则在什么时间、空间、对什么人适用,以及在什么情况下法律规则对人的行为有约束力的问题。其内容有关法律规则在什么时间生效,在什么地域生效以及对什么人生效等。(2)行为主体的行为条件,包括主体的类型(自然人、法人还是国家机关)、国籍、责任能力等等。

行为模式指法律规则中规定人们如何具体行为及其方式的部分,它是从人们大量的实际行为中概括出来的法律行为要求。根据行为要求的内容和性质不同,行为模式分为三种:(1)可为模式,指在假定条件下,人们"可以如何行为的模式"。比如,成年的男女可以结婚,公司可以根据需要发行股票等。(2)应为模式,指在假定条件下,人们"应当或必须如何行为"的模式,比如,成年子女必须赡养自己年迈的父母、企业应当就其经营收入向国家缴纳营业税等。(3)勿为模式,指在假定条件下,人们"禁止或不得如何行为"的模式。比如,禁止盗窃、禁止醉酒驾车、禁止在自然保护区采伐狩猎等。在上述三种行为模式中,可为模式意味着主体享有选择的自由,因而可称为"权利行为模式",而应为模式和勿为模式意味着主体受到一定的约束,因而可称为"义务行为模式"。授予权利或规定义务,是法律对人的行为予以调整和规范的基本途径,因此,行为模式构成了法律规则最核心、最重要的要素。

法律后果指法律规则中规定的人们在做出符合或者不符合行为模式要求的行为时应承担的相应结果,它表明了法律规则对人们特定行为的态度:要么是保护,要么是惩罚。法律后果可分为两种:(1)合法后果,又称"肯定的法律后果",是人们按照行为模式的要求行为而在法律上予以肯定的后果,它表现为法律规则对人们行为的保护、许可或奖励。比如,"担保协议签订书面合同并登记的,则该协议合法有效",这里后半句表述的就是合法后果。(2) 违法后果,又称"否定的法律后果",是人们不按照行为模式的要求行为而在法律上予以否定的后果,它表现为法律规则对人们行为的制裁、不予保护、撤销、停止,或要求恢复、补偿等。比如,"拐卖妇女儿童的,处 5 年以下有期徒刑",这里的"5 年以下有期徒刑",表述的就是违法后果。

(二) 法律规则的分类

根据不同的标准,可以将法律规则划分为如下几种类型,通过这些划分,人们可以更好地认识、理解和运用法律规则。

1. 授权性规则、义务性规则和权义复合规则

按照法律规则所设定的行为模式的不同,可以将法律规则分为授权性规则、义务性规则和权义复合规则。

授权性规则是规定主体可为或可不为一定行为的规则,比如,"年满 18 周岁的公民可以参加国家公职人员的选举"。授权性规则是主体享有法定权利的依据,而且该类规则具有可选择性,主体可以行使授权性规则所赋予的权利,也可以放弃行使该权利。一般来说,由于民法是保护私人自由的法律,因此民法中的很多规则都是权利性规则。

义务性规则是规定主体应当为一定行为或不为一定行为的规则,该类规则具有强制性或不可选择性,主体对自己的法定义务只能履行而不能拒绝。义务性规则可分为两类:一类是命令性规则,即规定主体应当履行当为义务,亦称积极义务,比如"企业应当纳税,身体健康的成年人应当服兵役"等;另一类是禁止性规则,规定主体不得作为的义务,亦称消极义务,比如"国家工作人员不得泄露国家机密""公民不得在公众场所故意裸露身体"等。

权义复合规则是指兼具授予权利、设定义务两种性质的法律规则,它们大多是有关国家机关组织和活动的规则。这类规则的特点是,一方面主体有权按照法律规则的规定做出一定行为,另一方面做出这些行为又是他们不可推卸的责任,如果拒绝,将导致相应的法律责任。比如,法律规定,公安机关负有维持社会公共秩序、维护公民生命财产安全的职责。这种职责既是公安机关所享有的一种权力,同时也是一种必须履行的义务。如果公安机关拒绝履行这种义务,就构成行政不作为,将要承担相应的法律责任。

2. 强行性规则与任意性规则

按照法律规则是否允许主体根据自己的意愿自行设定权利和义务,可以把法律规则分为强行性规则和任意性规则。

强行性规则为社会关系参加者规定了明确的行为模式,行为人不得自行变更其内容。据此,行为主体必须遵守规则的规定,不允许他们自行协议解决问题,违反法定行为模式的协议是无效的。比如,假如《著作权法》规定"转载他人已经发表的作品的,必须征得作者的同意,并支付相应的稿酬",这就是一个典型的强行性规则。一般说来,由于义务必须履行,所以义务性的规则都是强行性规则。考虑到刑法中大多数规则都是规定义务的,因此,刑法中的多数规则都是强行性规则。

任意性规则是在规定主体权利义务的同时,也允许当事人在法律许可的范围内通过协商,自行设定彼此的权利与义务,只有在当事人没有协议的情况下,才适用法律规则的规定。任意性规则在民商法、婚姻法等私法法律部门中比较常见。例如在买卖合同关系中,合同当

事人可以自行商定产品的质量标准,如果他们没有约定,当发生纠纷时,则依有关产品质量检验方面的法律规定中的质量标准处理。

3. 确定性规则、委托性规则和准用性规则

按照法律规则的内容的确定性程度不同,可以将法律规则分为确定性规则、委托性规则和准用性规则。

确定性规则是明确规定了行为模式、法律后果等内容,不必再援用其他规则来确定其内容的规则。一般来说,法律中的大部分规则都属于确定性规则。比如,我国《侵权责任法》第71条:"民用航空器造成他人损害的,民用航空器的经营者应当承担侵权责任,但能够证明损害是因受害人故意造成的,不承担责任。"我国《民事诉讼法》第67条第1款规定:"人民法院有权向有关单位和个人调查取证,有关单位和个人不得拒绝。"

委托性规则是本身没有明确规定具体的内容,而是委托或授权有关主体具体负责规定相关内容的规则。例如我国《食品安全法》第152条规定:"铁路、民航运营中食品安全的管理办法由国务院食品药品监督管理部门会同国务院有关部门依照本法制定。保健食品的具体管理办法由国务院食品药品监督管理部门依照本法制定。食品相关产品生产活动的具体管理办法由国务院质量监督部门依照本法制定。国境口岸食品的监督管理由出入境检验检疫机构依照本法以及有关法律、行政法规的规定实施。军队专用食品和自供食品的食品安全管理办法由中央军事委员会依照本法制定。"这一条文规定的即为委托性规则,它对火车飞机上的食品、保健食品、国境口岸食品以及军队专用食品的管理问题,均未作出明确规定,而是委托给相应的国家机构,由其自行做出规定。一般来说,对于特定问题,由其他主体作出规定更合适时,法律就会采用委任性规则,授权或委托其他主体对该问题自行作出规定。

准用性规则本身没有明确规定具体的规则内容,但明确规定可以依照、援用、参照其他规则来处理相关事项。通过这种援引,使得本规则的内容得以明确。例如我国《侵权责任法》第48条规定:"机动车发生交通事故造成损害的,依照道路交通安全法的有关规定承担赔偿责任。"再比如我国《反不正当竞争法》第21条规定:"经营者假冒他人的注册商标,擅自使用他人的企业名称或者姓名,伪造或者冒用认证标志、名优标志等质量标志,伪造产地,对商品质量作引人误解的虚假表示的,依照《中华人民共和国商标法》《中华人民共和国产品质量法》的规定处罚。"这些都属于典型的准用性规则。准用性规则出现的原因是,对于某一具体事项,别的法律已经有了规定,因而不需要重新再作规定的,即可通过准用性规则,为行为人指向相关的、可适用的法律规则。

三、法律规则的内容:权利与义务

法律规则是最典型的法律规范,能够为人的行为提供指引、预测、评价、教育等作用,之所以如此,是因为法律规则是通过权利和义务的规定来实现其规范功能的。因而,权利和义务,构成了法律规则的基本内容,也是认识法律规则及法律规范的基本路径。

(一)权利

权利是法学的基本范畴,也是哲学、社会学等学科经常使用的概念。综合各种不同的权利学说,可以从以下方面来认识权利的概念。

其一，从性质上看，权利具有正当性。

从词源上看，权利概念的出现与变迁都与"正当"、"正义"相联系。[①]在现实生活中，当我们说"某人拥有某项权利"时，往往意味着我们承认权利主体支配某物或从事某种行为是正确和正当的。如果有人侵犯了权利人的这些权利，则会被认为是不正当、不正确的。

"正当"涉及价值判断，而人们的价值判断与正义观念本身，受制于一定的社会物质生活条件。如果在一定的社会物质生活条件下，某一个或某一些要求在客观上根本不可能通过人类的行为予以实现，那么，这种要求就不可能转化为权利。比如，人们对时光倒流、岁月回转的要求，由于缺乏现实的可操作性，就不能转化为一项权利。另外，随着社会物质生活条件的变化，人们的价值判断和正义观念也会发生变化。比如，古希腊思想家亚里士多德就认为，奴隶没有任何权利，这完全是正当的。天性低劣的种群作为天然的奴隶是合理的。[②]但随着人类文明的进步，在现代社会，"天然奴隶"观就不再是一种符合正义的观念了。

其二，从现实存在方式看，权利一般是由法律作出规定的。

除了一定的正义观念外，一项权利的有效存在，往往还需要反映这种价值观念的社会规范系统的支持。"权利体系存在于整个规则体系之中。规则体系可能是法律规则、道德规则、习惯规定、游戏规则等。但是，一切相应的权利之所以存在或不存在，取决于相应的规则允许或不允许这项要求权，以及是否授予这项'资格'。"[③]在现代社会，人们在从事某种活动时，是否拥有相应的权利，一般要依据法律规定作出判断，法律规定是权利存在和表述的基本形式。

> 2000年11月，荷兰议会下议院以104票赞成，40票反对的绝对多数通过安乐死法案。2001年4月，该法案又在荷兰议会上议院以46票赞成、28票反对的结果获得了通过。在获得议会两院通过以后，该法案于2002年4月1日起正式生效。这意味着，荷兰公民从此享有了安乐死的权利，而今后荷兰医生在给身患绝症的病人实施安乐死的时候，也不必再担心会受到法律的追究。这个法案的通过，使荷兰成为世界上第一个以法律形式承认安乐死的国家。

荷兰议会通过了安乐死法案。这一法案的通过意味着，身患绝症的病人在垂危情况下可以选择最小限度承受痛苦、最大程度享受安详的死亡过程。换句话说，人们有了实施"安乐死"的权利。[④]

其三，从内容上看，权利意味着特定主体在一定社会关系中享有的行为自由与行为控制。

拥有权利，一方面意味着权利主体对自身行动的自由支配，另一方面也意味着对他人行

---

① 舒国滢：《权利的法哲学思考》，载《政法论坛》1995年第3期。
② 〔古希腊〕亚里士多德：《政治学》，吴寿彭译，商务印书馆1965年版，第436页。
③ 〔美〕彼彻姆：《哲学的伦理学》，雷克强等译，中国社会科学出版社1990年版，第296页。
④ 在荷兰，实施"安乐死"的权利之所以能够得到法律规范的支持，还依赖于其特定的社会物质生活条件。正如有人分析的那样，荷兰之所以能使安乐死合法化，至少有四个有利因素：(1) 荷兰的医疗服务在全世界来说，可以说是水准最高的国家之一。95%以上的老百姓有私人医疗保险。长期疗养也包含在保险范围内，而且涵盖没有私人保险的少数人民。(2) 缓和医疗非常进步。几乎每一家医院都有疼痛控制及缓和医疗中心。与之相较，其他国家的类似中心少而昂贵。(3) 纳粹占领时期，只有荷兰的医生不参与纳粹的"安乐死"计划。这个因素显示荷兰医患关系有高度彼此信赖的传统。(4) 荷兰的家庭医师制度推行的很不错。大部分的病人与医师都有长久的友谊关系。参见曹刚：《安乐死是何种权利——关于安乐死的法伦理学解读》，载《伦理学研究》2005年第1期。

为的约束和控制。简单来说,我拥有权利,意味着我可以按照自己的意愿做事,同时,任何其他人都必须尊重我的权利,不得阻碍或侵犯我的权利。对此,美国哲学家韦尔曼曾举过这样一个事例予以说明:如果一个发言者希望揭发政府的行为,而政府的官员希望让这个发言者闭嘴,此时,言论自由权的价值就在于它既能够满足发言者的愿望,同时又能抑止政府官员的意志,使其不得干预发言者的发言。言论自由权既表现为权利主体发表言论的行为自由,也表现为权利主体要求他人不得干涉这一言论自由的行为控制。权利是自由与控制的统一体。①

总之,所谓权利,就是指在一定社会关系中,权利主体所拥有的、正当的行为自由与行为控制。根据权利在社会生活中的重要程度,可以将其划分为基本权利和普通权利。基本权利是宪法规定的、一国公民享有的最根本、最起码、最核心的权利,它是人们在基本政治关系、经济与文化关系和社会关系中所处地位的法律表现,一般包括生命权、人身权、财产权、选举权、结社权、劳动权、言论自由、宗教自由等;普通权利是一般法律中规定的非基本的权利,比如《婚姻法》规定了人们结婚、离婚的权利以及家庭生活中的各项权利,《合同法》规定了人们缔结合同、履行合同的各项权利,而《民事诉讼法》则规定了当事人在起诉、庭审、上诉、执行判决中的各项权利。一般来说,基本权利是普通权利的依据和来源,而普通权利则是基本权利的体现和细化。

(二) 义务

权利和义务是两个相互对应、不可割裂的概念,如同硬币的两个方面,因而,我们既可以通过义务来理解权利,也可以通过权利来理解义务。

首先,义务同样是一个具有正当性的概念。古罗马法学家西塞罗曾经指出:"任何关于义务的研究都包括两个方面:其一涉及善的界限,其二包括可运用于生活各个方面的实践规则。"②与权利一样,义务也具有"应当""正当"的性质。

由于义务是正当的,因而,"有义务作某事"和"被强迫作某事"就是完全不同的。有义务做某事是指:义务人应当根据一定的行为标准做出某种行为,这种行为对于自己和对于别人来说都是正确的事情。而被强迫做某事是指:行为人确信某种损害后果会发生,为了避免它的发生而不得不做出某种行为。因此,在一个持枪歹徒的威胁下,被害人将自己的钱包交给歹徒的行为就不是履行义务的行为,而只是被迫作出的行为。另外,义务是一种"份内之事",它是有限度的。"诱人的份外行为也是属于允许的行为一类,象仁慈(benevolence)和怜悯、英雄主义和自我牺牲的行为等。做这些行为是好的,但它并非一个人的义务或责任。"③

其次,从内容上看,义务表现为在一定社会关系中,义务主体适应权利主体的要求而必须进行的行为约束。"义务是权利的对应观念,权利人行使权利,其相对人即受其拘束而生义务。"④一个人对自己的身体具有人身权,则其他人就负有义务,不得伤害其身体,侮辱其人格;一个业主对其房屋和庭院具有物权,则其邻居就负有义务,不得非法入侵其庭院,不得毁损其房屋。

---

① Carl Wellman, An Approach to Rights, the Netherlands: Kluwer Academic Publishers, 1997, p. 4.
② 〔古罗马〕西塞罗:《论义务》,王焕生译,中国政法大学出版社1999年版,第11页。
③ 〔美〕罗尔斯:《正义论》,何怀宏等译,中国社会科学出版社1988年版,第111页。
④ 韩忠谟:《法学绪论》,中国政法大学出版社2002年版,第185页。

因此,所谓义务,就是指在一定社会关系中,义务主体应当根据权利主体的要求而必须进行的行为约束。与权利的分类相同,义务也可以分为宪法上规定的公民的基本义务和普通法律中规定的普通义务。根据我国《宪法》,公民应当纳税和服兵役,这就是基本义务,而欠账要还钱、不能醉酒驾车则属于普通义务。另外,义务还可以分为积极义务和消极义务,前者要求义务人必须积极从事某种行为,比如,赡养的义务就要求你必须照顾自己年迈的父母;而后者则要求义务人不得作出某种行为,比如,保密的义务就是要求你不能把自己知悉的秘密告诉任何他人。再比如,午夜时分,某人忽得喜讯,极想高歌一曲。但为了不影响邻人睡眠,他只好压抑自己、放弃高歌,这也是消极的义务。

(三)权利与义务的关系

权利与义务是一一对应的范畴,也是通向彼此的桥梁,权利意味着一定的行为自由,而义务则意味着一定的行为约束,它们处于对立统一关系之中。

首先,权利主体的权利实现离不开义务主体的配合。甲有权从乙处获得某种东西,同时也就是说乙有义务给甲提供这种东西。离开了乙的支持,甲的权利就沦为空谈。因此,权利义务的相关关系首先意味着不同主体之间存在着一种相互影响、相互依赖的关系。

其次,权利主体享有行动自由的同时往往也要承担一定的义务。没有无限度的义务,也没有无限度的权利。在现代社会,"……他人和国家利益的约束永远为权利设置了一道界限,没有界限就不存在权利,界限的内外格局总体才是权利本身。"①权利的限度就表现为权利主体进行自我约束的义务。权利主体在行使权利时负有不得滥用权利的一般义务,就是这方面的典型例证。

再次,法律权利与法律义务具有价值的一致性和功能的互补性。权利和义务都具有价值上的正当性。人们无论是行使权利还是履行义务,都是在做正确的、应当做的事;权利与义务同时贡献着启动与抑制、激励与约束、主动与被动、受益与付出两种机制。只有通过权利与义务的良好配合,人类社会才能够达致自由、秩序、公平、和谐共存的状态。

第二节 法律原则

一、认识法律原则

"原则"一词来自于拉丁语 principium,其本意是指开始、起源和基础。在法学中,法律原则是和法律规则相对而言的,一般是指可以为法律规则提供支撑和指导的基础性或本源性的原理和准则。

在所有法的要素中,法律原则的数量很少,但其意义和价值却十分重要,它是法律的基本原理,是法律精神和法律目的的集中体现,从而也是理解局部和整体法律内容的出发点和归宿。总之,法律原则体现了法律的主旨和精神品格,它构成了法律的品格性要素。

(一)刑法的原则

刑法是关于犯罪与刑罚的法律,它确定了何种行为构成犯罪,不同犯罪会被处以何种刑罚。刑法是一把双刃剑,一方面它保护着社会秩序,维护着私人利益和公共利益,另一方面,

---

① 梅夏英.:《财产权构造的基础分析》,人民法院出版社 2002 年版,第141页。

刑罚又是国家所能强加于私人的最可怕的惩罚,具有高度的危险性。为了规范刑罚权的运用,在私人自由与国家规制之间寻求平衡,刑法确立了罪刑法定和罪刑相适应等基本原则。

其一,罪刑法定原则。

罪刑法定原则来自于拉丁文的著名法谚:"没有法律就没有犯罪,没有法律就没有刑罚"(nullum crimen sing lege, nulla poena sine lege),这实际上就是罪刑法定原则的格言式表述。从思想渊源来看,最先明确倡导罪刑法定之刑法思想的是意大利刑法学家贝卡里亚,而使之法典化的则是德国著名刑法学者冯·费尔巴哈。从法律规定上看,罪刑法定原则的最先来源是1215年英王约翰签署的《大宪章》,该法第39条规定:"对于任何自由人,不依同一身份的适当的裁判或国家的法律,不得逮捕、监禁、剥夺领地、剥夺法的保护或放逐出境,不得采取任何方法使之破产,不得施加暴力,不得使期入狱。"而现代意义的罪刑法定原则的法律渊源则是法国1789年《人权宣言》、1791年《宪法》及1810年《刑法典》。①

意大利刑法学家贝卡利亚

罪刑法定原则以抵制刑罚权滥用和保障犯罪嫌疑人人权为核心内容,其含义包括以下几个方面:

首先,成文法是刑法的渊源。拉德布鲁赫说:"刑法比其他法的领域更需要法的安定性,因为只有成文法才能保证法的安定性,故此每一部现代刑法典都将刑法完全浇注为成文法的形式。"②规定犯罪及其刑罚的法律必须是立法机关制定的成文法,行政规章、习惯法、判例等均不应作为刑法的渊源,不能成为刑罚的依据。刑法中关于犯罪的条文应当明确,预先告诉人们哪些行为可能会成为被惩罚的对象;刑法中关于刑罚的规定应禁止出现绝对的不定期刑,因为这会授予司法机关不受限制的自由裁量权。

其次,刑法的处罚范围与处罚程度必须具有合理性。只能将值得刑罚科处的行为规定

---

① 张明楷:《刑法格言的展开》,法律出版社2003年版,第17页。
② 〔德〕拉德布鲁赫:《法律智慧警句集》,舒国滢译,中国法制出版社2001年版,第38页。

为犯罪,禁止将轻微危害行为当作犯罪处理,对犯罪行为的处罚程度必须适应现阶段一般人的价值观念。

再次,禁止不利于行为人的事后法,禁止溯及既往。刑法无溯及既往效力,符合了"不知者无罪"这一古老俗语。罪刑法定原则要求必须由法律在事先对犯罪与刑罚作出规定并公之于众,以便人们了解和遵守,不得用事后制定的法律约束人们以前的行为。但是,从人权保障的角度考虑,如果新刑法对某种犯罪行为的处罚较旧法更轻,则允许新法具有溯及力。

最后,禁止类推适用。类推推理是把刑法中没有明文规定为犯罪的事项,比照刑法中最相近似的事项加以处理的方法,即所谓的"照猫画虎"。在罪刑法定原则下,通过类推解释将法律没有明文规定的行为认定为犯罪是与罪刑法定原则的基本精神相冲突的,因而一般也是为法律所禁止的。

其二,罪刑相适应原则。

在普通的社会交往中,人们期望一切付出与回报、伤害与惩罚之间应有大致的公平,《圣经》里的"以眼还眼,以牙还牙"、东非南迪人的"羊皮换羊皮,葫芦换葫芦",体现的就是这种朴素的公平观。在刑法中,罪刑相适应原则就是公平观念在刑法中的体现。

罪刑相适应的观念源远流长,早在《汉谟拉比法典》中就有了罪刑相适应的成分,而中国先秦时期的墨子也曾提出"罚必当暴""不杀不辜,不失有罪"的观点。资产阶级革命前后,启蒙思想家孟德斯鸠、洛克、贝卡利亚等人明确提出了按犯罪大小确定刑罚重轻的思想。法国的《人权宣言》第一次将罪刑相适应的思想变成了法律原则。

作为刑法原则,罪刑相适应原则是罪刑擅断的对立面,指根据行为人犯罪的事实、性质、情节以及社会危害性的大小,决定所处刑罚的轻重。罪刑相适应的基本要求是:有罪当罚,无罪不罚;轻罪轻罚,重罪重罚;一罪一罚、数罪并罚。在贝卡利亚看来,对犯罪不加区别地处以相同之刑,不仅难以制止犯罪,甚至导致人们去犯更重的罪行,而且还会损害人们的道德情感,而这种道德情感恰恰是刑法的基础。[①] 罪刑相适应原则就是尽力去维护公民心目中对于犯罪与刑罚的公平信念,维护刑法权威赖以存在的这种朴素的道德情感。

(二)民法的原则

民法的基本原则,蕴含着民法调控社会生活所欲实现的目标、所欲达致的理想,它贯穿于整个民事立法和司法的全部过程,确定了民事立法的基本价值取向。

其一,平等原则。

启蒙思想家孟德斯鸠曾说:"在民法慈母般的目光中,每一个人都是整个国家。"民法是天生的平等派,在民法母亲般的眼睛里,每一个公民无论贫穷或富有、无论民族和宗教、无论地位显赫还是卑微、不管居庙堂之高还是处江湖之远,大家都是平等、独立、不容歧视的平等主体,就像国际社会中主权独立、地位平等的国家一样。

民事地位平等原则集中反映了民事法律关系的本质特征,是民事法律关系区别于其他法律关系的主要标志。民事地位平等,意味着所有民事主体享有独立的法律人格,在具体的民事关系中互不隶属,地位平等,能独立地表达自己的意志,其合法权益平等地受到法律的保护。平等原则是市场经济的本质特征和内在要求在民法上的具体体现,是民法最基础、最根本的一项原则。市场经济是天生的平等派,它要求在民事活动中,一切当事人的法律地位

---

① 陈兴良:《刑法的启蒙》,法律出版社2003年版,第47页。

平等,任何一方都不得把自己的意志强加给对方。

其二,公平、自愿原则。

公平原则是指民事主体应依据社会公认的公平观念从事民事活动,以维持当事人之间的利益均衡。在民法上,公平原则主要是针对合同关系提出的,是当事人缔结合同,尤其是确定合同内容时应遵循的基本准则,具体到合同法上就表现为合同正义,合同正义要求维系合同双方当事人之间的利益均衡。

自愿原则,有时候又叫"意思自治原则"或"私法自治原则",指当事人依照自己的理性判断,基于其真实意志进行民事活动,管理自己的事务。自愿原则的真谛是尊重选择,基本点是自主参与和自我责任。自愿原则在民法中的核心是合同自由,包括当事人自主地寻找合同对象、自主决定合同内容等。当然,合同自由从来都不是绝对的、无限制的自由,在现代社会,合同既要体现当事人利益,同时也要受到公共利益、公序良俗等社会因素的制约。

其三,诚实信用原则。

"一言既出,驷马难追",诚实信用是做人的道德准则,也是民法的一项基本原则,它在整个民法乃至私法领域具有重要地位,甚至被称为民法中的"帝王条款"。

在民事活动中,诚实信用原则意味着民事主体必须讲究信用,恪守诺言,诚实而不欺骗,行使自己的权利时不侵害他人及社会的利益。诚实信用原则的目的在于维持当事人之间的利益平衡,同时也保持当事人与社会之间的利益平衡。

作为民法中的一般条款,诚实信用原则一方面对当事人的民事活动起着指导作用,确立了当事人以善意方式行使权利、履行义务的行为规则;另一方面,该原则还具有填补法律漏洞的功能。当法院在审判实践中遇到立法未涉及的新情况、新问题时,可直接依据诚实信用原则行使公平裁量权,调整当事人之间利益关系。

其四,公序良俗原则。

公序良俗是公共秩序和善良风俗的合称。公序良俗原则要求民事活动的形式、内容及目的不得违反公共秩序和善良风俗。在强调个人权利和个性自由的现代社会,公序良俗原则的存在具有维护国家利益、社会公共利益及一般道德观念的重要功能。

从规范的角度讲,公序良俗原则的作用在于弥补民法中的强行性和禁止性规定的不足,以禁止现行法上未作禁止规定的事项。换句话说,公序良俗原则的作用在于限制私法自治原则,它具有与私法自治原则相匹敌的强行法性格。[①] 从审判的角度讲,公序良俗原则具有填补法律漏洞的功效。公序良俗原则包含了法官自由裁量的因素,具有极大的灵活性,能够处理现代社会发生的各种新问题,在保护国家利益和公共利益、维护社会正义方面发挥着重要作用。当法院在司法审判中遇到立法未能预见和规定的一些扰乱社会秩序、有违社会公德的行为时,就可以直接适用公序良俗原则认定该行为无效。

> 曲小姐和陈先生本是一对恋人,后因感情不和,相恋六年后提出分手,但令曲小姐没想到的是,男方陈某提出:"分手可以,但必须付我8万元的青春损失费,否则就别想和我分手"。曲小姐见陈某如此纠缠,无奈之下只得给陈某出具了一份欠条,内容为:"今欠陈某人民币捌万元,八年付清。"2005年,陈某因多次向曲某索要"青春损失费"未

---

① 梁慧星:《市场经济与公序良俗原则》,载《民商法论丛》第1卷,法律出版社1994年版。

果,一纸诉状将其告上了哈尔滨市道外区法院,要求曲小姐给付欠款。

法院审理查明,陈某据以起诉曲某的欠条并不具有真实的对价关系,双方之间根本不存在真实的借贷关系。欠条的实质是,当曲某提出与陈某解除恋爱关系后,陈某强行让曲某出具了赔偿青春损失费的欠条,作为解除双方恋爱关系的条件。依据我国《合同法》第2条之规定,身份关系的协议不适用合同法,陈某的诉请无法律依据;更重要的是,青春损失费的约定有违"公序良俗"的民法原则,因此当事人的约定是无效的,不受法律保护。据此,法院判决驳回了陈某的诉讼请求。①

(三) 刑事诉讼法的原则

刑事诉讼法也被称为"小宪法",是刑事审判必须遵循的程序性规则,它一方面要保障刑事审判的正常开展,实现追究犯罪的目标;另一方面要规范国家刑罚权的使用,保障被告人的基本人权。刑事诉讼法有诸多基本原则,其中比较独特的包括无罪推定原则和辩护原则。

其一,无罪推定原则。

贝卡利亚在他1764年所著的《论犯罪与刑罚》一书中指出:"在没有做出有罪判决以前,任何人都不能称为罪犯。……如果犯罪行为没有得到证明,那就不应折磨无罪的人。因为任何人,当他的罪行没有得到证明的时候,根据法律他应当被看作是无罪的人。"②1789年法国《人权宣言》第9条规定:"对任何人,凡未宣告为有罪以前,皆应视为无罪",无罪推定作为一项诉讼原则在法律上得到了正式确认。

无罪推定原则的基本含义是指在刑事诉讼中,任何受到刑事追诉的人在未经法院最终判决其有罪之前,都应被推定为无罪。建立该原则的基本目的在于确定被追诉者在刑事诉讼中的角色和地位,保障被追诉者能够成为诉讼中的主体,享有以辩护权为核心的各项诉讼权利。

从无罪推定原则可以引申出"人不被强迫自证其罪"的内容,或者说是沉默权,它是现代刑事诉讼中的一项专属于犯罪嫌疑人、被告人的基本诉讼权利。沉默权滥觞于17世纪英国的李尔本案,而后英国率先确立了反对强迫自证其罪的原则。

1639年,官府查获了一个"不法书商",名叫约翰·李尔本,他贩运的书籍里被发现有几本中有"煽动性的文字",大概是一些对查理一世的统治表示不满的意见。于是,李尔本便被以"贩运禁书"及"煽动反政府邪说"的罪名,押往伦敦,开庭审判。

当时,主审这个案子的是英国赫赫有名的、以冷酷无情、不许上诉而著称的御前法庭——星座法庭(Star Chamber)。面对威风凛凛的皇家大法官,李尔本这一介平民却毫无惧色,他拒不承认自己有罪,也坚决不肯开口回答一切有可能引诱他跌入陷阱的问题。最后,法官恼羞成怒,以这家伙"藐视法庭"为由,决定对他施以鞭刑。于是,李尔本被拖到伦敦塔下的广场上,残酷的鞭刑公开执行了,其惨烈的场面令在场围观的市民惊得目瞪口呆。

鞭刑过程中,李尔本一直大声惨叫,也一直痛斥审讯的不公。伦敦的民众愤怒了——我们的自由权哪里去了?国王的法庭就不能文明些、人道些吗?大批民众包围

---

① 《男向女索青春损失费 法院:有违"公序良俗"》,载《法制日报》2005年8月5日。
② 〔意〕切萨雷·贝卡里亚:《论犯罪与刑罚》,黄风译,中国大百科全书出版社1993年版,第31页。

了行刑吏,伦敦塔下,"沉默!沉默!""权利!权利!"的呼声响入云霄。

原来,英国有一个古老的传统:法律没有禁止你去做的事,你做了,不能算有罪。当时,英国的习惯法里并没有关于什么是"禁书"这一条,所以李尔本的行为便不构成犯罪。既然没有罪,当然就不必认罪,也就不必作什么坦白交代和供出同伙。面对法官毫不客气的审问,也当然就可以保持沉默,不加理会。在英国人的传统中,除了对上帝的自愿忏悔之外,任何人都不必向其他人低头认罪,或被强迫去证明自己有罪,因为这也是"天赋人权"之一。

李尔本是不幸的。他被鞭打的时候刚好在英国资产阶级革命发生的前一年。这一年,斯图亚特王朝的专制野蛮达到了极点。李尔本又是幸运的,因为他的冤案一年后就得到了平反。1640年,英国资产阶级大革命爆发了,查理一世被推上断头台。议会掌权后,随即对李尔本案实行重审并宣布:法庭对李尔本一案的审判是不公正的,不合法的。而面对不公正的审讯,英国人有权保持沉默。①

1688年"光荣革命"后,英国《权利法案》对沉默权作了明确规定。1789年,这一规则为美国宪法修正案所吸收,正式上升为宪法性权利。根据这项权利,被告人在诉讼中不承担证明自己无罪的责任,他可以在诉讼中保持沉默,也可以明确表示拒绝作出陈述。因此,提供证据以证明被告人有罪的责任应该由控诉方即国家来承担,如果控诉方无法证明被告人有罪,则应当认定被告人无罪。

其二,辩护原则。

辩护原则,指犯罪嫌疑人、被告人在刑事诉讼中应享有充分的辩护权。根据这项原则,犯罪嫌疑人和被告人在诉讼中既可以自行辩护,也可以委托他人尤其是律师进行辩护。更重要的是,如果被告人因为经济困难或者其他原因而无力聘请辩护人,则国家有义务为其提供免费的律师服务。赋予犯罪嫌疑人、被告人以充分的辩护权,不仅是诉讼民主的表现,也是查明案件真实及正确适用法律的必要条件。

在世界法律发展史上,美国1961年的"吉迪恩案件"对刑事辩护制度的完善起到了重要影响。

吉迪恩是美国佛罗里达州的一个贫穷的白人,只有高中文化水平。他在1961年因涉嫌闯入一家弹子房盗窃而被捕,被控从自动售货机中盗窃了一些硬币和罐装饮料。吉迪恩请不起律师,因此他要求法庭免费为他提供一位律师,结果遭到了拒绝。吉迪恩只好草草查阅了一些法律方面的书籍自行做无罪辩护。可是他毕竟没受过正规的法律训练,结果辩护效果不佳,他被判了5年有期徒刑。

在监狱服刑期间,吉迪恩利用狱中的图书馆自学法律。在反复阅读了宪法第六修正案的有关法律和案例后,他给美国最高法院的大法官们写了一份"赤贫人申诉书"。在申诉书中吉迪恩称,美国宪法第六修正案规定,被告人在法庭受审时有权请律师为其辩护,而他本人却因贫困被地方法院剥夺了请律师辩护的宪法权利,因此法庭的判决是不公正的。

审阅了吉迪恩的申诉书后,最高法院的九位大法官一致同意了吉迪恩的申诉。最

---

① 余定宇:《寻找法律的印迹:从古埃及到美利坚》,法律出版社2004年版,第93—94页。

高法院在裁决书中强调,"在刑事法院,律师是必须而非奢侈""在我们抗辩式的刑事审判体系中,任何一个被指控的人如果因贫穷请不起律师,就不会受到公正的审判,除非法院给他指派一个律师"。据此,最高法院撤销了州地方法院的判决,责令其重新审理。

  最高法院的裁决下达后,监狱里欢声雷动。吉迪恩出狱重新受审,法庭为他指定了免费的辩护律师,最后的判决是无罪释放。此案一出,全美各地监狱里有数千名在押犯人因同样理由获得了重审机会,并且多数人最终被无罪释放。消息传播开来,吉迪恩一时成为狱中犯人们仰慕的英雄。

犯罪嫌疑人、被告人享有充分的辩护权,这已经成为现代刑事诉讼的基本特征和应有之义。刑事辩护权是犯罪嫌疑人、被告人在诉讼中的基本权利,人们相信,在司法日益专业化的今天,如果没有这项权利的存在,就不可能有真正公正、高效的刑事审判。

二、法律原则的功能及其适用

(一) 法律原则的功能

法律原则虽然相对模糊、抽象,可操作性不如法律规则,但法律原则具有独特的法律功能,主要包括指导功能、评价功能和裁判功能。

第一,法律原则的指导功能,是指法律原则可以作为解释和推理的依据,为法律规则的正确适用提供指导。法律解释和法律推理是司法过程中的必要环节。在每个案件的审判中,法律原则构成了正确理解法律规则的前提,是法律推理的权威性出发点。面对相互冲突的法律规则或者存在对法律条文的多种解释可能时,法律原则就成了取舍和说理的依据,借助于法律原则的指导,能够对法律规则做出合乎法律精神的正确解释。在这里,法律原则不直接作为法律推理的大前提,它只是在法律推理的过程中解释法律规则的资料或素材。换句话说,法律原则辅助法律规则的适用,共同发挥法律规范的调整作用。

第二,法律原则的评价功能,是指法律原则可以对法律规则甚至整个实在法的效力进行实质性的评判,说明实在法及其规则是否有效、是否正确、是否公正的理由,揭示法律规则缺乏正当的根据,指出法律规则的例外情形等。在司法过程中,可能遇到这样的情形:由于法律规则具有一般性和刚硬性,无法直接将该规则适用于个别案件的解决,否则将会导致极其不公正的结果。这时,运用作为法律灵魂和体现社会价值的法律原则,则可以保证个案正义的实现,并使法律和社会发展保持和谐。

  美国纽约上诉法院在1889年曾经审理过这样一个案件:帕尔默是其祖父所立遗嘱中指定的财产继承人,因恐其祖父撤销遗嘱和为了及早获得遗产,帕尔默将其祖父毒死。后来帕尔默被其姑妈里格斯诉至法院。面对这一案件,法官必须裁决帕尔默是否能够依据该项遗嘱继承其祖父的遗产。根据纽约州的有关遗嘱的法律规则的规定,该遗嘱有效,帕尔默有权继承其祖父的遗产。但是这样判决明显带来不公正的结果,后来法官并没有依据有关遗嘱的法律规则裁决案件,而是依据普通法中的一项原则,即"任何人都不得从他的不当行为中获利",做出裁决,帕尔默无权继承其祖父的财产。[①]

[①] 对此案的精彩分析,可参见〔美〕德沃金:《认真对待权利》,信春鹰、吴玉章译,中国大百科全书出版社1998年版,第41—42页。

在极端的情形下,法律原则甚至可以否定整个实在法的效力。例如,第二次世界大战结束后,在对纳粹战犯的审讯中,有的战犯认为自己不过是在执行纳粹帝国的法律,所以没有违法。但国际战犯法庭认为,纳粹帝国的一些法律(比如屠杀犹太人的法律和鼓励告密的法律)违背了基本的法律原则,使得这些法律不具有效力。因而,执行这些法律的行为仍然被视为是违法行为。

第三,法律原则的裁判功能,是指法律原则直接作为规范标准用于案件的裁判过程。由于立法者的有限理性以及社会的变动不居,制定法不可避免会存在漏洞。作为法官,在面对无明确法律规则可适用的新奇案件时,由于法官角色的要求,其不能拒绝审判案件。这种情形下,法官可以直接以法律原则作为裁判的依据。法律原则在这种情形下,可以起到弥补法律漏洞的作用。

2009年,河南省郑州市中级人民法院公布了一起案例,原房主的妻子在该案涉及的房屋内自杀,买房人要求退房,理由是这房子是"凶宅"。当时一审法院认定"凶宅"是买房人的主观认识问题,且属于封建迷信。原房主虽未将妻子自杀一事告知买房人,但这并不影响房屋的使用,也不存在违法等情形,因此判决驳回了买房人的诉请。但二审时,郑州市中级人民法院却认可了"凶宅"对于使用者心理的影响,认为原房主隐瞒"凶宅"情况,明显违背了我国《民法通则》第7条"民事活动应当尊重社会公德,不得损害社会公共利益"(公序良俗原则)的规定,同时认定"凶宅"对于涉案房屋而言"显然属于重要事实",终审改判,要求解除合同,原房主退还购房款。

(二) 法律原则的适用条件

法律原则在发挥评价功能和裁判功能时,可以克服成文法的缺陷,保证个案正义,弥补法律漏洞,使得法律更好地适应社会发展与变迁。但由于法律原则内涵高度抽象,外延宽泛,不像法律规则那样对行为模式和法律后果有相对明确的规定,所以当法律原则直接作为裁判案件的标准发挥作用时,会赋予法官较大的自由裁量权,增加法律适用的不确定性。为了保障法律的客观性和确定性,必须对法律原则的适用设定严格的条件。

首先,穷尽法律规则,方得适用法律原则。

在通常的情况下,法律适用的基本要求是:有规则应依规则。在有具体的法律规则可以适用时,不得直接适用法律原则。只有出现无法律规则可以适用的情形,法律原则才可以作为弥补"规则漏洞"的手段发挥作用。之所以这样规定,是考虑到法律规则相对明确和具体,优先使用法律规则有助于保持法律的安定性和权威性,避免司法者滥用自由裁量权。

其次,除非为了实现个案正义,否则不得舍弃法律规则而直接适用法律原则。

一般情况下,法官应该依据法律规则来裁判案件,适用法律规则时不需要对规则本身进行正确性审查。但如果适用法律规则可能导致个案的极端不公正的结果,则需要舍弃法律规则而运用法律原则。当然,这种例外的情形在司法过程中极少出现。除非直接适用法律规则的结果极端不公正,否则法官不得轻易舍弃法律规则而适用法律原则。简单来说就是:"法律原则不得径行适用,除非旨在实现个案正义。"

最后,没有更强理由,不得径行适用法律原则。

在判断何种规则在何时及何种情况下极端违背正义,其实难度很大,法律原则必须为适用第二个条件规则提出比适用原法律规则更强的理由,否则上面第二个条件规则就难以成立。① 法官在适用和具体化法律原则时,必须进行充分的说理和论证。司法的最终权威是建立在充分说理的基础上的,而且充分的说理也是当事人、律师和其他法律职业人检讨法官裁判思路的过程。只有借助于这个说理的过程,才能检验法官在运用法律原则所进行的价值判断是否合理。换句话说,如果法官要依据原则审判案件,就必须提供"为什么要用原则审判"的充足理由,如果没有理由或者理由不充分,那就没有适用原则的必要性和正当性。

总之,当法律存在漏洞或者直接适用法律规则会导致个案不公正,从而需要依据法律原则裁判案件时,法律原则必须被具体化并在充分说理的基础上方可被适用。

最后需要强调的是,由于法律原则没有为司法者提供明确的裁判标准,所以适用法律原则时必须首先将法律原则具体化。这个具体化过程可以分为不同的阶段:首先是要确定哪些法律原则是个案应予适用的规范;其次,寻找这些有待适用之法律原则的"下位原则"②;再次,依据法律原则,提出更强理由宣告相应的法律规则无效,同时建构新的法律规则或提出原法律规则的例外规则;最后,法官考量受裁判之个案的具体情况,对建构的新法律规则或例外规则再作进一步的解释,并对案件做出具体的判决。③

第三节 法律体系

一、法律体系与法律部门

对于任何一个现代国家而言,其所拥有的法律规范都是种类繁多、数量庞大的。不过,这些法律规范绝不像互不联结的散沙一样毫不相关。无论从内部还是从外部看,不同的法律规则之间都具有某种有机联系。正是由于这种联系的存在,法律才能够作为一个整体来发挥作用,并在社会生活中形成秩序。于是,这里我们要研究的就是:什么是整体上的法律体系,它由哪些部分组成,这些不同的组成部分之间具有什么关系?

(一)法律体系

一般认为,法律体系,是指一国现行的全部法律规范按照不同的法律部门分类组合而形成的一个有机联系的整体。在把握法律体系的概念时,我们应当注意以下几点:

其一,法律体系是一个主权国家全部现行法律规范构成的整体。它既不包括一国历史上的法律或已经失效的法律,也不包括一国将要制定的法律或尚未生效的法律,只包括现行的国内法和被本国承认的国际条约和国际惯例。

其二,法律规范是法律体系的基本分子,法律部门则是法律体系的基本构成单位。"法律体系也就是法律规范的体系。"④这里所说的法律规范是由国家制定或认可的,具有普遍约束力的各种行为准则。一些调整同样性质社会关系、相互关联的法律规范组合在一起,就构成了一类法律部门。如果我们将法律体系视为一座法律大厦,那么,法律规范就是它的一砖

---

① 舒国滢:《法律原则适用中的难题何在》,载《苏州大学学报(哲学社会科学版)》2004年第6期。
② 以"法治国原则"为例,其包含一系列下位原则,诸如"依法行政原则""分权原则""法官独立原则""法律听证的权利原则""禁止溯及既往原则"等。参见〔德〕卡尔·拉伦茨:《法学方法论》,陈爱娥译,商务印书馆2003年版,第349页。
③ 舒国滢:《法律原则适用的困境——方法论视角的四个追问》,载《苏州大学学报》2005年第1期。
④ 〔英〕约瑟夫·拉兹:《法律体系的概念》,吴玉章译,中国法制出版社2003年版,第54页。

一瓦、一木一石,法律部门则是这些砖瓦木石所构成的一个个房屋单元。法律体系就是将各种法律规范分门别类后组成的整体。

其三,法律体系是由不同法律规范构成的统一体。随着社会生活的复杂化,调整实际事务的法律规范不可避免地出现了复杂化、多样化的趋势。这些各具个性的法律规范往往能够以特定方式——如某种从属关系或者并列关系——联结在一起,成为一个具有内在关联性的网络或系统。

其四,法律体系的形成既具有客观性,又具有主观性。一方面,不同法律规范之间的体系性联系是由国家主权的统一、社会物质生活条件的统一所决定的;另一方面,它的形成又离不开人的主观能动性。理想状态的法律体系是层次清晰、协调一致的,是不存在内部矛盾的规范统一体。但是,在现实生活中,法律很少没有任何矛盾。"立法者总是不断地犯错误,从而使规范之间产生矛盾。特别是整个法律秩序包含了大量的非理智因素,因为它的诸多具体规范都来自不同时期并且通常不相一致。"[①]人们对法的体系的客观基础的认识水平和适应水平,决定着一国法律体系的合理化程度。因而,形成科学、合理、统一的法律体系,既是社会和法律发展的客观结果,也是全体法律职业努力劳动的智慧成果。

(二)法律部门

世界上有很多种动物,根据其形态、基因、属性可以将其分为鸟类、爬行动物、两栖动物等,这是对动物的归类。同样,法律体系也是各种具有差异性和多样性的法律规范的统一体。为了更好地了解法律体系的全貌,我们可以按照一定标准,将相似的法律规范划归相应的法律部门。

一般来说,区分法律部门的标准大致有以下两种:

第一个是法律规范所调整的社会关系,也就是法律处理的事项。

法律是调整社会关系的行为准则,任何法律都有其调整的社会关系。由于社会关系种类众多,各具特征,因此可以按照法律调整的社会关系的性质和种类的不同来划分法律部门。例如,调整平等主体之间财产关系和人身关系的法规范可以划归民法部门,调整行政主体与行政管理相对人之间的行政管理关系的法规范可以划归行政法部门等,而涉及犯罪与刑罚的法规范则应归入刑法部门。

第二个是法律规范的调整方法,也就是法律所使用的手段和方法。

由于调整的对象性质不同,每个法律部门的调整方法也存在差异,于是,调整方法的特殊性也能够使得一个法律部门区别于其他法律部门。[②]从内容上看,法律调整方法至少由两个部分组成:其一,权利义务的形成方式和行使方式。法律是通过权利义务机制来调整社会关系的,因此,有关权利义务的形成、行使方式是法律调整方法的一个必不可少的组成部分。在现代社会中的法律制度中,权利义务的形成和行使方式是多样的。比如,权利和义务可以根据当事人的自行协商而确定,也可以由法律直接予以规定。有一些权利可以放弃,比如私人的财产权,有一些权利则不能放弃,比如官员的权利以及私人某些人身权(尤其是生命权)。根据这些不同,我们可以将相应的法律规范区别开来。其二,追究法律责任的方法。权利义务的分配和行使,离不开法律责任机制的保障。因而,追究法律责任的方法,也是法

---

① 〔德〕伯恩·魏德士:《法理学》,丁小春、吴越译,法律出版社2003年版,第338—339页。
② 〔俄〕B.B.拉扎列夫主编:《法与国家的一般理论》,王哲等译,法律出版社1999年版,第159页。

律调整方法的一个组成部分。法律责任的追究方式也是多样的,可以包括补偿性责任、惩罚性责任等不同种类。根据法律责任追究方式的不同,我们也可以将相应的法律部门区别开来。比如,我们可将凡通过刑罚来追究法律责任的法律规范划分至刑法部门,而通过补偿方式追究责任的法律规范则大多属于民法部门。

二、当代中国的法律体系

根据法律调整的对象及其方法,我国全部现行有效的法律可以划分为七个基本法律部门:宪法部门、民商法部门、行政法部门、经济法部门、社会法部门、刑法部门以及程序法部门。

(一) 宪法部门

涉及我国社会制度、国家制度、公民的基本权利和义务以及国家机关的组织与活动的原则等方面的法律规范,构成了宪法法律部门。宪法部门最基本的规范,主要反映在《中华人民共和国宪法》中。

除了宪法这一主要的、居于主导地位的规范性法律文件外,宪法部门的法律规范还存在于以下居于附属地位的规范性法律文件之中:

(1) 有关国家机关组织机构的规范性法律文件。这一方面的法律文件主要包括全国人民代表大会组织法、国务院组织法、地方各级人民代表大会组织法和地方各级人民政府组织法、人民法院组织法、人民检察院组织法、全国人民代表大会议事规则、全国人民代表大会常务委员会议事规则、全国人民代表大会和地方各级人民代表大会代表法,等等。这些规范性法律文件中有关各级国家机关的基本体制、职责权限、运作方式、工作原则、议事程序的法律规范都应当属于宪法法律部门。

(2) 有关我国国家结构形式的规范性法律文件。国家结构形式是指表现一国的整体与组成部分之间、中央政权与地方政权之间相互关系的一种形式。除《宪法》以外,我国的《民族区域自治法》、国务院实施《民族区域自治法》的若干规定、《特别行政区基本法》等规范性法律文件的许多规范都涉及我国的基本国家结构形式。这些规范分别确定了我国民族自治地区和特别行政区与中央之间的职权划分关系。

(3) 有关立法体制方面的规范性法律文件。这一方面的法律文件主要指我国的《立法法》。该法律文件中有关中央与地方国家机关立法权限、立法程序的法律规范也属于宪法法律部门。

(4) 有关公民政治权利方面的规范性法律文件。这一方面的法律文件主要包括《全国人民代表大会和地方各级人民代表大会选举法》、中国人民解放军选举全国人民代表大会和地方各级人民代表大会代表的办法、《集会游行示威法》、《戒严法》等有关公民政治权利的规范性法律文件。另外,在我国《村民委员会组织法》、《城市居民委员会组织法》等规范性法律文件中,有关保障基层民主、公民自治的法律规范也属于宪法法律部门。

(5) 涉及国家领域、国家主权、国家象征等方面的规范性法律文件。这一方面的法律文件主要包括《国防法》、《领海和毗连区法》、《专属经济区和大陆架法》、《国旗法》、《国徽法》、《国籍法》等。它们中的许多规范也属于宪法法律部门。

宪法作为一个法律部门,在当代中国的法律体系中具有特殊的地位,是整个法律体系的基础。该部门中的法律规范涉及国家和社会的根本问题,反映了我国社会主义法律的本质和根本原则。

(二)民商法部门

调整平等民事主体之间财产关系与人身关系的法律规范的总和,就构成了民法法律部门。除了调整对象与其他法律部门不同以外,民法法律部门的法律调整方法也具有独特之处:它所具有的权利义务内容和行使方式,能够保障当事人有更多行动自由。民法法律部门中的法律规范大都是授权性规范和任意性规范,依据这些规范,民事法律主体可以自行决定自己是否行使自己的权利,是否与其他法律主体进行协商决定来划定彼此的权利义务内容。对此,国家不能随意进行干涉。

我国民法部门的法律规范主要集中在《民法通则》和各个单行民事法律、法规等规范性法律文件之中。其中,《民法通则》是民法部门的基本法或者一般法。各个单行民事法律则是民法部门的特别法,主要由《合同法》《担保法》《婚姻法》《继承法》《收养法》《商标法》《专利法》《著作权法》等规范性法律文件构成。目前,我国正在进行民法典的起草,有望出台一部规范、完整、科学的民法典,它将成为民法部门的顶梁柱和奠基石。

新中国成立初期,政务院法制委员会就启动了我国《民法典》的起草工作。陈瑾昆、李祖荫、李浩培、吴传颐、汤宗舜、王之相、蔡枢衡等搜集了百万字的民法资料。1954年下半年,第一届全国人大常委会组建了专门的班子,开始起草《民法典》。1956年年底拿出了初稿,分总则、所有权、债权和继承四编,计有525条,开始到各地征求意见。1962年至1964年又进行了第二次《民法典》起草工作。试拟稿分总则、财产的所有、财产的流通等三编,共24章,计262条。

2014年,党的十八届四中全会《关于全面推进依法治国若干重大问题的决定》强调要"加强市场法律制度建设,编纂民法典"。2016年6月,民法总则草案提交全国人大常委会初次审议。这是恢复编纂《民法典》工作的第一步。全国人大常委会法工委民法室原巡视员透露,我国拟于2020年完成《民法典》整体的编纂。

世界上有110多个国家有《民法典》,在可以预见的时间内,新中国终于也将有这样一部法典,作为民事领域的根本法,规范和保障民事权利义务。

商法法律部门则由调整平等民事主体之间的商事关系或商事行为的法律规范构成。由于同样调整平等民事主体之间的关系,因此,民法与商法的关系非常接近,它们可以分享平等自愿、诚实信用等许多民事法律原则,也可以适用同样的法律调整方法。但是,商法调整的行为毕竟与一般民事行为有许多不同之处。在这些不同之处中,最突出的一点就是商法所调整的行为带有"牟利""求赢"的浓厚色彩。相应地,商法中也存在着许多民法所不具有的特殊制度与特殊规则。从这一角度上看,我们又可以将商法看作是一个与民法关系密切的、独立的法律部门。[①]一般来说,商法主要由有关公司、票据、海商、保险等几大部分的法律规范构成。其中,公司法解决的是交易主体问题,票据法解决的是交易结算问题,保险法解决的是交易风险问题,海商法解决的是海上贸易问题。在我国,包含商法法律规范的法律文

[①] 由于商法调整商事关系的特殊性,民法与商法的关系是一般法与特别法的关系。这一点已称为境内外学术界和实务界的一种共识。实践中,由于商法的特别法地位,凡商事事项,商法优先适用,民法一般适用、补充适用。参见王保树:《商事通则:超越民商合一与民商分立》,载《法学研究》2005年第1期。

件主要有公司法、证券法、票据法、保险法、企业破产法、海商法、商业银行法、期货法、信托法等。

（三）行政法部门

行政法部门由调整国家行政管理活动中各种社会关系的法律规范所构成。它包括规定行政管理体制的规范，确定行政管理基本原则的规范，规定行政机关活动的方式、方法、程序的规范，规定国家公务员的规范等。

行政法法律部门所涉及的范围与国家行政机关职权活动的范围一致，包括国防、外交、人事、民政、公安、国家安全、民族、宗教、侨务、教育、科学技术、文化、体育、卫生、城市建设、环境保护等领域。为了防止国家行政机关滥用职权，同时也为了更好地实现行政管理的目标，该法律部门的法律调整方法不允许当事人通过自行协商的方式来划定确定彼此的行动范围，也不允许使国家行政权力的行政主体放弃自己的职权。在行政法部门中，法律规范都是权义复合型规范和强行性规范。这种类型的法律规范要求法律主体必须严格履行法律的规定。

在我国，行政法法律部门的法律规范主要存在于以下规范性法律文件中：

（1）规范行政机关基本行政行为的规范性法律文件。这一方面的规范性法律文件主要有行政复议法、行政处罚法、行政许可法、行政监察法、政府采购法等。

（2）有关公务员制度的规范性法律文件。公务员是从事公务的国家工作人员，是行政活动的具体承办者，这一方面的规范性文件主要有公务员法。

（3）涉及国防、外交方面的规范性法律文件。这一方面的规范性法律文件主要有兵役法、预备役军官法、军事设施保护法、人民防空法、外交特权与豁免条例、领事特权与豁免条例、缔结条约程序法等。

（4）涉及公安、国家安全方面的规范性法律文件。这一方面的规范性法律文件主要有人民警察法、出境入境管理法、治安管理处罚法、枪支管理法、国家安全法、保密法等。

（5）涉及教育、科学技术、文化体育卫生方面的规范性法律文件。这一方面的规范性法律文件主要有义务教育法、高等教育法、职业教育法、教师法、科学技术进步法、科学技术普及法、促进科技成果转化法、农业技术推广法、文物保护法、食品卫生法、药品管理法、传染病防治法、执业医师法、献血法、母婴保健法、体育法、人口与计划生育法等。

（6）涉及司法行政方面的规范性法律文件。在我国，司法行政部门承担着诸多职能，规范这一领域的规范性法律文件主要有律师法、监狱法、公证法等。

（7）涉及土地管理、城市建设方面的规范性法律文件。这一方面的规范性法律文件主要有土地管理法、城市规划法等。

（8）涉及自然资源利用和环境保护方面的规范性法律文件。其中，有关自然资源利用的规范性法律文件主要有森林法、草原法、渔业法、矿产资源法、水法、野生动物保护法等；有关环境保护方面的规范性法律文件主要有环境保护法、海洋环境保护法、水污染防治法、大气污染防治法、环境噪声污染防治法、防沙治沙法、环境影响评价法、清洁生产促进法等。

（四）经济法部门

经济法部门由国家对经济活动实行干预而产生的法律规范所构成。从历史上看，经济领域所适用的法律规范一度都是限制国家干预、强调"意思自治"的民、商法规范。然而，随着商品经济的发展，自由放任的经济活动所带来的投机、垄断等问题越来越严重，它所造成的利益损害也越来越广泛、越来越具有不确定性。于是,传统的民、商法调整机制受到了极大的挑战。为了降低经济活动的风险,维护经济领域的基本秩序,国家开始更多地干预经济生活,并通过法律对经济活动进行更多的调控。经济法法律部门就是适应国家管理经济活动的需要而发展起来的一个法律部门。由于都涉及国家行使职权的活动,因此,经济法法律部门与行政法法律部门的调整方法是基本相同的。之所以将经济法法律部门作为一个独立的法律部门,是为了突出其调整领域与经济活动具有密切联系。

经济法这一法律部门又可以分为两个部分:其一,国家维护平等竞争环境、维持市场秩序方面的法律规范。这部分法律规范主要有反垄断、反不正当竞争、反倾销和反补贴方面的规范构成。其二,国家宏观调控和经济管理方面的法律规范。这部分的法律规范主要有有关财政、税务、金融、审计、统计、物价、技术监督、工商管理、对外贸易等方面的规范构成。

在我国,经济法法律部门的法律规范主要存在于以下规范性法律文件中:

(1) 有关规范市场秩序的规范性法律文件。这一方面的法律文件主要有产品质量法、反不正当竞争法、消费者权益保护法、广告法等。

(2) 有关宏观调控的规范性法律文件。这一方面的法律文件主要有预算法、审计法、会计法、价格法、税收征收管理法、中国人民银行法等。

(3) 有关扩大对外开放、促进对外经济贸易的规范性法律文件。这一方面的法律文件主要有中外合资经营企业法、外资企业法、中外合作经营企业法、对外贸易法等。

(4) 有关促进重点产业振兴和发展方面的规范性法律文件。这一方面的法律文件主要有农业法、渔业法、种子法、铁路法、民航法、电力法等。

(5) 有关国民经济发展基础制度的规范性法律文件。这一方面的法律文件主要有标准化法、计量法、统计法、测绘法等。

除以上几种规范性法律文件以外,包含经济法规范的规范性文件还可以是包含了许多商法规范的规范性法律文件,如公司法、保险法、证券法等。比如,公司法中有关公司登记制度、保险法中有关保险业的管理制度、证券法中有关证券业的监管制度等,都是由经济法规范构成的。它们也都具有通过国家强制干预,以保护社会公共利益的价值目标。

(五) 社会法部门

社会法部门由保障公民各种社会权利的相关法律规范构成。与经济法部门相似,社会法部门也是19世纪末20世纪初开始逐渐产生的一个法律部门。这一时期,在世界性的经济危机、战争、劳工运动等因素的影响下,西方许多国家开始通过立法全面干预社会经济生活,关注社会弱势群体的利益,以缓解社会冲突,维持社会秩序。社会法作为一个新兴的法律部门得以产生。不过,最初的社会法只是为了"矫正资本主义经济生活秩序之偏差"而制定的,其内容限于对处于不利情况下的群体给予一定的生活保障和福利待遇。19世纪末,德国为了防备劳工遭受疾病、伤害、残废、老年等意外事故而进行的社会保险立法就是其中典型的例子。[①]此后,随着经济的发展,社会生活日益复杂化,人们开始发现,他们既难以通过私人之间的交易来实现自己的权利要求,也无法通过个人的力量来解决社会整体上的构造性、制度性问题。"芸芸众生实际上没有任何值得他人花钱购买的东西出售。于是,社会就

---

① 樊启荣、程芳:《社会法的范畴及体系的展开——兼论社会保障法体系之构造》,载《时代法学》2005年第2期。

必须提供个人通过自己努力无法完全满足的经济需求。"①社会法的立法重点开始从保障部分弱势群体的基本生活需求转向"向公民提供人道的生存条件"。鉴于公民所面对的社会问题具有变动性,旨在提供人道生存条件的社会法部门在内容上随之也呈现出一种多样化的风貌。根据世界各国的相关立法,社会法部门可以由劳动法、社会保障法(包括社会保险法和社会福利法)、环境法(包括自然环境保护法和社会环境保护法)、消费者保护法、教育文化法等部分构成。②

在我国,以市场经济为导向的改革尽管极大地促进了生产力的发展,但是它也带来了一系列的社会问题:城市化进程中失地农民的权益保障问题,收入差距日益扩大的问题,就业形势紧张情况下广大劳动者的权益保护问题,经济发展的同时自然环境日益恶化的问题,等等。这些社会问题的存在都需要有效的社会安全机制、法律机制予以回应。目前,人们一般认为,我国社会法法律部门主要由调整劳动关系、社会保障、社会福利关系的法律规范构成。相应的规范性法律文件有劳动法、劳动合同法、工会法、矿山安全法、安全生产法、职业病防治法、残疾人保障法、未成年人保护法、预防未成年人犯罪法、妇女权益保障法、老年人权益保障法、红十字会法、公益事业捐赠法、工伤保险条例等。不过,随着我国立法的进一步完善,有关保障公民劳动权、受教育权、适当生活水准权、环境权等社会权利的法律规范可能会不断增加。相应的规范性法律文件——如科教文方面的规范性法律文件、环境保护和城市规划方面的法律文件——所包含的法律规范将更多地"溢出"行政管理的领域,进入社会法这一法律部门。

(六) 刑法部门

刑法部门由规定犯罪、刑事责任和刑罚的法律规范构成。从法律调整方式上看,刑事法律责任的追究方法最为严厉,它可以剥夺人的自由甚至生命。由于其调整方法的独特性、威慑性,以及调整领域的广泛性,因此,在人们日常生活中,刑法法律部门也往往是最受人关注的一个法律部门。

在我国,刑法法律部门的法律规范基本上集中于《刑法》这一规范性法律文件中。全国人民代表大会常务委员会通过的一些刑法修正案以及有关刑法条文的法律解释,也包含了许多刑法规范。除此之外,我国的一些单行法律、法规的有关条款也可能含有刑法规范的内容,比如《商标法》《专利法》中就包含有"假冒注册商标罪""假冒专利罪"等刑法规范。

(七) 诉讼与非诉讼程序法部门

诉讼法与非诉讼程序法部门主要由涉及各种争议解决机制的法律规范构成。一般而言,这一法律部门由两个部分构成:其一,以诉讼方式解决争议的法律规范。这里所称的"诉讼方式",指的是通过国家司法机关审判案件来解决争端的方式。其二,以非诉讼方式解决争议的法律规范。所谓"非诉讼方式"包括调解、仲裁等不通过司法机关判决的途径来解决争议的方式。

在我国,诉讼与非诉讼法律部门中的法律规范主要体现在以下规范性法律文件之中:

(1) 有关诉讼程序的规范性法律文件。这一方面的法律文件由《刑事诉讼法》《民事诉讼法》《行政诉讼法》《海事诉讼特别程序法》构成。其中,《刑事诉讼法》规定了刑事案件的侦

---

① 〔美〕伯纳德·施瓦茨:《美国法律史》,王军等译,中国政法大学出版社1990年版,第275页。
② 樊启荣、程芳:《社会法的范畴及体系的展开——兼论社会保障法体系之构造》,载《时代法学》2005年第2期。

查、拘留、逮捕、预审、公诉、审判等程序;《民事诉讼法》规定了公民、法人和其他组织之间有关民事争议的审理程序;《行政诉讼法》规定了公民、法人或其他组织对行政机关以及行政机关工作人员所作出的具体行政行为不服时引发的行政案件的审理程序;《海事诉讼特别程序法》规定了有关海事侵权纠纷、海商合同纠纷以及法律规定的其他海事纠纷的审理程序。

(2) 有关非诉讼程序的规范性法律文件。这一方面的法律文件主要有《仲裁法》《人民调解法》《劳动争议仲裁调解法》等。其中,《仲裁法》对有关平等主体之间的合同纠纷和财产权益纠纷的仲裁程序作出了规定。《人民调解法》对我国特有的人民调解制度作出了规定。除此之外,《民事诉讼法》中有关调解的规定也涉及非诉讼争端解决程序。

(3) 有关诉讼主体的规范性法律文件。这一方面的法律文件主要有《法官法》、《检察官法》和《律师法》等。其中,《律师法》中有关司法行政机关对律师进行管理的规范可以划归行政法部门,其他有关律师权利义务的规范可以属于诉讼与非诉讼程序法部门。

三、"一国两制"下的中国法律体系

以上有关法律部门的划分反映了我国法律体系的基本构架。然而,在我国按照"一国两制"的原则对香港和澳门恢复行使主权后,我国法律体系的面貌开始有了一些新的变化。根据《香港特别行政区基本法》与《澳门特别行政区基本法》有关的规定,港、澳特别行政区的原有法律,除与特别行政区基本法相抵触或经特别行政区的立法机关作出修改者外,都予以保留。这就使得反映不同社会制度、来自不同法律传统的多元法律规范能够在一个主权国家之中共生并存。

一般认为,在"一国两制"之下,我国的现行法律规范虽然存在着内地与香港、澳门、台湾地区的种种差异,但它们仍然可以看作是一个法律体系。这是因为:第一,在一个国家的前提之下,我国的国家主权和立法权都是统一的。尽管祖国大陆地区与港、澳、台地区在立法权的配置和行使方面有些不同,但是其立法权的来源是同一的——都来自一个主权国家。第二,我国的根本大法——宪法——是特别行政区基本法的共同母法。作为特别行政区的根本性法律,《香港特别行政区基本法》《澳门特别行政区基本法》都是根据《宪法》制定的,而《宪法》是我国全部法律统一的中心和出发点,这也决定了我国的法律体系是统一的。

不过,特别行政区的法律规范毕竟与我国内地的法律规范有着许多不同。这种不同反映在以下几个方面:其一,它们所赖以存在的经济基础的性质、反映的阶级意志不同。我国内地的法律制度建立于社会主义公有制经济基础之上,而特别行政区的法律制度建立于资本主义私有制经济基础之上。相应地,它们所反映的阶级意志也不相同。其二,它们实行的一些指导原则也有不同之处。比如,"四项基本原则"是我国内地法律制度的基本指导原则,而特别行政区的法律制度却不实行"四项基本原则"。其三,它们许多法律制度以及这些法律制度所体现的法律文化背景也有很大差异。根据特别行政区基本法的规定,特别行政区保留了许多在特定法律文化背景下产生的法律制度,而这些法律制度与我国内地的法律制度往往几乎没有什么共同之处。比如,由于来源于英美法系,在香港特别行政区,判例法是正式法律渊源。而在我国内地,判例不是正式的法律渊源。再如,香港特别行政区的诉讼制度也非常独特,它所适用的陪审团制度以及抗辩式诉讼模式也都是我国内地所不具有的法律制度。

鉴于存在以上不同,我们可以将特别行政区所特有的、调整特别行政区自治范围内事务

的法律规范归属于一个不属于上述法律部门的独立法律部门——特别行政区法法律部门（由于涉及中央和特区之间的基本关系，《香港特别行政区基本法》《澳门特别行政区基本法》的相关法律规范不应属于这一法律部门）。这样做既可以保证我国法律体系的统一，又可以顾及特别行政区法律制度的独特之处。不过，在这一法律部门中，除了特别行政区所特有的法律规范以外，还应当存在一些解决内地与特别行政区之间法律冲突的区际冲突法律规范和司法协助法律规范。因为，如果没有这些法律规范，内地与特别行政区所具有的如此不同的法律制度就无法胶合在一起，并构成统一的法律体系。①随着内地与港澳地区在政治、经济等领域交往日益增多，法律制度的差异、冲突同样也不利于一个国家在整体上的发展。由于种种原因，解决内地与特别行政区之间法律冲突的区际冲突法律规范和司法协助法律规范目前还存在着许多欠缺。但是，相信经过一个努力探索和积极筹备的过程，有关法律适用、管辖、裁判、执行等方面的区际冲突法律规范和司法协助法律规范必将会逐步完善起来。

一、推荐阅读文献

1. 刘星：《法律是什么：二十世纪英美法理学批判阅读》，中国法制出版社2015年版。
2. 舒国滢：《法律原则适用中的难题何在》，载《苏州大学学报（哲学社会科学版）》2004年第6期。
3. 雷磊：《融贯性与法律体系的建构——兼论当代中国法律体系的融贯化》，载《法学家》2012年第3期。

二、课后教学活动

四川省泸州市公民蒋某与黄某于1963年5月登记结婚，婚后夫妻关系较好，因未生育，收养一子。1996年，遗赠人黄某与原告张某相识后，二人便一直在外租房，开始非法同居生活。2001年年初，黄某因患肝癌晚期住院治疗，于2001年4月18日立下书面遗嘱，将其所得的住房补贴金、公积金、抚恤金和卖泸州市江阳区新马路一套住房所获款的一半4万元，以及自己所用的手机一部，赠与原告张某。2001年4月20日，泸州市纳溪区公证处对该遗嘱出具了(2000)泸纳证字第148号公证书。2001年4月22日，遗赠人黄某去世，张某与蒋某发生讼争。四川省泸州市纳溪区人民法院认为，遗赠属一种民事法律行为，民事行为是当事人实现自己权利、处分自己权益的意思自治行为。当事人的意思表示一旦作出就成立，但遗赠人行使遗赠权不得违背法律的规定。根据《中华人民共和国民法通则》第7条的规定，民事行为不得违反公共秩序和社会公德，违反者行为无效。本案中遗赠人黄某与被告蒋某系结婚多年的夫妻，无论从社会道德角度，还是从《中华人民共和国婚姻法》的规定来讲，均应相互扶助、互相忠实、互相尊重。但在本案中遗赠人自1996年认识原告张某以后，长期与其非法同居，其行为违反了《中华人民共和国婚姻法》第2条规定的一夫一妻的婚姻制度和第3条禁止有配偶者与他人同居以及夫妻应当互相忠实、互相尊重的法律规定，是一种违法行为。遗赠人黄某基于与原告张某有非法同居关系而立下遗嘱，将其遗产和属被告所有的财产赠与原告张某，是一种违反公共秩序、社会公德和违反法律的行为。而本案被告蒋某

---

① 有关区际冲突法与区际司法协助对于实现"一国两制"的重要性的论述，可参见文正邦：《关于"一国两制"的法哲学思考》，载《现代法学》1997年第3期；范忠信：《论"一国两制"的全国性法律体系之依据和形成途径》，载《法商研究》1998年第2期。

忠实于夫妻感情,且在遗赠人黄某患肝癌晚期住院直至去世期间,一直对其护理照顾,履行了夫妻扶助的义务。遗赠人黄某却无视法律规定,违反社会公德,漠视其结发夫妻的忠实与扶助,侵犯了蒋某的合法权益,对蒋某造成精神上的损害,在分割处理夫妻共同财产时,本应对蒋某进行损害赔偿,但将财产赠与其非法同居的原告张某,实质上损害了被告蒋某依法享有的合法的财产继承权,违反了公序良俗,破坏了社会风气。原告张某明知黄某有配偶而与其长期同居生活,其行为是法律禁止的、社会公德和伦理道德所不允许的,侵犯了蒋某的合法权益,于法于理不符,法院不予支持。

因此,法院作出判决:遗赠人黄某的遗赠行为违反了法律规定和公序良俗,损害了社会公德,破坏了公共秩序,应属无效行为,原告张某要求被告蒋某给付受遗赠财产的主张不予支持。被告蒋某要求确认该遗嘱无效的理由成立,予以支持。[1]

问题:根据法律原则与法律规则的相关理论,你是否支持上述判决,说说你的理由。

---

[1] 参见四川省泸州市纳溪区人民法院民事判决书(2001)纳溪民初字第561号。

第五讲

法的制定与实施

> 立法者应该把自己看做一个自然科学家。他不是在制造法律,不是在发明法律,而仅仅是表述法律。
>
> ——〔德〕马克思
>
> 有乱君,无乱国。有治人,无治法,……故法不能独立,类不能自行,得其人则存,失其人则亡。法者治之端也,君子者法之原也。故有君子,则法虽省,足以遍矣;无君子,则法虽具,失先后之施,不能应事之变,足以乱矣。
>
> ——《荀子·君道》

古罗马人有一句格言:"只要有社会就会有法律",这句话深刻阐释了法律与社会生活之间水乳交融、不可分离的关系。为了过上美好的生活,人们需要运用自己的理性能力,以现实生活为基础,为自己制定良好的法律;在法律出台之后,人们还需要通过各种途径和方式贯彻和实施这些法律,从而保障共同体的利益与福祉。

第一节 立法:比火药更伟大的发明

一、立法:法的制定

人类生活在法律之中,法律伴随着我们从摇篮到坟墓的整个生命过程。然而,法律并非天然的存在,法律乃是人类理性的产物,是人类伟大的制度发明。立法的活动,就是人类为自己创制法律规范的活动。

在古今中外的历史上,曾经出现过许多伟大的立法者和伟大的立法活动,他们制定的法律深深影响和改变了我们的历史。在中国,春秋时期郑国子产铸造刑鼎,开创了成文法的先河,魏国李悝的《法经》,以其清晰合理的篇章结构对后世影响深远,而唐代博大精深的《唐律疏议》不仅从制度上支撑了大唐盛世的繁华,而且成为中华法系的法律经典;在欧洲,拿破仑的伟大不是因为他在战争中的胜利——那些战功随着滑铁卢一败早就灰飞烟灭了,是他1804年的《法国民法典》才使他千古留名;在美国,1789年宪法确立的联邦体制与三权分立保障了美国社会的繁荣与稳定,它被人们称为过去二百多年里人类最伟大的"政治发明"。

《唐律疏议》又称《永徽律疏》,是唐高宗永徽年间完成的一部极为重要的法典。高宗永徽二年(公元651年),长孙无忌等大臣在《贞观律》基础上修订,奏上新撰律12卷,是为《永徽律》。鉴于当时中央、地方在审判中对法律条文理解不一,每年科举考试中明法科考试也无统一的权威标准的情况,唐高宗下令召集律学通才和一些重要臣僚对《永徽律》进行逐条逐句的解释,"条义疏奏以闻",撰《律疏》30卷奏上,与《永徽律》合编在一起,计12篇,共30卷,称为《永徽律疏》。作为中国封建法制的最高成就,《唐律疏议》全面体现了中国古代法律制度的水平、风格和基本特征,成为中华法系的代表性法典,对后世及周边国家产生了极为深远的影响。

美国宪法(Constitution of the United States)制定于1787年,是法制史上第一部比较完整的资产阶级成文宪法。美国宪法序言指出:"我们合众国人民,为建立更完善的联盟,树立正义,保障国内安宁,提供共同防务,促进公共福利,并使我们自己和后代得享自由的幸福,特为美利坚合众国制定本宪法。"为实现此目的,宪法规定实行资产阶级性质的联邦制,肯定了以立法、行政、司法三权分立,相互制衡为原则的资产阶级总统制民主共和政体。宪法规定立法权属于美国国会,并规定了国会的组成;行政权属于美国总统,规定了总统产生的办法;司法权属于美国联邦最高法院,并规定最高法院的组成。美国宪法所创建的这种政治体制和国家结构形式,为许多国家所仿效,对西方世界的宪政发展产生了深远影响。

从国家管理的角度讲,立法是国家的重要职权活动,是国家开展行政管理和司法审判的前提。因此,立法的品质好坏直接影响到国家各项事务的开展。一部好的法典,会带给这个民族和国家以幸福,而一部坏的法典,会导致国家的灾难甚至灭亡。英国思想家哈耶克在其名著《法律、立法与自由》一书中指出:"立法,即审慎地制定法律,已被恰如其分地描述为人类所有发明中隐含着最严峻后果的发明之一,其影响甚至比火的发现和弹药的发明还要深远……立法正被人们操纵成一种威力巨大的工具。"[①]

确实,在某种意义上讲,立法是比火药更伟大的发明,火药的发明给人类提供了威力巨大的用于互相杀戮的武器,使这个世界变得更加危险,充满了暴力和仇恨,而良好的立法则有望创制理性而文明的规则,它能够抑制人的冲动,平衡人的利益,引导人们有序生活和谐交往,促进社会稳定和世界和平。

二、现代立法的基本原则

在现代社会,考虑到立法的好坏将直接影响着公民生活和国家管理,因此确立一些指导立法的基本原则就显得非常重要。

(一) 立法的法治原则

法治是相对于人治而言的现代治国模式,它强调法律至上、人权保障和程序公正等理念。立法是实施法治的前提和基础,没有良好的立法,便无法实现良好的社会治理状态,因此立法必须坚持法治的原则。立法中的法治原则包括如下含义:(1)立法活动本身必须严格依法进行。立法者应在法律规定的范围内行使职权,不可越权立法,立法还要按照法定程序进行,每个环节都不可忽略;(2)立法的内容要符合宪法,符合现代法治的基本精神,也就是说,立法应当体现公平、自由、人权、民主等法律价值,有利于实现国家利益、社会利益和个

[①] Hayek, Law Legislation and Liberty, The University of Chicago Press, 1973, Vol. 1, Ch. g, Ch. 4.

人利益的和谐,有利于促进社会进步和人的全面发展;(3)立法还要注意维护国家法律体系的统一,下位法不能违反上位法,普通法不能违反根本法,各个法律之间应当形成和谐共处、相辅相成的关系,避免法律之间出现矛盾和冲突。

在立法中,法治原则的集中体现就是下位法必须符合上位法,任何立法都不得违反宪法。按照这一要求,大部分国家都设立了违宪审查制度,以保障下位法的合宪性。

在世界上,对立法的合宪性审查主要存在三种模式:(1)由普通司法机关作为宪法监督机关的体制。由普通司法机关作为宪法监督机关的体制起源于美国1803年"马伯里诉麦迪逊"案的判决。① (2)由代议机关作为宪法监督机关的体制。由代议机关作为宪法监督机关的体制起源于英国。我国也属于这类模式,根据宪法规定,全国人大及其常委会负有监督宪法实施的职责。(3)由专门机关作为宪法监督机关的体制。由专门机关作为宪法监督机关的体制起源于1799年法国宪法设立的护法元老院。有的称宪法法院(如德国),有的称宪法委员会(如法国)。

违宪审查机关在行使审查权时,主要运用的审查方式包括:(1)事先审查和事后审查。事先审查又称预防性审查。这种方式通常适用于法律、法规和法律性文件的制定过程。当法律、法规和法律性文件尚未正式颁布实施之前,由特定机关对其是否合宪所进行的审查;事后审查是指在法律、法规和法律性文件颁布实施以后,由特定机关对其是否合宪所进行的审查。(2)附带性审查和宪法控诉。附带性审查是指司法机关在审理案件过程中,因提出对所适用的法律、法规和法律性文件是否违宪的问题,而对该法律、法规和规范性文件所进行的合宪性审查。附带性审查往往以争讼事件为前提,所审查的也是与诉讼有关的法律、法规和法律性文件;宪法控诉(宪法诉讼、宪法诉愿)则指当公民个人的宪法权利受到侵害后向宪法法院或者其他相关机构提出控诉的制度。

(二)立法的民主原则

现代立法和古代立法的本质性区别就在于是否坚持了民主原则。在古代社会,"法自君出",皇帝"口含天宪",往往独揽着立法大权,可以按照自己的意愿来创设和改变法律。在现代社会,立法强调民主性,所有立法活动都必须有人民的参与和同意,就像卢梭所说:"凡是不曾为人民亲自批准的法律,都是无效的,那根本就不是法律。"②

在立法过程中,坚持民主原则,一方面要保障立法主体的民主性。无论是西方的议会议员,还是中国的人大代表,作为立法主体,他们必须由民主的程序选举产生,能够代表选民,并对选民负责;另一方面还要保障立法程序的民主性,允许社会公众通过特定的方式进行立法参与和发表意见。比如,立法机关可以采取座谈会、论证会、听证会等形式了解普通公众对有关问题的看法,也可以将法律草案在媒体上公布,向社会各界征求意见。在这其中,立

---

① 马伯里诉麦迪逊案发生于1803年。该案起因是美国第二任总统约翰·亚当斯在其任期(1797—1801年)的最后一天(即1801年3月3日)午夜,突击任命了42位治安法官,但因疏忽和忙乱有17份委任令在国务卿约翰·马歇尔(同时兼任首席大法官)卸任之前没能及时发送出去;继任的总统托马斯·杰斐逊让国务卿詹姆斯·麦迪逊将这17份委任状统统扣发。威廉·马伯里即是被亚当斯总统提名、参议院批准任命为治安法官,而没有得到委任状的17人之一。马伯里等三人在久等委任状不到,并得知是被麦迪逊扣发之后,向美国联邦最高法院提起诉讼。审理该案的法官约翰·马歇尔,运用高超的法律技巧和智慧,判决该案中所援引的1789年《司法条例》第13条因违宪而无效,从而解决了此案。自此以后,美国确立了联邦最高法院有权解释宪法、裁定政府行为和国会立法行为是否违宪的制度,违宪审查对美国的政治制度产生了重大而深远的影响。

② 〔法〕卢梭:《社会契约论》,何兆武译,商务印书馆1980年版,第125页。

法听证是保障公民民主参与的最重要途径。英国法官创造了一条充满诗意的司法格言——"人类的第一次听证权是上帝在伊甸园中赐予的"。同其他基本人权一样,听证权是神圣不可剥夺的,而立法中的听证是普通公民直接参与立法讨论从而保障立法质量的重要方式。

(三) 立法的科学原则

美国大法官卡多佐曾说:"法律就像旅行一样,必须为明天做好准备"。① 为了保障法律既适用于现在又能着眼于未来,立法应坚持科学原则,法律的内容应切合社会现实,符合客观的社会规律。

坚持立法的科学原则,就是要把立法当作一门科学来对待,运用科学的理论来指导立法实践,保证制定出来的法律既贴近现实生活,得到社会的认同,又符合社会发展的规律,具有一定的前瞻性。为了达到这个目的,立法应当以历史为参考,对以往立法实践中的经验和教训进行客观分析和认真总结,"立法者不仅要从现有法律学说中,而且还要从以往立法者所制定的法律规范中发现真理,尤其是要从以往的基本法典中找出可用的东西"②;立法应当以真实的社会生活为基础,从生活出发,以生活为归宿。德国法学家萨维尼指出,法律不是自以为是的立法者仅凭激情和自信就可以制定出来的,不是立法者,而是民族的历史所凝聚和沉淀的这个民族的内在信念与外在行为方式,决定着法律的形式与内容。孟德斯鸠在谈到法律的精神时指出:"从最广泛的意义来说,法是由事物的性质产生出来的必然关系"③,换而言之,法律要和国家的自然状态、气候、土地、人民的生活方式、宗教、性癖、财富、人口、风俗、习惯等因素发生千丝万缕的关系。立法者如果对法律赖以产生的社会现实漠然无视,则其立法产品必然会遭到社会的抵制和抛弃。在美国法律史上,20世纪初出台的禁酒令就是一个深刻的教训。

美国是一个具有清教徒传统的国家,19世纪中期,美国一些地方的居民开始寻求以法律手段制裁酒徒。这种呼声渐渐得到全国范围的呼应,以维护传统家庭为己任的妇女组织更是其中的主力军。终于,在1919年,美国国会通过了宪法第十八修正案,也就是《全国禁酒令》。根据这项法律,凡是制造、售卖乃至于运输酒精含量超过0.5%以上的饮料皆属违法;自己在家里喝酒不算犯法,但与朋友共饮或举行酒宴则属违法,最高可被罚款1000美元及监禁半年。

对于这部法律,很多人持反对态度。就在禁酒法案生效前一天,道路上的运酒车络绎不绝,人们都赶着时间把酒运回家里收藏。到了晚上,街道上空无一人,人们聚集在家里或其他公众场合举行最后一次合法的"告别酒会"。一位参议员在晚餐会上举杯说:"今天晚上是美国人个人自由被剥夺的前夜。"这番话引来了阵阵热烈掌声。

更重要的是,美国禁酒令的实施带来了严重的社会问题。禁酒令根本无法消灭人们喝酒的欲望和需求,在正规市场被禁止的同时,地下黑市却得到了飞速发展。非法制造和买卖酒类制品带来的暴利深度开发了私酒贩子的潜力:有的人把福特汽车的中间掏空,有的人用婴儿车来偷运葡萄酒与白兰地,有人在家里藏酒的地方安装假门等。据统计,1920年到1932年,共有75万人因违反"禁酒令"而被捕,罚款总额超过7500万美

---

① 〔美〕卡多佐:《法律的成长》,李红勃、李璐怡译,北京大学出版社2014年版,第76页。
② 〔美〕梅利曼:《大陆法系》,顾培东等译,法律出版社2004年版,第94页。
③ 〔法〕孟德斯鸠:《论法的精神》(上册),张雁深译,商务印书馆1997年版,第1页。

元,没收财产 2.05 亿美元。尤其严重的是,在"禁酒令"实施之前,因为没有财政依靠,美国的黑社会波澜不兴,而在实行"禁酒令"之后,依靠私酒贸易的暴利,美国的黑社会开始发展壮大,与此同时警察也日益腐败,犯罪率不断攀升。

十余年后,美国爆发经济大萧条,酒成为慰藉苦闷心灵的宠物,于是罗斯福在其竞选纲领中明确提出废除禁酒令。1933 年,美国国会通过了宪法第二十一修正案,禁酒令宣告全面废止和彻底失败。当天,美国很多人兴高彩烈,为禁酒令的撤销频频举杯。

在美国宪法史上,"禁酒令"可能是最短命的一条宪法修正案,它因其内容与社会的脱节及其引发的严重负面效应成为美国历史上最大的笑话,也留给后来的立法者许多的警戒和启发。

总之,在建设法治国家和实施善治的进程中,有法可依是前提,而有良法可依是关键。"法治是善治和发展的核心。徒有好法不足以保证善治和发展,然而劣法却是发展和善治失败的主要原因。在制定法律的每一个阶段,尤其是立法人员起草阶段,必须明确立法人员承担起草和论证法律可以有效实施、促进善治和发展的职业道德和专业责任。"[①]

三、良法的形式标准

美丽的人应有清新的外表,良好的法律也应注重法律的外部形式。"立法起草者有维护法治的义务。作为这个义务的一部分,起草者必须注意,法律的形式与法律清楚性、明确性和一致性要相适应。"[②]缺乏好的外在形式,法律便无法承载和体现其公正的内容。

(一)体系:上下统一与左右协调

我国是多元化立法体制,立法主体多,因此,立法尤其是地方立法应特别注重与其他法律之间的协调统一。"法律的协调性的最低要求是不同法律之间或不同法律条文之间不互相矛盾和冲突。自相矛盾是法律的癌症,它不仅使人们无所适从,而且也会严重损害法律的权威。"[③]德国法学家卡尔·恩吉斯把法律体系内部的矛盾概括为五类:(1)制定法术语不统一,这属于技术性矛盾;(2)法律规范的矛盾;(3)法律价值的矛盾;(4)法律的目的与手段之间的矛盾;(5)法律原则的矛盾。[④]

首先,法律的一致性首先要求下级立法与上级立法之间保持一致或统一,这可以理解为法律体系内的"上下一致"。具体到我国来说,对于地方性法规来说,必须和宪法、法律、行政法规以及上一级地方性法规保持一致;对政府规章来说,则应和宪法、法律、行政法规、国务院部门规章保持一致;对民族法规来说,应保持和国家宪法、法律及上级法律的精神一致,但在涉及民族自治方面可以有所变通;对授权立法来说,其立法应不得违背国家宪法、法律和授权目的。

其次,法律的一致性还意味着同一层次的法律之间以及一部法律内部原则、规则之间的协调一致,这可以理解为法律体系内的"左右协调"。同一立法机关制定的法律要注意相互

[①] 〔美〕安·赛德曼、罗伯特·鲍勃·赛德曼、那林·阿比斯卡:《立法学:理论与实践》,刘国福、曹培译,中国经济出版社 2008 年版,第 504 页。
[②] 同上书,第 330 页。
[③] 黄文艺:《论立法质量》,载《河南政法管理干部学院学报》2002 年第 3 期。
[④] 〔德〕卡尔·恩吉斯:《法律思维导论》,郑永流译,法律出版社 2004 年版,第 200 页。

协调,比如新法和旧法之间的协调、特别法和一般法之间的协调、实体法和程序法之间的配合,具有一致性和延续性。另外,在一部地方法律内部,尤其要注意总则和分则之间、原则和规则之间、规则与规则之间的协调,不能在一部法律中出现对同一问题的不同规定,或者出现逻辑上的混乱,或者出现重叠或漏洞。

(二)条款:确定性与灵活性兼顾

成文法的基本成分是法律条文或法律条款,法律条款主要包括四种:原则性条款,是法律精神和目的的体现,具有宏观指引作用;规则性条款,即具体规定了权利、义务、责任、行为模式和法律后果的那些条款,是法律的主体部分,具有明确的指引作用;概念性条款,或者叫定义性条款,即那些解释基本法律概念的条款,其目的在于界定重要概念的含义;技术性条款,即法律中关于法的效力范围、法律解释等技术性规定。良法的条款应具备确定性与灵活性的双重特性或品质,这是法治对立法的基本要求之一。梁启超就曾提出:"法律之文辞有三要件:一曰明,二曰确,三曰弹力性,明、确就法文之用语言之,弹力性就法文所含意义言之"。①

首先,法律条款必须清楚、准确、明白,明确的法律可以有效指引公民及政府的行为,防止出现任意妄为和自由裁量,从而维护现代法的"可预测性"或"形式理性"。这就要求在立法中尽可能地排除法律条款的"弹性"或"可塑性",即含混性(含糊不清的、一字多义的、能作歧义理解的)、模糊性(语义的范围比较大的,伸缩性的范围比较大的)及笼统性。孟德斯鸠曾说:"法律不能让人难以捉摸,而应该能为普通人所理解。法律不是高深的逻辑艺术,而是一位家长的简单道理。"②国外研究者指出,使法案更加明确的方法包括:(1)避免使用模糊词,比如"适当的""公平的""为公众利益等"。(2)避免使用歧义词。(3)保持法案连贯一致:同一概念用同一词,不同概念用不同词。(4)避免使用模棱两可的修饰词。(5)谨慎使用"和"与"或者",使用时注意"和"表示并列连接,"或者"表示分离连接。(6)保持句子简短。(7)使用列举法进行说明。(8)使用肯定句,避免使用否定句。(9)使用读者看得懂的词汇。③ 除此之外,立法者还应注意在法律文件中适当运用定义条款,"法案定义条款是要清楚地告诉读者,起草者赋予了特定字词什么含义。"④

其次,在另一方面,法律过于确定也容易导致法律僵化,用过去制定的过于僵化的法律来处理不断出现的新问题,往往导致法律的目的无法实现,出现合法但不合理的现象。对立法者来说,过分追求明确,法律会犹如一潭死水;恰当运用模糊,可使司法者获得自由的空间,法律也自然避免了僵化,获得了一种活力和灵动。因此,在保持法律基本确定性的同时,还应保持一定程度的灵活性或模糊性,通过赋予执法者必要的自由裁量权,实现案件处理的合理、合情以及实质公正。具体来说,法律应该在一些交叉领域、模糊领域和预测性问题上以弹性、灵活的条款作出规定,以此赋予执法者灵活处理的权限和可能。模糊性规定有利于提高法律的社会适应性,实现法律稳定性和变动性的有机统一。

一般来说,在法律的各种条款中,原则性条款更主要的功能在于维护法律的灵活性,法

---

① 梁启超:《梁启超法学文集》,范忠信选编,中国政法大学出版社 2000 年版,第 181 页。
② 〔法〕孟德斯鸠:《论法的精神》,许明龙译,商务印书馆 2012 年版,第 695 页。
③ 〔美〕安·赛德曼、罗伯特·鲍勃·赛德曼、那林·阿比斯卡:《立法学:理论与实践》,刘国福、曹培译,中国经济出版社 2008 年版,第 367 页。
④ 同上书,第 419 页。

律原则抽象、模糊、富含道德色彩,是法官用以纠正和弥补法律规则不足的有效手段,其功能类似于英美法系中的良心法——衡平法。相比而言,规则性条款则主要在于捍卫法律的确定性,即通过明确的关于权利、义务、责任的规定,既给公民以明确的行为指引,也约束和限制官员的自由裁量权,其功能类似于英美法系中的严格法——普通法。因此,立法应注意协调原则性和规则性条款的设计,通过两者的配合以兼顾法的确定性与灵活性,兼顾法的安定性与合目的性。

（三）语言：规范性与通俗性并举

法律是通过语言的形式表达出来的,如果说语言是"存有之屋（海德格尔语）",那么法律语言则是"法律的存有之屋"。英国思想家密尔指出："几乎没有任何脑力工作像立法工作那样,需要由不仅有经验和受过训练,而且通过长期而辛勤的研究训练有素的人去做,一个具有决定意义的理由是,法律的每个条款,必须在准确而富有远见地洞察到它对所有其他条款的效果的情况下制定"。① 由于法律条款具有特殊的意义及效果,因此对其语言表述就有严格的要求。

首先,立法语言一般要具有规范性,即体现法律表达准确肯定、规范严谨的语言风格。所谓"准确肯定",就是应当用专业、清楚、具体、没有歧义的语言文字来表述法律权利、义务以及法律责任等内容;所谓"规范严谨"是指法律表述应选择社会通用的合乎文法的语言,应避免使用模糊、生僻和罕见的文字语词。法学家边沁指出："如果说法典的风格与其他著作的风格有什么不同的话,那就是它应该具有更大的清晰性、更大的精确性、更大的常见性。"② 法律语言的规范性保障了法律的意图得以准确表达,利于法律行业之间的沟通,也最大程度避免了法律解释的混乱。

其次,立法语言还要平易通俗,就是说法律中使用的文字要平实朴素、明白易懂,不用形象性的词汇和艺术化的句式,不用隐语、诙谐语或双关语,不用地方语言、古语等不容易为人们所理解的语言。孟德斯鸠说："法律的体裁要精洁简约。《十二铜表法》是精简谨严的典型。小孩子们都能把它背诵出来。查士丁尼的《新法》是繁冗散漫的,所以人们不得不加以删节。法律的体裁要质朴平易；直接的说法总是要比深沉迂远的辞句容易懂些。"③ 拿破仑的民法典在用语上就曾以乡下老太太能看得懂为标准,当代中国的法律要为广大人民群众自觉遵守,立法语言就更应该做到通俗易懂。

四、良法的实质标准

英国思想家霍布斯曾说："良法就是为人民的利益所需而又清晰明确的法律。"④ 从实质内容的角度讲,良法在内容上应当以追求公平正义为目标,以保障公民人权和自由为核心,以公众的利益和幸福为归宿。

（一）合法性与合理性并重

立法的合法性,首先是在具体规定上保持和宪法、上位法的一致性,其次,更重要的则是

---

① 〔英〕密尔：《代议制政府》,汪瑄译,商务印书馆 1982 年版,第 76 页。
② 〔英〕边沁：《立法理论》,李桂方等译,中国人民公安大学出版社 2004 年版,第 191 页。
③ 〔法〕孟德斯鸠：《论法的精神》（下册）,张雁深译,商务印书馆 1997 年版,第 297 页。
④ 〔英〕霍布斯：《利维坦》,黎思复、黎廷弼译,商务印书馆 1985 年版,第 270 页。

立法的内容应吻合法治的精神,而这就需要处理好两个方面的关系:(1)公权力和私权利的平衡。法治的根本目的在于保障公民的基本权利,而为了这个目的,就必须授予国家机关适当的权力,但同时也必须对权力进行必要的约束和规制。在权力授予方面,立法应做到:授权界限明晰、限制自由裁量权、程序的严格、保持透明度与公众参与、严格的问责制。(2)协调各种不同的利益关系。"立法过程是利益分配的过程,正义而不是真理是立法的最终价值准则。"[1]任何立法,其内容往往涉及不同利益的分配,这就需要按照正义的标准谨慎对待。比如,涉及到城市市容管理的地方立法,需要协调市民生活、商贩经营和政府管理各方面的利益,环境保护的地方立法则需要处理好企业生产、群众生活、可持续发展等多方面的利益关系。因此,立法必须在政府利益与公民利益、社会利益与个人利益、当下利益与长远利益之间寻求平衡,应按照科学发展观和和谐社会的指导思想积极处理利益冲突。

在关注合法性的同时,立法还必须重视立法的合理性。在历史法学派代表人物萨维尼看来,法律不是自以为是的立法者仅凭激情和自信就可以制定出来的,不是立法者,而是民族的历史所凝聚和沉淀的这个民族的内在信念与外在行为方式,决定着法律的形式与内容,简而言之,法律源于民族的共同意识和真实的民族生活之中。"法律精神,一如民族的性格和情感,涵蕴并存在于历史之中,其必经由历史,才能发现,也只有经由历史,才能保存和广大。"[2]在他看来,法律乃是由民族生活及民族意识中产生的具有合理性的规则。

中国古代的立法非常关注法律的合理性,强调天理、人情、王法的统一。对于今天的立法者来说,法律的合理性同合法性一样重要,缺乏合理性的法律就不可能得到社会的尊重和实施,也就无法实现其根本目的。立法的合理性,简单讲,就是要体现民意、尊重科学、反映社会规律,立法应考虑地方风俗习惯、社会情理、关注群众感受、注意法律调整方式和手段的人性化。为此,立法应该敞开门户,听取当地群众的呼声,尊重和体现群众的合理要求,闭门造车,搞不出好的法律;立法还要认真调研、科学规划,绝对不能头脑发热。一些地方立法,不考虑社会实际情况,不尊重科学规律,浪漫主义立法思想泛滥,导致其制定的法律由于和社会脱节,根本就走不出人大或政府的会议室,进入不了社会现实。

(二)普遍性与地方性兼顾

普遍性被认为是法律区别于其他社会规范的重要特征,因此,即使是具有区域特色的地方立法,也必须体现法的普遍性要求。地方立法的普遍性主要包括两个方面:(1)在主要制度方面保持与中央立法相一致。我国是单一制国家,地方服从中央是立法必须坚持的基本原则,即使是享有自治权的民族地方也不例外。(2)地方立法可以有地方特色,但在法律精神和基本原则上应当体现现代社会的主流价值,保持不同地方立法精神和价值取向上的普遍和一致。自然法思想非常重视法的普遍性,对此西塞罗作了完美的表述:"真正的法律,乃是与大自然相符合的真理;它是普遍适用的,不变而永存……在罗马和雅典不会有不同的两套法律,在现实与未来亦复如是。"[3]这样的说法尽管带有理想色彩,但对我们的地方立法应具有一定程度的指导意义,尤其是在市场经济的时代,各地的立法应保持法律制度、原则、

---

[1] 陈端洪:《立法的民主合法性与立法至上》,载《中外法学》1998年第6期。

[2] 〔德〕弗里德里希·卡尔·冯·萨维尼:《论立法与法学的当代使命》,许章润译,中国法制出版社2001年版,"中译本序言",第7页。

[3] 转自郑永流:《法哲学是什么》,载郑永流主编:《法哲学与法社会学论丛》(一),中国政法大学出版社1998年版,第7页。

价值和目标的一致和相同。

在保持基本精神和基本原则的普遍一致性的同时,对于地方立法而言,更应关注的是其地方性。地方立法,贵在有地方特色。没有地方特色,地方立法就失去其存在的价值。中国是个大国,幅员辽阔,文化多元,风俗各异,发展不平衡,因此,地方立法不能千篇一律,照抄别人,一定要体现自己的特色。"所谓地方特色,不是说地方性法规要搞成与国家法律、行政法规的规定不一样就叫地方特色,而是说地方性法规应当针对本行政区域的实际作出相关规定,条文的内容要符合本行政区域的实际情况,解决本行政区域的特殊性矛盾。"①

需要强调的是,在中国,立法尤其是地方立法一定要注意法律规定和地方的风俗、习惯、宗教、传统、民族等其他因素的结合,既贯彻法律的一般性要求,也体现地区特色,维护地区的文化和传统,尊重当地群众的利益和要求。事实证明,地方特色本身是一种文化资源,是一种生产力,只要地方立法有效设计认真对待,地方性资源可以在维护社会和谐、推动社会发展方面发挥巨大作用。比如,四川省凉山彝族自治州的民间调解人"德古"在乡村纠纷解决机制中具有特殊地位,如果地方立法把这种民间力量有机溶入到地方调解中,一定会发挥积极效应。②

(三)创新性与适应性协调

"艺术源于生活,高于生活",这句话也可以用于国家立法,国家立法既要保障法律和社会生活的衔接,又要有一定程度的创新性和前瞻性。

由于中国的法律现代化起步较晚,社会生活与民众观念还比较传统,这就要求立法应具备一定程度的创新性,通过法律创新和制度先行,拉动社会进步。具体说来,立法应确立改革发展的正确方向,适当引进新的制度,以促进社会发展;立法应确立新的生活模式,反对和抵制地方的落后和保守现象,以引导和推动社会转型。在新中国建立之初,国家通过土地法、婚姻法等新制度推动了中国社会的转变,在改革开放之初,国家通过破产法、行政诉讼法推动了经济进步和民主实施。这都说明,合理的、大胆的制度创新,是社会进步的积极推动力量。

与此同时,还必须注重立法的适应性,也就是说,立法可以适当创新,但绝不允许脱离社会实际。法律作为一种人造制度,它的基本内容和面目并不是由立法者的私己意志决定的,而是有着深层的原因和根据。因此,立法应当以社会现实为基础,适应社会发展的要求,不能过于保守,也不能过于激进;立法必须尊重社会,从真实的生活出发,替群众的利益考虑,这样的立法才可能贴近生活,产生良好效果;立法的规定应当具有可操作性,其目标和措施是民众可以接受的,是社会可以承担的。

第二节 法的遵守

一、守法:公民的神圣义务

在古希腊和古罗马,"公民"或"市民"曾经是一个神圣而光荣的称号,承认你是一个公民,就意味着你是城邦和国家的主人,你对共同体负有不可推卸的责任。在今天,"公民"是

---

① 何涛、蔡汾湘:《关于提高地方立法质量的思考》,载《理论探索》2007年第5期。
② 陈金全、李剑:《简论凉山彝族的"德古"调解制度》,载《贵州民族研究》2007年第2期。

所有拥有一国国籍的自然人的法律称谓,"公民"与"臣民"及"私民"相对应,它意味着个人在国家中的主人地位,意味着个人受到国家法律的保护,享有公民基本权利,参与公共事务。与此同时,也意味着个人应接受法律的管理和约束,自觉承担法律规定的义务,积极承担个体对共同体的责任。

卢梭曾说:"我愿意自由地生活,自由地死去。也就是说,我要这样地服从法律:不论是我或任何人都不能摆脱法律的光荣的束缚。"①守法,是公民对社会和国家应尽的基本义务。每一个公民,都应自主自觉的按照法律的要求从事相关活动,依法行使权利,依法承担义务。因为,"遵守法律不单单是出于功利的考虑,它本身乃是人之为人的一种道义担当。"②在公元前399年,当无辜的希腊哲学家苏格拉底被雅典法庭以渎神和败坏青年的罪名判处死刑时,本来有机会逃走,但他却坚持接受这个事实上错误的审判。

公元前399年的春天,有三个雅典公民控告了苏格拉底,指控的罪名是渎神和败坏青年。在审判中,苏格拉底不肯向法庭作丝毫的妥协,他坚持自己是清白无罪的,并拒绝遵照习惯将他的妻子儿女们哭哭啼啼地送到法庭上以博取法官的同情。最终,陪审团被他的自信所激怒而宣判他为死刑。苏格拉底的弟子克力同等人因不满法庭的判决而策划了越狱出逃,但苏格拉底坚决不肯接受这项计划。

苏格拉底说:"假定我准备从这里逃走,雅典的法律就会来这样质问我:苏格拉底,你打算干什么?你想采取行动来破坏我们法律,损害我们的国家,难道能否认吗?如果一个城邦已公开的法律判决没有它的威慑力,可以为私人随意取消和破坏,你以为这个城邦还能继续生存而不被推翻吗?"

苏格拉底又站在雅典法律的角度上说:"如果我们(指雅典法律)想要处死你,并坚信这样做是公正的,难道你以为你有特权反对你的国家和法律吗?你以为你可以尽力摧毁你的国家及其法律来作为报复吗?"③

苏格拉底之死

---

① 〔法〕卢梭:《论人类不平等的起源和基础》,李常山译,商务印书馆1962年版,第51页。
② 赵明:《正义的历史映像》,法律出版社2007年版,第16页。
③ 〔古希腊〕柏拉图著:《苏格拉底最后的日子——柏拉图对话集》,余灵灵译,上海三联书店1988年版,第97页。

苏格拉底认为,法庭一旦作出裁决,就具有法律效力和权威性,因此,即使法律的裁判本身是错误的,但公民并不因此就有权利去躲避制裁、反抗法律。毕竟,维护法律至上的权威和秩序,乃是公民应尽的基本义务。面对死亡,苏格拉底从容地接过狱卒手中的毒酒一饮而尽,履行了一个雅典公民最后的守法义务。

在古代社会,守法的主体主要是普通民众,贵族和皇帝往往可以在很大程度上不受法律约束,譬如中国古代的"八议""官当""上请"等制度就为特权阶层逃避法律义务开辟了渠道;在现代社会,守法的主体则包括一切公民、法人和社会组织,而且特别强调国家机关及其官员必须遵守法律,官员手中掌握着大权,具有特殊的地位,但是,"无论你的地位有多高,法律总要高过你。"①

一般说来,人们在遵守法律的时候有两种心理状态:对一些人来说,遵守法律完全基于自己对法律的信仰和忠诚,遵守法律是一种光荣的义务,而对另一些人来说,之所以守法主要是害怕违法之后会受到法律的制裁和惩罚。这表明,法律的遵守实际上有两个层次,前者是高级层次,后者是低级层次,英国分析法学家哈特将其分别称为"内在观点的守法"和"外在观点的守法"。

尽管国家和社会一再宣扬守法是公民的基本义务,然而"公民应当守法"并不是一个无需论证的当然命题。公民为什么必须守法,这是一个法哲学上的重大理论问题。在 20 世纪后半叶,西方世界出现了严重的合法性危机,为了证明守法是公民的必然义务,西方法学家提出了诸多观点进行论证:

其一是承诺论,这种观点来源于古典自然法学派的"社会契约论",其理论是:由于每个公民都是社会契约的当事人,法律实际上是这种社会契约的体现,是人们的一种共同的约定,既然大家已经作出了承诺和参与了契约,因此大家都具有守法的道德义务。

其二是公平论,该观点由英国法学家哈特和美国哲学家罗尔斯提出。该观点认为:在一个公平的社会里,在其他社会成员都遵守法律的情况下,一个社会成员可能从中获得很多好处,而如果该成员违法,就必然会使其他守法者遭受损失,这显然是不公平的。因此,根据公平对待的原则,既然一个社会成员从别人的守法中获益,他便也有服从法律而不使他人受损的义务。

其三是功利论,其主要观点是:公民之所以有守法的义务,乃是因为稳定的法律秩序的存在能够给最大多数人带来最大量的幸福,反过来,违法行为造成社会无序,而社会的无序必然导致幸福减少。

除了上述理由外,还有"很多种因素有助于服从法律:认为法律代表公正和要求的观念;遵从的习惯;对制裁的畏惧;希望被看作是守法的人和希望受到很好的尊重及类似的因素"②。

按照柏拉图和亚里士多德的观点,人是社会的动物,无法脱离他人而独立、自足地生活。人必须生活在他人之中,你我他,大家组成一个命运的共同体,这个共同体要正常运行,必须仰赖法律、道德等社会规范。因而,遵守法律,依法享有自己的权利,依法履行自己的义务,是每一个公民的神圣义务,也是社会这个共同体得以存在和发展的基本条件。

---

① 〔英〕丹宁:《法律的训诫》,杨百揆译,法律出版社 1999 年版,第 120 页。
② 〔英〕戴维·M. 沃克著:《牛津法律大辞典》,李双元等译,法律出版社 2003 年版,第 159 页。

二、违法：特殊意志对普遍意志的违背

尽管守法是社会和国家对每个公民的基本要求，但是，有阳光的地方就有阴影，有法律的地方就有违法，在某种意义上，违法是一个无法消灭的普遍的社会现象。

按照黑格尔的理解，违法属于个人的特殊意志对作为社会普遍意志的法的意志的违背。① 换句话说，法律是对于人应当如何正当行为的普遍性要求，而个人的违法可以视为对这种一般性意志和要求的不认同和不服从，这种不服从可能会侵害到社会秩序和公共利益，因而会导致来自国家的反制与惩罚。在现代法律体系中，违法行为包括民事违法、行政违法、违宪和犯罪等，在这其中，犯罪是最严重的违法活动，因此遭受的来自国家和社会的惩罚与谴责也最严厉。

违法是一种复杂的社会现象，除了违法者自身的个性化原因外，还有一些普遍性、外部性的条件和因素，它们会影响到违法行为的发生及比率。具体来说，导致人们违法的因素主要包括三个方面：

其一是环境的因素，可分为自然环境和社会环境。自然环境，包括地理、气候等都会影响到人的行为，比如夏天的时候性犯罪比较多，原因之一是天气燥热人们衣服暴露而性欲冲动；社会环境包括经济发达程度、就业率高低、政治民主化、宗教信仰等，比如在经济萧条时期，违法犯罪率往往要比平时高很多。

其二是法律的因素。如果法律属于良法，其规定符合社会现实，能给公民带来利益和幸福，守法的比率就会提高。相反，如果法律是恶法，它以剥夺者和镇压者的面目出现，将民众视为草芥，违法比率必然会增长。另外，如果法律实施机制健全，法律职业守法敬业，则违法犯罪率就降低，相反，如果执法人员贪污腐败，司法不公监督不力，则违法行为自然就会增长。

其三是行为人本身的因素，包括行为人的受教育程度、法律意识、宗教信仰等等，除此之外，行为人的身体状态、心理状态等也会影响其法律行为。在西方犯罪学史上，有一个叫龙勃罗梭的意大利学者就专门研究人的生理状态与违法犯罪之间的关系，并提出了一种"天生犯罪人"的理论。

龙勃罗梭（1836—1909年）创建的犯罪学被称为实证主义犯罪学，他特别注意遗传等先天因素对犯罪的影响。作为一名监狱医生，他对几千名犯人作了人类学的调查，并进行了大量的尸体解剖。1870年12月，在意大利帕维亚监狱，龙勃罗梭打开了意大利著名的土匪头子维莱拉尸体的头颅，发现其头颅枕骨部位有一个明显的凹陷处，它的位置如同低等动物一样。龙勃罗梭得出结论：这种情况属于真正的蚯突（vermis）肥大，可以说是真正的正中小脑。这一发现触发了他的灵感，由此他认为，犯罪者与犯罪真相的神秘帷幕终于被揭开了，原因就在于原始人和低等动物的特征必然要在我们当代重新繁衍，龙勃罗梭因此提出了他的天生犯罪人理论，该理论包括四个方面的主要内容：(1) 犯罪者通过许多体格和心理的异常现象区别于非犯罪人。(2) 犯罪人是人的变种，一种人类学类型，一种退化现象。(3) 犯罪人是一种返祖现象，是蜕变到低级的原始人

---

① 〔德〕黑格尔：《法哲学原理》，范扬等译，商务印书馆1961年版，第90页。

类型。(4)犯罪行为有遗传性,它从犯罪天赋中产生。龙勃罗梭还对天生犯罪人的特征作了详细描述:生理特征:扁平的额头,头脑突出,眉骨隆起,眼窝深陷,巨大的颌骨,颊骨同耸;齿列不齐,非常大或非常小的耳朵,头骨及脸左右不均,斜眼,指头多畸形,体毛不足等;精神特征:痛觉缺失,视觉敏锐;性别特征不明显;极度懒惰,没有羞耻感和怜悯心,病态的虚荣心和易被激怒;迷信,喜欢纹身,惯于用手势表达意思等。①

为了预防和减少违法犯罪,国家和社会应当开展广泛的法律宣传和法律教育,培养社会成员的守法观念和法律意识。法律教育要从青少年开始,引导他们从小形成正确的权利观、义务观和法律观。柏拉图在其《理想图》一书中提出:"我们的孩子必须参加符合法律精神的正当游戏。因为,如果游戏是不符合法律的游戏,孩子们也会成为违反法律的孩子,他们就不可能成为品行端正的守法公民了。"②

需要强调的是,对于违法行为,从法哲学的角度其实需要进行辨证分析。尽管我们说违法行为是错误的,但在特定的情况下,某些违法行为却可能在道德上是正当的,甚至它对社会发展和法制进步具有积极意义,理论上把这种违法行为称为"良性违法"。

"良性违法"出现的前提是当时的法律制度是典型的恶法或坏法,是剥夺人权压制人性的独裁之法,在这种情况下,公民的违法行为有可能推动法律的文明与进步,美国法制史上的"罗莎·帕克斯案"就属于这种情况。

> 1955年12月1日下午,天气寒冷而阴沉。美国蒙哥马利市一位黑人妇女罗莎·帕克斯下班后搭乘公共汽车回家。她坐到了车上特别为白人乘客保留的座位,并因为拒绝挪出该座位而最终被警察拘捕。其后她成立了一个组织,要求公共汽车公司改变这种种族歧视的恶劣做法。著名牧师马丁·路德·金被推荐为这个组织的领头人,他率领黑人民众展开了一场长达381天的"拒乘巴士运动",导致巴士公司收入锐减,面临破产。1956年11月13日,美国最高法院终于裁决种族隔离违宪,美国的种族歧视制度被正式废除。③ 今天,蒙哥马利市把罗莎·帕克斯遭逮捕的地方列为文物保护,以纪念她对美国民权进步作出的贡献。

"良性违法"是一种比较罕见的情形。在正常的社会中,当人们发现现行法律存在问题时,还是应该通过正常、合法的方式寻求法律的改良和完善,比如通过言论、游行表达对恶法的不满,提起诉讼要求违宪审查机构宣布恶法无效,或者通过议员提出议案,对恶法进行修改等等。

三、法律责任

一般来说,遵守法律,就会获得法律的保护,而违反法律,就会招致法律的反制,这种反制的体现就是法律责任。

法律责任一词,法学界有不同的认识。其中,有的观点将法律责任定义为"第二性义务"。例如,《布莱克法律词典》将"法律责任"解释为"因某种行为而产生的受惩罚的义务及

---

① 陈兴良:《刑法的启蒙》,法律出版社2003年版,第162—175页。
② 〔古希腊〕柏拉图:《理想国》,郭斌、张竹明译,商务印书馆1986年版,第140页。
③ 余定宇:《寻找法律的印迹:从古埃及到美利坚》,法律出版社2004年版,第214页。

对引起的损害予以赔偿或用别的方法予以补偿的义务。"①我国有学者认为,法律责任是"由于侵犯法定权利或违反法定义务而引起的、由专门国家机关认定并归结于法律关系的有责主体的、带有直接强制性的义务,亦即由于违反第一性法定义务而导致的第二性义务。"②还有一种观点把法律责任定义为"处罚""惩罚""制裁"或者"谴责"等不利后果。例如,我国学者李肇伟认为:"所谓法律责任,乃为义务人违反义务时,所应受法律之处罚也。"③俄国学者也认为:"法律责任是指在法律制裁规范规定的,反映国家对违法行为有过错主体的惩罚,它体现在违法主体要接受人身、财产或组织性质的国家强制剥夺和限制措施。"④

在我国,法律责任主要包括四类:刑事责任,是被告人因实施犯罪活动而承担的特别严厉的法律责任,包括死刑、无期徒刑、有期徒刑、管制、拘役等;民事责任,是因侵犯他人人身或财产而承担的补偿性责任,包括赔礼道歉、恢复原状、排除妨害、支付违约金、赔偿金等;行政责任,是公民或社会组织因违反行政性法律而承担的惩罚性责任,包括警告、罚款、吊销证照、行政拘留等;违宪责任,主要是国家机构及官员因违反宪法而承担的政治性责任,包括罢免其职务、宣告其行为无效、撤销违法决定等。

(一) 法律责任的构成要件

法律责任是一种惩罚和制裁,那么,它因何而成立?一般认为,当某一主体的行为符合以下构成要件时,法律责任即可成立。

第一,责任主体具有责任能力。

尽管导致损害的行为是产生法律责任的前提,但是,并非所有实施加害行为的人都必须承担法律责任。一般来说,只有具有责任能力的行为人才应当对自己的行为承担相应的法律责任。对于公民而言,根据其年龄、精神状态等因素,法律上把公民分为完全责任能力、无责任能力以及限制责任能力等类型。

在民事责任能力方面,我国《民法通则》规定:18周岁以上的公民是成年人,具有完全民事行为能力,可以独立进行民事活动,是完全民事行为能力人。16周岁以上不满18周岁的公民,以自己的劳动收入为主要生活来源的,视为完全民事行为能力人;10周岁以上的未成年人是限制民事行为能力人,可以进行与他的年龄、智力相适应的民事活动;其他民事活动由他的法定代理人代理,或者征得他的法定代理人的同意;不满10周岁的未成年人是无民事行为能力人,由他的法定代理人代理民事活动;不能辨认自己行为的精神病人是无民事行为能力人,由他的法定代理人代理民事活动。不能完全辨认自己行为的精神病人是限制民事行为能力人,可以进行与他的精神健康状况相适应的民事活动,其他民事活动由他的法定代理人代理,或者征得他的法定代理人的同意。

在刑事责任能力方面,我国《刑法》规定:已满16周岁的人犯罪,应当负刑事责任;已满14周岁不满16周岁的人,犯故意杀人、故意伤害致人重伤或者死亡、强奸、抢劫、贩卖毒品、放火、爆炸、投放危险物质罪的,应当负刑事责任;精神病人在不能辨认或者不能控制自己行为的时候造成危害结果,经法定程序鉴定确认的,不负刑事责任,间歇性的精神病人在精神

---

① 《布莱克法律词典》,美国西部出版公司1983年版,第1197页。转引自张文显:《法学基本范畴研究》,中国政法大学出版社1993年版,第186页。
② 张文显:《法学基本范畴研究》,中国政法大学出版社1993年版,第187页。
③ 李肇伟:《法理学》,台湾中兴大学1979年版,第306页。
④ 〔俄〕B.B.拉扎列夫主编:《法与国家的一般理论》,王哲等译,法律出版社1999年版,第37页。

正常的时候犯罪,应当负刑事责任。

第二,责任人实施了违法行为、违约行为或者法律规定的造成损害的行为。

有违法行为才有责任,引起法律责任的行为,一般都是某种具有危害性的行为,如不履行法定义务从而导致损害他人权利或社会公共利益的行为。

> 2013年,最高人民法院公布了多起环境污染犯罪典型案例。其中,位于福建省的紫金矿业集团股份有限公司因发生重大环境污染事故,被处罚金人民币3000万元,多名企业负责人被追究刑事责任。据介绍,自2006年以来,紫金矿业集团股份有限公司紫金山金铜矿所属的铜矿湿法厂清污分流涵洞存在严重的渗漏问题。2010年7月,渗漏对汀江水质造成严重污染,致使汀江河局部水域受到铜、锌、铁、镉、铅、砷等的污染,造成养殖鱼类大量死亡,上杭县城区部分自来水厂停止供水一天。

除违法行为以外,还有两类行为也会导致法律责任:其一是违反合法契约的行为,其二为法律规定的特定行为。由于当事人之间的合法契约对于缔约者而言也具有法律效力,因此违约行为也会带来法律责任;另外,在特定情况下,法律责任的承担不以行为具有违法性为前提条件,而是以法律规定为条件。无过错责任便是这种类型的法律责任,比如,一个路人闯红灯,被汽车撞伤,尽管司机没有违法,也没有违约,但他也得承担一定份额的赔偿责任,原因就是法律对此作出了强制性规定,这就是无过错责任。

第三,发生了损害事实。

只有具有危害性的行为才会导致法律责任。行为的危害性表现为行为所带来的损害事实,即该行为损害他人权利或公共利益的事实。

在实际生活中,损害事实的表现是多种多样的:既可以是物质性损害,也可以是非物质性损害;既可以是已得利益的损失,也可以是预期可得利益的损失;既可以是已经发生的现实损害后果,也可以是尚未发生、但有发生可能性的损害后果。但是,无论处于何种形态,损害都应当具有现实性,而不是臆测的、虚构的。当损害表现为某种危险状态而非已经发生的具体后果时,损害的现实性要求根据行为当时的具体情况和一般社会经验判断,该行为确实存有引发具体损害后果的可能性。①

第四,违法行为与损害后果之间具有因果关系。

因果关系是指可归责的行为与损害事实之间存有的必然联系。只有当行为人的行为是导致损害事实的原因时,才能够追究行为人的法律责任。

一般而言,在确定因果关系时,首先应确定行为与损害事实之间是否存在着条件关系,即该行为是损害事实发生的必要条件。但是,由于社会生活的复杂性,事实上的因果关系链条连绵不绝,单一行为往往不是损害事实发生的唯一条件。因此,肯定原因行为与损害事实之间具有条件关系,还不足以要求行为人承担法律责任。只有行为人的行为与损害事实之间具有特别明显的相关性时,才能够确认行为人的法律责任。即如果行为人的行为使损害发生的可能性有了相当程度的提升,该行为与损害事实之间便具有因果关系。

第五,责任人存在主观过错。

构成法律责任要件的心理状态,是指行为主体的主观上存在故意和过失,通称"过错"。

---

① 张明楷:《刑法学》,法律出版社2003年版,第164页。

故意是指行为人明知自己行为会有不良后果,却希望或放任其发生。过失是指行为人应当预见到自己的行为可能发生不良后果而没有预见,或者已经预见而轻信不会发生或自信可以避免。应当预见或能够预见而没有预见,称为"疏忽";已经预见而轻信可以避免,称为"懈怠"。

(二)法律责任的减轻与免除

一个人有了法律责任,并不意味着他必须承担责任,在特定情况下,责任人的责任也可能会被减轻或免除。从我国的法律规定和法律实践看,主要存在以下几种减免法律责任的情形:

第一,时效免责。罗马法谚说:"法律不保护躺在权利上睡觉之人。"法律责任经过了一定的期限后可以被免除。时效免责的意义在于保障当事人的合法权益,督促法律关系的主体及时行使权利、履行义务,提高司法机关的工作效率,稳定社会生活秩序。

关于民事责任的免除,法律规定:向人民法院请求保护民事权利的诉讼时效期间为2年,法律另有规定的除外;下列的诉讼时效期间为1年:身体受到伤害要求赔偿的;出售质量不合格的商品未声明的;延付或者拒付租金的;寄存财物被丢失或者损毁的。超过诉讼时效而未起诉的,则责任人事实上即可被免除其民事责任。

关于刑事责任的免除,我国《刑法》规定:犯罪经过下列期限不再追诉:法定最高刑为不满5年有期徒刑的,经过5年;法定最高刑为5年以上不满10年有期徒刑的,经过10年;法定最高刑为10年以上有期徒刑的,经过15年;法定最高刑为无期徒刑、死刑的,经过20年。

第二,不诉免责,是指如果受害人或有关当事人不向行政机关请求或不向法院起诉要求追究行为人的法律责任,行为人的法律责任实际上就被免除,或者受害人与加害人在法律允许的范围内协商同意的免责。在这些场合,法律将追究责任的决定权交给受害人和有关当事人。只要受害人和有关当事人不起诉,国家就不去追究行为人的法律责任。这种免责主要发生在民事活动领域。

第三,自首、立功免责,是指对那些违法之后有立功表现的人,可以免除其部分和全部的法律责任。我国刑法规定:犯罪以后自动投案,如实供述自己的罪行的,是自首。对于自首的犯罪分子,可以从轻或者减轻处罚。其中,犯罪较轻的,可以免除处罚;犯罪分子有揭发他人犯罪行为,查证属实的,或者提供重要线索,从而得以侦破其他案件等立功表现的,可以从轻或者减轻处罚。有重大立功表现的,可以减轻或者免除处罚。

第四,人道主义免责,是指在责任人没有能力履行责任的情况下,有关国家机关或权利主体可以出于人道主义考虑免除责任人全部或者部分的法律责任。例如,在损害赔偿的民事案件中,人民法院在确定赔偿责任的范围和数额时,应当考虑到责任人的财产状况、收入能力、借贷能力等,适当减轻或者免除责任,而不应使责任人因赔偿而处于无家可归、不能维持基本生计的状态。在刑事责任方面,我国《刑法》规定:已满14周岁不满18周岁的人犯罪,应当从轻或者减轻处罚。已满75周岁的人故意犯罪的,可以从轻或者减轻处罚;过失犯罪的,应当从轻或者减轻处罚。又聋又哑的人或者盲人犯罪,可以从轻、减轻或者免除处罚。这些规定,都是刑罚人道主义的体现。

第三节 行政执法

一、行政执法与行政法

英国思想家洛克说过:"如果法律不能被执行,那就等于没有法律。"[①]国家制定出来的法律必须得到执行,这一方面要由社会公众自觉执行,一方面要由国家机关自主执行,后者主要就是指行政机关的执法活动。在我国,执法这个概念有广义和狭义之分。广义的执法,是指一切国家机关执行法律的活动,包括国家立法机关、行政机关、司法机关及其公职人员依照法定职权和程序实施法律的活动。狭义上的执法,则专指国家行政机关、法律授权的社会组织及其公职人员依法行使管理职权、实施法律的活动,有时候可以叫"行政执法",我们在这里所讲的执法,仅指狭义的执法。

行政执法是法律实施的主要途径之一。在现代国家的各种职权中,行政权或执行权是最重要的权力,行政机关的任务最重大,管理的事务最广泛,因此它在法律实施中具有不可替代的地位。从某种程度上讲,法律实施的关键就在于行政机关是否依法管理、依法服务,同时,法治实现的关键也在于行政机关是否依法办事、依法行政。

与立法和司法相比,行政执法活动具有自己的特征:

其一,执法的主体是国家行政机关及其公职人员以及依法被授权的社会组织。执法是代表国家进行的社会管理活动,其主体是特定的机关与组织。在我国,执法主体可以分为三类:第一类是中央和地方各级人民政府及其公职人员,包括国务院和地方各级人民政府及其公职人员,它们是最重要的执法主体;第二类是各级人民政府中的工作部门及其公职人员,如国务院的各部委和地方人民政府中的厅、局等机构,包括公安部门、工商部门、教育部门、税务部门、海关部门等;第三类是依法被授权和被委托的社会组织,包括法律法规授权的组织和行政机关委托的组织,比如村委会、居委会、消费者协会、律师协会、会计师协会、部分高等院校等。

其二,执法具有国家权威性和国家强制性。行政机关的执法行为是依照法律授权进行的公共管理活动,代表着国家,因此具有国家权威性,其他机关、社会组织和公民必须尊重,不可进行不正当的干涉。同时,行政机关依据法律对社会进行有效管理,前提是必须享有一定的行政权。行政权的合法行使对被管理的对象具有强制性,公民和组织必须服从,否则行政机关可以采取强制措施。

其三,与司法的被动性不同,执法具有主动性和单方面性。执法权既是国家行政机关进行社会管理的权力,也是它对社会、对民众承担的义务,既是职权,也是职责。因此,行政机关在进行社会管理时,应当以积极的态度主动执行法律,严格履行职责。与此同时,行政机关在采取行政措施时,不一定依赖行政相对人的请求,在作出行政决定时,也不一定要征得行政相对人的同意。相反,如果行政机关消极怠工,推卸职责,则构成行政不作为,要承担相应的法律责任。当然,说执法行为具有主动性和单方面性,这是就一般情况而言的,在特别的执法行为中,比如某些行政许可中,行政权的行使则一定要以行政相对人的请求或申请为

---

① 〔英〕洛克:《政府论》(下篇),叶启芳等译,商务印书馆1964年版,第132页。

前提。

　　行政机关履行行政管理职责,这就有了行政管理,从而也就必然有关于行政管理的法律制度。在一国法律体系中,专门调整政府行政管理关系的法律就是行政法,它是关于行政机关如何设立、享有什么职权,按照什么程序和标准来管理社会的一套规定。行政法属于典型的公法,行政法调整行政机关和社会公众之间的管理与被管理关系,也就是说,行政法关系是不平等主体之间的法律关系。

　　远在古代社会,国家就建立了庞大的政府机构,同时也开始为行政管理建章立制,比如我国古代的《唐六典》《大明会典》《大清会典》都是关于行政管理的法律。但是在古代社会,由于国家权力对平民日常生活的干预是有限的,因此并没有出现独立而完备的行政法,近现代意义上的行政法的出现是比较晚近的事。

　　在德国,19世纪末,俾斯麦执政时期,国家颁布了大量社会保障立法,行政权开始渗透到社会经济生活中。到了魏玛共和国时期,宪法赋予了总统广泛而庞大的权力,同时其他立法也对行政机关的职责、权力进行了规定。在美国早期,行政机关受到议会和法院的双重监控,在政治生活中扮演了一个很小的角色,行政法在整个法律体系中的地位也完全不能与其他法律同日而语。到了1887年,美国的州际商业委员会成立,这在美国行政法发展史上具有里程碑的意义,在许多美国行政法著作中,这个事件被称为美国行政法兴起的开始。① 美国国会通过立法赋予了州际商业委员会广泛的权力,使之可以对经济领域直接进行管制,甚至享有一定程度的惩罚权和执行权。

　　从行政法的发展历史看,最早的时候,行政法的主要目的在于保障行政机关的地位,赋予其干预社会的合法权力。但是,从20世纪中后期开始,行政法的功能开始发生转变,规范和控制行政权力成为当代行政法的直接目的。

　　行政法的存在是法治国家的重要制度保障。在所有国家权力中,最重要的就是行政权,它管理的事务范围广泛,它与老百姓的日常生活息息相关。因此,只有行政机关严格依法办事,才能保障整个国家依法办事,而这样的国家——如柏拉图所言——才能得到民众的认可及众神的赐福和保佑。

二、行政执法的基本原则

　　郑板桥诗云:"衙斋卧听潇潇竹,疑是民间疾苦声。些小吾曹州县吏,一枝一叶总关情。"官员及其手中的权力,与普通民众的权益和尊严息息相关,与政府的形象和威望密切相连,因而,其行使和运用不得不慎重。为了规范行政权力、促进依法行政,现代行政法确立了一系列行政执法的基本原则,这些原则是行政法基本精神和理念的体现,是行政法制度的道德基础,这些原则不仅是法律理由,毋宁已经是法律本身。

　　对行政执法基本原则的介绍和解释,可以从2002年一个著名的"延安黄碟案"谈起。

　　2002年8月18日晚,陕西延安市宝塔公安分局万花派出所民警接到群众举报,新婚夫妻张某夫妇在位于宝塔区万花山乡的一所诊所中播放黄色影碟。三名民警赶赴现场后,从诊所后面的窗子看到里面确实有人在放黄碟,即以看病为由敲门,住在前屋的

---

① 董炯:《国家、公民与行政法》,北京大学出版社2001年版,第134页。

张某父亲开门后,警察即直奔张某夫妻住屋,"一边掀被子,一边说,有人举报你们看黄碟,快将东西交出来",并试图扣押收缴黄碟和 VCD 机、电视机,张某阻挡,双方发生争执,张某抡起一根木棍将警察的手打伤。警察随之将其制服,并将张某带回派出所留置,同时扣押收缴了黄碟、VCD 机和电视机。

10月21日,张某被延安市宝塔分局刑事拘留;11月5日,张某被取保候审;11月6日,张某在医院被诊断为:"多处软组织挫伤,并拌有精神障碍";12月5日,宝塔公安分局决定撤销此案;12月31日,张某夫妇及其律师与宝塔公安分局达成补偿协议,协议规定:宝塔公安分局一次性补偿张某29137元;宝塔公安分局有关领导向张某夫妇赔礼道歉,并处分有关责任人。

"延安黄碟案"是中国近年来影响巨大和引发广泛争议的案件之一。新婚夫妻在家里看黄色影碟,警察闯入其住宅进行搜查和处罚,但最终的结果却是公安机关向该夫妇进行赔偿并赔礼道歉,为什么?我们可以依据行政法原则来评析该案。

其一,行政合法原则。

行政合法原则意味着政府行政权的存在和行使都必须遵守法律规定,符合法律要求,不能和法律的规定和精神发生冲突。具体说来:行政机关的职权应由法律明确设定及授予,行政行为以行政职权为基础,无职权便无行政;行政机关实施管理必须严格依据和遵守宪法、法律、法规,不得超越规则,不得享有法律以外的特权;行政机关必须接受来自民众和司法的监督,并对其违法的行政行为承担相应的法律责任。

在"延安黄碟案"中,警察强行闯入私人住宅,侵犯了公民依据宪法应当享有的住宅自由,是明显的违法行为。西方有法谚说:"住宅就是私人的城堡"(Every Man's House is His Castle),住宅构成了一个私密的空间,把个人和外界隔离开来,而在自己的城堡里,主人可以从事各种无害于他人的活动。正是考虑到住宅对现代人隐私生活的不可替代的意义,宪法把住宅权规定为一项基本人权,除非法院签发搜查令,否则任何人不得侵犯公民的住宅自由。

其二,正当程序原则。

行政法上的正当程序原则意味着行政机关在行使管理职权时应严格依照法定程序进行,而他们所依据的程序本身应当是正当的。

正当程序的实质是通过法律程序限制行政权力的滥用。正当程序原则要求执法程序必须公开和透明,应当事先公布让公民知悉,程序应科学合理,具有确定性和可预测性。更重要的是,正当程序要求执法机关在对公民作出不利决定时,必须保障公民享有知情权,有进行申辩、举行听证和发表不满意见的机会,对于行政机关作出的决定,公民应有权寻求司法救济。在"延安黄碟案"中,警察无论是进入民宅还是实施检查和扣押,都应根据法律履行相应的程序,包括获得搜查许可、出示有效证件、告知处罚依据、听取当事人申辩等。严格的程序不仅有助于减少执法错误,也有助于让当事人接受处罚结果。

其三,信赖保护原则。

信赖保护原则来源于民法中的诚实信用原则。信赖保护原则要求政府应遵守和履行自己的承诺,不能出尔反尔,不得擅自改变已经生效的行政行为。

信赖保护原则的基础是公众对国家和国家权力合法性的信任,这种信任是政府维护公共安全、保持社会稳定的重要条件。如果政府随意改变自己承诺,这种信任便会受到伤害。

公众对政府的特殊信任如果不能受到保护,公民权利、公共秩序乃至整个社会都会处于不稳定、无序、多变的状态。

当然,除了上面的三个原则之外,现代行政法还有行政合理、高效便民、权责统一等其他原则,这些原则构成一个相互交织的整体,规范和引领着现代社会形形色色的行政管理行为。

三、行政执法的主要内容

生活中处处都会有政府,各个领域都会有政府的行政执法和管理活动。出门走路有交通执法,进餐厅吃饭有食品卫生执法,在学校读书有教育行政执法,诸如此类。执法行为的表现形式多种多样,我们可以依据执法的性质将其分为行政许可、行政合同、行政处罚、行政监督、行政强制、行政复议、行政调解、行政裁决等类型。

(一)行政许可

未成年人在从事比较重要或危险的事情时,应当征得其父母等监护人的同意,否则可能会损害未成年的人身或财产利益。同样,公民或者企业在从事会涉及公共利益的特殊行为时,也需要征得政府的同意,这就是行政许可。行政许可,是指行政机关根据公民、法人或者其他组织的申请,经依法审查,准予其从事特定活动的行为。

从事某种活动之前先征得政府的同意,这对公民和企业来说等于是一种限制,也增加了他们的负担,因此,并非所有活动都要申请行政许可,只有那些需要特殊资质、会影响到公共利益的事情,才需要申请获得行政许可。法律规定,下列事项应申请行政许可:直接涉及国家安全、公共安全、经济宏观调控、生态环境保护以及直接关系人身健康、生命财产安全等特定活动;提供公众服务并且直接关系公共利益的职业、行业,需要确定具备特殊信誉、特殊条件或者特殊技能等资格、资质的事项;直接关系公共安全、人身健康、生命财产安全的重要设备、设施、产品、物品,需要按照技术标准、技术规范,通过检验、检测、检疫等方式进行审定的事项。

对于公民和企业而言,并非所有的社会活动都必须要经过政府的许可,只有那些会影响到社会利益和公共利益的活动才允许设立行政许可,并且这些许可应由法律明确作出规定。因此,凡是没有法律依据而由政府私自设立的行政许可均属违法,比如发生在河北省成安县的听来让人匪夷所思的"玉米秸秆放倒"的行政许可。

> 2007年秋收前,河北省成安县漳河店镇朱庄村年逾70岁的张振岭老汉一直在发愁,到底能不能收割自家地里的玉米。原因是今年9月24日,由于张老汉以先割倒的方式收玉米时没有县里发的《秸秆放倒证》,就遭到镇政府负责"秸秆还田和禁烧"工作人员的打骂。张老汉的女儿到漳河店镇政府质问父亲被打一事时,镇委书记说:"如果你私自放倒秸秆没有放倒证,派出所查后要进行处罚,这是上面的规定。"
>
> 这个"上面的规定"是指成安县委(2007)18号文件,即《县委县政府关于秋季秸秆还田和禁烧工作的实施意见》,其中明确规定:"确需放倒、撂倒玉米秸秆的农户,需持有成安县秸秆还田和禁烧指挥部统一印制的《秸秆放倒证》,并做到当天放倒,当天清运。否则,按影响农机统一作业论处"。
>
> 9月28日上午,张老汉指着自己三亩多还没有收割的玉米告诉记者,我们自古都是

先割倒秸秆再掰下玉米,如果不放倒,站在玉米地中掰又扎又热又累,现在突然冒出个放倒证,没有证就打人。张老汉特别委屈地说,我根本不可能烧的,割下的秸秆我还要留着自己喂牛呢,难道县政府还管我们农民是站着掰玉米还是割倒秸秆掰玉米吗?①

禁止焚烧玉米秸秆以保护环境的初衷是好的,但是,以县政府的红头文件替代国家法律,以当政者的简单思维推翻传统的农耕方式,政府公权力毫无约束地进入农民的田间地头,这样的行政许可,实在是偏离行政法的精神太远了。

行政许可一般由当事人提出申请,相关政府部门依据法律规定进行审查,如果符合条件,则发给其许可证、执照、资格证、资质证或者其他合格证书等,则当事人就可以从事相关的活动。比如,为了保障企业安全生产,就需要通过行政许可制度,对企业及其工作人员进行必要的约束,提出必要的要求,以尽最大可能减少事故的发生。再比如,公民要从事特定行业的工作,必须依据职业准入制度,获得相关的资格证书,这也属于行政许可。根据法律规定,公民要从事法律职业,必须参加国家司法考试合格获得法律职业资格证书,再向司法局申请律师执业证书;医师和会计师也必须参加相关资格考试,向卫生部门的财政部门申请获得医师和会计师从业资格。同样,无论是在小学、中学还是大学从事教学工作,也必须具备相应的条件和能力,向教育行政部门获得教师资格政府。没有获得相应的资格,就不能从事相应的工作。

(二)行政处罚

行政处罚是行政机关对违反行政管理法律、破坏行政管理秩序的公民、法人或其他社会组织实施制裁的活动。行政处罚既要遵循公正、公开的原则,同时还应当坚持处罚与教育相结合,教育公民、法人或者其他组织自觉守法。

行政处罚的种类包括警告、罚款、没收违法所得、没收非法财物、责令停产停业、暂扣或者吊销许可证、暂扣或者吊销执照以及行政拘留等。行政机关作出责令停产停业、吊销许可证或者执照、较大数额罚款等行政处罚决定之前,应当告知当事人有要求举行听证的权利;当事人要求听证的,行政机关应当组织听证。

在行政处罚中,有一类比较特别和严厉的处罚叫"治安管理处罚"。按照法律规定,扰乱公共秩序,妨害公共安全,侵犯人身权利、财产权利,妨害社会管理,具有社会危害性,依照刑法的规定构成犯罪的,依法追究刑事责任;尚不够刑事处罚的,由公安机关依照本法给予治安管理处罚。在我国,当受治安管理处罚的行为包括扰乱公共秩序、妨害公共安全、妨害社会管理、侵犯人身权利、财产权利的行为。治安管理处罚的种类分为:警告、罚款、吊销公安机关发放的许可证和行政拘留。其中行政拘留处罚合并执行的,最长不超过 20 日。对违反治安管理的外国人,可以附加适用限期出境或者驱逐出境。

2015 年的一天,乌鲁木齐机场航站楼派出所接到现场运行指挥中心通报,称有一名旅客陈某在飞机上违法使用手机。派出所民警待飞机降落后将陈某传唤至派出所进行询问后得知,陈某在飞机起飞滑行过程中使用手机打电话,随后机组乘务员上前制止陈某,但陈某认为自己在飞机上打电话不会影响飞机飞行,认为工人员让他关闭手机是"小题大做"。我国《治安管理处罚法》第 34 条规定:在使用中的航空器上使用可能影响

---

① 薛子进:《河北成安农民收玉米需办秸秆放倒证》,载《法制日报》2007 年 10 月 29 日第 4 版。

导航系统正常功能的器具、工具,不听劝阻的,处 5 日以下拘留或者 500 元以下罚款。据此,候机楼派出所对陈某作出了罚款 200 元的决定。

公民、法人或者其他组织对行政机关所给予的行政处罚,享有陈述权、申辩权;对行政处罚不服的,有权依法申请行政复议或者提起行政诉讼。公民、法人或者其他组织因行政机关违法给予行政处罚受到损害的,有权依法提出赔偿要求。

(三)行政复议

在公民与政府的管理与被管理的相互关系中,政府无疑处在一个相对比较强势的地位,因此,若政府的权力不当运用,则公民无疑会受到伤害,为了防止和纠正违法的或者不当的具体行政行为,保护公民、法人和其他组织的合法权益,保障和监督行政机关依法行使职权,法律上设立了行政复议制度。行政复议是指公民、法人或者其他组织不服行政主体作出的具体行政行为,认为行政主体的具体行政行为侵犯了其合法权益,依法向法定的行政复议机关提出复议申请,行政复议机关依法对该具体行政行为进行合法性、适当性审查,并作出行政复议决定的行政行为。简单来说,就是政府作出决定后,若公民认为该决定不当,则可以通过复议要求其上级部门对该行为进行复查。

公民、法人或者其他组织认为具体行政行为侵犯其合法权益的,可以提出行政复议申请。对地方各级人民政府的具体行政行为不服的,向上一级地方人民政府申请行政复议。对县级以上地方各级人民政府工作部门的具体行政行为不服的,由申请人选择,可以向该部门的本级人民政府申请行政复议,也可以向上一级主管部门申请行政复议。比如,某公司对甲市乙县工商局的行政处罚不服,即可以向乙县县政府申请复议,也可以向甲市工商局申请复议。

行政复议机关收到行政复议申请后,应当对相关行政行为进行审查,作出行政复议决定:具体行政行为认定事实清楚,证据确凿,适用依据正确,程序合法,内容适当的,决定维持;行政行为适用法律错误、超越或者滥用职权的、违反法定程序、具体行政行为明显不当的,决定撤销、变更或者确认该具体行政行为违法。

在当代中国,法律实施的核心和关键在于政府,政府能否依法管理、依法办事,直接影响到法律实施的效果以及法律的权威。行政复议是政府系统内部对违法行政行为的自我审查、自我纠正机制。除此之外,还有来自司法机关的外部行政审查机制即行政诉讼。通过这种内部和外部相结合的监督和审查机制,有望督促政府依法行使权力,依法履行职责,从而促进法律在公共生活中得到良好的实施。

一、推荐阅读文献

1. 刘星:《西窗法雨》,法律出版社 2013 年版。
2. 丁以升、李清春:《公民为什么遵守法律?》,载《法学评论》2003 年第 6 期、2004 年第 1 期。
3. 汪雄:《论康德的守法观:从被迫守法到自律守法》,载《武汉大学学报(人文科学版)》2010 年第 4 期。

二、课后教学活动

2003 年,北京市通过地方立法,成为全国第一个全面禁止在春节期间燃放烟花爆竹的城市。在此之后,禁放成为城市文明安全建设的一项举措被各地大中城市所效仿。据统计,全国实行禁放令的城市一度多达282个。

然而,在现实中,禁止燃放烟花爆竹的法律却带来了诸多问题:一方面是法律规定与传统习俗的冲突。在北京市颁布禁放令后,一时间,"城市的春节静悄悄"成为流行趋势。安静是安静了,可是过年的气氛也确实淡了;另一方面是执法的艰难与尴尬。在2005年的除夕夜,北京市一共出动了13万人上街查禁放,真可谓兴师动众。随着违法燃放的人越来越多,执法的成本越来越高,执法效果却越来越差。

围绕该不该在春节期间禁止燃放烟花爆竹,公众也进行了激烈的争议。支持解禁的声音:民俗当存。支持解禁的人主要将燃放烟花爆竹作为应当保存的民俗文化而据理力争,认为传统文化应延续与传。反对解禁的声音:旧俗当革。他们认为,如果旧习俗不再适应现代社会的发展,年头再久也要禁止。燃放烟花爆竹所产生的有害气体不仅会造成大气污染问题,还会危害到人们的健康。

问题:结合上述材料,假如你是立法者,到底应该如何做,才能制定出科学、合理、可适用的法律?

第六讲

法的适用与方法

> 一次不公正的审判,其恶果甚至超过十次犯罪。因为犯罪是无视法律,好比污染了水流,而不公正的审判则毁坏法律,好比污染了水源。
>
> ——〔英〕培根
>
> 推理的艺术在民主法治国家是首要的,因为公民是通过正当的理由被说服的,而不是通过武力被征服的。
>
> ——〔美〕杰斐逊

第一节　司法:最权威的纠纷解决

一、作为法的适用的司法

法的适用就是司法,俗称"打官司",是国家司法机关依据法定职权和程序,应用法律处理案件、解决纠纷的专门活动。文本上的法律是一种静态的规范,它要通过法官的司法活动才能够进入案件、处理纠纷,这个过程,就是法律的适用。换而言之,以法官为代表的法律人对法的适用,赋予了法律以生命和意义。因而,德国法学家拉德布鲁赫说:"法不只是评价性的规范,它也将是有实效的力量……一个超国家的法要想变得有实效,就不应高悬于我们之上的价值的天空,它必须获得尘世的、社会学的形态。而从理念王国进入现实王国的门径,则是谙熟世俗生活关系的法官。正是在法官那里,法才道成肉身。"①

（一）中国司法模式的历史演进

在中国传统法律文化中,司法的标志是一个威严的独角兽,它有锐利的眼光,能够分清是非,惩罚邪恶;在西方法律文化中,司法的代言人是正义女神,她身穿白裙,一手持剑,一手持天平,评判人类行为的对错,呵护着人间的公平正义。"法律有时入睡,但绝不死亡",人们相信,只要司法存在,法律的正义和公道就永远存活,永不死亡。

在人类历史上,当发生纠纷和冲突时,最早的纠纷解决方法是自力救济,包括复仇和决斗等。到了后来,随着国家的强大以及公权力对社会生活的全面介入,公力救济逐步取代了私力救济,而在国家提供的各种公力救济手段中,司法是最权威、最重要的救济机制。

古代中国的诉讼模式大致上属于纠问式诉讼的范畴,原告提起诉讼,被告进行答辩,大

---

① Gustav Radbureh, Aphoirsmen zur Rechtsweisheit, Goettingen, 1963, S.16.

第六讲　法的适用与方法

中国古代司法神兽獬豸

老爷高坐堂上,明镜高悬,负责辨别是非作出裁判。在证据认定方面,司法官员常常采用"五听"和刑讯逼供的方法。"五听"是指法官判断当事人口供真实性的五种方法,包括辞听、色听、气听、耳听、目听。具体说来,辞听是"观其出言,不直则烦";色听是"察其颜色,不直则赧然";气听是"观其气息,不直则喘";耳听是"观其聆听,不直则惑";目听是"观其眸子视,不直则眊然"。① 与此同时,刑讯逼供是古代诉讼中常用的取证手段,即使是在包拯的大堂上,刑讯逼供也是家常便饭,而弱女子窦娥就是因为屈打成招引发了六月飞雪的惊天冤案;在审判程序方面,古代法律建立了详细的上诉制度、京控制度、死刑复奏制度、会审制度等。比如在唐代,各地判决的死刑一般要经过三次复奏才可以定案,在明清时期,有众多官员参加的圆审、秋审、热审等会审制度最大化地保障了审判的公正性。

1949 年之后,新中国的诉讼制度经历了一个由传统向现代转型的过程,处在这个过渡阶段的诉讼模式以"马锡五审判方式"为典型代表。马锡五是中国共产党抗战时期的一位法官,曾担任陇东分区专员兼陕甘宁边区高等法院陇东分庭庭长。马锡五在长期办案中形成了一套特殊的审判模式:深入农村、调查研究,实事求是地了解案情;依靠群众、教育群众,尊重群众的意见;审判采用"座谈式",而不是"坐堂式",方便群众诉讼,手续简便,不拘形式。

在马锡五审理的众多案件中,甘肃省华池县的"封捧儿婚姻案"是较典型的一个。1942 年,华池县农民封彦贵因贪图彩礼,教唆自己的女儿封捧儿以"婚姻自主"为名解除同张柏的"娃娃亲",同时却将捧儿暗中许给他人,后因张柏的父亲张金才告状而未果。次年,封彦贵又将捧儿暗中许给庆阳县的朱家。捧儿发现自己受骗后坚决不从,表示愿与张柏维持婚约并结为夫妻。张金才得知此事后,纠集 20 多人携带棍棒趁夜将捧儿从封家抢回与张柏成婚。封彦贵于是将张家告到县司法处,司法处未经详细调查便

---

① 最早见于《周礼·秋官·小司寇》,郑玄的注释。

给出判决:张金才抢婚判处徒刑6个月,封捧儿与张柏的婚姻无效。而对于封彦贵多次出卖女儿的不法行为,司法处却未予追究。封捧儿与张柏不服判决。在他人建议下,捧儿徒步赶到七八十里外的庆阳县城,向陇东专署专员兼陇东分庭庭长马锡五告状,诉说自己的遭遇和苦楚。

马锡五受理此案后,先是向当地干部详细询问实际情况,并深入当地进行走访,了解群众的看法和态度,同时还征求了捧儿的意见。通过前期调查取证,马锡五了解到当地许多群众认为此案处理不公,而捧儿也坚决表示只愿与张柏结婚。随后,马锡五会同华池县司法处的干部,召集当地群众举行公开审判会。在会上,马锡五讯问了当事人各方的要求和理由,并再次征询在场群众的意见。最后,法庭综合案件事实和群众意见作出如下判决:(1)张柏与封捧儿的婚姻,根据婚姻自主的原则,准予有效;(2)张金才深夜聚众抢亲有碍社会治安,判处短期徒刑,对其他附和者给予严厉批评;(3)封彦贵以女儿为财物,反复出售,违犯婚姻法令,判处劳役,以示警诫。法庭宣判后,受罚者均表示自己罪有应得,口服心服;群众也认为该判决是非分明,表示赞同;封捧儿与张柏的婚姻得到法律的认可和保障,小两口终成眷属,更是欢天喜地。

马锡五处理的"封捧儿婚姻案"一时成为美谈,迅速传遍边区。马锡五成了家喻户晓的"马青天",马锡五审判方式也由此诞生。1944年3月,《解放日报》发表社论《马锡五同志的审判方式》,通过典型案例总结马锡五审判方式的经验,在抗日根据地引起了强烈反响。"封捧儿婚姻案"也被编剧本《刘巧儿告状》,在边区广为传颂。新中国成立后,该剧本被改编成评剧《刘巧儿》,并拍成电影、灌成唱片在全国宣传,一时间"刘巧儿"成了女青年们追求幸福婚姻的榜样。"刘巧儿"的原型封捧儿也改叫封芝琴,成为人大代表和妇女干部,积极现身说法,为新《婚姻法》的宣传作了不少贡献。①

"马锡五审判方式"是新中国建立后近半个世纪里司法诉讼的主流模式,它吸收了古代的优良司法传统,同时又有新中国司法体制的新内容,在当时特定的历史时期发挥了积极的作用。进入20世纪90年代以来,随着现代诉讼制度的逐步建立,马锡五审判模式逐步退出历史舞台,但其中一些做法和观念对当今的司法依然具有启发和借鉴意义。

(二) 现代司法的特征

司法的任务是解决纠纷,目的是"定分止争"。美国法学家德沃金曾指出:在法律的帝国里,法院是帝国的首都,而法官则是帝国的王侯。在现代法治国家,司法具有特殊的地位,它是最权威的纠纷解决方式,它直接决定着法律规定在案件中的实现,它被人们称为"正义的最后防线"。与调解、仲裁等其他纠纷解决机制不同,司法属于现代社会最权威、最公平、最文明的纠纷解决机制。

第一,司法的公平性。

司法是最公平的纠纷解决机制,而这种公平性是依赖一套科学合理的诉讼程序来保障和实现的。西方法律格言说:"正义不仅要实现,而且要以人们看得见的方式实现。"程序法的存在,就是保障正义得到实现,而且是以看得见的、公开和公正的方式得到实现。

工业生产要有严格的工艺流程,以保障产品质量的合格。同样,司法审判也必须要有严

---

① 林文剑:《马锡五审判方式是群众路线在司法领域的体现》,载《福建党史月刊》2016年第2期。

格的程序和步骤,其目的也是在于保障审判的公平性与合法性。所以,程序的首要价值在于保障审判的质量,尽量减少审判的失误和差错。

在司法审判中,法官往往要面对利益冲突的双方当事人、模糊不清的案件事实以及不知所云的法律条文,因此,司法审判带有很大的不确定性。为减少这种不确定性,很多思路和措施被提出来,其中一个重要的方面就是设计一套合理、科学的诉讼程序,通过程序,约束当事人的行为,促进裁判者中立和理性判断,以保障审判结果的准确性。在今天,这些诉讼机制包括无罪推定、律师参与、开庭审理、言词辩论、上诉制度、证据规则等。

但是,司法审判终究不是严格的科学实验,司法官员也不是无所不能的神灵,因此在实践中,无论程序怎样设计,都有可能出现不公正的结果。因此,程序法的价值一方面在于使案件事实通过该程序尽可能地查明,而另一方面,即使事实难以查明,只要该程序本身公正且被严格遵守,控辩双方仍都可以接受。也就是说,在有些情况下,由于事实很难甚至根本不可能查明,则严格遵循合理之程序可以消解败诉者的不满,使判决得到公众的接受。"依赖程序成为英美法的特征,这也许是由于其陪审团的传统。陪审团的裁定就是上天的声音,它不容质疑,因为其定义就决定了它的正确性。陪审团审判的程序就使陪审团裁定合理化。"[①]

这样一来,诉讼程序对审判公正就具有了两方面的价值:一是其工具价值,即程序作为手段或工具可以最大化地保障审判结果的准确与公正;二是其独立价值,即理性和正当的程序本身就增加了审判的权威性和可接受性,只要是依据正当程序作出的审判,必然就符合程序正义的标准。

总之,"程序是法治和恣意而治的分水岭。"程序法的存在,有助于在诉讼领域实现和保护人权,而这个目标是通过约束国家司法权来实现的。在司法活动中,法官手中拥有生杀予夺的权力,如果司法机关滥用权力,则必然会损害当事人的合法权益。因此,正当的诉讼程序的存在,对司法官员的审判行为是一种有效的规范和约束,使他们不得肆意妄为,从而保障了诉讼当事人的合法权益。

第二,司法的文明性。

古代社会,人们发生纠纷后可以寻求私力救济,比如复仇或决斗,而这样的方式相对来说是比较野蛮和不公正的。与古代的纠纷解决方式相比,现代司法是一种文明的纠纷解决机制。

在通过司法解决纠纷的过程中,一切主张都得有道理,一切结论都得有依据,因此,"讲理"成为司法诉讼的一个重要特点。在私力救济以及其他的救济方式中,纠纷各方的地位、财富、权力乃至身体优势都会成为影响最终处理结果的因素。也就是说,非法律的因素显得非常重要。但是,在公平的司法诉讼过程中,参与各方,包括作为裁决者的法院,都必须讲理,必须拿证据和法律来支持自己的主张,暴力性的因素是被司法拒绝和排斥的。当然,司法要"讲理",但讲的不是情理或伦理,而是法理,也就是说,司法诉讼要以法律为依据,而法律则具有理性的特征,法律的理性保障了司法的文明性。

现代司法的文明性,在刑事诉讼中体现的尤为明显。一方面,刑事诉讼要求案件的调查、审判坚决杜绝暴力,比如刑讯逼供;另一方面,刑事诉讼对作为弱势一方的被告人提供了

---

① 宋冰编:《程序、正义与现代化:外国法学家在华演讲录》,中国政法大学出版社 1998 年版,第 374—375 页。

必要的保护，从而使得作为强势一方的国家司法机关不得不学会谦卑和慎重，由此可以预防和避免国家刑罚权的滥用。

美国宪法第五修正案规定：无论何人，不得在任何刑事案件中被迫自证其罪。根据这一宪法条款，甭管是在警察局、法庭还是在国会听证会上，任何人都有权保持沉默，拒绝提供可能被用来控告自己的证据。

1963年，一个23岁的无业青年，名叫恩纳斯托·米兰达，因涉嫌强奸和绑架妇女在亚利桑那州被捕，警官随即对他进行了审问。在审讯前，警官没有告诉米兰达有权保持沉默，有权不自认其罪。米兰达文化不高，这辈子也从没听说过世界上还有美国宪法第五修正案这么个玩艺儿。经过连续两小时的审讯，米兰达承认了罪行，并在供词上签了字。

后来在法庭上，检察官向陪审团出示了米兰达的供词，作为指控他犯罪的重要证据。米兰达的律师则坚持认为，根据宪法，米兰达供词是无效的。最后，陪审团判决米兰达有罪，法官判米兰达20年有期徒刑。此案后来上诉到美国最高法院。1966年，最高法院以五比四的一票之差裁决地方法院的审判无效，理由是警官在审问前，没有预先告诉米兰达应享有的宪法权利。最高法院在裁决中向警方重申了审讯嫌犯的程序规则：第一，预先告诉嫌犯有权保持沉默。第二，预先告诉嫌犯，他们的供词可能用来起诉和审判他们。第三，告诉嫌犯有权请律师在受审时到场。第四，告诉嫌犯，如果请不起律师，法庭将免费为其指派一位律师。这些规定后来被称为"米兰达法则"（Miranda Warnings）。①

第三，司法的权威性

与行政不同，司法审判具有权威性和终局性。西方人说："陪审团的裁决就是事实真相的权威表达，同样，法官的判决就是法律的格言""判决就像法律的格言或谚语，应该作为真理而接受"。② 司法裁判是严格依法进行的，代表了国家意志并以国家强制力为后盾，因此，司法机关作出的生效判决必须得到当事人和社会各方面的尊重，如果当事人不执行，则法院可以通过强制手段予以实施。

司法的权威性尤其体现为司法裁判的终局性，司法终局性是指法院对认为应由其管辖的所有司法性质的争议享有最终裁判权，它意味着生效的裁判具有最后的裁决力和执行力，任何人都必须遵守。某项争议提请法院解决，法院认为该争议具有司法性质决定受理，该项争议就成了法院待裁判的案件，法院对这一案件作出生效裁判后，案件就终结性地解决了，除法定的情形之外，任何力量都不得动摇、推翻司法裁判。③

一般来说，终局性的司法裁判具有以下四个方面的效力：其一，公定力。即终局性的司法裁判被推定为公正的，不容置疑的。在公众的心目中，法官是正义的化身，法官作出终局性的司法裁判，就如同法官在宣告一项法律，公众都会像信服法律一样信服生效的司法裁判。美国联邦大法官杰克逊有句名言，"我们是终审并非因为我们不犯错误，我们不犯错误

---

① 陈伟：《"米兰达法则"与美国宪法修正案》，载法理与判例网：http://www.chinalegaltheory.com/detail.asp？r=4&id=2674，2010年6月18日访问。
② 孙笑侠编译：《西方法谚精选》，法律出版社2005年版，第74页。
③ 贺日开：《司法终局性：我国司法的制度性缺失与完善》，载《法学》2002年第12期。

仅仅因为我们是终审。"①其二,确定力。这是基于司法裁判的公定力而产生的司法裁判的实体内容的确定性效力。在其他解纷方式中,当事人各方争议的实体权利义务虽经裁判,仍属不确定状态,而经过终局性司法裁判所裁决的权利义务,则是确定的,对双方当事人是有约束力的。"经过司法裁判所认定的事实关系和法律关系,都被一一贴上封条,成为无可动摇的真正的过去。"②其三,拘束力。终局性司法裁判作出后,当事人、法院和其他国家机关都得受其拘束。具体而言,当事人必须服从裁判,履行裁判,不得更改裁判确定的内容,不得就已裁判的诉讼标的再提起诉讼,请求法院再行裁判;法院也不得就已作出终局性裁判的案件再次进行裁判,也不得更改终局性裁判的内容,后诉法院(上级法院除外)要受前诉法院裁判的拘束,不得作出与前诉裁判相矛盾的裁判;其他机关都负有尊重司法裁判的义务,无权更改司法裁判。其四,执行力。终局性的司法裁判还具有执行力,这是拘束力的延伸。司法裁判的拘束力及于当事人,就要求当事人服从并履行裁判,如果当事人不主动履行裁判,将招致国家强制力的制裁,迫其履行司法裁判或由国家执行机关强制执行司法裁判。③

西谚曰:"诉讼应有结果,乃是共同的福祉"。司法的终局性是司法的本质特征之一,是国际社会公认的司法活动应遵循的准则。联合国《公民权利和政治权利国际公约》第14条第7项规定:"任何人已依一国的法律及刑事程序被最后定罪或宣告无罪者,不得就同一罪名再予审判或惩罚。"1985年联合国大会通过的《关于司法机关独立的基本原则》第4条规定:"不应对司法程序进行任何不适当或无根据的干涉,法院作出的司法裁决也不应加以修改。"1982年国际律师协会通过的《司法独立最低标准》第19条规定:"立法机关不得通过与特定法院判决相反而有溯及既往效力之法律。"上述国际性文件的规定,表明司法应具有终局性已成为人类的共识,而确立并维护司法的终局性则成为各成员国应负的国际义务。

二、司法的基本原则

司法原则,是司法活动必须遵循的基本准则,司法原则的目的和功能在于规范司法权力运作,指导司法审判,保障司法公正和高效。

(一)以事实为根据,以法律为准绳原则

事实和法律,是司法机关审理案件的两个前提条件。事实是正确处理案件的前提和依据,法律是正确处理案件的标准和尺度。事实弄不清楚,就会得出糊涂的判决,而抛开了法律,审判就会堕落为法官的独裁。

以事实为根据,是指司法机关处理案件时,只能以被证据证明了的事实为依据,审判结果不能建立在虚构或假想之上。法律上的事实是通过证据描摹和再现的,因此,有证据就有事实,没有证据就没有事实,而没有事实就不能对任何人进行惩罚。在任何诉讼中,证据的收集和获取必须合法,以违法手段获取的证据不能作为定案的依据。

以法律为准绳,意味着司法机关要严格按照诉讼法和实体法的规定来启动审判程序,确定案件性质,厘析法律关系,分配当事人的权利义务,归结法律责任,并作出最后的裁判。当然,以法律为准绳,并不意味着排除其他社会规范在司法中的运用,事实上,起码在民事审判

---

① 转引自苏力:《送法下乡》,中国政法大学出版社2001年版,第161页。
② 季卫东:《法治秩序的构建》,中国政法大学出版社1999年版,第19页。
③ 宋冰:《程序、正义与现代化:外国法学家在华演讲录》,中国政法大学出版社1998年版,前言,第3页。

中,法官有时候还需要运用风俗习惯、道德原则和法理学说。

(二) 司法平等原则

追求平等源于人的天性,而维护平等是现代法律的重要使命。在古代社会,权贵阶层常常依凭其优势在司法中获取特殊优待。法国作家巴尔扎克在他的《人间喜剧》中讲到:"法律是蜘蛛网,大苍蝇穿网而过,小苍蝇落于网中",这是文学家对现实生活中司法不公正现象的讽刺与控诉。

> 董宣,字少平,东汉陈留郡人。他担任洛阳令期间,为官廉洁,刚正不阿,秉公执法,不畏权势。有一次,东汉光武帝刘秀的姐姐湖阳公主的仆人杀人后藏匿在湖阳公主家,董宣乘公主外出的机会将这个仆人抓住,依法判处其死刑。公主闻讯大怒,立刻到宫里向光武帝告状。光武帝也很生气,召来董宣,要用鞭子打他。董宣说:"希望说一句话再死。"光武帝说:"想说什么话?"董宣说:"皇帝您因德行圣明而中兴复国,却放纵家奴杀害百姓,将拿什么来治理天下呢?臣不用鞭子打,请求能够自杀。"当即用头撞击柱子,顿时血流满面。光武帝退了一步,让他磕头向公主谢个罪,董宣不答应,皇帝便让太监强迫他磕头,董宣两手用力撑着地面,死活不肯低头。因此人们称他为"强项令"。

在现代社会,平等成为法律的基本原则,尤其在司法审判中,法律面前人人平等,成为现代社会的基本共识。人和人之间可能在诸多方面存在差异,比如财产、知识、能力等,但是在司法审判面前,在神圣的法庭之上,每一个人都是平等的。司法平等的原则要求国家司法机关在处理案件时,对于任何公民,不论其民族、性别、职业、宗教信仰、教育程度、财产状况等方面存在任何差异,在适用法律上应当一律平等对待。任何公民的合法权益受到伤害,都应给予平等的司法救济和法律保护,任何公民从事了违法犯罪行为,都应平等地受到司法审判和法律制裁。司法女神反对歧视和特权,在她慈母般的目光中,每一个人都有同等的权利和地位,都会受到同样的关怀和对待。

(三) 司法独立原则

司法独立是司法中最根本、最重要的原则,是司法公正和司法权威的安身立命之所在。"审判的公平不认父母而只认真理",马克思也说过:"法官是法律世界的国王,除了法律,法官没有别的上司。"[1] 司法如果没有这种独立的精神和固执的个性,必然会受到诸多非法律因素的干扰,从而做出偏离法律的裁判,败坏法律的权威和名誉。

司法独立原则要求司法机关在整个审判过程中必须独立分析、独立裁判,只认可事实,只服从法律,不受任何权力机关、资本集团、新闻媒体、社会团体和个人的干涉,做到孟子所说的"富贵不能淫,贫贱不能移,威武不能屈"。在法律发展史上,王权曾经是司法独立的最大敌人,很多法官在面对王权干预时"威武不能屈",坚持严格依法审判,展现出一个法律人应有的风骨与人格,他们之中最具有代表性的人物就是17世纪英国的柯克(Coke)法官。

> 1612年11月10日,在一个难忘的星期日上午,应坎特布雷大主教的奏请,英国詹姆斯一世国王召见了英格兰的法官们,这就是历史上著名的"星期日上午会议"。召开这次会议的起因,是教会法院不依任何既定的法律和成规,不遵从任何控诉程序便对案件进行审判,在它试图仅凭一张完全世俗性质的诉状而派其随员进入被告的住宅并对

---

[1] 转引自卢义杰:《法官的上司只能是法律》,载《中国青年报》2015年2月6日第5版。

其实施逮捕时,高等民事法庭颁布了禁令,取缔其有关诉讼行为。一些人对此感到不满,他们想到了君权神授的国王,希望利用国王来对抗普通法院,就建议国王按自己的意愿收回部分案件的审判权,由国王亲自审决。这次"星期日上午会议"的主题就是针对这一建议进行辩论并征求法官的意见。坎特布雷大主教在会议上继续鼓吹王权至上,他认为,法官只是国王的代表,国王认为有必要时,把本由自己决断的案件授权给法官们处理。关于这一点,在《圣经》中上帝的圣谕里已经明确地体现,是不言而喻的。针对这一论调,大法官爱德华·柯克代表法官们给予了有力的回击。他说,"根据英格兰法律,国王无权审理任何案件,所有案件无论民事或刑事,皆应依照法律和国家惯例交由法院审理。"

"但是",国王说:"朕以为法律以理性为本,朕和其他人与法官一样有理性。"

"陛下所言极是,"柯克回答道:"上帝恩赐陛下以丰富的知识和非凡的天资,但微臣认为陛下对英国的法律并不熟悉,而这些涉及臣民的生命、继承权、财产等的案件并不是按天赋理性(natural reason)来决断的,而是按人为理性(artificial reason)和法律判决的。法律是一门艺术,它需要经过长期的学习和实践才能掌握,在未达到这一水平前,任何人都不能从事案件的审判工作。"

詹姆斯一世恼羞成怒,他说,按这种说法,他应屈居于法律之下,这是大逆不道的犯上行为。柯克引用布莱克通的名言说:"国王不应服从任何人,但应服从上帝和法律。"①

爱德华·柯克大法官

独立的审判是司法公正的前提。时至今日,柯克法官与詹姆斯一世的这段对话仍被后人津津乐道,尽管柯克法官本人因为力主非法官不能审理案件而终被解职,但他不畏强权捍卫司法独立和法律尊严的精神却被传为法制史上的千古佳话。

---

① 〔美〕罗斯科·庞德:《普通法的精神》,唐前宏等译,法律出版社 2001 年版,第 41—42 页。

第二节　司法的方法：法官是如何判案的

一、司法方法的一般原理

司法是一门艺术，只有掌握了专业的司法技术和司法方法，才能运用好法律，审判好案件。西谚云："大量无知的法律从业者会毁掉一个法庭"，如果不具备专业的法律知识和丰富的职业经验，无知者不仅会毁掉一个法庭，而且会毁掉民众对法律的信任和尊重。因而，法律人，在某种意义上，就是掌握了司法方法的专业人。

在古代，司法是一种平民性、大众性的活动，尤其是西方，普通民众聚集在广场上，依据朴素的习俗和道德来裁判案件。而近代以来，司法经历了一个"从广场化到剧场化的转变"。司法的广场化和司法的剧场化代表着两种不同的法律文化及其价值。司法的广场化是一种人人直接照面的、没有身份和空间间隔、能够自由表达意见和情绪的司法活动方式，更多地体现出司法的大众化特点。司法的剧场化是指在以"剧场"为符号意象的人造建筑空间内进行的司法活动类型，它对于现代法治的制度、精神和习惯的形成具有内在的潜移默化的影响。随着社会的发展，社会生活和社会关系的不断复杂化和社会分工的日益专门化，由司法的广场化到司法的剧场化将会成为司法活动类型发展的一个趋向。①

在现代社会，司法意味着它必须要有专业的人士，在专业的场合，依据严格的程序，运用正确的方法，寻找正确的裁判结果。就像只有专业的钢琴家才可以弹奏出优美的乐章一样，只有专业的法律人，才能掌握操作和适用法律的技能和方法。

（一）司法审判的目标

法律人适用法律的最直接的目标就是要获得一个"合理的法律决定"，通俗说就是得到一个"正确的判决结果"。在法治社会，所谓"合理的法律决定"就是指法律决定具有可预测性和正当性。法律决定的可预测性是形式法治的要求，正当性则是实质法治的要求。

法律决定的可预测性意味着法官在做决定的过程中应该严格依法进行，尽可能地避免武断和恣意。裁判中的武断性、恣意性越少，法律决定就越具有可预测性。为了实现裁决的可预测性，就要求法官必须将法律决定建立在既存的、一般性的法律规范的基础上，即严格依据国家法律进行裁判，保证判决在形式上符合法律规定。换句话说，法官的每个判决都是严格从现有法律的某个规定中推理出来的，是可以被其他法律人提前预测出的，而不是来自法官的任性和恣意。

法律决定的正当性是指按照现代法治社会公认的实质价值或基本原则，法院的法律决定是正当的或正确的，是与自由、平等、人权等现代法律价值相一致的。为了实现裁决的正当性，就要求法官必须通过运用法律共同体所普遍承认的法学方法，如类比推理或客观目的解释，保证其法律决定与实质价值或道德的一致性，即实质内容符合法理。换句话说，法官的判决结果，不能是让人无法接受的，不能与法的普遍价值准则发生冲突和对抗。

总之，现代法治社会要求法律决定尤其是司法裁判必须既具有可预测性，同时也具有正当性。如果司法审判是肆意和任性的，即不按法律规定裁判，人们就会困惑迷茫和不知所

---

① 舒国滢：《从司法的广场化到司法的剧场化：一个符号学的视角》，载《政法论坛》1999 年第 3 期。

措,也就无法有效地计划和安排自己未来的生活;如果司法裁判是不正当的,即它总是与法律所倡导的人权、正义等原则冲突,人们就会对法律失望,社会就不可能长治久安。

杨乃武,字书勋,浙江省余杭县余杭镇澄清巷人,家世以种桑养蚕为业,性格耿直,为癸酉科乡试举人,人称"杨二先生"。葛毕氏(即毕秀姑)为葛家童养媳,长得白皙秀丽,因穿绿衣白裤,人称"小白菜"。作为邻居,杨乃武曾教毕秀姑识字,两人过从甚密,于是街坊有"羊吃白菜"的流言。

葛毕氏的丈夫葛品连有流火宿症。同治十二年(1873年)十月初九,葛品连暴毙,验尸认为是砒霜毒杀。同治十二年十月十二,知县刘锡彤将杨乃武认作嫌犯,对其三次夹棍,杨三次昏死,但拒不画供。刘锡彤将供词"死者口鼻流血"改为"七孔流血",并将一等人犯解送杭州府。

由于杭州知府陈鲁严刑迫供,杨乃武多次昏死,最后供认是他给的毒药。葛毕氏被陈鲁以通奸杀夫之罪判决"杨乃武斩立决,葛毕氏凌迟处死"。

杨家不服,到杭州喊冤告状。杨乃武胞姐杨淑英(菊贞)曾在夏同善家做过保姆,透过夏同善与刑部分管浙江司刑狱林文忠将案卷送至军机大臣兼总理各国事务衙门大臣翁同龢手里,认为疑点重重。后清廷委浙江学政胡瑞澜为钦差大臣,重审此案。但胡对刑法无知,敷衍上谕,刘锡彤又用重金贿赂了胡瑞澜左右官员,再次对人犯进行严刑逼供。葛毕氏受不了烧红铜丝穿乳极刑,再次诬供杨乃武指使杀人。胡瑞澜以为:"案经反复推究,供词佥同,并无滥刑逼供之事。即照本律科断,杨乃武斩立决,葛毕氏凌迟处死。"

同治十三年(1874年)九月,杨淑英第二次进京,由夏同善引荐,求遍浙江籍在京官员三十余人。夏同善会同王昕亲自上疏,为杨乃武平反。同年十二月十日,《申报》载:"本馆近两日连录余杭詹氏都察院奏请敕刑部复审呈稿一纸。此案干系重大。核其大略:'该县民葛品连于十月初九被乃武妻葛毕氏加毒毙命,葛品连母疑而告县,呈内唯毕氏是指。知县验勘讯情,拟以举人杨乃武与葛毕氏通奸,与伊夫构嫌,因办毒药使该氏毒死其夫。'"

光绪二年(1876年),刑部尚书桑春荣亲审此案,开棺重新验尸。在刑部任职六十年的老仵作照《洗冤集录》说法,证实葛品连并非毒发身亡,乃得病而死,只是骨头表面发霉。光绪三年(1877年)二月,震惊朝野的杨乃武与小白菜案宣告终结,杨乃武与葛毕氏获无罪出狱,而胡瑞澜、杨昌濬以下三十多名官员则撤职查办。

杨乃武晚年以植桑养蚕度过余生,1914年患病不治身亡。毕秀姑回到余杭,看破红尘,出家为尼,法名"慧定",卒于1930年。

在上述被称为晚清四大冤案之一的"杨乃武与小白菜"案中,由于诸多原因,司法机关审判的结果既不符合当时法律的规定,也违背了基本的公平、人道的准则,而这样的裁判,一方面让无辜者受到折磨和摧残,一方面也侵害了法律的公正与权威,长此以往,将使得民众对国家失望甚至绝望。

(二)司法审判的步骤

现实中,司法审判的过程是错综复杂的,但为了方便理解,我们可以把司法审判的过程简化为三个阶段或三个步骤。

第一步：首先要查明和确认案件事实，作为裁判的小前提，这在司法诉讼中对应的就是"法庭调查"阶段。

要查明案件事实，就必须收集和运用证据，没有证据，就没有事实。在刑事诉讼中，证据一般包括：

（1）物证、书证。物证，是指据以查明案件真实情况的一切物品和痕迹。这些物品和痕迹包括作案的工具、行为所侵害的客体物、行为过程中所遗留的痕迹与物品，以及其他能够揭露和证明案件发生的物品和痕迹等等；书证，是指能够根据其表达的思想和记载的内容查明案件真实情况的一切物品。这些物品大致可包括：用文字记载的内容来证明案件情况的书证，以符号表达的思想来证明案情的书证，以及用数字、图画、印章或其他表露的内容或意图证明案情的书证。

（2）证人证言。证人证言，是指知道案件情况的人，向办案人员所做的有关案件部分或全部事实的陈述。

（3）被害人陈述。被害人陈述，是指受犯罪行为直接侵害的人向公安机关、人民检察院或人民法院就其遭受犯罪行为侵害的事实和有关犯罪嫌疑人、被告人的情况所作的陈述。

（4）犯罪嫌疑人、被告人供述和辩解。犯罪嫌疑人、被告人供述和辩解，是指犯罪嫌疑人、被告人就有关案件情况，向侦查人员、检察人员和审判人员所作的陈述，即通常所说的口供。包括犯罪嫌疑人、被告人承认自己犯罪事实的供述，犯罪嫌疑人、被告人说明自己无罪或者罪轻的辩解，以及犯罪嫌疑人、被告人揭发同案其他认罪行为的陈述等。

（5）鉴定结论。鉴定结论，是指鉴定人根据公安、司法机关的指派或者聘请，运用自己的专门知识和技能对案件中需要解决的专门性问题进行鉴定后所作的结论性的判断。实践中经常遇到需要鉴定解决的专门性问题主要包括：法医鉴定、司法精神病鉴定、痕迹鉴定、化学鉴定、会计鉴定、文件书法鉴定等。

（6）勘验、检查笔录。勘验、检查笔录，是指办案人员对与案件有关的场所、物品、人身进行勘验、检查时，所作的文字记载，并由勘验、检查人员和在场见证人签名的一种书面文件。主要包括现场勘查笔录、物证检验笔录、尸体检验笔录、人身检查笔录、侦查实验笔录等。

（7）视听资料。视听资料，是采用现代技术手段，将可以重现案件原始声响、形象的录音录像资料和储存于电子计算机的有关资料及其他科技设备提供的信息，用来作为证明案件的真实情况的证据。包括录音资料、录像资料、电子计算机贮存资料以及运用专门技术设备得到的信息资料等。

什么是证据，什么不是证据，什么样的证据才能作为司法裁判的事实依据，这都是专业的问题，需要法官做出判断，这种判断可以被称为"证据的审查和认定。"证据审查要从三个方面入手：首先要看证据是否真实，伪造的证据不能成为定案的依据；其次要看证据的关联性，也就是证据材料和这个案件是否存在关系，与本案无关的证据也不能成为定案的依据；最后但最重要的是要审查证据的合法性，即证据的获取过程是否合法，凡是不适当的主体、采用不合法的手段获取的证据，都应当被排除，不能作为定案的依据。在刑事诉讼中，刑讯逼供是典型的违法取证手段，刑讯逼供所获得的证据就不能作为定案的依据。

刑事诉讼中的"毒树之果"原则。

"毒树之果"是对刑事诉讼中某些不合法的证据的形象化比喻,一般指办案人员通过刑讯逼供方式获得了犯罪嫌疑人、刑事被告人的口供,然后以其口供为线索获取的证据。以非法手段所获得的口供是毒树,而以此所获得的第二手证据就是毒树之果,毒树之果在审判中不具有证明力。"毒树之果"对遏制办案人员刑讯逼供、保护刑事被告人的基本权利发挥着重要作用。

第二步:要选择和确定与上述案件事实相符合的法律规范,作为裁判大前提,这在诉讼中对应的就是"法庭辩论"阶段。

在事实认定之后,法官需要在现有的法律渊源和法律体系中,寻找可以成为本案裁判依据的法律规定。这个阶段的主要工作包括法律检索和法律解释。法律检索意味着法律人要去现行有效的法律规范体系中寻找可能成为本案裁判依据的法律规范,要么是法律规则,要么是法律原则,也有可能是上级法院的判例,甚至是民间习惯或法理学说;而法律解释则意味着在找到了法律规范尤其是成文法的法律条文之后,法律人要用正确的方法,阐释和解读这些法律文字表述的意思。找到法律规定并对其做出解读,就为裁判确立了大前提。

第三步:以整个法律体系及其目的为标准,从上述两个前提中推导出法律决定或裁决,这在诉讼中对应的就是最后的"评议和宣判"阶段。

找到了法律规范的大前提,认定了案件事实的小前提,法律人需要做的最后的工作,也是最关键的工作,就是运用正确的逻辑方法,推导出一个正确的裁判结果,这个工作被称为"法律推理",下面会有专门和详细的阐述。

(三)司法中的证成

在司法审判中,法官不仅要给出裁判结果,更要对裁判结果的正确性进行论证和说理。司法强调以理服人,没有理由或者理由不充分,其结论根本无法成立,无法获得要人去服从的正当性和权威性,因此,美国总统杰斐逊才说:"推理的艺术在民主法治国家是首要的,因为公民是通过正当化的理由被说服的,而不是通过武力征服的。"①

对裁判结果进行论证可以简称为"证成"。证成可以理解为论证,就是给一个决定提供充足理由的活动或过程。从法律证成的角度看,法律人的法律决定的合理性取决于两个方面:一方面,该法律决定是按照一定的推理规则从前提中推导出来的;另一方面,推导法律决定所依赖的前提本身是合理的、正当的。据此,法律证成可分为内部和外部两个方面:

首先看外部证成,这是关于前提正确的证成,即应证明司法推理的前提(包括大前提和小前提)合理正当。它关涉的是对法律推理中所使用的前提本身的合理性,即对大前提正确性和小前提真实性的证立。外部证成意味着,法官的裁判结果必须以可靠的前提为基础,若是前提出了问题,则结果一定会有问题。

其次是内部证成,这是关于推导过程符合逻辑法则的证成,即应证明法律决定是按照一定的推理规则(如归纳、演绎等)从相关前提中符合逻辑地推导出来的。内部证成关涉的是从前提到结论之间的推论过程是否有效,而推论的有效性则依赖于推导过程是否符合演绎、归纳、类比等推理规则或规律。内部证成意味着,法律推理的过程一定要是可靠的,在逻辑

---

① 转引自柯华庆:《法律推理的价值》,载民间法与法律方法网http://www.xhfm.com,2016年7月3日访问。

上不能出现任何矛盾、漏洞、差错,如果推理过程出了问题,则结果也一定会有问题。

案件事实

被告人付某预谋对位于北京市密云县巨各庄镇前焦家坞村的北京密家美佳超市行抢,他于2006年2月11日21时,随身携带一把折叠刀,乘出租车至该超市内,以购买香烟为名,趁超市工作人员不备,抢走中华牌、玉溪牌等香烟12条,赃物价值人民币3316元。付某携带的折叠刀在其逃跑时掉落在该超市门口,经鉴定不属于管制刀具。北京密家美佳超市被抢损失已由被告人付某亲属退赔。

逻辑推导

(一)大前提T1:《刑法》第267条:……携带凶器抢夺的,依照本法第263条的规定定罪处罚。《刑法》第263条:以暴力、胁迫或者其他方法抢劫公私财物的,处3年以上10年以下有期徒刑,并处罚金;……

大前提T11:最高人民法院《关于审理抢劫案件具体应用法律若干问题的解释》第6条:刑法第267条第2款规定的"携带凶器抢夺",是指行为人随身携带枪支、爆炸物、管制刀具等国家禁止个人携带的器械进行抢夺或者为了实施犯罪而携带其他器械进行抢夺的行为。

小前提S1:付某抢夺财物数额较大,该行为构成《刑法》第267条之抢夺罪。

小前提S11:付某在实施抢夺行为时,为用于在其抢夺行为被发现后对超市工作人员进行威吓而携带管制刀具以外的其他刀具。

结论C1:付某的行为构成《刑法》规定的携带凶器抢夺,应依据《刑法》第263条之规定定罪量刑。

(二)大前提T2:《刑法》第61条:对于犯罪分子决定刑罚的时候,应当根据犯罪的事实、犯罪的性质、情节和对于社会的危害程度,依照本法的有关规定判处。

小前提S2:付某所获赃物价值人民币3316元,认罪态度较好,其家属积极代为退赔经济损失,被告人系初犯并积极退赃。

结论C2:根据付某的犯抢劫罪的事实、性质、情节和对于社会的危害程度,依据《刑法》第61条和第263条之规定酌情予以从轻处罚,对其判处有期徒刑3年。

(三)大前提T3:《刑法》第52条:判处罚金,应当根据犯罪情节决定罚金数额。《刑法》第53条:罚金在判决指定的期限内一次或者分期缴纳……

小前提S3:付某认罪态度较好,其家属积极代为退赔经济损失,被告人付某系初犯并积极退赃。

结论C3:对付某并处罚金人民币6000元,罚金限判决生效之日起3个月内缴纳。

综上,法官对付超作出了如下判决:被告人付超犯抢劫罪,判处有期徒刑3年,罚金人民币6000元。①

总之,法官作为裁判者,不仅要给出一个判决结果,还要为其判决结果的合理性、正当性进行论证。外部证成主要证明法官进行裁判所依据的法律规范(前提)是否恰当,就是法律适用有无错误,如果前提找错了,就是"法律适用不当",结论必然错误;内部证成则要证明

---

① 刘云成、肖萌萌:《用内部证成的方式分析判决书》,载《法制与经济》2012年第2期。

从前提到结论的推理过程有没有违背逻辑法则,是否出现了逻辑错误,如果推理过程错了,结论也必然错误。简单来说,审判所依据的法律规范对不对,是外部证成的任务,裁判的推理过程有没有逻辑错误,是内部证成的任务。只有前提正确,推理过程正确,则结果才能正确。

二、法律解释:追问法的含义

从哲学的角度讲,对象的客观存在是一回事,而作为主体的人对对象的认识和解读则是另一回事,不同的人看同一个对象,可能会解读出完全不同的含义。如同一部《红楼梦》,道学家看到的是礼义廉耻,文学家看到的是儿女情长。

作为生活基本规范的法律,同样存在一个解释的问题。在现代社会,法律的主要形式是成文法,它是通过规范的法律语言承载和表述的。虽然相比于其他语言,法律语言更追求严谨准确,但它依然存在不确定性,主要表现为歧义、模糊和对语境的依赖。因而,当不同的人去看相同的法律条文,就有可能得出不同的结论,尤其遇到一些比较疑难的案件和含义比较丰富的法律条款时,就会出现巨大的争议。比如,法律规定"携带武器抢劫的,处10年以上有期徒刑",那么,如果有人携带硫酸到银行去抢劫,这是否属于携带武器呢?法律规定"盗窃尸体的,处3年以下有期徒刑",那么,如果有人在陵园里盗取死者的骨灰,那么骨灰是否属于尸体呢?总之,貌似清晰、规范的法律条款,一旦与现实生活中的具体案件相联系,就会发现:法律其实存在很多不清楚的地方,这就需要法律人去解释和弥补。

2002年,清华大学机电系学生刘海洋先后两次在北京动物园熊山黑熊、棕熊展区,分别将事先准备的氢氧化钠(俗称"火碱")溶液、硫酸溶液,向展区内的黑熊和棕熊进行投喂、倾倒,致使3只黑熊、2只棕熊(均属国家二级保护动物)受到不同程度的损伤,给北京动物园造成了一定的经济损失。

此案发生后,在法学界引发了广泛争议。法学界的专家学者就"大学生刘海洋伤害黑熊案"召开了座谈会,专门对这一问题进行了学术探讨,大致有四种罪名意见:即分别认为刘海洋的行为应以"非法猎捕、杀害珍贵、濒危野生动物罪""故意毁坏公私财物罪""破坏生产经营罪""寻衅滋事罪"定罪量刑。

其一,非法猎捕、杀害珍贵、濒危野生动物罪。我国《刑法》第341条第1款对"非法猎捕、杀害珍贵、濒危野生动物罪"的规定是:"非法猎捕、杀害国家重点保护的珍贵、濒危野生动物的,或者非法收购、运输、出售国家重点保护的珍贵、濒危野生动物及其制品的,处5年以下有期徒刑或者拘役,并处罚金;情节严重的,处5年以上10年以下有期徒刑,并处罚金;情节特别严重的,处10年以上有期徒刑,并处罚金或者没收财产。"有学者认为,刑法中的伤害罪是对人的一个特定罪名,而不能用于动物,杀害动物就应包括伤害动物,因此,对刘海洋应定非法猎捕、杀害珍贵、濒危野生动物罪。也有学者对此持反对态度,认为法条"非法猎捕、杀害珍贵、濒危野生动物罪"明确写明构成该罪的要件是"猎捕"或"杀害"珍贵野生动物,而刘海洋仅是对动物园里狗熊的伤害,而不是杀害或猎捕,而且不能将"杀害"中的"杀"与"害"分开而理解为可以包括杀死和伤害两种行为,因此,不可能对他以杀害珍贵野生动物罪论处。

其二,故意毁坏财物罪。我国《刑法》第275条对"故意毁坏财物罪"的规定是:"故意毁坏公私财物,数额较大或者有其他严重情节的,处 3 年以下有期徒刑、拘役或者罚金;数额巨大或者有其他特别严重情节的,处 3 年以上 7 年以下有期徒刑。"赞同者认为,动物园外的野生动物和动物园里的动物一样都属于财物,对于野生状态的动物,应当认为是属于国家所有的财物,在目前刑法中没有规定伤害珍贵、濒危野生动物犯罪的情况下,将伤害这种动物的行为认定为故意毁坏财物罪并不存在法律上的障碍。反对者则认为,"故意毁坏公私财物罪"中的"财物"指的是无生命物。黑熊是有生命的动物,不能理解为该罪名所指的"财物"。作为中国刑法学界泰斗高铭暄教授明确说:"动物园里连动物都不是财物,那还有什么是财物?动物园的'死'财物是设备、房舍,此外真正最大的一笔财富就是动物。"

其三,破坏生产经营罪。我国《刑法》第 276 条对"破坏生产经营罪"的规定是:"由于泄愤报复或者其他个人目的,毁坏机器设备、残害耕畜或者以其他方法破坏生产经营的,处 3 年以下有期徒刑、拘役或者管制;情节严重的,处 3 年以上 7 年以下有期徒刑。"赞同者认为,动物园人员的管理、饲养动物而出售门票供游客欣赏,这就属于一种特殊的"生产经营",因而伤熊行为应构成破坏生产经营罪。也有学者反对此种观点,他们认为:"破坏生产经营罪中行为人破坏的是生产活动,而动物园的活动不是生产"。另外,"动物园将熊用于游人观赏,虽然要收取一定的门票费,但更主要的是这种活动具有公益性质,不属于生产经营活动"。

其四,寻衅滋事罪。我国《刑法》第 293 条对"寻衅滋事罪"的规定是:"有下列寻衅滋事行为之一,破坏社会秩序的,处 5 年以下有期徒刑、拘役或者管制:(一)随意殴打他人,情节恶劣的;(二)追逐、拦截、辱骂他人,情节恶劣的;(三)强拿硬要或者任意损毁、占用公私财物,情节严重的;(四)在公共场所起哄闹事,造成公共场所秩序严重混乱的。"赞同者认为,伤熊发生在动物园的特定公共场所,使动物园不能正常开放,这就严重扰乱了动物园的公共秩序,因此,对刘海洋案应认定为寻衅滋事罪。反对者则认为:"刑法中的寻衅滋事罪破坏的是社会公共秩序,而刘海洋的行为则不具有这种性质,其仅是毁坏动物园的财物。"[①]

"刘海洋伤熊"一案,反映了案件事实和法律规范之间对应的难题。在案件事实已经确定的前提下,本案到底应该和哪一部法律的哪一个条款对应,这个条款是什么意思,应该做什么样的理解,这就是法律解释的问题。法律解释是沟通案件和法律的桥梁。任何一个法律规范,都必须经由解释才得以理解,经由解释才可能被适用,因而,没有人的解释活动,法律就没有生命,就无法进入案件和生活。

(一)法律解释的分类

法律解释由于解释主体和解释效力的不同可以分为正式解释与非正式解释。正式解释也叫法定解释,是指由特定的国家机关、官员或其他有解释权的人对法律作出的具有法律上约束力的解释。非正式解释也叫学理解释,一般是指由学者或其他个人及组织对法律规定所作的不具有法律约束力的解释。

当代中国,正式的法律解释包括四种:

[①] 孟庆华:《刘海洋案件的刑法适用问题与思考》,载《云南大学学报(法学版)》2004 年第 3 期。

其一,全国人大常委会的法律解释。我国《立法法》规定,"法律有以下情况之一的,由全国人民代表大会常务委员会解释:(一)法律的规定需要进一步明确具体含义的;(二)法律制定后出现新的情况,需要明确适用法律依据的"。全国人大常委会对法律所做的解释,非常权威,它和法律具有同等效力。

全国人民代表大会常务委员会《关于〈中华人民共和国刑法〉第294条第1款的解释》(2002年4月28日)

全国人民代表大会常务委员会讨论了刑法第294条第1款规定的"黑社会性质的组织"的含义问题,解释如下:

刑法第294条第1款规定的"黑社会性质的组织"应当同时具备以下特征:(1)形成较稳定的犯罪组织,人数较多,有明确的组织者、领导者,骨干成员基本固定;(2)有组织地通过违法犯罪活动或者其他手段获取经济利益,具有一定的经济实力,以支持该组织的活动;(3)以暴力、威胁或者其他手段,有组织地多次进行违法犯罪活动,为非作恶,欺压、残害群众;(4)通过实施违法犯罪活动,或者利用国家工作人员的包庇或者纵容,称霸一方,在一定区域或者行业内,形成非法控制或者重大影响,严重破坏经济、社会生活秩序。

其二,最高司法机关的司法解释。凡属于法院审判工作中具体应用法律、法令的问题,由最高人民法院进行解释。凡属于检察院检察工作中具体应用法律、法令的问题,由最高人民检察院进行解释。最高人民法院和最高人民检察院的解释如果有原则性的分歧,报请全国人民代表大会常务委员会解释或决定。

最高人民法院《关于适用〈中华人民共和国婚姻法〉若干问题的解释(一)》

第二条　婚姻法第3条、第32条、第46条规定的"有配偶者与他人同居"的情形,是指有配偶者与婚外异性,不以夫妻名义,持续、稳定地共同居住。

最高人民法院《关于适用〈中华人民共和国婚姻法〉若干问题的解释(二)》

第十条　当事人请求返还按照习俗给付的彩礼的,如果查明属于以下情形,人民法院应当予以支持:

(一)双方未办理结婚登记手续的;

(二)双方办理结婚登记手续但确未共同生活的;

(三)婚前给付并导致给付人生活困难的。

适用前款第(二)、(三)项的规定,应当以双方离婚为条件。

最高人民法院《关于适用〈中华人民共和国婚姻法〉若干问题的解释(三)》

第二条　夫妻一方向人民法院起诉请求确认亲子关系不存在,并已提供必要证据予以证明,另一方没有相反证据又拒绝做亲子鉴定的,人民法院可以推定请求确认亲子关系不存在一方的主张成立。

当事人一方起诉请求确认亲子关系,并提供必要证据予以证明,另一方没有相反证据又拒绝做亲子鉴定的,人民法院可以推定请求确认亲子关系一方的主张成立。

第七条　婚后由一方父母出资为子女购买的不动产,产权登记在出资人子女名下的,可按照婚姻法第18条第(三)项的规定,视为只对自己子女一方的赠与,该不动产应认定为夫妻一方的个人财产。

由双方父母出资购买的不动产,产权登记在一方子女名下的,该不动产可认定为双方按照各自父母的出资份额按份共有,但当事人另有约定的除外。

其三,国务院及主管部门的行政解释。不属于审判和检察工作中的其他法律、法令如何具体应用的问题,由国务院及主管部门进行解释。

国家工商行政管理总局《关于实施〈中华人民共和国行政处罚法〉第 27 条有关问题的答复》(工商法字[2003]第 148 号)

云南省工商行政管理局:

你局《关于实施〈中华人民共和国行政处罚法〉第 27 条有关问题的请示》(云工商公发[2003]43 号)收悉。经研究,答复如下:从轻处罚,是指行政机关在法定的处罚种类和处罚幅度内,对违法行为人在几种可能的处罚种类中选择较轻的处罚种类或者在一种处罚种类的法定幅度内选择较低限进行处罚;减轻处罚,是指行政机关在法定的处罚种类以下和处罚幅度的最低限以下,对违法行为人适用行政处罚;不予处罚,是指行政机关依照法律、法规的规定,因为有法定事由存在,对本应给予处罚的违法行为人免除对其适用行政处罚。

其四,地方性法规的解释。凡属于地方性法规条文本身需要进一步明确界限或做补充规定的,由制定法规的省、自治区、直辖市人民代表大会常务委员会进行解释或作出规定。凡属于地方性法规如何具体应用的问题,由省、自治区、直辖市人民政府主管部门进行解释。

(二) 法律解释的方法

无论是国家机关还是法官、律师、当事人,在解释法律规定的时候,都不能胡乱解释,不能天马行空。相反,法律解释是有规则和有方法的,只有按照正确的方法去解释,才有可能获得对法律条款的准确理解。

关于法律解释的方法和规则,有学者指出,法律解释需要遵循的有四大规则:文义规则(the literal rule)、黄金规则(the golden rule)、目的规则(the purposive rule)、原意规则(the mischief rule)。① 在有些国家,还专门出台了关于法律解释的法规,用以指导人们对国家法律的解释,比如英国 1978 年的《解释法》(The Interpretation Act 1978)和澳大利亚 1901 年的《法律解释法》(The Acts Interpretation Act 1901)。

在实践中,法律解释的方法主要包括下列几类:

第一,文义解释。

文义解释,又称语法、文理等解释,是指根据语法规则对法律条文的书面含义进行分析,以说明其内容。由于法律是通过语言的形式表达和进入我们的理解活动中来的,因此所有的法律解释都是首先从语法解释开始的,它"是法律解释的开始,也是法律解释的终点"。② 任何对成文法所进行的解释,均须围绕文字本身的含义来进行,而任何脱离文义的举动,已超出解释的范围。"解释程序的特征是:解释者只想谈论文字本身,并不想对它有何增减。"③

---

① James Holland and Julian Webb, Learning Legal Rules:A Students' Guide to Legal Method and Reasoning, Oxford University Press, 2010, p.253.
② 王泽鉴:《法律思维与民法实例》,中国政法大学出版社 2001 年版,第 220 页。
③ 〔德〕卡尔·拉伦茨:《法学方法论》,陈爱娥译,商务印书馆 2003 年版,第 219 页。

文义解释的特点是将解释的焦点集中在语言上,而不顾及根据语言解释出的结果是否公正、合理。由于这种解释仅仅依据制定法的语词确立制定法条款的意义,它的主要贡献在于确保法律的确定性。

在有些情况下,仅凭语义方法就可达到对法律本义的认识并完成解释的任务,但在有些情况下,语义解释则显得捉襟见肘。例如,在探求法律语言的可能含义时,若立法当时的语言用法与现在的用法不同,则以何者为标准?当具体用语的含义存在广义和狭义之分时,应选哪一种?在不同语境下出现的同一语词,是否应作同一解释?面对这些问题,语义解释自身是难以解决的,须有其他方法的扶助。在上述情境中,语义解释的主要功能是启动解释程序的开始,并为其他方法的使用创造解释的语言平台。

第二,历史解释。

所谓历史解释法,是指法律解释者通过对一项法律规范产生的历史背景、发展过程的分析,发现该法律规范的真实含义。历史解释法又称为法意解释、沿革解释。

运用历史解释法一般要考虑三种情况:一是立法的一般历史背景;二是该项法律的制定过程;三是同一项法律的修改过程或发展史。所谓一般历史背景,是指在制定某一项法律规范时所依存的社会、经济、政治、国际形势。这里所说的"形势"一方面是指宏观意义上的背景,但在更多情况下是指该项法律制定的"微观背景"。这些背景虽然不是法律文本内的具体内容,但在很大程度上决定着法律文本的内容和真实含义;制定法律的历史过程,特别是该过程中形成的立法辩论记录,通常可以影响法官在解释法律时所采取的态度和立场;法律的修改、废止都是重要的立法活动,也是法律解释的重要参考。可以说,先前的立法,以及被修改、废止的部分已经成为新法律的背景的一部分,这将使新法律的真正含义更容易体现出来。

历史解释法可以作为一种独立的法律解释方法,但更重要的是它能够起到辅助其他几种法律解释方法尤其是目的解释使之得到最佳运用的作用。通过历史分析,我们既可以探求法律的文字含义,又可以发现立法目的,甚至可以发现立法时所侧重保护的社会价值。因此,历史解释法是一种十分有用的辅助型解释方法。[①]

第三,比较解释。

比较解释是指根据外国的立法例和判例学说对某个法律规定进行解释,即利用外国的立法状况和判例学说来支持或反对对特定法律规范的解释。如果说历史解释是利用历史上已发生的法律状况证成某个解释结果,那么比较解释是利用另一个社会或国家的法律状况证成某个法律解释结果。比较解释与历史解释一样,不仅预设了经验或事实前提,而且预设了规范前提。实质上,历史解释也是一种比较解释,是在过去与现在之间进行比较。两个的区别在于,前者是历时性,后者是共时性。

无论是英美法系还是大陆法系国家的法院,都有利用外国的立法情况及判例学说解释本国法律的例子。对于中国这样的大规模地移植其他国家法律制度及法学的国家的法制实践来说,比较解释的重要性是不言而喻的。但需要提醒的是,比较解释不能任意选择某一国家的判例和立法例,所选择的外国法和本国法之间必须要有法律移植关系的存在,也就是有血缘关系,否则,比较解释将会流于任意。

---

① 蒋惠岭:《历史解释法在司法裁判中的应用》,载《法律适用》2002 年第 11 期。

第四,体系解释。

体系解释,有时候也叫"系统解释"或"语境解释",是指将需要解释的法律条文与其他相关法律条文联系起来,从该法律条文与其他法律条文的关系、该法律条文在所属法律文件中的地位、有关法律规范与法律制度的联系等方面入手,系统全面地分析该法律条文的含义和内容,以免孤立地、片面地理解法律条文。在一般的法律解释活动中,通过语义解释,我们往往并不能获得一个唯一答案,而是有多个备选项。在此情况下,则对个别法律语词的理解及解释,必须与该语词所处的整个外部法律语言环境相联系,这样一种体系的解释方法,体现了"整体——局部"之间往返流转的解释学循环。对此,罗马人说:"欲知词句意,先观上下文",而《法国民法典》第 1161 条则规定:"契约之一切条款得互为解释,以赋予每一条款依整个契约而产生之意义。"

体系解释之所以必要,原因有二:一方面这与语言自身的特点有关。语言具有多义性,在不同场景下使用,会传递不同的信息内容,因而对于具体语词之具体含义,须在当下的语境中去寻找。后现代主义者将知识设想为偶然的,总是依赖于语境,而且总是"地方性的"而非"普遍性的"[①],这话不无道理;另一方面这与法律条文本身的特点有关。法律中存在大量的不完全法条,这种法条自己不具备法律效果的规定,须得引用和借助其他法条,才可发挥其规范作用。[②] 因而对不完全法条的解释须在上下联系中才可完成。

法律的意义须在其体系中追寻。关于法律的体系,我国台湾学者王泽鉴先生将其分为外在体系和内在体系两类,前者指法律的编制体制,如民法第几编、第几节、第几款及前后文的关联位置;而后者则指法律秩序的内在构造、原则及价值判断等。法秩序是个阶层结构,犹如金字塔,宪法居其顶层,其下为一般法律,再其下为命令。[③] 这样一来,内外体系交织,就构成"法律的意义脉络"。

对法律所作的体系解释,就是在这种"意义脉络"中展开的。首先,要考虑某一解释对象在法典中的语言位置,是在总则中出现的,还是在分则中出现,排列在第几节的第几个款项之中。对它的理解,要和上下文相联结,因为它是整体中的一个部分,决非孤立和无依无靠的。其次,要看解释对象所在的法典在整个法律体系这个大家庭中的位置,该法从属于哪一个部门,处于怎样一个效力级别,是特别法还是普通法,是上位法还是下位法。对它的解释,要做到在同一法域中做同一解释,并且对下位法的解释应服从上位法的含义,从而保证整个法律体系的和谐与统一。

第五,主观目的解释。

主观目的解释,又被称为"立法者目的解释",是指根据参与立法的人的意志或立法资料揭示某个法律规定的含义,或者说将对某个法律规定的解释建立在参与立法的人的意志或立法资料的基础之上。这种方法要求解释者对立法者的目的或意图进行获取和证成。而要完成这个任务,解释者必须要以一定的立法资料如立法会议记录、立法委员会的报告等为根据。

在面对多个解释的备选答案时,选择其中最符合立法者意图的一项,这无疑是一种有益

[①] 见刘星:《法律是什么》,中国政法大学出版社 1998 年版,第 257 页。
[②] 黄茂荣:《法学方法与现代民法》,中国政法大学出版社 2001 年版,第 128 页。
[③] 王泽鉴:《法律思维与民法实例》,中国政法大学出版社 2001 年版,第 223—226 页。

的解释方法。"虽然在立法者意图的存在及其可发现程度方面存在着许多尚未解决的歧异。但是,求诸立法者意图则是我们的司法过程中普遍的一环。"[1]利用有关资料,确认立法者的意图,并以此为标准对法律的各种解释答案进行选择和取舍,这就是主观目的解释的方法。

在依立法者之意图而为法律解释的问题上,人们并不反对法官的这种主张和努力,这与立法权和司法权两立的政治架构并无逻辑上的矛盾。人们主要考虑的是:这种努力能不能成功,会不会变成为一种谎言?有人认为:成文法典中很少存在立法者的意图,而想从立法记录中发现这种意图则是不可能的。[2] 我们不赞成这种绝对的立场,它表现出一种对人类理解力的悲观。在多数情况下,立法者是在有明确的目的状态下从事法的创制的,并且,这种意图可以通过明示或默示的方式得为他人知悉。对法律的解释,不得不考虑到这种意图,尽管这有很大困难,而且未必能够成功。

在实践中,以下资料及文献有助于发现立法者的意图,它们包括立法中的调查报告、法律草案、立法起草大会和审议大会的记录、立法理由书或说明书,以及当时在理论界发生的相关讨论争鸣等等。通过对这些历史文献的分析,解释者有望穿越时空,回归到法律产生的那个年代,追寻立法者当时的真实想法。为了保证这种"回溯"的真实性,解释者还须对立法当时的社会背景有同情式的理解和把握,因为这是型塑立法者思想的真实土壤。

第六,客观目的解释。

自从耶林提出目的法学以来,法律的目的探索一直是解释法律的重要方法之一,"所有在法律之泥土上的一切,都是被目的所唤醒的,而且是因为某一个目的而存在,整个法律无非就是一个独一的目的创造行为"。[3] 与主观目的解释不同,客观目的解释是指根据"理性的目的"或"在有效的法秩序的框架中客观上所指示的目的"即法的客观目的,而不是根据过去和目前事实上存在着的任何个人的目的,对某个法律规定进行解释。作品一旦完成,就具有独立性,就不再被作者支配,因而,这种解释方法探寻的是"法律自身的目的",而不是"立法者赋予给该法律的目的"。

拉德布鲁赫曾如此比喻法律的客观目的,法律似如船,虽由领港者引导出港,但在海上则由船长引导,循其航线而行驶,不受领港者之支配,否则将无以应付惊涛骇浪,变色之风云。[4] 法律制定之后,即进入了社会之力的磁场,由此而获得其在内容上的继续发展。客观目的解释强调的是法律文本本身的意思,把法律作为一个主体来对待,它有自己的目的并且会随着社会的发展不断进步。

法律的客观目的更多是在立法完成之后,随着社会生活的变迁逐渐发展出来的。因为客观目的解释就是为了调节因社会生活急遽变化所导致的法律滞后性,但是也有可能法律的客观目的原本就存在,立法者立法时没有察觉,随着司法者的司法实践而逐渐显现出来。当然法律的客观目的在很多情况下是和立法者的主观目的相重合的,例如法律对自由、平等和公平正义的追求,在二者重合时,目的解释时按照立法者的意志进行即可,只有当二者出现分歧时,客观目的解释才有适用的可能与必要。[5]

---

[1] Gerald C. Mac Callum, legislative Intent, 75 The Yale Law Journal 754 (1966).
[2] Max Radin, Statutory Interpretation, 43 Harv. L. Rev. 863(1930).
[3] 王利明:《法学方法论》,中国人民大学出版社 2012 年版,第 414 页。
[4] 转引自王泽鉴:《法律思维与民法实例》,中国政法大学出版社 2001 年版,第 217—218 页。
[5] 郑文革:《法律的客观目的解释》,载《法律方法》2015 年第 2 期。

韩愈是唐代著名的文学家、哲学家和思想家,被尊为唐宋八大家之首。1976年,我国台湾地区有一个叫郭寿华的人,以笔名在《潮州文献》第2卷第4期发表《韩文公、苏东坡给与潮州后人的观感》一文,指责"韩愈为人尚不脱古文人风流才子的怪习气,妻妾之外,不免消磨于风花雪月,曾在潮州染风流病,以至体力过度消耗,及后误信方士硫磺铅下补剂,离潮州不久,果卒于硫磺中毒。"此文刊登后,韩愈第39代直系孙韩思道向"台北地方法院"提出自诉,控告郭寿华"诽谤死人罪"。

我国台湾地区"刑法"第312条对"侮辱和诽谤死者罪"作了规定,对于已死之人,公然侮辱者,处拘役或者300元以下罚金;对于已死之人,犯诽谤罪者,处1年以下有期徒刑,拘役或1000元以下罚金。另根据314条的规定,本罪告诉才处理。至于谁有权告诉,则属于"刑事诉讼法"的规定范畴。我国台湾地区"刑事诉讼法"第234条规定,刑法第312条之妨害名誉及信用罪,已死者之配偶、直系亲属、三亲等内之旁系血亲、二亲等内之姻亲或家长、家属得为告诉。一审法院查明韩思道确为韩愈第39代直系孙,认为具有法律所规定的自诉权,同时认为郭寿华无中生有,以涉及私德而与社会公益无关之事,对韩愈自应成立诽谤罪。韩思道身为韩氏子孙,先人名誉受侮,提出自诉,自属正当,遂以郭寿华诽谤已死之人,判处罚金300元。

此案判决在岛内引起了强烈的反响,包括学者、法官、律师在内的法律人和法律外人士都参与了讨论。法院内的不少法官坚持认为判决正确,既然法律明文规定了"直系亲属"有诉权,韩思道身为韩愈第39代孙,完全符合"直系亲属"之文义。而更多的人则是指责此案与历史上的"文字狱"无异,批评一千多年前的死人就被判刑,实为恢复专制、钳制思想。

到了20世纪80年代,台湾地区学者杨仁寿出版《法学方法论》一书,将"诽韩案"作为第一编引言内容。杨氏对自己当年作为在任司法官时对法院判决的拥护进行了自我检讨。认为自己当年不懂法律的阐释方法,自己和判案法官对"直系亲属"的理解陷入了概念法学形式主义的泥潭。台湾"刑事诉讼法"并未对"直系亲属"作出定义,而"民法"虽然规定了直系亲属谓"己身所从出",或"己身所出之血身",但对代数并没有规定。"诽韩案"的判决对"直系亲属"的外延做了漫无边际的延伸,以至于让一个死人的第39代孙都有诉权,依次继续,远远超出了法律规定的"诽谤死人罪"的立法本意。杨氏指出,法官在办理此类案件的时候,应当先将"直系亲属"分为两种类型,一种是"法律上"的直系亲属,即后人对其先人仍然有孝思忆念者,另一种是"观念上"的直系亲属,即其先人已属于"远也",后人对其并无孝思忆念者。其后法官应当利用法学方法论中的"目的性限缩",将"观念上"的直系亲属剔除在诽谤死人罪的适用范围外。"孝思忆念"虽然是人的主观情感,但是诽谤死人罪并不是专门为了某个特定的人而定,因此应当参考大众普遍客观存在的情感。杨仁寿参考各国立法例,提出应按照客观目的解释方法,将"直系亲属"的范围限缩在从己身开始数上下各四代,而其余"直系亲属"则为观念上的直系亲属,不享有诉权。①

台湾"诽韩案"启示人们,在解释法律条文的语言文字时,固然要尊重语言本身的含义,

---

① 崔西彬:《台湾"诽韩案"》,载北京法院网,http://bjgy.chinacourt.org/article/detail/2013/10/id/1115409.shtml,2016年7月2日访问。

但是,更应该追问的是:这个法律规定的目的何在,什么样的解释才符合这个目的,而什么样的解释会违背这个目的?总之,客观目的解释是所有法律解释方法中最后使用的方法,在通过语义、历史、体系等方法仍然得不到唯一正确的解释结果时,应该运用客观目的解释,根据法律的意图,结合当时的社会现实,对法律作出最终的、符合其目的的解释。

三、法律推理:通过逻辑推出结果

(一)法律推理及其特点

人类的知识获取方式大致有两种,一种是由自己的亲身活动所体验而来的,一种是运用人类特有的理性能力进行推理得来的。所谓推理,就是以已有的经验和认识为基础,运用正确的逻辑思维方法,去探寻到未知的知识。在这个意义上讲,推理是一种创造性的思维活动。

与其他推理不同,法律推理是一种特殊的推理,是人的理性思维在法律领域中的运用和体现,是法律职业者根据已经掌握的法律规范和案件材料推导出正确裁判结果的思维过程,它伴随着法律实施的全过程,尤其是在司法审判阶段,法律推理得到了淋漓尽致的体现。因此可以说,所有的司法审判活动都是一个法律推理的活动。

同时,在法治国家,官员要做出一个决定,必须以国家法律为依据,运用正确的推理方法推出一个让人心服口服的结论,而任何非经法律推理的要求都是非法和无效的,因此,实行法律推理,乃是法治的基本要求。

与自然科学中的推理不同,法律推理具有自己的特点:

首先,法理推理的前提或出发点不是经验性的事实或知识,而是法律规范。科学推理的出发点是客观的定理或客观的事实,而法律推理的出发点则是具有价值色彩的法律规范;科学推理的前提是统一的,或者说是放之四海而皆准的,而法律推理的前提则因国别、时代而有巨大区别。法官的推理活动就表现为从特定国家法出发,运用一定的解释方法和推理形式,得出一个裁决结果。

其次,法律推理过程既要受思维方法的限制,更要受法定的程序的约束,法律推理不能超越和违反现行法律关于程序和实体的规定,必须在法律的约束下进行。并且,法律推理的结果往往具有对各方当事人的强制约束力。

再次,法律推理的过程中不能排除人的价值因素。科学推理讲求严格的科学性,某些社会科学也强调其"价值无涉"的立场,但是在法律推理中虽然也要求理性,但不能也不必排斥推理者的道德感、正义感和政治立场,而这些价值因素会直接影响推理结果的产生。法律推理要求法官在审判过程中理性地、逻辑地但决不是机械地适用法律。

最后,对于法律推理而言,判断推理结果正确与否的标准不是主观结论和客观事实的吻合,而是该结论的合法性。在科学推理中,判断推理结果正确与否的标准是主观结论和客观事实的吻合,比如科学家通过计算得出结论:可以用多大的推力把载人飞船送入预定轨道,这个结论要靠发射成功来验证。而在法律推理中,判断推理正确的标准是该结论是否合法,而是否合法的标准有两个,即形式上的可预测性和实质上的正当性。因此,法律推理是一种规范推理而非事实推理。

(二)法律推理的方法

法律推理的方法,就是在法律实施中法律人运用的逻辑方法,常用的法律推理方法主要包括演绎推理、归纳推理、类比推理和设证推理。

其一,演绎推理。

演绎推理是从一般到个别的推理,这种推理具有"由上到下"的特点,即通常是由一般性、普遍性的原理过渡到关于特殊事项的结论。演绎推理是大陆法系国家通行的司法推理,具体表现为司法三段论。

演绎推理的一般模式如下:
(1) 大前提(L—法律规范)
(2) 小前提(F—案件事实)
(3) 因此,得出结论(J—法律裁判)

三段论推理由三部分组成,其中大前提往往是一个普适的经验性的命题,如"所有的人都是要死的",这是一个经验性结论;小前提往往是一个具体的事实,比如"苏格拉底是人",这是一个事实判断;结论则是经由大小前提相结合推出的结果,比如"苏格拉底也是要死的"。与一般的三段论推理不同,法律推理以法律规则或法律原则为大前提,如"杀人者处死刑",这是一种规范而非经验;以案件事实为小前提,张三从事了杀人活动;最终的结论是张三的行为构成杀人罪,应当处死刑。

在进行演绎推理的过程中,最关键的问题是如何确立大、小前提,其中任何一个环节发生失误,都将影响到最终裁判结果的正确性。在这个过程中,需要把案件和法律结合起来,需要运用正确的方法对法律进行解释说明。如果找不到正确大前提,案件裁决就叫"适用法律不当"。另外,对小前提的确立也很关键,它关系到你能不能找到正确的法律依据,能不能得出正确的结果。与大前提的确立不同,小前提即案件事实的确立主要靠证据,所有的案件事实都是要由证据来描画和支撑,因此要广泛调查,大量采集证据。实际上,小前提的确立更主要是一个技术性的劳动,而大前提的确立则更主要是思维性的劳动。如果小前提错误,则案件结果就叫"事实不清楚,证据不充分",整个推论是无法成立的。当大小前提均已正确得到,然后严格按照演绎推理的逻辑法则进行推理,则结论的得出就是顺理成章、水到渠成的事了。

演绎推理有两个特点:首先,它是从一般到个别的推论,其经典的方法是三段论;其次,演绎推理是所有推理类型中唯一的"必然性推理"。必然性推理是与或然性推理对立的概念,如果一个推理的前提为真且推理过程符合逻辑要求,那么结果必然为真,那么该推理就是必然性推理;如果一个推理的前提为真且推理过程符合逻辑要求,但是其结果可真可假,那么该推理就是或然性推理。

其二,归纳推理。

与演绎推理不同,归纳推理是从个别到一般的推论。两者的重要区别是在对于前提和结论的主张的强度。演绎推理的主张是,如果前提为真并且是有效的,结论就为真且有效。归纳推理的主张是,如果前提为真,结论则比较有可能为真或者不是假的。原因在于:在演绎推理中,一个既有的资讯和另一个推论出来的资讯之间,有必然的联系。而在归纳推理中,一个既有的资讯和另一个推论出来的资讯之间的关联不具必然性,也就是说前提不是结论的决定性的证据而仅仅是结论的部分证据。因此,归纳推理的标准是从前提赋予结论的或然率或似真程度。归纳的具体表现形式就是通过列举许许多多的具体例子来创造一个一般性命题。

归纳推理的一般模式如下：
(1) 案例1具体情况；
(2) 案例2具体情况；
(3) 案例3具体情况；
……
(4) 因此，得出一般结论。

在归纳推论中，人们一般都会接受推论的结论，因为它符合人们的经验。但是，我们必须清楚地认识到：在归纳推论中，无论列举的例子数量有多少，而且即使所有的前提都为真，这种推论形式都不能保证由其推导的结论必然为真。但是，只要没有人能够举出与归纳推论所得到的结论相反的例子，我们就至少可以主张这个结论不是假的，只要不为假，结论就可能是真。

归纳推理的结论是或然性的，它的可靠性程度完全依赖于推论人所列举的事例的数量及其分布范围。因此，为了保证归纳推理的结论的可信度和确定性，我们必须遵守以下的推论规则：(1) 被考察对象的数量要尽可能地多；(2) 被考察对象的范围要尽可能地广；(3) 被考察对象之间的差异要尽可能地大。如果推论人在归纳推论时不遵守这些规则就可能犯"以偏概全"和"轻率概括"的谬误。法律人在法律适用中运用归纳推理必须遵守下列规则：他所举事例或案例越具有代表性，累计经验中的事例或案例的数量越大，推论所得的结论正确的或然性就越高。

归纳推理是一种由特殊或个别性的前提推出一般性结论的推理，这种方法在英美等判例法国家大量被运用。在判例法国家，法官在处理一个新案件时，需要对法院以往前做出的相关判例进行总结归纳，从中概括出一般性的法律规范，然后确定该规范是否适用于这个新案件，在此过程中，法官的推理即为归纳推理。

其三，类比推理。

与归纳推理不同，类比推理是从个别到个别的推论，而不是从个别到一般的推论。具体来说，类比推理是根据两个或两类事物在某些属性上是相似的，从而推导出它们在另一个或另一些属性上也是相似的。

类比推理的一般模式为：
甲具有 a、b、c、d 等属性；
乙具有 a、b、c 属性；
因此，乙也具有 d 属性。

在司法审判中，类比推理的实质是类似案件类似处理，在没有完全对应的法律规范时，可以参考最相近似的法律规范来处理类似的案件。比如，法律禁止醉酒驾车，有人吸毒之后驾车，因法律没有规定，这时候，考虑到醉酒之后和吸毒之后的精神状态相似、对道路安全的危害相似，因而，就可以用醉酒驾车的条款处理吸毒驾车的案件，这就是类比推理。类比推理可以防止因法律无规定而导致一些案件得不到处理，因而它是弥补法律漏洞的一种方法。

在我国古代法中，类比推理是一种非常普遍的现象。《唐律·名例律》规定："诸断罪而无正条,其应出罪者,则举重以明轻;其应入罪者,则举轻以明重。"即对律文无明文规定的同类案件,凡应减轻处罚的,则列举重罪处罚的相关规定,比照类推以解决轻案;凡应加重处罚的罪案,则列举轻罪处罚的相关规定,比照类推以解决重案。唐代类推原则通过赋予司法官员一定的裁量权以弥补法典的不足与漏洞,在当时是一种进步和创新。"入罪,举轻以明重",比如说,如果唐律只规定在皇帝陵区放牧割草为犯罪,徒一年,那么有人在陵区砍树取土,虽无规定,但应比照前款规定定罪,因为割草都为犯罪,砍树比其严重更应定罪;"出罪,举重以明轻",比如说,假如唐律规定了夜半闯入人家,主人出于防卫而杀死闯入者,不论罪。那么有人半夜闯入人家被主人自卫而致伤,法律虽无规定,但应比照前款规定确认无罪,因为杀死都不论罪,致伤就更不应论罪。

在法律推理中,类比推理的结论的可接受性,除了依赖于重要性或相关性的判断,还依赖于以下两个标准:(1)类比推论的可接受性与被分析的情况的数量成正比。(2)可接受性依赖于正相似(positive resemblances)与负相似(negative resemblances)的数量。这两条标准意味着法律人在运用类比推理时,为了保障他的结论的可接受性,就必须尽可能地多分析情况,尽可能地寻找相似性与不同性。

最后需要强调的是,由于"罪刑法定原则"的存在,法治国家一般都会在刑法领域否认类比推理在定罪中的应用,但在刑法之外,类比推理的适用并没有严格的限制。

其四,设证推理。

设证推理,又称溯因推理,这种推理是从已知的某个结果出发,试图确定与其相关的解释或原因,常常被称作是"寻求最佳解释的推理"。设证推理的实质是从所有能够解释事实的假设中优先选择一个假设的推论。设证推理常常在考古发掘中被运用:考古学家发掘了一件文物,然后就会运用他的职业经验和知识积累,去假设这个文物可能是哪一个时代的,可能反映了什么样的历史和文化事实。

设证推理的一般模式如下:
(1)发现事实;
(2)根据以往的知识、经验提出各种可能的解释;
(3)对各种可能的解释进行排序,确定其中一种解释为最佳解释;
(4)得出结论:该最佳解释可能为真。

例如,我们发现门前的草坪是湿的,而且观察到,如果在晚上天下雨了,草坪就会湿。因此,我们就可以设证下列结论:昨晚下雨了。当然,草坪湿了的原因有许多,例如,邻居的小孩昨天晚上在草坪上打水战,消防部门昨晚测试草坪上的水龙带,街道上的污水管道破裂,地下的水流喷发等许多可能的原因。可以看到,就论证的逻辑形式而言,与"昨晚下雨"的结论一样,其他任何结论都是有可能的。这样,设证只是确立了"昨晚下雨"是可能的,因为如果草坪不是湿的,那么,"昨晚下雨"就是不可能的。因此,设证推理是一种效力很弱的推论形式。

虽然设证推理是一种效力很弱的推论,但是它在法律适用的过程中是不可放弃的。原因很简单,任何法律人在听到或看到一个案件事实后,马上就会凭自己的"法感"或"法的前理解"假设一个对该案件的处理结果,然后根据这个假设寻找法律依据,最后确定一个合理的、有效的法律决定。这就是说法律人在其工作过程中必然会运用到设证推理。相反,如果没有这种假设,法律人就可能漫无计划、漫无目的地查找法律,看能否找到一个适当的规定。

设证推理是法律人在其工作中必然运用到的一种方法,但是它的推论结论是不确定的。这是因为法律人在做假设时,法律人的前理解发挥着作用,而前理解既可对也可错。这就意味着法律人在运用设证推理时必须清醒认识到假设是开放的、可修正的,必须尽可能地寻找法律上和法学上所允许的所有可能的解决方案,然后在这所有可能的解决方案中确定一个法律上和法学上所认可的最佳方案。这样,设证推理与归纳推理、类比推理一样,要求法律人必须具有开明的思想、全心全意的精神和负责任的态度。

第三节 司法的艺术之美

经由上述司法方法的论述,可以看出,司法是理性的、严谨的。但在另一个方面,司法作为一种以功利权衡为主题的理性活动,它也同样可以具有艺术之美。而司法的艺术,应当是德国法学家拉德布鲁赫在其《法哲学》中倡导的法美学(Aesthetik des Rechts)的有机组成部分。在司法被人们认为是一些人对另一些人斗争镇压的工具的时代,司法的美是被埋没和压抑着的;而现在,当我们把司法和"通过定分止争达致正义"联系起来时,我们发现,司法活动不仅可以严肃,可以神圣,甚至可以雅致和美丽。

一、司法的器物之美

以虚幻和臆想为内容的宗教,何以具有强大的生命力和感召力,它作为蒙昧蛮荒时代古人原始的精神诉求,何以竟能穿越千万年时光直逼科技时代文明人类的心灵?站在宗教之外思考这个问题,我们常常百思不得其解。而当我们步入神的殿堂倾听神的声音时,我们常发现自己竟也会被神灵所感动。

其实可怕和可敬的并非翱翔于高天上的灵魂,而是那些华丽魅惑的木偶泥胎和宝殿玉宇。哲学家黑格尔在童年的时候,一次随父亲去教堂,他为教堂的辉宏壮丽所深深震撼,从此走上了一条追寻终极道德和超人智慧的不归之路。这就是艺术美的魅力。

司法也有其艺术之美,而且这种美因与正义之终极价值相联结而处于一个更高的境界。"任何试图反作用于人的精神或意识,都必须有其物化的形式作为载体。"[①]司法的艺术之美,首先表现在其器物之美。司法应该有自己独特的设施与殿堂,司法人员应有自己合适的服饰或行头。通过器物的设置,营造一种肃穆和神圣的氛围,在这样的氛围中,争讼者对法律的理解和信仰得以深化,而司法本身,也在不知不觉中变得深沉和大气。

法庭的设备配置和空间安排,正如法国后现代思想家福柯指出的,反映着一定的权力关系和意识形态,所以它应该与司法的职能相匹配,呼应着司法的精神,服务于司法的目的。法庭应该是司法表演的舞台或剧场。它能产生这样一种功能:使审美主体在"超功利的关照"的审美经验中,对司法活动产生自觉的认同。现代法治观念认为,司法应当是中立的,相对地脱离于社会和政府,司法是在平等基础上平和气氛中对正义的探求。因此,法庭的空间设计,忌讳体现暴力和强权。荷枪实弹的警察,不应成为法庭的必备品,尤其是在非刑事诉讼中,因为它带来的不是秩序而更主要是恐怖。法庭常常以黑色为基调,肃穆庄重是其追求

---

① 江帆:《法庭空间与司法公正》,载《比较法研究》2000 年第 1 期。

的视觉效果。至于司法活动参与者的座位安排，法官的核心和高高在上自不必言，但还必须强调法官与当事人之间的空间距离。敬而远之，远也可以敬之，而合适的"空间距离有利于审美态度的产生"①。法官与争诉者之间的亲密无间，常使司法成为座谈甚至闹剧。在争讼者之间的座位排列上，一要讲究平等，二要体现对立。英国议会大厅的设计，是使在野党议员与执政党议员面面相对，不相上下，他们认为这有利于明辨是非。司法审判也是如此，所有案件事实是通过交叉辩论得以确定的。法庭的安排应为当事者提供平等对话的竞争环境。法庭空间类似于剧场化的安排和设计，使建筑之美与法律之美融为一体，使所有诉讼参与者在步入法庭的那一刻，即进入一种表演状态，找到一种角色感和使命感。与此同时，作为司法正义的象征和守护者的法官，应有一套自己的职业服装。具有艺术美感的法官服饰，产生对内对外的两重作用：对于争讼者而言，法官的特定的具有感染力的服饰传递的是这样一种信息：你现在面对的是法官，而不是别人，现在进行的是国家司法活动，而不是其他什么活动，因此，你必须尊重法官及司法，并保证自己诉讼行为合乎规范；而对于法官而言，得体的服饰有利于强化其角色认知，激发其荣誉心和责任感，促使其更好地履行职责。在英美法系国家，司法与宗教有着共同的文化渊源，法官的假发与法袍，带着浓厚的宗教色彩，法官也因这种特别的服饰而获得人们更多的尊重(据中世纪史学家坎特罗威茨说，只有三种职业有资格穿长袍：法官、牧师和学者)。在我国，过去的法官服饰不仅因其暴力色彩与文官身份不符，而且有失庄重。好在新的法官服已开始推行，是一个很大的进步，期望以这次服饰改制为契机，促成社会各界对法治时代法官文化建设的重视。

司法的剧场化对现代法治的制度、精神和习惯的形成具有内在的潜移默化的影响。李泽厚先生曾将美学分为哲学美学、历史美学和科学美学，而在科学美学中的实用美学里，他列举了包括建筑美学和装饰美学等几个类型。②司法场域的剧场化就是将建筑美学和装饰美学的原理应用于司法法庭的设计，通过营造司法的器物美的氛围，呼求人们对于司法的认同和敬仰，而这种认同和敬仰扩展开来，便是法治实现所必不可少的"尚法精神"。

二、司法主体的行为之美

司法的艺术之美，器物美是一个方面，司法者的行为美是另一个方面，或者可以把它叫作司法的行为艺术。

以深入民众和程序简约为特色的"马锡五审判方式"，是与特定的历史环境及背景相联系的。在司法逐步专业化的时代，司法行为应当有全新的面貌。

"法治之中，人人须有善和美的人格，法官尤甚。"③司法的行为艺术集中体现在法律人尤其是法官的法律人格和法律素养中。法官应当是智慧和权威的，这种智慧和权威，在内表现为对法律知识及司法技术的娴熟把握，在外，或者说在行为艺术上，表现为仪态的大方、大气和成熟，而这就需要强调法官个人的阅历、年龄及因此而拥有的一种气度。在西方国家，通过一系列条件的严格限制，使能够披上法袍走上法坛的人往往年龄较高，刚从法学院毕业的小青年一般是无望作法官的，即使你学富五车也不行。而且法院的级别越高，法官的年龄

---

① 朱光潜：《悲剧心理学》，人民文学出版社1983年版，第23页。
② 李泽厚：《美学四讲》，三联书店1989年版，第12页。
③ 吕世伦：《法的真善美》，法律出版社2004年版，第472页。

也越大,比如美国联邦最高法院,多年来一直是七个或九个被称为"老男人"的法官主宰一切。西方有句法律谚语叫"法官老的好,律师少的俏",而英国的法官之所以戴上假发,其中一个原因是让自己显得老态龙钟。① 争讼者常常因为法官下巴的胡须和额头上的皱纹,而拥有一种莫名的可靠和安全感。在这一点上,是同病人愿意找老医生相同的,年老为法官带来了尊敬和信赖,为司法争取了有利因素。

法官在法庭上应当做到行为的得体和庄重,这是一种职业的要求。法官的声音、表情、手势动作,应与特定的时空及行为内容相协调。调查时应中立冷静,不愠不火;而在宣判时,应大气凛然铿锵有力。随着我国庭审制度的改革,法官由主动而被动,由积极参与到居中裁判,这就要求他们在法庭上少说而多听。在普通法系的司法审判中,法官的多嘴多舌喋喋不休曾被认为是一件令人讨厌的事,经常招致当事人的不满并引发对判决的怀疑。

司法者的行为艺术,是一个值得重视的问题。它一方面与司法官员的个性品质有关,另一方面也来自专业性的培训,只有司法者的行为与其职业活动相匹配和谐,这一表演才是成功的,才能产生预期的影响和感染。

可以说,完美的司法空间(器物)和司法行为的结合,促成了司法从日常化到专业化、从广场化到剧场化的转变,而这一转变,是司法现代化的标志之一。

三、司法的文本之美

除开上述两个方面之外,司法文书(主要是司法判决)也可以而且应当是司法艺术的重要载体。

"中国文化是具有美学气质的文化,法律作为其中的一部分,也分得了美的光辉。"②中国传统法文化之美的体现之一是其判词。在我国古代,司法官员对司法文件即判词的写作是十分讲究的,因而产生了大量无论从法学角度还是文学角度都极具审美价值的优秀判词。这种现象有两方面的原因:(1)古代的司法官员和行政官员是二位一体的,都是通过科举考试从读书人中选拔出来的精英,他们既具有人文情怀,也具有文学修养,很多人本身就是诗人或大学者。而中国古代一度还将制作判词作为选拔司法官员的一个重要标准。(2)相比于现在言,古代的司法活动较少条条框框的限制,司法官拥有较大的裁量权和活动空间,可以依凭自己对法与礼的见解在判词上大做文章。

以文体为标准,古代的判词分为骈判与散判两种。前者以用典和辞藻的华丽为特点,后者以重事实分析及理由阐述为特征③,这是古代判词艺术的两种不同风格。唐代诗人王维的《宫门误不下键判》就是骈判的代表:

> 设险守国,金城九重。迎宾远方,朱门四辟,将以昼通阡陌,宵禁奸非。眷彼阍人,实司是职。当使秦王宫里,不失狐白之裘;汉后厩中,唯通赭马之迹,是乃不失金键,空下铁关。将谓尧人可封,固无狗盗之侣;王者无外,有轻鱼钥之心。过自慢生,陷兹诖误。而抱关为事,空欲望于侯嬴。或犯门有人,将何御于臧纥?固当无疑,必宜严科。④

---

① 贺卫方:《法边馀墨》,法律出版社1998年版,第49页。
② 汪世荣:《中国古代判词研究》,中国政法大学出版社1997年版,第405页。
③ 同上书,第5页。
④ 《文苑英华》卷五四五。

在这份一百五十余字的判词中,用典有十个,读来琅琅上口,极富文采和气势。

而且,从南宋开始,判词开始成为文学作品的一个重要形式,名曰"花判"。洪迈在《容斋随笔》中说:"世俗道琐屑细事,参以滑稽,曰为花判。"明人冯梦龙的《醒世恒言·乔太守乱点鸳鸯谱》便是花判的代表作。花判的发展,对司法判词制作,无疑也产生了巨大影响和推动。

我国司法重判词的传统一直到清末民初还盛行。在直隶高等审判厅编的《华洋诉讼判决录》中,笔者发现,当时的判决书是非常讲究逻辑推理及文章风格的,短的判决仅十几行,而长的判决,如"日商加藤确治与索松瑞等因违约涉讼一案判决书",竟长达28页,共2.2万多字。①

在具有判例传统的普通法系国家,经常扮演"造法者"角色的法官对判决书如同对自己的胡子一样认真细心。说理严谨、文辞优美的判决随处可见。在他们的判决中,除开对案件事实及证据的分析确认外,法官用大量笔墨对案件从法理甚至是情理上进行全方位的论证说明。法官把自己的观点、推理以及情感和智慧等通过判决这一载体向外界作了详尽的表达,以期取得当事人的理解和认同。很多判决,不失为高水准的法学论文,而许多法官本身就是法学家,像丹宁勋爵、霍姆斯大法官,他们精彩的判决及其承载的光辉思想,是人类法学宝库中不可多得的财富。

2015年6月,美国最高法院以5:4的投票结果裁定,同性婚姻合乎宪法。美国最高法院的长文判词吸引了全球的眼光,其中不乏名人名言的引用,而最醒目的莫过于开头部分引用的一句孔子名言,判词说:Confucius taught that marriage lies at the foundation of government.(孔子教导说,婚姻是政体的根基。)

2016年,重庆市巴南区人民法院在审理一起离婚案时,在判决中法官写道:本院认为,本案原、被告婚姻生活中出现问题,系彼此缺乏包容理解和有效沟通所致,夫妻感情并未达到完全破裂的程度。作为丈夫、父亲,原告赵某更应当以大丈夫的胸怀包容妻子唐某的不足之处,凡事谦让,互相尊重,理应承担起爱护妻子的家庭责任。作为妻子、母亲,被告唐某应当包容、理解丈夫赵某性格上的缺点,凡事忍耐,理应承担起相夫教子的家庭责任。家和万事兴。在婚姻里,如果我们一味地自私自利,不用心去看对方的优点,一味挑剔对方的缺点而强加改正,即使离婚后重新与他人结婚,同样的矛盾还会接踵而至,依然不会拥有幸福的婚姻。"为什么看到你弟兄眼中有刺,却不想自己眼中有梁木呢。你自己眼中有梁木,怎能对你兄弟说,容我去掉你眼中的刺呢。你这假冒伪善的人,先去掉自己眼中的梁木,然后才能看得清楚,以去掉你兄弟眼中的刺。"——《圣经·马太福音》。正人先正己。人在追求美好婚姻生活的同时,要多看到自身的缺点和不足,才不至于觉得自己完全正确。本院认为,原、被告通过深刻自我批评和彼此有效沟通,夫妻感情和好如初,家庭生活和和美美存在高度可能性。

2009年,台湾地区地方法院对陈水扁案件的一审判决书中,引用古代圣贤"一家仁,一国兴仁;一家让,一国兴让;一人贪戾,一国作乱""风行草偃,上行下效"以及"知足常足,终生不辱;知止常止,终生不耻"等警句来增强说理性,斥责陈水扁"不但有违法律人之良知,且已背弃人民之托付与期待,难为表率",大大增加了判决的说服力。

---

① 直隶高等审判厅编:《华洋诉讼判决录》,中国政法大学出版社1997年版,第89—121页。

司法以解决纠纷为任务,其实质是对利益争夺和社会纠纷的公正裁定,但这并不表明司法不可以温情和雅致。恰恰相反,司法在内心里呼唤着美的帮助,因为只有司法与美这一资源相联姻,司法才会更加圣洁,更富于人文性,更能最大限度地接近和实现社会正义。

因此,法治时代的司法职业者,都应当具有这样的观念,并在实践中以自己的行动去生产美和传播美。"只有对艺术一窍不通的人才会过分陶醉于自己所从事的工作的纯粹'专业性质',每时每刻把自己看作是人类社会最清醒、最理性和最有用的部分,养成偏狭独断的职业作风。而法律人的责任,不仅仅是机械精细地、'刻板而冷峻地'操作法律,而且是要把伟大的博爱精神,人文的关怀,美学的原则和正义的情感以专业化的、理性而又艺术的方式表现出来。正是在此意义上,也可以说,法律人应当同时是工匠和艺人,是法律艺术的创造者。"[①]

一、推荐阅读文献:

1. 郑永流:《法律方法阶梯》,北京大学出版社 2008 年版。
2. 郑文革:《法律的客观目的解释》,载《法律方法》2015 年第 2 期。
3. 舒国滢:《从美学的观点看法律——法美学散论》,载《北大法律评论》2000 年第 2 期。
4. 〔美〕弗里德里克·肖尔:《像法律人那样思考:法律推理新论》,雷磊译,中国法制出版社 2016 年版。

二、课后教学活动

1994 年,美国橄榄球运动员辛普森将自己的前妻妮克尔及其男友罗纳德用利器杀死,案发后出逃,警方动用直升飞机在洛杉矶公路上展开飞车追逐,最后才将辛普森逮捕。

辛普森聘请了全美最著名的律师为其辩护,有夏皮罗、贝利、德肖维茨、科克伦等,起诉方检察官则为加斯蒂、克拉克、霍奇曼等八人。庭审过程中,根据律师的建议,辛普森要求保持沉默并拒绝出庭作证。检方自信该案证据确凿,但是辛普森的律师成功地说服了陪审团相信 DNA 证据存在合理怀疑,可能出现失误,并指出了洛杉矶警察局在调查取证中存在失职、歧视、违反司法程序等行为。最终,在经历了长达九个月的马拉松式审判后,陪审团裁决辛普森无罪。

问题:请查阅辛普森案的相关文献,讨论辛普森案的判决是否公正,为什么?

[①] 舒国滢:《在法律的边缘》,中国法制出版社 2000 年版,第 79 页。

第七讲

法的作用与价值

> 我们生活在法律之中,并以法律为准绳,法律确定我们的身份:公民、雇员、医生、配偶以及财产所有人。法律是利剑,是护身盾,是威慑力;我们坚持工资条件,或拒绝交纳房租,或被处以罚款,或被投进监狱,所有这一切都是这个抽象而微妙的最高主宰——法律决定的。
>
> ——〔美〕罗纳德·德沃金

> 公正不是德性的一个部分,而是整个德性;不公正也不是邪恶的一部分,而是整个邪恶。
>
> ——〔古希腊〕亚里士多德

法律是人创造的规范,人对法律寄托了期待和理想。良好的法律,可以保障公民权利,维护公共交往,推动社会进步,实现公平正义。但是,法律并非完美和万能的,它也存在局限与不足,需要其他社会规范的支持与帮助,法律只是一个美好社会的必要条件,而非充分条件。

第一节 法 的 作 用

一、法的作用

在没有法律和规则的地方,比如鲁滨逊一个人居住的小岛,似乎除了万有引力之外人将不受任何约束,灵魂和肉体逍遥自由。然而,实际的情况是,随着社会不断发展与进步,国家制定的法律越来越多,负责法律运作的机构日益庞大,我们每一个人自其诞生之日就无可避免地落在国家巨大的法网之中,直到我们走入死亡。法律的存在本身即意味着限制和约束,可是,除了狂人之外,我们为什么需要法律和如此依赖于它,换而言之,法律对我们具有何等功能或作用?

我国春秋时期法家人物管仲说:"法者所以兴功惧暴也,律者所以定分止争也。"这是对法的作用的古典概括。一般来说,法的作用就是指法律对人们的行为、社会生活和社会关系产生的影响。法律的生命在于其实施,法律的实施必然对个人和社会产生这样或那样的影响,而正是在这个过程中,法律实现着它对社会的调整与控制。

法律对国家、个人和社会具有积极作用,这就是人需要法律的理由。由于法律与政治关系密切,法律必须服务于政治需要,因此在不同时代和不同国家,法的作用是不同的。

在古代社会,法律依附于皇权和服务于皇权,是专制和人治的工具。在这样的年代,法律的主体与核心是刑法,是一种以义务为本位的法。法律的根本作用是维护君主的最高权威和贵族的等级特权,维护皇权统治所需要的社会秩序,并对试图反抗者给予严厉惩罚与镇压。在阶级对立社会中,国家通过法律规则建立的秩序,是把一个阶级对另一个阶级的压迫合法化、制度化,把阶级冲突和阶级斗争保持在统治阶级的根本利益和社会存在所允许的范围之内,即建立起有利于统治阶级的社会秩序和社会关系。

到了近现代社会,随着市场经济和民主政治的兴起,法律的作用发生了巨大变化,限制国家权力的宪法和维护私人权利的民法不断成长,法律从以义务为本位开始转变为以权利为本位,法律从强调秩序、义务、惩罚开始转变为关注自由、权利和保障,法律对社会关系的调整范围不断扩大,法律在保护人权、推动经济发展和维护社会和谐方面发挥着日益巨大的作用。与古代社会中法律作为惩罚工具不同,在现代社会,法律更主要是公民权利的保护神。

1804年公布实施的《法国民法典》是第一部资本主义民法典。《法国民法典》最主要的立法原则包括:(1)自由和平等原则。"所有法国人都享有民事权利。"法律规定:满21岁为成年(1974年改为18岁),到达此年龄后,除结婚章规定的例外外,有能力为一切民事生活上的行为。也就是说,每个人从成年之日起,都享有平等的民事行为能力。(2)私有财产所有权无限制原则。法典给予动产和不动产所有人以充分广泛的权利和保障。所有权的定义是"对于物有绝对无限制地使用、收益及处分的权利"。国家征收私人财产只能根据公益的理由,并以给予所有人以公正和事先的补偿为条件。(3)契约自治原则,或称契约自由原则。"依法成立的契约,在缔结契约的当事人间有相当于法律的效力。"契约一经合法成立,当事人必须按照约定,善意履行,非经共同同意,不得修改或废除。(4)过失责任原则。法典规定:"任何行为使他人受损害时,因自己的过失而致行为发生之人对该他人负赔偿的责任。"

《法国民法典》第一次以成文法典的形式确立了个人在社会生活中的中心地位,将文艺复兴以来的自由、平等、博爱的价值观以法典的形式固定下来;它所确立的近代民法的基本原则在法律上保障了资产阶级尊重人、尊重人追求自己利益的权利的伦理要求,为资产阶级社会中人们追求财富的积累奠定了法律基础。

总之,人们需要法律,是因为在个人生活、社会服务和国家治理等各个方面,法律都发挥着积极的和不可替代的作用。尤其在现代社会,社会生活如此复杂,社会联系如此紧密,社会竞争如此激烈,人们对法律也就必然更加依赖。

二、法的社会作用

关于法的作用这个问题,法学家们提出了许多概括和总结。古希腊的伊壁鸠鲁认为,法作为一种约定的规则,应该发挥保证人们之间平等互利的作用。中国古代思想家管仲曾讲道:"法者所以兴功惧暴也,律者所以定分止争也","法律政令者,吏民规矩绳墨也。"[①]古典自然法学派的代表人物洛克说:"法律的目的是对受法律支配的一切人公正地运用法律,借以

---

① 《管子·七臣七主》。

保护和救济无辜者。"①在德萨米的《公有法典》中,他说:"确认、协调、批准、鼓励、活跃和促进工业、艺术和科学的发展,这将是法律的主要目的。指明、规定和管理共同的劳动和娱乐,制定实际治安措施和卫生措施——所有这一切亦都属于法律的管辖范围。"②新自然法学派代表人物德沃金则说:"我们生活在法律之中,并以法律为准绳,法律确定我们的身份:公民、雇员、医生、配偶以及财产所人。法律是利剑,是护身盾,是威慑力:我们坚持工资条件,或拒绝交纳房租,或被处以罚款,或被投进监狱,所有这一切都是我们这个抽象而微妙的最高主宰法律决定的。"③美国法学家庞德认为法的作用是一种关系的调整或行为的安排,能使生活资料和满足人类对享有某些东西和做某些事情的各种要求的手段,能在最少阻碍和浪费的条件下尽可能多地给以满足。④

借鉴上述有关学者的理解,结合社会现实,笔者认为,如果要对现代社会法律的一般作用作出简单的概括,它应当包括下面几个方面:

第一,法律提供了社会资源的分配方案。

相对于人的需求和欲望而言,社会资源是稀缺和有限的,因此,如果国家不能就主要社会资源提供一个公平而权威的分配方案,则社会必然会产生源源不断的矛盾和纠纷。自法律产生以来,法律的最初目标就是解决这样一个问题:即把社会中的财富、机会、权力、荣誉以及其他待遇等资源在不同的社会主体之间进行合理的分配和调剂,以此避免不必要的争夺。正是在这个意义上,人们把立法称为社会资源的第一次分配。法律所分配的资源包括自然资源、物质财富、精神财富、政治待遇以及社会机会等内容,为了保证资源分配的公平,法律上必须坚持一些基本的原则。在古希腊,亚里士多德认为,在分配有价值的东西时,应该对不同的人给予不同的对待,对相同的人给予相同的对待,这样才符合分配的正义;在当代中国,宪法要求保护社会主义公有制,同时规定所有公民在法律地位上一律平等,这是我国法律在社会资源分配上的基本原则。法律对社会资源的分配是通过权利和义务的机制来实施的,法律把有价值的东西设定为权利赋予社会成员,同时,为了协调所有成员彼此关系并保障权利实现,法律规定了义务要求一律遵守。法律对社会资源作出合理而权威的分配是社会安定和谐的前提,这就如同在经济学上,没有产权的明晰,就没有秩序和效率,对此,古人有一个非常典型的例子:"一兔走而百人逐之,非以兔可分以为百,由名分之未定也。夫卖兔者满市,盗不敢取,由名分之定也。"⑤产权越清晰,分配越合理,社会就会越安定,越和谐。

第二,法律提供了人际交往和国家管理的行动指南。

古人云:没有规矩,不成方圆。无论是私人活动还是公共活动,都必须遵循基本的游戏规则,否则社会的合作很难进行。今天,我们的行动受到诸多社会规范的调整,包括法律、道德、宗教、习惯、政策、纪律等,在这所有社会规范中,法律无疑是最重要的,它为社会交往和国家管理提供了最基本的行动指南。法律与其他社会规范不同,它是由国家制定或认可的,体现了国家的意志,并由国家强制力保障实施,因此,法律是所有社会成员都必须无条件遵

---

① 〔英〕洛克:《政府论》(下篇),叶启芳等译,商务印书馆1964年版,第15页。
② 〔法〕泰·德萨米:《公有法典》,黄建华、姜亚洲译,商务印书馆1982年版,第225页。
③ 〔美〕德沃金:《法律帝国》,李常青译,中国大百科全书出版社1996年版,前言第1页。
④ 〔美〕庞德:《通过法律的社会控制》,沈宗灵、董世忠等译,商务印书馆1984年版,第35页。
⑤ 《反经·适变》。

守的规则;法律具有规范的形式,通过严谨的语言得以准确表达,因此它能给人们以统一和明确的指导;法律不是个人意志和利益的表达,而是在客观规律基础上的公共理性的体现,它在维护个人利益的同时兼顾集体和社会利益,在维护当代人福利的同时考虑到子孙后代的需求,因此它能引领人们走正确的发展道路。对于个人来说,法律指导人们依法行使权利并履行义务,以此保证社会互动的正常进行;对于国家来说,法律约束国家机关及其工作人员依法行使权力进行社会管理,以此保证国家职能正常实现。

第二,法律提供了权威的纠纷解决机制。

在远古时代,每当人们之间发生矛盾和纠纷,人们往往采用复仇和战争的方式来解决问题。随着社会的不断进步,法律逐步成为权威而文明的纠纷解决机制。尤其在现代社会,大到国家与国家之间的争端,小到夫妻不合和邻里纠纷,凡是属于法律调整范围内的事项,人们都可以通过法律手段来解决。与其他纠纷解决机制不同,法律是文明的解决机制,它在人人平等的基础上通过说理和论证来判断是非,反对强权和暴力;法律又是权威的解决机制,它以法律的名义代表国家对争端作出裁判,纠纷各方必须遵守,即使是国家机关也不能轻易将其推翻。针对不同类型的社会纠纷,法律提供了与其相适应的纠纷解决方式,主要可以分为三类:其一是行政主导的解决机制,包括行政裁决、行政复议、行政调解、行政仲裁等;其二是司法诉讼解决机制,是通过法院来审理案件作出判决,这是现代社会最重要的纠纷解决机制;其三是替代诉讼的纠纷解决机制,在西方又叫 ADR(Alternative Dispute Resolution),指法院之外的往往带有民间性质的纠纷解决方式,包括谈判、和解、仲裁、调解等方式。多元化纠纷解决机制的建立和运作,有利于各类纠纷的依法、及时解决,减少了社会交易成本,维护了社会的公平与正义。

三、法的规范作用

在关于法的作用的诸多分类中,英国牛津大学教授拉兹(Joseph Raz)提出了法的规范作用和社会作用的划分[①],这种划分影响深远。法的规范作用是法对个人具体行为的微观影响,法的社会作用是法对群体行动和国家管理的宏观影响。法的规范作用是社会作用的手段,社会作用则是规范作用的目的,规范作用具有形式性和表象性,而社会作用则具有内容性和本质性。

(一)法的规范作用

1. 指引作用

从某种程度上讲,法律如同一张地图,可以指引人们的方向。指引作用是法的首要的规范作用,它指法所具有的能够为人们的行为提供一个既定的模式,从而引导人们在法所允许的范围内从事某种社会活动的作用。

法的指引作用是通过规定人们的权利和义务来实现的,因此,法对人们行为的指引有两种方式:(1)有选择性的指引。在这种情况中,法律规范对人们的行为提供一个可以选择的模式,根据这种指引,人们可以自行决定行为方案和行为方式。比如,根据我国《合同法》的规定,"当事人订立合同,有书面形式、口头形式和其他形式。"除了特别的合同之外,当事人依此指引可以自主选择合同形式。(2)确定性的指引。在这种情况下,关于某个问题,法律

---

① 参见张文显:《二十世纪西方法哲学思潮研究》,法律出版社 1996 年版,第 100—103 页。

有明确的规定,当事人应严格遵守,没有自主选择的余地,比如我国《刑法》关于"对于被判处死刑、无期徒刑的犯罪分子,应当剥夺政治权利终身"的规定,这就属于确定性的指引。

法的指引作用,对建立社会秩序至关重要。法律规范通过配置人们在法律上的权利义务以及规定违反法律规定所应承担的法律责任,设定人们的行为模式,引导人们在法律所许可的范围内开展活动,从而把社会主体的活动引入可调控的、有利于社会稳定的社会秩序之中。

2. 评价作用

法的评价作用是指法作为一种行为规则,具有判断和衡量人们行为是否合法的作用。在这里,法律就像一把尺子或一架天平,用来衡量判断行为的是非对错。

在现实生活中,任何社会规范——包括道德、宗教、政策等——均具有一定的评价作用。但与其他社会规范相比,法这种社会规范的评价作用具有统一性、公开性和客观性等特点,所以这种评价更加权威和可信,它是现代社会最重要的评价标准。无论是律师对当事人合同效力的判断,交通警察对司机违章的判断,还是法官大人对犯罪人的判决,无不都是以法律为标准和尺度,用法律术语讲,这就是"以法律为准绳"。

3. 预测作用

法的预测作用是指人们根据法的规定,可以预先知晓、估量相关主体之间怎样行为以及会产生怎样的行为后果,进而根据这种预知对自己的行为作出合理的安排。法律的预测作用和法律的指引作用是紧密相关的,其区别在于:指引作用是针对自己行为,预测作用则针对人际之间的互动关系。

法之所以有预测作用,是因为法具有规范性和确定性的特点。法律规范设定了人们的权利和义务,籍此人们可以对自己未来如何行动以及会与别人发生何种关系、产生何种后果有一个明确的猜测和预期。比如在合同关系中,合同法的一个重要功能就是促使交易的预定计划付诸实施,并对将来可能发生的意外事件作出规定。合同法上规定了若干合同行为规则,如订约规则、效力规则、履行规则、变更和解除规则、责任规则等,这些是合同当事人从事交易活动必须遵守的基本规范,当事人只有按照这些规则从事订立、履行合同等活动,才能得到法律的保护。通过了解合同法所确立的交易规则,当事人就可以预先对自己交易的预期利益、交易风险、交易障碍等作出合理的预测,从而决定是否从事某项交易活动。

4. 教育作用

如果说法的指引、预测等规范作用主要是针对行为当事人本身的话,法的教育作用则可能是针对更广泛的社会成员而言的。所谓法的教育作用,是指法能通过自身的存在及运作实施,对社会公众产生广泛的影响和启发,从而督促、引导和教育人们依法办事的作用。

法律作为一种重要的社会规范,包含和体现了国家认可和鼓励的价值标准和行为模式,法律在不断的宣传、遵守和实施中,必然会对社会公众产生积极的影响,成为他们自觉不自觉的行动指南。法的教育作用主要是通过以下方式来实现的:(1)反面教育。即通过对违法行为实施制裁,对包括违法者本人在内的一般人均起到警示和警戒的作用。(2)正面教育。即通过对合法行为加以保护、赞许或奖励,对一般人的行为起到表率、示范作用。

在现代社会,人们认识到,法律的有效实施需要社会公众具有良好的法律意识,而法律意识的形成依赖于法律对人们的教育。在实践中,法律的教育作用能否有效发挥,既要靠个人自主学习法律,更需要国家和社会采取措施开展法律宣传。

5. 强制作用

法律具有强制性,以公共暴力为其实施的后盾,这是法律区别于其他社会规范的重要特点。所谓法的强制作用,是指法律依靠国家力量保障自身实现并在此过程中对有关社会主体产生强制和制裁的作用。法的强制作用主要是通过对违法犯罪行为的惩罚和制裁表现出来的,其目的就在于捍卫法的权威性,保护人们的合法权益,维护良好的社会秩序。法的强制作用是任何法律都不可或缺的一种重要作用,也是法的其他作用的保证。正如德国法学家耶林所讲:没有国家强制力的法律规则就是"一把不燃烧的火,一缕不发亮的光"①。没有强制作用,法的指引作用就会降低,评价作用就会失去意义,预测作用就会受到怀疑,而教育作用的效果也会受到一定程度的影响。

四、法的局限性

从法律发展史看,社会越是进步,人们对法律的依赖越强,法律在国家治理中发挥的作用就越大。但是,正是在这样的背景下,我们不能忽视一个事实,那就是:法律同样存在弊端和局限,法律过去、现在和将来都不是万能的。因此,就像美国法学家博登海默所说的:"尽管法律是一种必不可少的具有高度助益的社会生活制度,它像其他大多数人定制度一样也存在一些弊端。如果我们对这些弊端不给予足够的重视或者完全视而不见,那么它们就会发展成严重的操作困难。"②

(一)法律自身的局限

第一,法律作用范围的有限性。

法律作用的范围涉及经济、政治、文化、社会生活等许多方面,但是法律并非是社会调整的唯一手段,在社会生活中也并非所有问题都可以依靠法律来解决。一般来说,法律只调整那些比较重要而且可以运用法律手段去管理的社会关系,而对于其他的大量的社会关系和社会问题,法律的手段则是不适合或者是不经济的,比如人的思想、认识、信仰、友情、爱情等。同时,即使是在法律管辖的某些领域中,如果没有其他社会控制手段和方式的配合与支持,法律的作用也不能很好的发挥,比如在市场交往中,如果缺少良好的社会公德和职业道德,缺少有效的行业规则与行业自律,则光靠法律单枪匹马是很难有效管理的。因此,正如美国法学家庞德所说:"在我们生活的地上世界里,如果法律在今天是社会控制的主要手段,那么它就需要宗教、道德和教育的支持;而如果它不能再得到有组织的宗教和家庭的支持的话,那么它就更加需要这些方面的支持了。"③事实上,法治社会是法律主导的多元调控的社会,除法律规范外,还要有政策、纪律、规章、道德、习俗等社会规范通过不同的角度、渠道来约束人的行为和调整社会关系。

第二,法律规范相对于社会生活而言总是落后和不全面的。

法律是由立法者事先制定的,并且只适用于以后,不可溯及既往。尽管所有的立法者都可能怀着拿破仑般的梦想,希望制定出无所不包和完美无缺的大法典。但是,由于人的理性的不可避免的有限性,任何国家的法律都不可能是一个包罗万象的体系,总会存在立法者

---

① 转引自〔美〕博登海默著:《法理学:法律哲学与法律方法》,邓正来译,中国政法大学出版社1999年版,第110页。
② 同上书,第402页。
③ 〔美〕庞德:《通过法律的社会控制》,沈宗灵、董世忠译,商务印书馆1984年版,第33页。

没有考虑到的情况从而使立法出现漏洞和空白。特别是在经济迅猛发展、科技不断进步的现代社会,社会变化一日千里,在变动不居的社会生活面前,法律总是僵化和滞后的。因此,从某种程度上讲,法律一旦制定就已经落后了,因为立法者永远也不会准确知道明天的社会生活将是什么样子的。而且,国家的法律一经制定就必须保持其稳定性,不能朝令夕改,所以有好多时候,法律总是赶不上社会的变化,无法涵盖所有的领域,法律的内容常常存在缺陷和不足。

"女体盛"是日本一种饮食活动,是用少女赤裸的身躯作食物容器,来装盛寿司供客人品尝的宴席。2004年,云南昆明晓忆娱乐有限公司"和风村"大胆推出"女体盛",以女大学生裸露的身体当食器盛菜,邀诸多家新闻媒体记者和客户参加,其惊世骇俗之举引起了轩然大波。云南省卫生部门随即紧急出动并作出初步处理,要求该公司立即停止"女体盛"类似活动。

4月18日,昆明市西山区卫生局、区工商局依法对举办"女体盛"活动的商家作出处理。举办该项活动的昆明晓忆娱乐有限公司和风村餐厅被责成立即改正,今后不得再从事"女体盛"以及类似活动,并处以罚款2000元人民币。有关方面称,昆明晓亿娱乐有限公司举办的"女体盛"活动,直接违反了《中华人民共和国食品卫生法》第8条第1款第5项的规定:"食品生产经营过程必须符合下列卫生要求:……(五)餐具、饮具和盛放直接入口食品的容器,使用前必须洗净、消毒、炊具、用具用后必须洗净,保持清洁。"①因此作出如上处罚。

该事件发生后,社会各界反映激烈,云南省妇女联合会针对此事发表的抗议文章基本可以代表社会主流声音,文章指出:"'女体盛'实质上是对女性尊严的伤害、侮辱和歧视。女性有着神圣不可侵犯的尊严,把人体作为盘子装食物,不仅不符合我国国情,违反了我国的社会道德标准,而且是对女性的极大不尊重,是侮辱。我们不能把国外腐朽的文化垃圾、糟粕当做新鲜事物引进来,迎合某些人的猎奇、低俗、变态的心理。这种做法不符合中华民族的道德文化,是对社会主义精神文明的践踏。"②对于这样的事情,法律不能置之不理袖手旁观,但是,当执法者出手处理时却发现现有的法律对此没有相关规定:因为立法者实在没有想到"聪明"的商家会搞出这样的饮食文化出来。在这种情况下,法律存在漏洞,但执法者又必须作出处理,因此最后不得不适用了一条并不合适的法律条文来对商家进行处罚。在这里,执法者显然是运用了类推的法律推理,但是这种类推是非常不成功甚至是相当可笑的,因为它把女大学生等同了装菜盛粥的盘子和碗。但是这种荒谬的处理又很难归咎于执法人员,这实际上是法律的局限带来的尴尬。

第三,法律规则的概括性或一般性规定会带来个案处理的不公正。

法律规则具有概括性和一般性的特点,即法律规则是针对某一类具有共性的行为作出的统一性要求,并不考虑其中可能出现的差异和偶然因素。这样一来,关于某类行为的法律规定是一致和普遍的,但是到了具体案件中则可能存在千差万别和许多偶然因素,如果对这

---

① 《"女体盛"活动追踪:云南卫生厅叫停"女体盛"》,载《北京青年报》2004年4月6日;《认同"女体"是餐具,叫停女体盛践踏女性尊严?》,http://news.tom.com/1002/20040417-838871.html。
② 《云南妇联怒斥"女体盛"》,载《新京报》2004年4月8日。

些不同的案件适用同样的规则,则必然带来个案处理的实质不公平。比如,我国《刑法》规定不满18周岁的人犯罪不适用死刑,有两个年青人共同犯罪,其中一个人虽然只有17岁,但见多识广,身体和智力发育很成熟,社会经验非常丰富,在共同犯罪中处于主导地位,而另一个人虽年满18岁,但身材消瘦,头脑简单,由于家庭教育和社会交往不足导致他对社会和法律的了解极其有限,在实施犯罪中完全跟着别人做事。两人共同犯罪,其危害性按法律标准均该处死刑,但仅仅由于前者年龄不足而得开脱死罪,而后者——犯罪活动中的跟从者——却被判决并执行了死刑。遇到这样的情况,包括法官在内估计也会觉得后者死的好冤枉,但是没有办法,法律的规定必须遵守。

(二)法律实施中的局限

不仅仅是法律规范本身存在局限,法律在其实施操作中同样存在许多很难克服的问题。

首先,法律的适用是以案件事实的确定为前提的,但是有些案件事实是很难确定甚至是无法确定的。在法院审判中,法官需要首先确定事实其次才能进行法律适用,法官通过证据确定的事实是相对事实或法律事实,而不是当时发生过的绝对事实或客观事实。"人不能两次踏进同一条河流",已经发生过的事件永远不可能再现。因此,法官确定的法律事实和当初发生的客观事实是两回事,法律事实只不过是客观事实的影子。法律事实的确立需要通过一系列证据来进行描摹和再现,如果证据全面,则法律事实可以完全与客观事实相互吻合,如果证据不全或存在瑕疵,则法律事实就有可能和客观事实存在差异甚至相去甚远,而如果没有证据或证据已经灭失,则法律事实根本就无法确立。从司法的实际情况看,法律适用与裁判结果依赖于法律事实的确立,而法律事实的确立又依赖于证据,证据有的时候能够获得,有的时候无法获得或无法完全获得,这样的结果是:法院的判决有的时候是正确的,有的时候却无可救药的是"错误的",比如在唯一的借据丢失而欠债者满口否认的案件中,法官就只能确认债务不存在而驳回债权人的要求。

其次,法律的实施效果取决于很多法外因素。古人讲:"徒善不足以为政,徒法不足以自行"。法律不是无人驾驶的自动飞机,法律的实施必须借助人来完成,而且还需要社会提供一定的物质和政治条件。从人的方面来讲,如果缺乏具有良好法律素质和职业道德的专业队伍,如果社会公众缺乏相应的法治观念和法律意识,则再多再好的法律也难以起到预期的作用;从物质条件上看,保证法的作用得以充分发挥需要具备坚实的物质基础,需要相应的物质设施及相应的经费保障。如果警察的装备简陋而法院办案经费严重不足,则很难指望法律会有多大作用。从政治条件上看,在政治民主官员清廉的社会,法律的运行效果会非常令人满意,而在独裁专制和腐败严重的社会,法律只不过是一块骗人的遮羞布而已。

最后,在某些案件中法律运用的成本是相当高的。虽然说法律是权威的纠纷解决机制,但它并非在每一个纠纷中都是最佳的解决方式。在有的案件中,运用法律方式解决的成本会非常高昂,选择法律手段反倒是不经济的决策。比如在一般的家庭矛盾解决中,最好的办法可能是自行和解和民间调解,如果动不动就诉诸法律起诉到法院,则不仅耗费金钱和精力,而且很容易激化矛盾损害家庭和谐;在商事纠纷发生时,商人也很喜欢寻找商会进行调解或仲裁,因为与司法相比,行业内部的解决更能考虑到商人利益和体谅商人苦衷,更能保护商业秘密并有利于维护双方合作关系。所以,法治社会强调法律至上和司法权威,但并不排斥私人自治和多元化纠纷解决机制的存在。

(三) 认真对待法律的能与不能

法律伴随着人类社会的成长,保护社会正常发展,法律也是个人的导师和伴侣,从摇篮到坟墓,时刻都有法律的身影隐现。

在现代法治社会中,法的作用和意义尤其值得重视。法律是现代社会最重要和最基本的社会规范和游戏规则,法律引导公共生活有序进行,也给私人生活以积极的保护,法律约束国家权力,法律力求带来幸福。实践证明,在有良法及其有效实施的国家,人民安康,社会和谐,而在法律虚无强权横行的国家,暴力成为解决问题的手段,社会正义无处可寻。

然而,对法律的高度评价不允许走入另一个极端,即认为法律是无所不能的从而出现法律的霸权主义,并导致对其他社会规范的忽视和践踏。法律只能解决一部分问题而不是所有问题,法律只能处理人的外部行为而无法涉及人的隐私行为和内心活动,法律从来没有惩罚过所有犯罪和全部坏人,法律也并不总是最经济的和能够必然带来公正的。因此,强调法治的同时还需要重视道德教化,需要关注行业自律,还需要树立其他社会规范的权威。

如果一个社会没有了仁爱,没有了敬畏,没有了责任感,只剩下冷冰冰的法律,那么,这一定是一个让人绝望的世道。事实上,法律的治理从来不是法律单枪匹马的个人英雄主义,法律效用的正常发挥也离不开道德、宗教等其他社会规范的支持和帮助,简而言之,所谓法治,不过就是法律主导下的多元化调控而已。

第二节 法的价值

一、如何理解"法的价值"

对于一个真善美的社会而言,法律是必不可少的条件之一。有了法律,社会会变的安全,每一个个体都会享有自由,人和人的交往会高效且有序,国家生活则公平和正义,这些问题,就是法的价值的问题。日本学者川岛武宜认为:"法律所保障的或值得法律保障的价值,我们将其称为'法律价值'……各种法律价值的总体,又被抽象为所谓的'正义'。"[①]我国学者认为:"法的价值是以法与人的关系作为基础,法对于人所具有的意义,是法对于人的需要的满足,也是人关于法的绝对超越指向。"[②]

从根本上讲,法的价值就是法的意义问题。学者通常认为,法的价值可以界定为:法律这种客体对于人的主观需要的满足程度。满足程度越高,则该法律越有价值,反之则价值越低。因此法律价值必然是一种主客体相关的概念,它既受制于作为客体的法律的某些性质的限制,又同时受制于人的主观需要的内容。[③]

作为一个法哲学的基本概念,"法的价值"的内涵非常丰富,一般的法学理论认为,法的价值这个范畴包含了如下的含义:

首先,同价值的一般概念一样,法的价值体现了一种主客体之间的关系。也就是说,法的价值是由作为主体的人对作为客体的法律的认识,从这个意义上而言,一种法律制度有无

[①] [日]川岛武宜:《现代化与法》,王志安等译,中国政法大学出版社1994年版,第246页。
[②] 卓泽渊:《法的价值论》,法律出版社1999年版,第10页。
[③] 同上书,第44页。

价值、价值大小,既取决于这种法律制度的本身属性,又取决于特定主体对这种法律制度的需求,取决于该法律制度能否满足主体需要和满足的程度。

其次,同价值的一般概念一样,法的价值具有客观性。法的价值表明了法律对于人们而言所拥有的积极意义,不管该主体是否认识到和如何认识,它都是客观存在的。法的价值的客观性,归根到底是由主体的需要和利益的客观存在所决定的。例如,行政法的价值在于限制行政主体的权力而保障行政相对人的权利,即使行政相对人在与行政主体打交道过程中认识不到,但因为其利益和需求的真实存在,因此行政法的有关价值也是客观存在的。

最后,同价值的一般概念一样,法的价值具有多样性。法的价值的多样性,是指法对于不同的主体或者不同时间、地点的同一主体的价值是不同的。由此又引发出法的价值的变异性和多维性。法的价值的变异性是说法的价值是随着主体需要和利益的变化而变化的。法的价值的多维性是指主体的需要和利益是多方面、多层次的,因而法满足主体需要和利益的积极意义也是多方面、多层次的。

考虑到上述传统法的价值的概念由于过度强调了人的需求满足与主观评价而容易导致法的价值缺乏足够的客观性与稳定性,有研究者对传统概念进行修正补充后指出,法的价值一词包含了两个方面的内容:(1)法律价值是指基于某些道德准则对于法律进行的道德判断;(2)法律价值是指法律自身存在的必要性或者不可取代性。就前一方面而言,法律的价值实际上跟法律相关联的道德准则联系在一起,比如自由、平等、正义等,但是,并非所有的道德准则均具有被视为法律价值的资格。由于法律是一种制度化、体系化的行为标准,因此只有具备这些性质的道德准则才具备成为法律价值的资格,所以善良、仁慈等道德准则必然会远离法律的价值;就后一方面而言,法律价值也需要关注法律自身的性质,这些性质显然并非道德准则的体现,反而是道德无涉的内容,它必须体现法律得以区别于其他行为准则(例如道德、习惯等)的那些属性,这些属性将法律的独特性质显现出来。①

总之,法的价值,就是法律对人和社会的积极意义,包括秩序、安全、效率、平等、自由、正义、尊严、和平等,法律拥有这些属性,法律就是良法,而法律发挥出了这些意义,法律就在参与构建着良好的社会和国家。

二、自由论

在西方,自由思想源远流长。在古希腊和古罗马,奴隶面对压迫向往着自由,而斯多葛学派的哲学家们则讨论人在必然性或"逻各斯"(规律)之下如何获得自由。中世纪,以圣徒阿奎那为代表的经院哲学家们认为,自由来自于人对上帝的承认和服从。到了近代,霍布斯、洛克、卢梭、黑格尔等人极大推进了自由理论,提出了"生而自由、天赋人权"的系统的自由主义理论。在现代社会,自由被认为是法的最高价值。

(一)自由的概念

自由是相对于强制而言的,哲学家罗素指出:"自由的最基本意义乃是个体或群体的行动不受外在的控制。"②

从哲学上而言,自由是指在没有外在强制的情况下,能够按照自己的意志进行活动的能

---

① 徐显明主编:《法理学原理》,中国政法大学出版社 2009 年版,第 281 页。
② 转引自余英时:《民主制度与近代文明》,广西师范大学出版社 2006 年版,第 400 页。

力。因此在最抽象的意义(即哲学意义)上,人的自由代表着相互对立又统一的两个方面,即人的认识(智慧)与世界的秩序,人的需要和外部条件,人对世界的感性接触和思维把握,人的意志与理性,人对现实的服从与超越等。在这里,自由与必然构成一对哲学范畴。"必然"指不依赖于人的意识而存在的自然和社会所固有的客观规律。自由是指在必然性基础上所进行的积极的自觉活动,即对客观规律的认识和对客观世界的改造。人们认识客观规律后,自觉地运用规律来改造客观世界的领域,称为"自由王国"。

从法学上而言,作为法的基本价值的"自由",即意味着法以确认、保障人的这种行为能力为己任,从而使主体与客体之间能够达到一种和谐的状态。法律意义上的自由,是主体的行为与法律规范的统一。在法律上,自由意味着主体可以自主地选择和实施一定的行为,同时,这种行为又必须与法律规范中所规定的行为模式相一致。当主体的自由被法律作为一种权利而确认以后,就意味着任何人和机构都不能强迫权利主体去做法律不强制他做的事;另一方面,也意味着权利主体只能在法律界定的范围之内做他想做的事。

在西方法学史上,比较早和比较系统地论述自由理论的思想家是密尔(John Mill),他的著作《论自由》被称为古典自由主义的代表性作品。大约一百年后,英国思想家柏林(Isaiah Berlin)总结和区分了积极自由和消极自由,评析了两种自由观的实质,这是学术史上一个重要的分类。简单说来,积极自由意味着自由是要有创造性的,而消极自由乃是免于束缚之意。"积极自由的最基本意义乃是所有的人都能在平等的基础上动用他的自由以从事创造性的活动。……消极的自由也是一种绝不可少的基础;人首先必须从外在束缚中解放出来,而后才能运用积极的自由。"[①]

1. 消极自由观

消极自由观是一种古老的自由概念,在拉丁语中,"自由"意味着从束缚中解放出来。近现代的消极自由理论即来源于这种概念,其核心思想由如下三个部分组成。

其一,自由就是不受他人的干预。柏林指出,消极自由指个人不受他人控制而独立地做出选择和进行活动,也就是说,如果没有任何人干预我的活动,那么就可以说我是自由的。总之,不受干预的空间越大,给人们留下的选择和活动的空间越多,则人的自由就越充分。

其二,限制自由是因为存在着与自由的价值同等或比自由的价值更高的价值。自由不是不受限制,不受限制的结果必然导致社会混乱、暴力横行。事实上,自由并不是人类追求的唯一价值,也并不总是最高的价值,在特定情况下,其他的价值,比如正义、幸福、和谐、安全等,与自由具有同等的价值甚至更高。因此,为了其他的价值目标,同时也是为了自由本身,必须用法律对自由进行必要的限制。正如洛克所说的:哪里没有法律,哪里就没有自由。也如孟德斯鸠所说:"在一个有法律的社会里,自由仅仅是:一个人能够做他应该做的事,而不被强迫去做他不应该做的事。"[②]

其三,必须保持最低限度的自由。柏林指出,虽然应该对自由加以限制,但是这种限制不能无边无沿,应该给个人保留一定的绝对不受侵犯的自由领域。因此,必须在私人生活范围和公共权力的范围之间划出一条界线,在私人生活领域内,个人应享有充分的自治权利,公权力不得介入,不得干预。

[①] 余英时:《民主制度与近代文明》,广西师范大学出版社2006年版,第331页。
[②] 〔法〕孟德斯鸠:《论法的精神》(上册),张雁深译,商务印书馆1978年版,第154页。

总之，个人不能没有自由，但自由又不能不受限制，而对自由的限制本身也不能不受限制，这就是消极自由观的基本思想。①

2. 积极自由观

与消极自由相对而言，积极自由意味着"自我实现"。斯宾诺莎、黑格尔、马克思都是这种积极自由观的代表。在他们看来，获得自由的唯一真正办法，是运用普遍的理性，认识什么是必然的，什么是偶然的，然后根据对必然性的认识来支配自己行动，设计自己人生。换句话说，人要获得自由和解放自己，就必须认识世界，理解人类社会和历史发展的客观规律，并利用对规律的认识支配自己的行为。

柏林指出，积极自由涉及控制或干预人们行为的渊源问题，是自我控制，还是他人控制？积极自由观来自主体要成为自己的主人的愿望。我希望我的生活和活动取决于我的选择，而不是取决于某种外在的力量，我希望成为我自己，而不是别人意志行为的工具。当我可以掌握自己的行为和命运时，我才是自由的。②

因此在柏林看来，消极自由是指不受别人阻止地进行自我选择，而积极自由则要求自己做自己的主人，消极自由涉及控制范围的问题，而积极自由则涉及控制来源的问题。最终，柏林认为，积极自由所追求的自由是虚假的、不切实际的自由，只有消极自由观所追求的自由才是真实的自由。

柏林的两种自由观流传甚广，有法学家把柏林的两种自由划分引申为法治和民主的划分：法治与消极自由对应，法治的意义在于制约国家权力，抑制政府非法地干预公民的自由；民主则与积极自由对应，民主的意义在于鼓励人民当家作主，在这里，自由取决于掌握和行使国家权力。因此，为了满足消极自由的要求，实行法治是必要的，而为了满足积极自由的要求，发展民主是必要的。③

（二）法律对自由的保护

"生命诚可贵，爱情价更高。若为自由故，两者皆可抛。"哲学家罗素指出："自由对于很多好事情都是必需的，而好事情也都是从享有自由的人民的行动、欲望和信仰而来。"④因此，自由对于人的发展和社会的进步具有特殊的价值，值得政治和法律悉心呵护。

虽然法律对人的行为构成了约束，但其实质不是压制自由而是保障自由，正如重力定律不是阻止运动的手段一样。法律是肯定的、明确的、普遍的规范，这些规范赋予人们权利和自由，同时，为了保障权利得以实现，法律规定了人们必须承担的义务。通过法律，人人得享自由成为可能。换句话说，人民之所以需要政府和法律，就是因为在权威的政府和完备的法制之下，人民可以最大化地享有自由和权利。因此，对于现代法律来说，维护公民的自由，从而协调社会秩序维护社会和谐，乃是法律的最终目标。

1. 通过立法实现自由的法律化和权利化

人生而自由，享有自然赋予的当然的权利。但是，人的本性自由和天然自由如果没有经由立法转化为法律权利，这种自由便得不到保障和很难得到实现。对于自由而言，立法是一

---

① 张文显：《二十世纪西方法哲学思潮研究》，法律出版社2006年版，第444页。
② 同上书，第445页。
③ 同上书，第447页。
④ 转引自余英时：《民主制度与近代文明》，广西师范大学出版社2006年版，第400页。

个重要和关键的环节,在这个环节,人性自由转化为法律权利,具有了法律效力,得到了法律保护。

人的自由的程度,既取决于人性本身,也取决于社会的发展。比如说,两性交往和生育后代的自由,就源于人的生物本能,而参与政治活动享有言论自由,则源于社会文明程度的不断提高。因此,立法者最重要的职责就在于:基于人的自我发展和社会进步,把那些最重要和最基本的自由转化为法律上的权利,给予全面的确认的保护,这主要通过私法来实现;与此同时,立法者还应设计一套完善的权利保护和救济机制,在人的权利受到侵害之时,有相应的法律程序予以救济,这主要通过公法来实现。

自由原则在法律中的确立,在历史上经历了一个较长的发展过程。在欧洲中世纪,随着各种政治力量相互冲突,"团体自由"和"城市自治"逐渐为法律所规定。至15世纪末,欧洲各地的习惯法已开始承认某些社会自由,但当时尚未形成"公民自由"的思想。直到17、18世纪,资产阶级启蒙思想家才在"文艺复兴"运动的基础上,提出系统的以个性主义为特征的自由学说。在近现代资本主义国家建立之后,自由原则终于被规定为一项基本的法律原则。例如,美国《宪法修正案》第5条规定:"未经正当法律手续不得剥夺任何人的生命、自由或财产。"法国第五共和国《宪法》(1958年)第2条规定:"共和国的格言是:'自由、平等、博爱'。"在私法领域,财产自由与契约自由作为个人自由的重要内容,被赋予至高的地位。19世纪的资产阶级民法将"契约自由"规定为民法的三大原则之一,与绝对私有权原则、过失责任原则相并称。

在现实社会生活中,受法律保护的自由表现在各个领域,大致包括以下几类:第一,公民个人自由,包括生命、健康、名誉、人格、人身、居住、迁徙、信仰、思想等方面;第二,政治自由,包括言论、出版、集会、结社、游行、示威、通讯等方面;第三,经济自由,包括私有财产所有、处分、贸易、劳动、消费、投资等方面。

早先,通过立法保护公民自由与人权,被认为主要是主权国家的事情。20世纪中期以来,认识到主权国家在人权保护方面的局限和不足,国际组织日渐活跃,在权利保护方面发挥的作用越来越大。联合国和欧盟等国际组织出台了大量的人权条约,并设置了相应的人权保护机构和人权保护程序。到了今天,经由主权国家和国际社会的共同努力,完备的人权法得以确立,自由和权利保护有了更全面的制度保障。

2. 通过司法协调自由和救济权利

如果说立法主要解决了自由的存在问题,那么司法则主要解决自由的协调与实现问题。司法一方面协调不同自由的冲突,创造和谐的自由氛围,另一方面对侵害权利的行为予以惩罚,对受伤害者提供权利救济。

权利和自由的行使,往往伴随着冲突和矛盾。比如,为了营建一座公共福利设施,就可能要拆除某些人的房屋,为了修建水坝,就可能影响一些居民的生活环境。当出现这些权利冲突时,司法提供了一种权威和文明的对话和解决机制,通过司法程序,可以协调这些不同的权利,实现彼此共存和谐相处。

司法是最公平的纠纷解决机制,而这种公平性是依赖一套科学合理的诉讼程序来保障和实现的。在公平的司法诉讼过程中,参与各方,包括作为裁决者的法院,都必须摆事实讲道理,所有的事实以证据支撑,所有的主张应于法有据,文明代替了暴力,理性代替了冲动,从而使得其裁判结果具有正当性和权威性。对公民来说,当自己的权利和自由受到侵害时,无论这种侵害是来自私人还是来自政府,司法均能提供一种公正、权威的救济机制,通过惩罚为非作歹者,保护人们的权利得以真正的实现和享有。

(三)法律对自由的限制

"自由,自由,多少罪恶假汝之名而行",自由固然珍贵,但一旦失去规范和约束则可能危害社会。因此,法律意义上的自由必须是法律下和有边界的自由,自由的状态应是一种"随心所欲而不逾矩"的状态。

> 2010年4月,南京某大学副教授马某在内的22名被告人因犯聚众淫乱罪,被南京市秦淮区检察院起诉。起诉书指出:2007年夏天至2009年8月间,22名被告人通过网络结识之后,结伙在本市秦淮区、鼓楼区、玄武区等处,先后35次聚集多人以"换妻"的方式进行淫乱活动。他们的行为触犯了我国刑法的相关规定,犯聚众淫乱罪。"
>
> 此事发生后,一贯提倡"性权利"的社会学家李银河,将取消聚众淫乱罪的建议,委托一名全国人大委员和一名政协委员送交司法部和全国人大法工委。李银河称,"聚众淫乱罪"已严重过时,"性聚会"的参与者全是自愿的前提下,法律绝不应当认定为有罪。她强调:"聚众换偶仅仅是道德问题,这一权利不应当以违反道德或违反习俗的名义被剥夺。"
>
> 对李银河的说法,有律师表示,权利与自由的一个隐含命题是:"这种公民个人可以自由支配自己行为是正当的,受法律保护,受社会其他成员的尊重。当这种自由的行为不正当,受法律摒弃,则不能称之为权利与自由。而当公民个人在实现自己权利与自由的过程中损害到他人也应当享有的权利与自由时,权利行为则质变成了侵权行为。"该律师还说,"法律是显露的道德,道德是隐藏的法律。""良好的道德,社会的公序良俗,应当得到我们全体成员的尊重。"

法律必须保护公民的自由,但拥有自由决不意味着就可以为所欲为。相反,自由意味着必须在法律规定的范围之内活动和必须接受法律的约束。孟德斯鸠指出:"政治自由并不是愿意做什么就做什么。在一个国家里,也就是说,在一个有法律的社会里,自由仅仅是:一个人能够做他应该做的事情,而不被强迫去做他不应该做的事情。……自由是做法律所许可的一切事情的权利;如果一个公民能够做法律所禁止的事情,他就不再有自由了,因为其他的人也同样会有这个权利。"① 而罗伯斯庇尔认为自由应受多重限制,一是正义的限制,二是他人权利的限制,三是自然的限制。他说:"自由是人所固有的随意表现自己一切能力的权力,它以正义为准则,以他人的权利为限制,以自然为原则,以法律为保障。"②

"事实上,毫无限制的自由是缺乏任何实际意义的,那只是混乱而已。即使最相信天赋人权学说的人们也不能否认社会需要法律与权威这种客观事实。"③ 比如言论自由,这被视为是公民的所有政治自由中最为重要的一项。美国宪法第一修正案规定:国会不得制定法律……剥夺言论自由或出版自由。但这并不意味着法律对言论自由就没有限制。公民在行使言论自由的时候也不能逾越法律的界限。在 Schenck v. United States 一案中,霍姆斯大

---

① 〔法〕孟德斯鸠:《论法的精神》(上册),张雁深译,商务印书馆1987年版,第154页。
② 〔法〕罗伯斯庇尔:《革命法制与审判》,赵涵舆译,商务印书馆1979年版,第137页。
③ 余英时:《民主制度与近代文明》,广西师范大学出版社2006年版,第338页。

法官提出了限制言论自由的法律标准,即"清楚与现存危险"(clear and present danger)的原则。霍姆斯大法官在意见书中写道:"我们承认,在通常时期的许多场合,被告具有宪法权利,去谈论在其传单中所谈论的全部内容。但每一项行为的特征,取决于它在被作出时的情形。即使对言论自由最严格的保护,也不会保护一人在剧院谎报火灾而造成一场恐慌。它甚至不保护一人被禁止言论,以避免可能具有的暴力政策。每一个案例的问题是:言论是否被用在如此场合,以致将造成清楚与现存的危险,并带来国会有权禁止的实际危害。这是一个程度问题。当国家处于战争时期,许多在和平时期可被谈论的事物,将对战备努力构成如此障碍,以致这类言论不能再被忍受,且法院不得认为它们受到任何宪法权利的保护。"[①]

但是,法对自由的限制应当以必要为原则,任何限制应当具有合法性基础。换句话说,任何对自由的限制都必须有一定的条件和充足的理由,而这就涉及一个自由限制的证成问题。在西方,法哲学家们提出了很多关于自由限制的理论,其中比较流行的有法律道德主义、伤害原则、法律家长主义、冒犯原则等。

1. 法律道德主义

法律道德主义主张道德的法律强制,也就是要运用法律的手段强制推行和实施道德。在古代社会,各个国家的立法长期坚持法律道德主义,凡背离道德的行为,皆应受到法律的强制,换而言之,个人行为只有符合道德规范时,方可以享有自由。

2. 伤害原则

伤害原则最早是由英国思想家密尔提出的。在密尔看来,应当给予个人最广泛和最大限度的自由,但是,如果不加限制随心所欲,则必然引发伤害。因此,他把人的行为分为自涉性行为和涉他性行为,前者只影响自己利益或者仅仅伤害到自己,而后者则会影响或伤害他人。基于这个区分,密尔指出,只有伤害他人的行为才是法律调控和干预的对象,而未伤害任何人或仅仅伤害自己的行为不应受到法律的惩罚。

简单来说,社会干预个人行动自由的唯一目的是社会的自我保护,只有为了阻止对别人和公共的伤害,法律对社会成员的限制才是合理的。这就是著名的"伤害原则",又叫"密尔原则"。[②]

3. 法律家长主义

法律家长主义有时候也被称为父爱主义(Legal Paternalism),其基本思想是,禁止自我伤害的法律,即家长式法律强制是合理的。家长式法律强制是指为了被强制者自己的福利、需要、利益和幸福,而由国家对一个人的自由进行法律干涉。比如,法律要求开车必须系安全带,法律禁止自杀,禁止同性恋,禁止各种形式的赌博,对精神病人或染上毒瘾的人实行民事拘押或收养以及强制戒毒等等。在这里,法律不仅阻止他们进行自我伤害,而且还强制保护或促进自我利益,当然与此同时,法律也保护了公共利益。法律家长主义的出发点是为了保护私人自身的幸福,为了让每个个体拥有真实的幸福,法律可以如同一位慈爱的父亲,霸道地对其子女的自我损害的行为进行干预和限制。

4. 冒犯原则

所谓"冒犯原则"(Offence Principle),最早是由美国法学会《标准刑法典》委员会提出来

---

① 张千帆:《宪法学导论》,法律出版社 2004 年版,第 314—315 页。
② 张文显:《二十世纪西方法哲学思潮研究》,法律出版社 2006 年版,第 461 页。

的,它的基本思想是:法律禁止那些虽不伤害别人但却"冒犯别人的行为",这是合理的。一般来说,"冒犯行为"是指那些会使人感到愤怒、羞耻、惊恐的淫荡行为或放肆行为,比如公众忌讳的性行为、虐待尸体、亵渎国旗等。法律之所以要禁止或制裁这些行为,是因为这些行为公然地侮辱了公众的道德信念、善良情感和社会风尚。①

冒犯原则同法律道德主义的目标基本是一致的,而它们的区别在于,冒犯原则把应受制裁的不道德行为限定在公然的不道德行为的范围之内,也就是说,它大大缩小了法律惩罚的范围。

总之,自由是法律的目的,即便是对自由的法律限制,其终极目标也是为了更好地保障自由,实现人人共享自由的和谐社会。所以,英国哲学家洛克说:"不管会引起人们怎样的误解,法律的目的不是废除和限制自由,而是保护和扩大自由。这是因为在一切能够接受法律支配的人类的状态中,哪里没有法律,哪里就没有自由。这是因为自由意味着不受他人的束缚和强暴,而哪里没有法律,哪里就不能有这种自由。"②

三、正义论

正义是法的另一项基本价值,因而也是法理学永恒的话题。古罗马的《法学阶梯》开篇就讲道:"正义是给予每个人他应得的部分的这种坚定而恒久的愿望。法学是关于神和人的事物的知识,是关于正义和非正义的科学。"③

哈佛大学法学院的富勒教授是一个善于通过寓言探讨法理学深刻命题的高手,他通过一个可被称为"洞穴探险者奇案"的故事,探讨了正义的诸多问题。

> 公元 4299 年,在纽卡斯国境内,洞穴探险者协会的五位成员被困在一个深达五百米的山洞之中。通过无线通讯,被困者和外界取得联系,获悉救援进展缓慢且艰难,已有十个救援人员因此而牺牲,救援到达尚需时日。被困者饥饿难忍,濒于死亡,为了活下去,他们同意以掷骰子的办法吃掉一个人,威特莫尔因而被抽中并被吃掉。获救之后,四位幸存者被指控谋杀,初审法院判决其有罪并处以死刑,四位被告不服提出上诉。④

借纽卡斯国最高法院五位大法官之口,针对此案,富勒表述了流行的法理学观点,阐释了不同的正义观念。

特鲁派尼法官和基恩法官属于法律实证主义者,他们主张正义就是尊重法律条文的权威性。法典的规定非常清楚:"任何人故意剥夺了他人的生命都必须被判处死刑。"对于法官而言,忠实于法典是其基本的职业操守,尽管同情心会促使他们体谅这些人当时所处的悲惨境地,但法律条文不允许有任何例外,法官不应适用自己的道德观念。因而,他们主张被告有罪,但为了缓解法律与情理之间的紧张与冲突,特鲁派尼建议法官可以加入向行政首长请愿的行列,以特殊的方式,帮助被告人获得赦免。

福斯特法官秉持自然法的传统观点,认为应该宣布被告无罪。首先,被困于人迹罕至的

---

① 张文显:《二十世纪西方法哲学思潮研究》,法律出版社 2006 年版,第 466—467 页。
② 〔英〕洛克:《政府论》(下篇),叶启芳、瞿菊农译,商务印书馆 1964 年版,第 36 页。
③ 〔罗马〕查士丁尼:《法学总论》,张企泰译,商务印书馆 1989 年版,第 5 页。
④ 〔美〕彼得·萨伯:《洞穴奇案》,陈福勇、张世泰译,生活·读书·新知三联书店 2012 年版,第 15—16 页。

山洞使他们脱离了"人类社会",进入了"自然状态",在这种状态中,生存的需要成了唯一的法则,这就是自然法。在这一自然状态中,五位探险者按照公平的方式缔结了一项契约,而该契约应被视为法律并得到遵守。其次,即使认为纽卡斯国的法律有能力穿透五百米的岩石而适用于这些被困者,但法官也必须考虑法律的目的和精神,而不仅仅是冰冷的文字。任何实定法的规定,不论是法典还是判例,都应该根据它显而易见的正当的目的进行合理解释。若是法律有缺陷时,法官也应该有智商和勇气去弥补,纠正明显的立法错误和疏漏,这不会取代立法者的意志,只是使其意志得到更充分的实现。

汉迪法官也赞成被告无罪,他的理由代表了法社会学的观点。在他看来,法律来源于社会,调整着生活,因而应当体现"效率和常识",而不是抽象的法条主义。法官应当面对社会现实和具体生活,避免形式主义,因而,审判必须参考公共舆论和社会科学的研究成果。在本案中,考虑到大多数的民众认为应当宽恕被告,考虑到申请行政赦免的复杂和艰难,因而,宣告被告无罪,应是法官的最佳选择。

在完全不同的观点和理由之间,唐丁法官左右为难:一方面,如果饥饿不能成为盗窃食物的正当理由,那么又怎么能够成为被告杀人并以之为食的正当理由呢?另一方面,当要宣布被告有罪时,这样的观点又是何其荒谬,这些将被处死的被告可是用十个英雄的性命为代价换得的啊。发现自己无法在情感和理智之间找到平衡,发现自己陷入价值冲突无法自拔,唐丁法官无奈地宣布不对此案表达意见。

这个以真实案例为基础的寓言故事,涉及的问题很多,但核心的争议在于对于正义如何理解以及法律与道德的冲突。实证主义者出于对成文法权威性的坚守,主张在法律中驱逐价值因素,而自然法学说则认为,法律中一定有着某种目的,这种目的引领和约束着立法和司法,保障法律不至于堕落和败坏。作为战后自然法学说的代表人物,富勒的观点基本与福斯特法官一致:法律"致力于维护和促进人的共存并公平合理地规制他们在共同生活中形成的关系",对法律的解释和适用,必须将法律的目的纳入考虑,否则法律便会失去其正当性,便会与正义背道而驰。

在法学史上,对正义的研究主要有三种进路:第一种进路认为,正义意味着为最多的人谋取最多的快乐,也就是哲学家杰里米·边沁(Jeremy Bentham,1748—1832)式的功利主义所持的观点。第二种进路认为,正义不单单指人民福祉的最大化,它毋宁是一个关乎对个人自由和权利的尊重和安全的问题。这即是约翰·罗尔斯(John Rawls,1920—2002)自由主义所支持的观点。第三种进路认为,正义不是让人们的福祉或财富最大化,也不是尊重个人选择的权利。正义的存在,就是为了让人们生活在一个"追寻美德"的社会中,这样将促使人们追求更有价值的目标。阿拉斯代尔·查莫斯·麦金泰尔(Alasdair Chalmers MacIntyre,1929—)便是这种观点的支持者。

(一) 正义的类型

正义是人类普遍公认的崇高价值。但诚如美国法学家博登海默所言:"正义有着一张普洛透斯似的脸,变幻无常、随时可呈不同形状并具有极不相同的面貌。"[①]在历史上,关于正义究竟所指为何的争论,从来就没有停止过。古希腊哲学家亚里士多德将正义区分为分配正义和矫正正义。分配正义,是指根据每个人的功绩、价值来分配财富、官职和荣誉,如甲的功

---

① 〔美〕博登海默:《法理学:法律哲学与法律方法》,邓正来译,中国政法大学出版社1999年版,第252页。

绩和价值大于乙的三倍,则甲所分配的也应大于乙的三倍。矫正正义,是指对任何人都一样看待,仅计算双方利益与损害的平等。分配正义既适用于双方权利、义务的自愿的平等交换关系,也适用于法官对民事、刑事案件的审理,如损害与赔偿的平等,罪过与惩罚的平等。亚里士多德对正义的分类对后世的思想史和法学史有重大影响,也成为了西方公法和私法划分的法哲学基础。

除亚里士多德的正义学说外,西方古代的传统正义学说还包括:(1) 客观正义论,认为世间存在某种客观的正义标准,凡符合这些标准的就是正义,而违反这些标准的就是非正义,以希腊哲学家毕达哥拉斯为代表;(2) 主观正义论,认为正义要由主观价值观来判断,而主观的价值则纯粹由个人自己来评定,以哲学家赫拉克利特为代表;(3) 理性正义论,认为自然法统治万物,代表了理性,因而是正义的标准之所在,这以斯多葛学派创始人芝诺为代表;(4) 神学正义论,认为人的国家之上还有神的国家,来自神的国家的指示就是人们的正义的标准,这以奥古斯丁和阿奎那为代表。①

到了现代,正义问题依然是法学家们不断思考的热点问题。当代西方主要的正义学说有相对正义论、形式正义论、社会体制正义论、资格正义论等。

1. 相对正义论

在现代西方法哲学中,大多数实证主义者都坚持相对正义论,其代表凯尔逊曾说:"自古以来,什么是正义这一问题是永远存在的。为了正义的问题,不知有多少人流了宝贵的鲜血与痛苦的泪水,不知有多少杰出思想家,从柏拉图到康德,绞尽了脑汁;可是现在和过去一样,问题依然未获解决。"②之所以这个问题没有解决,原因在于正义本身是主观的和相对的。凯尔逊指出,相对正义的原则是宽容原则:"在相对主义的正义哲学中包含着一项特殊的道德原则——宽容原则。所谓宽容原则即是同情地了解别人的宗教或政治信仰——尽管不接受他们,但也不阻止他们自由发表。理所当然,容忍只是在一个既成的法律秩序内允许和平地发表思想。"③

总之,在凯尔森看来,正义本身确实是存在的,但是,由于每个人的价值观不同,对正义的理解和期望存在差异,因此它又是无法确定的:我的确不知道,也不能说,什么是正义,人们渴望的正义是什么。因此,我必须老老实实地接受一种相对的正义,也就是对我来说正义的正义。

2. 形式正义论

形式正义论是一种比较流行的正义理论,比利时法哲学家佩雷尔曼对此作了系统的阐述。在佩雷尔曼看来,比较流行的正义概念有六种:(1) 对每个人同样对待;(2) 对每个人根据优点对待;(3) 对每个人根据工作成果对待;(4) 对每个人根据需要对待;(5) 对每个人根据身份对待;(6) 对每个人根据法定权利对待。

在此基础上,佩雷尔曼认为,正义的概念是多样而复杂的,我们应当设法从各种正义概念中找出它们的共同思想,也就是说,通过对正义概念的逻辑分析,设定一个适用于不同正义概念的共同公式,这一共同思想和共同公式构成一个形式的或抽象的正义的定义。佩雷

---

① 卓泽渊:《法的价值论》,法律出版社1999年版,第495—498页。
② 〔美〕凯尔逊:《什么是正义》,载《现代外国哲学社会科学文摘》1961年第8期。
③ 同上文,第9页。

尔曼指出,对每个人来说,正义总是意味着某种平等,这是从亚里士多德以来存在于全部正义概念中的共同思想,因此,从这里可以引申出一个形式正义的概念。形式正义,简单地说,就是要求以同一方式对待人,正义就是同等待人。或者说,正义就是给予从某一特殊观点看来是平等的人,即属于同一"基本范畴"的人以同样的待遇。于是,我们可以把形式正义归纳为一种活动原则,根据该原则,"凡属于同一基本范畴的人应受到同等的待遇"。①

3. 社会体制正义论

正义问题存在于不同领域,如社会体制是否正义,某个法律是否正义,某个行为是否正义,某个人本身是否正义。但是在美国哲学家罗尔斯看来,在各种不同的正义问题上,社会体制的正义是首要的正义。罗尔斯认为,正义是社会体制的第一美德,就像真实是思想体系的第一美德一样。那么,用什么样的标准或原则来评判和指导社会体制的建设和完善呢?罗尔斯提出了两个基本的正义原则:"最大的均等自由原则"(principle of greatest equal liberty)和"差异原则"(difference principle)。

最大的均等自由原则涉及基本自由的分配问题,它包括了两个主张,一是每个人都平等地拥有同等数量的基本自由,二是这些基本自由应尽可能地广泛,包括人身自由、言论出版自由、信仰和宗教自由、参与政治的自由等。

差异原则又有两部分组成:第一部分可称为"差别原则",它要求社会和经济的不平等应安排得对所有人都有利,特别是使处在最不利地位的贫困的人得到最大可能的利益;第二部分可称为"公平的机会均等"原则,它要求社会和经济的不平等与职位相连,而职位应在公平的机会均等条件下对所有的人开放。事实上,差异原则涉及物质财富和社会地位的分配,它要求社会体制提供这样一种安排,即在获得基本物品的指望方面的任何不平等必须促进社会贫弱者的最大可能的利益;公平的机会均等原则则要求保证具有相似技能、力量和动机的人享有平等的机会,也就是说,社会应提供制度上的财政资助安排,以保证穷人和富人享有平等地获得这一工作的机会。

罗尔斯认为,这两个原则在社会政策中的重要性是不同的:第一原则优先于第二原则,只有实现最大的平等自由之后,才能自由地实现差异原则和公平的机会均等原则的要求。②

4. 资格正义论

资格正义论是由美国思想家诺锡克提出的,它与罗尔斯的社会正义论存在很大不同。罗尔斯的社会正义论实质上反映了现代福利国家的正义观,而诺锡克的资格正义论则强调自由,主张一切社会资源都应由个人自由获取与转让,实质上反映了自由市场经济的正义观。

诺锡克的资格正义论所主张的不是一种分配正义(distributive justice)而是一种持有正义(justice in holdings),该正义理论包括了三条原则:(1)一个人按照获取正义原则获得某项持有的人,有资格得到该项持有;(2)一个按照转让正义原则从有资格处分的另一个人那里获得某项持有的人,有资格得到该项持有;(3)除非适用原则(1)和(2),否则人们无资格得到一项持有。其中,第一条原则为获取原则,适用于财产的原始取得或无主物的占有,其作用是保障人们合乎正义地获取无主物;第二条原则为转让原则,适用于财产转让,其作用

---

① 张文显:《二十世纪西方法哲学思潮研究》,法律出版社 2006 年版,第 492 页。
② 同上书,第 500 页。

是保证财产合乎正义地从一个人的手里转移到另一个人的手里;第三条原则为矫正原则,适用于不符合前两条原则的非正义情形,其作用是保证所有非正义情形都恢复到符合前两条原则的情形。持有正义理论的结论是:如果按照获取、转让和矫正原则,某人有资格得到其持有物,那么他的持有就是正义的;如果每个人的持有都是正义的,那么持有的总体状况就是正义的。①

就其内容看,罗尔斯与诺锡克的正义理论分别代表了现代西方社会左右两派对立的政治主张。罗尔斯所代表的左派认为,由于诸多不可归咎于个人的因素,个人权利总是难以平等地实现,社会应为每个人创造一个平等地生存与发展的体制,因此主张福利国家,国家广泛地介入社会再分配,从而为所有人提供社会福利、免费教育、就业机会以及公平竞争的环境。诺锡克所代表的右派则强调个人的自由权,特别是私有财产权。他们认为,市场经济是维护个人自由的最好的社会体制,而国家的再分配政策是对个人权利的侵犯,一切资源应在个人之间自由流动,国家不要加以干预。②

(二)正义引领法律前行

如果说自由源于人的自然属性,那么正义则源于人的社会属性。人是一种群居的动物,需要在社会中生存,而一个健康的社会必须是一个正义的社会,有正义的制度,有正义的生活,作恶者及时得到惩罚,受害者及时得到救济。

从古至今,作为一种社会观念和社会理想,正义如同一座灯塔,指引着人类政治和法律前行的方向。在不同的时期,每个国家和民族都有自己的正义标准和正义要求,而这成为推动其法律文明不断发展的巨大力量。

首先,正义是法的最基本品质。法律的合法性及权威性依赖其内容的正当性。也就是说,法律只有合乎正义的准则时,才是真正的法律;如果法律充斥着不正义的内容,则意味着法律只不过是推行独裁专制的工具。因此,在制定法律时,立法者必须以一定的正义观念为指导并将这些观念体现在具体的法律规定之中。比如,正义的一项基本内涵是平等,平等要求同等情况同等对待,反对歧视和特权。平等原则作为一项基本的正义要求,在现代法律中得到了全面体现。联合国《世界人权宣言》指出:"人人生而自由,在尊严和权利上一律平等。他们赋有理性和良心,并应以兄弟关系的精神相对待","法律之前人人平等,并有权享受法律的平等保护,不受任何歧视。"我国《宪法》也明确规定:"中华人民共和国公民在法律面前一律平等。"

其次,正义是法律优劣、善恶的评价尺度。在自然法学看来,正义不仅是法的理想,也是评价国家立法的尺度与标准,也就是说,正义担当着两方面的角色:其一,它是法律必须着力弘扬与实现的基本价值和基本理想;其二,正义可以成为独立于法律之外的价值评判标准,用以衡量法律是"良法"抑或"恶法"。比如,在20世纪早期,美国曾长期存在着种族隔离的法律制度,甚至在公交车上都要求黑人和白人分席而坐。1955年,蒙哥马利市一位黑人妇女罗莎·帕克斯下班后搭乘公共汽车回家。她因为坐到了车上特别为白人保留的座位而被警察拘捕。这件事激怒了很多黑人,著名牧师马丁·路德·金率领黑人民众展开了一场长达三百多天的"拒乘巴士运动",导致巴士公司收入锐减,面临破产。最终,1956年,美国最

---

① 张文显:《二十世纪西方法哲学思潮研究》,法律出版社2006年版,第502页。
② 同上书,第507页。

高法院裁决政府的做法违反宪法，违反了基本的正义要求，种族歧视制度被正式废除。

总之，人类对正义的普遍要求，极大地推动了法律的进化，而思想家对正义的精心研究，保障了正义的法律实现。正义形成了法律精神上进化的观念源头，使自由、民主、平等、人权等价值观念深入人心；正义促进了法律地位的提高，它使得依法治国作为正义所必需的制度建构而存在于现代民主政体之中，从而突出了法律在现代社会生活中的位置；正义推动了法律内部结构的完善，它使得权力控制、权利保障等制度应运而生；正义也提高了法律的实效，因为依法律而行动，不仅维护了社会秩序，而且也增进了私人的幸福。

（三）通过法律实现正义

在古代社会，正义作为一种社会理想，在很大程度上与神性和德性相关连，神灵和仁君被寄托了实现社会正义的殷切期望，而近现代以来，人们普遍认为，正义的实现依赖于政治和法律。

首先，立法是实现正义的前提和基础。符合正义的法律即为良法，为了打造良法，必须实现立法的民主化。一部符合正义的法律，不只是出自政府，也不只是出自社会，而是国家的立法机关和人民之间经过认真的、审慎的协商之后所达成的社会契约或社会协议。立法不仅是立法机关的专门工作，要赋予公民更多的立法权。因此，在立法时必须充分考虑、吸收民众的意见，加强立法的公开性和透明度。在中国，打造正义的法律，还要注意实现普世性的法治原则精神与中华民族优秀传统的契合，以及与中国国情的吻合。法治的真正源泉和基础只能是社会生活本身，而不是国家。法律要响应社会，关注社会。立法如果不符合社会发展的需求，所制定的法律就可能成为社会发展的桎梏，或者成为社会生活的奢侈品、摆设品。

其次，司法是正义的最后保障。关于司法正义，人们将其归纳为实体正义和程序正义两个方面：实体正义关注的是结果，强调司法审判的结果应该公正合理，符合事实真相，坏人得到惩罚，好人得到救济；程序正义关注的是过程，强调司法审判的过程应当符合正当程序，公开、平等、及时、人性化，不允许歧视、偏袒、拖延、残忍和暗箱操作。

在古代的司法审判中，实体正义是司法的根本目标甚至唯一目标。因此，为了发现案件事实和惩罚作奸犯科者，法官可以采取非常的手段，包括刑讯逼供、超期羁押、诱导欺骗等。在此过程中，尽管历史上也出现过包公、海瑞、所罗门等清廉公正的法官，办出了很多被百姓传唱赞颂的经典案件，但是由于缺乏合理的诉讼程序，因而产生了大量冤假错案，很多无辜者被屈打成招锒铛入狱。在反思传统司法模式的弊端后，近代以来的司法开始强调司法程序的重要性，程序正义成为司法的另一个重要目标。"法官要根据实体法的规定断案，而不能凭一时好恶或任何偏见任意行事。然而，法官对实体法规定的执行很大程度上取决于程序的组织形式。比如，过去在欧洲，不允许妇女作证，或对妇女的证词只给予相当于男子一半的证明力。这充分说明，即便适用同样的实体法，不同的程序也会带来不同的结果。"[①]因此，法学界认为，"程序是法律的心脏"，程序本身设计的好坏以及是否得到全面遵守，将直接影响到法律正义的实现。

美国法学家戈尔丁提出了系统的程序正义的要求和标准：(1) 与自身利益有关的人不应担任该案的法官。(2) 处理结果中不应包含有纠纷解决者（法官）自己的个人利益。

---

① 宋冰编：《程序、正义与现代化：外国法学家在华演讲录》，中国政法大学出版社1998年版，第362页。

(3)纠纷解决者不应有支持或反对诉讼某一方的偏见。(4)对各方当事人的诉求都应给予公平的关注。(5)纠纷解决者应听取双方的论据和证据。(6)纠纷解决者应在另一方在场的情形下听取一方的意见。(7)各方当事人都应有公平的机会对另一方提出的结论和证据做出回应和反驳。(8)纠纷解决的诸项条件应以理性推演为依据。(9)推理应论及各方所提出的论据和证据。①

总之,实体正义与程序正义,是一个问题的两个方面,彼此影响,不可偏废。司法审判如果做不到结果公正,受伤害者得不到应有的救济,则再合理公平的程序也终究会失去意义,而司法官员如果为了得到正确结果却不遵守法定的诉讼程序,那在得到实体结果的同时也必然损害司法的权威和公平,甚至会严重侵犯当事人的基本人权,从而抹黑司法的形象。

第三节　法的价值冲突及其解决

一、法的价值冲突

法的价值是一个多元、多维、多层次的庞大体系。一部法律内部,往往同时包含和体现着不同的价值目标,而不同的法律,譬如民法和刑法,则更是体现着不同的价值标准。无论是在立法过程中,还是在执法和司法过程中,人们总是要面对一个基本的事实:那就是不同价值之间的矛盾、抵触和冲突,这既包括法的内在价值即形式价值与法的外在价值即目的价值之间的冲突,还包括了法的外在价值之间的冲突,比如公正与效率、自由与秩序等冲突,其中尤以后者为突出。

1. 自由与平等的冲突

自由与平等是极其重要的法的价值,总体来看,二者并不矛盾。但在一些特定的情况下,自由与平等却可能出现冲突,或可能因自由而损失平等,或因平等而损失自由。总之,很多时候自由与平等不可兼得。

法的自由价值和平等价值的冲突首先表现在立法上,是把自由摆在第一位还是把平等摆在第一位,立法者对此的选择不同,在具体的立法结果上也会呈现出极大的差异。其次也表现在执法上,执法者在自由与平等相冲突时是选择自由还是选择平等,当然要受法律规范所体现的价值选择的影响。然而在许多场合和许多方面,执法者的执法活动仍存在着对自由和平等做出选择的空间。执法中的自由与平等的取舍既要受制于法律规范的价值倾向,也要受制于执法机关及其工作人员的价值倾向。对自由与平等的取舍往往导致执法后果的迥然不同,使案件的处理结果处于要么"公正"要么"不公正"的境地。最后,法律中自由与平等的冲突也表现在法律的理解、遵守、监督和评价上。人们对自由与平等的不同选择会导致人们对法律的不同理解和不同评价,也会影响民众遵守法律规定的状况和监督法律实施的情形。②

2. 自由与秩序的冲突

社会是由人组成的,个人渴望着自由,无拘无束地发挥个性,而社会作为一个共同体则

---

① 〔美〕戈尔丁:《法律哲学》,齐海滨译,生活·读书·新知三联书店1987年版,第240—241页。
② 卓泽渊:《法的价值论》,法律出版社1999年版,第634—635页。

必须要有秩序,否则公共行动便无以进行。因此,自由与秩序,历来就是法律上一个让人头疼的问题。

自由与秩序如何取舍,对此有两种主张:(1)强调自由高于秩序的主张包括三种情形:一是认为,自由绝对地高于法律及其秩序,法律及其秩序绝对地服从自由。立法者不得以秩序为由制定否定或限制自由的法律。二是认为,在法律实施时,当自由与秩序发生冲突时,应强调自由而不惜牺牲秩序。三是认为,自由全面地高于法律和秩序,以秩序损害自由的法律本身都不是良好的法律。为了自由,不仅可以不要秩序也可以不要法律。(2)强调秩序高于自由的主张也包括三种情形:一是认为,法律是秩序的化身,法律和秩序的存在本身就是对自由的束缚和规制,因而自由必须以秩序为依归,以法律为准绳。秩序是立法追求的目的,自由是立法制约的对象。二是认为,在法律确定了自由和秩序的位置之后,二者发生冲突,自由应无条件地服从秩序。执法者可以为秩序而忽视自由或剥夺、限制某些自由。三是认为,秩序全面地高于自由。在立法上要以秩序为目标,自由服从秩序。在执法上,如果自由与秩序发生冲突,人们甚至应当不顾法律的规定以牺牲自由为代价来谋取秩序。[①]

3. 正义与秩序的冲突

正义与秩序,作为法律的价值来说一般是可以协调地并存的。然而在特殊情形下,二者之间也难免会相互冲突。

从抽象的意义上讲,秩序与正义各有其利。一般地说,秩序有利于统治,有利于创造安定的社会环境,有利于社会的持续发展和稳步前进。然而没有正义作为基础的秩序,必然是难以长久维持的秩序。正义有利于满足人的精神需求和心理平衡,有利于创设和维护良好的秩序。然而在特定情况下,秩序也会与正义背离,为了正义而不得不牺牲一定的秩序,或为了秩序而不得不牺牲一定的正义。

在秩序与正义之间,最理想的状态应该是:法律谋求的正义理应是有秩序的正义,法律谋求的秩序理应是正义的秩序。但在实践中,人们却常常面临困境和艰难。比如在当代中国,考虑到社会进步和经济发展需要一个稳定的社会环境,因此自 20 世纪 80 年代以来,维护"安定团结的大好局面"就成为各级政府的最高目标,但是,由于过分强调了稳定,导致在实践中弱势群体的利益被忽视,而他们的维权行动却在一些地方被冠以"扰乱社会"的罪名遭受到压制,最终的结果是:社会缺乏公平正义,群体性反抗和暴力事件不断涌现,政府和民众的互不信任加剧。正是在此背景下,国家才提出了依法治国和构建和谐社会的新思路,期望在秩序与正义之间寻找到一种平衡和协调。

4. 公平与效益的冲突

公平和效益的冲突是政治和法律领域的难解之题,因此也是关乎法的价值冲突的最基本的法哲学问题之一。

公平和效益都是社会应有的美德,是法应当促进和实现的基本价值,在法律领域,公平与效益有一致的方面,又有不一致的方面。(1)公平和效益一致的情况。如对交通事故、医疗事故等过失案件,法律一般规定由肇事者承担被害者所受到的损失,这样的规定既符合公平原则,也符合效益原则。从公平的角度讲,致人损害,理应补救;从效益的角度讲,由肇事者承担事故损失,可以减少或防止此类事故的发生,从而增加社会效益。(2)公平和效益不

---

① 卓泽渊:《法的价值论》,法律出版社 1999 年版,第 636 页。

一致的情况,如专利制度。在专利制度下,两家公司分头研制一种新型产品,一家首先申请并成功取得了专利权,另一家就会被禁止制造和销售这种产品,尽管后一家公司可能只比前一家公司晚申请了一个星期甚至一天。从公平的角度讲,似乎是不太公平的,因为后者的发明比他的对手只晚了一个星期,而且他也耗费了大量资源,他应当从中获取一定的收益。但是,从效益的角度讲,专利制度却是很合理和必需的,因为正是这种制度不断地给"智慧之火浇上了利益之油",从而大大刺激了新的发明创造,促进了社会经济的进步与繁荣。[①]

总之,法的不同价值之间,并不总是和谐共处,而是常常存在紧张和冲突。因此,从价值的角度讲,法律是一门处理价值冲突的学问,是一门平衡的艺术。

二、法的价值冲突的解决

(一)外在价值与内在价值的冲突解决

法的外在价值关涉的是法的内容的正当性,法的内在价值关涉的是法的形式的明确性,因此,这两种价值的冲突,集中体现为法的正当性和安定性的冲突。对司法官员来说,如果严格按照法律规定来处理一个案件将会导致审判结果明显不公正,而如果要实现案件结果公正又必须突破现行法律的规定,那么,他就正在面临着法的外在价值与内在价值的冲突问题。比如,按照我国《刑法》规定,某司机醉酒驾车撞死一个待产孕妇,构成交通肇事罪,对其可能的最高刑罚是3年有期徒刑。此时,法官就面对一个困境:严格依法审判,则其结果必然很不公正,而欲做到罪当其罚,则可能要超越《刑法》规定。

在上述两种法的价值冲突问题上,德国法学家拉德布鲁赫提出了一个解决方案,也叫拉德布鲁赫公式:第一,法律的安定性原则上优先于正义性(正当性)。一般说来,有法总好于无法,而正是通过法的安定性,合目的性和正义性才有实现的可能。第二,当法律违反正义的程度已经达到无法容忍的程度时,这个法律就不再是法律,而这时候就可以推翻安定性优先的原则,即实在法就应当让位于正义。第三,为了补充上述第二点,可提出另外一项判断标准:立法者在立法时如果有意地不承认正义的核心原则——平等原则时,则这个制定法就会从根本上丧失了法的资格。[②]

借鉴拉德布鲁赫及其他学者的观点,笔者认为:当法的外在价值与内在价值发生冲突,即通俗讲的"合法律性"与"合情理性"冲突时,一般应采取"内在价值优先于外在价值"的原理来处理,也就是应优先维护法的确定性、安定性与权威性。之所以作如此选择,理由包括:(1)内在价值涉及整个法律体系的存在,如果轻易地为了保护法的外在价值而推翻或牺牲法的内在价值,将会使整个法律体系陷入瘫痪和崩溃的境地。从这个意义上讲,内在价值所具有的体系化属性,将会使得外在价值很难压倒内在价值,否则,即使法律所服务的外在价值得到保护,但随之而来的"摧毁法律体系"的代价也会远远重于被保护的那个外在价值。(2)由于法律的外在价值是法律意欲实现的独立于法律之外的价值,因此,外在价值一定是以内在价值(法律存在的形式条件)为基础的,在否定内在价值基础上去实现法的外在价值,这在逻辑上本身就处于自相矛盾之中。[③]

---

① 张文显:《二十世纪西方法哲学思潮研究》,法律出版社2006年版,第508页。
② [德]古斯塔夫·拉德布鲁赫:《法律智慧警句集》,舒国滢译,中国法制出版社2001年版,第167—172页。
③ 徐显明主编:《法理学原理》,中国政法大学出版社2009年版,第293页。

但是,在极端特殊的情形下,如果坚持法的内在价值,即捍卫法的严格性和确定性,而会导致法的最起码的外在价值及其道德品质的丧失,比如导致个案结果的极端不正义,则采用一定的方式和基于充足的理由而优先保护法的外在价值,这种情形在实践中是存在而且可以得到理解的,比如第二次世界大战后一系列战犯案件和告密者案件的审判。

(二) 法律外在价值相互之间的冲突解决

理想的社会是一个宽容的社会,不同的价值主张可以"合而不同",不同的利益可以彼此共存,这也是立法者的理想。例如,我国《宪法》第 51 条规定:"中华人民共和国公民在行使自由和权利的时候,不得损害国家的、社会的、集体的利益和其他公民的合法的自由和权利。"然而,事实的情况是,在一个法律内部,在一项公共行动中,在一件纠纷解决中,往往存在着相互冲突的价值,存在相互抵触的利益,那么,人们应该如何去化解这种法的外在价值的冲突,如何协调不同的利益呢?是否存在着一套解决价值冲突的法律标准或原则?

一般来说,传统的解决法的价值冲突的原则主要有:(1) 利害原则,即"两利相较取其大,两害相较取其轻。"这是古今中外公认的基本原则,以人趋利避害的本性为基础。(2) 苦乐原则,也就是避苦求乐的功利主义原则,以边沁为代表。按照这种原则,法的价值冲突处理,应以增加幸福减少痛苦为标准。(3) 法的价值等级体系论。即将法律的所有价值按照一定的标准进行先后排序,当不同价值发生冲突时,应保护更优先的价值。(4) 法的价值中心论。即确定一种价值为中心,比如自由或平等,而其他价值的安排应以此价值为核心。①

借鉴以往思想家的观点,结合社会发展的需要,笔者认为,在解决法的外在价值冲突的问题上,可以采纳的原则主要有如下几个:

第一,价值位阶原则。这是指在不同位阶的法的价值发生冲突时,主要的价值优于次要的价值,基本的价值优先于一般的价值。就现代社会法的基本价值而言,主要包括自由、秩序与正义,"秩序是人类生存的基本条件,自由是人类生存和发展的必须,正义是人类社会得以维持的保证。"②相对于秩序、自由、正义而言,其他的价值如效益、利益等,则属于基本价值以外的一般价值和相对次要的价值。但是,即使同属基本价值,其位阶顺序也不是并列的。一般而言,自由代表了人的最本质的人性需要,它是法的价值的顶端;正义是自由的价值外化,它成为自由之下制约其他价值的法律标准;而秩序则表现为实现自由、正义的社会状态,必须接受自由、正义标准的约束。因而,在以上价值之间发生冲突不可兼顾时,就可以按照一般公认的位阶顺序来确定何者应优先适用。

当然,法的价值的位阶顺序,在不同的时期、不同国家和不同学派那里,可能会有不同的结论。例如,在法律的公平与效益的价值冲突中,有法学家认为,公平是较高的价值,是一个健康社会最基本的美德,因此,不能舍弃公平而追求效益。比如罗尔斯就指出,一个社会无论其效益多高,如果缺乏公平,那就不能认为它是理想的。而另一些法学家则认为,效益应当是评价和选择政策和法律的首要标准。比如英国学者拉斐尔就说:效益是一个普遍公认的价值,依据效益标准分配财富是"值得的"。如果资源是稀缺的,就应该分配给能够使有限资源价值极大化的那些人。③ 简单说,在发财的要求面前,公平应该退居第二位。

---

① 卓泽渊:《法的价值论》,法律出版社 1999 年版,第 657—660 页。
② 同上书,第 663 页。
③ D. D. Raphael, Justice and Liberty, Athloner Press, 1980, p. 95.

第二,个案平衡原则。这是指在处于同一位阶上的法的价值之间发生冲突时,必须综合考虑主体之间的特定情形、需求和利益,以使得个案的解决能够适当兼顾双方的利益。也就是说,个案平衡的原则不希望出现为了一个价值而牺牲另一个价值,主张应在不同的利益要求之间寻求兼顾和平衡。

> 北京市高级人民法院《关于印发农村私有房屋买卖纠纷合同效力认定及处理原则研讨会会议纪要的通知》指出:在审理涉及农村私有房屋买卖的合同纠纷案件时,"首先,要全面考虑到合同无效对双方当事人的利益影响,尤其是出卖人因土地升值或拆迁补偿所获利益,以及买受人因房屋现值和原买卖差价的差异造成的损失;其次,对于买受人已经翻建、扩建房屋的情况,应对其添附价值进行补偿;最后,判决返还、腾退房屋同时应注意妥善安置房屋买受人,为其留出合理的腾退时间,避免单纯判决腾退房屋给当事人带来的消极影响。"在上述不同利益主体之间并不存在孰优孰劣之分,因而需要兼顾各方,上述规定就主要体现了个案平衡原则。

个案平衡原则的实现需要执法者和裁决者综合考虑各方要求,尽量实现不同利益兼顾的方案。例如,在行政诉讼裁判中,法官应当审视这样一些因素:首先,因行政执法行动将受到影响的私人利益;其次,通过所诉诸的程序而错误剥夺此类利益的风险;再者,政府的利益,包括涉及的职能和其他的或替代的程序要求将需要的财政及行政方面的负担。由此可以看出,在有关行政诉讼案的处理上,法院并不以"公共利益"作为绝对高于"个人利益"的价值标准来看待,而是结合具体情形来寻找两者之间的平衡点。

第三,比例原则。价值冲突中的"比例原则",是指"为保护某种较为优越的法价值须侵及一种法益时,不得逾越此目的所必要的程度"①。例如,为维护公共秩序,必要时可能会实行交通管制,但应尽可能实现"最小损害"或"最少限制",以保障社会上人们的行车自由。换句话说,即使某种价值的实现必然会以其他价值的损害为代价,也应当使被损害的价值减低到最小限度。

比例原则作为处理法律价值冲突的基本方法,在法律中得到诸多体现。比如,我国《刑法》第20条规定:"为了使国家、公共利益、本人或者他人的人身、财产和其他权利免受正在进行的不法侵害,而采取的制止不法侵害的行为,对不法侵害人造成损害的,属于正当防卫,不负刑事责任。正当防卫明显超过必要限度造成重大损害的,应当负刑事责任,但是应当减轻或者免除处罚。"另外,联合国《公民权利和政治权利公约》第4条也规定:在社会紧急状态威胁到国家的生命并经正式宣布时,本公约缔约国得采取措施克减其在本公约下所承担的义务,但克减的程度以紧急情势所严格需要者为限,此等措施并不得与它根据国际法所负有的其他义务相矛盾,且不得包含纯粹基于种族、肤色、性别、语言、宗教或社会出身的理由的歧视。

第四,效益和成本原则。在法的价值冲突时,对不同的处理方案的选择也需要考虑效益和成本,最终的方案应能保证较大的效益而牺牲较小的成本。当然,这里的效益和成本,不能将其狭隘的理解为金钱或物质财富,它还应该包括社会效益、精神效益、文化效益等。

---

① 〔德〕卡尔·拉伦茨著:《法学方法论》,陈爱娥译,台湾五南图书出版公司1996年版,第320页。

一、推荐阅读文献

1. 〔美〕彼得·萨伯：《洞穴奇案》，陈福勇、张世泰译，生活·读书·新知三联书店2012年版。

2. 〔美〕托马斯·卡思卡特：《电车谜题：该不该把胖子退下桥》，朱沉之译，北京大学出版社2014年版。

3. 孙笑侠：《法的形式正义与实质正义》，载《浙江大学学报（人文社会科学版）》1999年第5期。

4. 付子堂：《关于自由的法哲学探讨》，载《中国法学》2000年第2期。

二、课后教学活动

1. 2003年12月，苏州市民政局、公安局、城管局联合发布《关于加强对城市生活无着的流浪乞讨人员救助管理的通告》，禁止在火车站、三星级以上宾馆周边繁华街区以及风景旅游区、重要公务活动场所、交通要道进行乞讨。据城管局负责人介绍，对不听劝阻的乞讨者，要遣送到民政部门。对屡劝不听者，还可以进行罚款、治安拘留、移送回原籍，严重的将追究刑事责任。

问题：乞讨是否是一种自由或权利，如果是，它是否应受到限制，应受到什么样的限制？

2. "撞了白撞"，是指行人和骑车者违章导致交通事故，在机动车无过错情况下，应由行人和骑自行车者负全部责任。沈阳市政府1999年颁布的《沈阳市行人与机动车道路交通事故处理办法》和2002年上海市政府颁布的《关于本市道路交通事故严格依法定责、以责论处的通告》，都属于"撞了白撞"的立法代表。比如，沈阳市政府就规定，以下五种情况发生时行人负全部责任（上海的规定与此类似）：行人闯红灯与机动车发生交通事故，机动车方无违章行为的，行人负全部责任；行人因跨越隔离设施或不走人行横道线，与机动车发生交通事故，而机动车方无违章行为的，行人负全部责任；人在机动车道内行走，与机动车发生交通事故，机动车方无违章行为的，行人负全部责任；在封闭式机动车专用道或专供机动车通行的立交桥、高架桥、平台桥等道路上，行人与机动车发生交通事故，机动车方无违章行为的，行人负全部责任；行人在机动车道内有招停出租车、逗留等妨碍机动车通行的行为，发生交通事故，机动车方无违章行为的，行人负全部责任。

上述法规出台后，"行人承担全部责任"的规定，引起了全国各界的纷纷议论，大加褒奖者有之，嗤之以鼻者有之，媒体也进行了系列跟踪报道，愈"炒"愈烈，沸沸扬扬。

问题：在上述材料中，存在着什么样的价值或利益冲突？上述地方立法公正吗，你认为该怎么更好地解决这个问题？

第八讲

法律文化与法律传统

> 一切法律中最重要的法律,既不是刻在大理石上,也不是刻在铜表上,而是铭刻在公民的内心里。
>
> ——〔法〕卢梭

在漫长的文明史上,人类不仅创造了金字塔、长城这样的物质文明,创造了希腊悲剧、《红楼梦》这样的精神文明,还创造了《汉谟拉比法典》《十二铜表法》《唐律疏议》这样的法律文明。法律是一种文化,影响着人类生活,法律更是一种传统,代代流传,推陈出新,从而形塑着人类历史。

第一节 法律文化

一、作为文化的法律

法律是一种社会规范,同时也是一种文化现象。法律不是天然形成的,它是人类创造性劳动的产物,当我们站在法律内部用律师或法官的目光来看法律时,我们看到的是有关权利、义务、惩罚等内容的规则体系,而当我们站在法律之外用同情和欣赏的历史目光来看法律时,我们看到的,则是一种以法律为主题的多层次多方面的文化现象。法律文化同艺术、文学、饮食、服饰、建筑一样,是人类整体文化中的重要组成部分。

法律文化是在人类创造法律的劳动中不断积累和沉淀下来的,是历史的产物,也是民族的产物。作为文化的法律不同于具体的法律规定,后者是随时可能被修改和废止的,而前者即法律文化则是从长期的历史生活的筛选中流传下来的有价值的东西,它经由历史而产生,并经由历史赋予了它超越时空的生命力;世界各国的法律文化具有共同性,但更存在差异和个性,法律文化是和特定民族的生活、历史、习惯、自然环境息息相关的,法律文化是一种地方性知识,每个民族和国家都有属于自己的法律文化。

一般来说,法律文化包括三个层面,或者说,法律文化以三种不同的形态存在:

第一是物质层面或器物层面的法律文化,主要指法庭、监狱、看守所、法官服饰、司法设备等方面。在古代中国,法庭要布置的威严,要摆设刑具,在英美国家,法官和律师要带上假发穿上长袍,这都是法律文化的体现。

第二是制度层面的法律文化,主要指法律制度、政治制度以及人们在社会交往中约定俗成的风俗和习惯,譬如诉讼制度、审判制度、交易规则等。制度层面的法律文化,其载体和形式主要是国家颁发的法律。在古巴比伦,曾经有《哈穆拉比法典》,在古罗马,有《十二铜表法》,在古印度,有《摩奴法典》,而在古代中国,则有战国的《法经》、南北朝的《北齐律》、大唐的《永徽律》、明清时期的《大明律》和《大清律例》等,这些伟大的法典,如同一砖一瓦,堆砌出人类法律文化的长城。

第三是精神层面的法律文化,这是法律文化结构中较深的一个层次,主要包括法律观念、法律思维、法律意识、法律学问等内容。譬如,在古代社会,司法官员坚持"宁可错杀,不可放纵",因此大量进行刑讯逼供,而在现代社会,法官坚持"无罪推定"和"疑罪从无",谨慎而人道地对待每一个犯罪嫌疑人,这反映出两种截然不同的法律观念和价值标准。

在精神层面的法律文化中,法律意识是一个非常重要的部分。法律意识就是人们对法律问题、法律现象的看法和观点。人的认识有感性和理性两种或者说两个阶段,相应地,法律意识又可分为法律心理和法律思想。法律心理即是人们对法律和法律现象的感性认识,具有表面、直观、简单、自发的特点,往往直接与人们日常的法律生活相联系;法律思想是人们对法律和法律现象的理性认识,具有系统化、理论化、学术化的特点,它的最常见的表现形式是法学家的著作、论文。

在一定意义上,法律意识是衡量一个人、一个团体、一个国家以至整个社会文明和法治程度的标准之一。一个人没有法律意识虽然不能说就是法盲,但他作为一个现代的文明人肯定是不合格的,我们不要求也做不到让每个人成为法律专家,但文明社会尽是没有法律意识的人也是不可想象的。在以经济活动为主的现代社会中,一个团体如果缺乏法律意识,它的行为势必很容易陷入越轨之中,从而给社会的有序运转带来障碍、制造摩擦,也使团体本身的效能大为下降。一个国家和社会没有法律意识,这在事实上是不可能的,历史上也是没有过的,但法律意识落后、淡薄以至仇视、否定法律的意识居主导地位的情况还是有的。这种情况的出现并不必然表明国家的反动与社会的落后,但也反映了这个国家和社会的非现代性和文明的局限性。由此,法律意识不只是简单的社会存在,甚至也不仅仅是一种可以作为工具来衡量的标准,而是内存于人类文明之中的一种必然要求和表现。①

法律文化的上述三个层次彼此相关,构成了法律文化的有机整体。从法律文化演进过程看,物质层面和制度层面的法律文化变革总是比较容易的,而精神层面法律文化的演进则相对比较滞后和艰难。

总之,法律文化来源于法律实践,同时它又对法律实践产生深远的影响,尤其是法律文化中的法律意识和法律观念,它们直接影响到法律的产生、贯彻和变迁,在很大程度上决定了法律的命运。同样一个法律事件,它可能在东亚、欧洲和阿拉伯地区的社会生活中引发完全不同的反应、评价、行动和后果,这种区别在很大程度上和法律文化相关,对这些现象的解释也必须从法律文化的角度来考虑。

如果要对法律文化下一个定义,所谓法律文化,是由特定的历史和现实决定的,以法律制度、法律器物、法律观念为主要内容的文化现象,它反应出一个民族对法律的基本立场、态度和价值取向。

二、中国传统法律文化及其现代转型

传统法律文化是在历史中逐步形成的,它承载和传递了法律的价值,沟通了不同时代的

---

① 范健、张中秋、杨春福:《法理学:法的历史、理论与运行》,南京大学出版社1995年版,第60页。

生活。然而,在现代社会,传统法律文化受到了质疑、排斥和抛弃。"现代社会中的法律放逐了信仰,驱遣了道德,脱离了文化,成为了冷酷的理性规则、管制利器和谋利工具。在所谓法律自治的'城堡'中,通行的是形式化的法律规则,适用的是程式化的诉讼程序,盛行的是实证主义与功利主义的法学义理,言说的是'天书般'晦涩难懂的法言法语。法律的世俗化、理性化、官僚化和非道德化,使法律逐渐脱离了人文关照,游离了民众情感,疏离了生活世界,偏离了日常伦理。这导致了法律的意义缺失,几乎成为了规则专政的'铁笼';造成了法律的根基丧失,几乎成为漂浮在程序中的游丝。"[1]

有鉴于此,在 20 世纪六七十年代,西方的学者开始关注法律文化的研究,期望重建法律与文化之间的联系,解决现代法律存在的危机。在中国,我们的祖先留下了丰富的法律文化资源,而我们现代法制的建设正在起步阶段,吸取西方的教训,必须认真对待我们的传统法律文化。

(一)中国传统法律文化的基本特征

中国法律文化的产生最远可以溯源到原始社会的尧舜禹时代,到隋唐时期则达到了高度繁荣的巅峰阶段,历经了数千年历史浪涛的冲刷、起伏和沉淀,许多东西一直流传到了今天。

其一,礼法结合、德主刑辅。

在中国古代社会,儒家的法律思想一直占据着统治地位,其核心内容是主张礼法结合、德主刑辅。在治理国家的根本问题上,儒家创始人孔子极力宣扬"礼治",鼓吹仁义,要求人们遵守礼制,做到"非礼勿视,非礼勿听,非礼勿言,非礼勿动"。"礼"实际上是一套道德规范和行为模式,而"礼治"的实质就是强调道德教化应成为治理国家的主要手段,而作为暴力手段的法律只能是辅助性规范,也就是所谓的"德主刑辅"。在这样的法律传统下,法律和道德的关系相当密切,法律的内容必须符合道德的标准,法律是保障礼教实施的外在力量。德主刑辅的理念并不反对刑罚,而是反对专任和随意的刑罚。这种理论认为,刑罚的强制作用,只能使人不敢犯罪,而道德的教育作用,却可使人对犯罪产生羞耻感而不愿犯罪。刑罚只能惩治于犯罪之后,而德教却可以禁犯罪于未萌。与强调道德教化相伴随,古代法律特别重视法律实施中人的因素,执法者本身应当是有德之人,清正廉明,恭行天理,执法如山,包公和海瑞是古代司法官员的标准和楷模。

其二,等级有序、家族本位。

中国古代社会是一个严格的等级社会,礼教的首要内容就是"君君、臣臣、父父、子子"等宗法等级身份,每一个人在社会中都有其固定的身份,而每种身份都有一个固定的模式和样子,每一个人都必须服从这种身份安排,并尽力按照已有的模式和样子扮演好自己的角色,做到"父慈、子孝、臣忠、君仁";中国古代社会又是一个家族本位的社会,家族是构成社会和国家的基本甚至唯一单位,而国家本身也不过就是一个大家族和"家天下",家族中的每一个个人并不是他自己,而是隶属于某个家族的"成员"。儒家讲究"忠孝","忠孝"就是维护家族地位和家族秩序的精神力量。与这样的社会形态相呼应,古代法律以维护等级制度和家族利益为根本目的,在这样的法律制度里,个人本身没有广泛的个性自由,甚至没有特别独立的人格,个人是作为某个等级和某个家族的一员被镶嵌到法律中来的,为了社会秩序和家族

---

[1] 〔意〕D. 奈尔肯编:《比较法律文化论》,高鸿均等译,清华大学出版社 2003 年版,"译者前言"第 8 页。

利益,个人必须服从和忍耐。

其三,重视调解、无讼是求。

在中国古代社会,基于熟人社会的背景,基于儒家"和为贵"的价值准则,在发生纠纷时,老百姓更乐意通过乡绅的调解而不是官府的诉讼来解决。对于普通百姓来说,对簿公堂不仅要遭受身体的刑讯痛苦和衙役们经济上的盘剥,而且更重要的是会丢脸,会被乡邻看成是一个喜欢招惹是非的不老实的"刁民";同时,对于皇帝和官员们来说,老百姓动辄就打官司也是一件很讨厌的事,会败坏道德和礼教的文质彬彬和道貌岸然,而且还会间接损害到国家统治的基础,会破坏安定团结的大好局面。因此,在民间和官方的双重力量主导下,古代中国是一个"厌讼"的国家,在发生普通纠纷时,不伤脸面和无损权威的调解成为人们的第一选择。

(二) 传统法律文化的现代转型

中国法制现代化经历了一百年的发展,已经走到了一个关键的路口。中国建设法治国家的历史任务能否顺利完成,既取决于我们对未来的设计和选择,也取决于我们对过去的检讨和继承。

应当说,中国传统法律文化是在专制的政治体制下产生的,是和人治的社会形态相适应的,在今天这个提倡民主和法治的时代,传统的法律文化总体上是被批判和否定的,如果没有这样的批判、否定甚至革命,我们的法治事业就没有希望。

但是,否定不是简单的抛弃,而是要有放弃,要有绝决,也要有继承,有依恋,有拯救,有利用传统和借鉴传统基础上的创新。换句话说,当代中国的法治现代化转型,要从传统法律文化中吸取营养,要从本土资源中发现希望。

> 明朝时期,我国的调解制度已经趋于完善。明清的乡约里正都负有解讼之责,"每当会日,里长甲首与里老集合里民,讲谕法令约规,莫敢无故不到者,或者置有申明亭,里民不孝不悌,或犯奸盗者,榜示姓名于上,发其羞恶之心,而改过自新者则去之;里老于婚户田土细故,许其于申明亭劝导而解决之"。明中后期,各地又推行"乡约"制度,每里为一约,设"圣谕"、"天地神明纪纲法度"牌位,每半月一次集合本里人,宣讲圣谕,调处半月来的纠纷,约吏记录,如当事人同意和解,记入"和薄",不同意者可起诉至官府。

比如,调解是传统社会中人民群众喜闻乐见的纠纷解决方式,"京控"或"告御状"(上访)是封建社会中遭受冤屈的老百姓最后的可以采取的救济手段,这两种制度及其文化在古代社会长期盛行不衰,并且产生了积极的社会效果。到了现代社会,人们认为解决纠纷的最重要和最权威的途径应该是司法诉讼。与司法相比,调解和上访确实具有很多"硬伤":欠缺明确和科学的程序,大量考虑道德因素和社会舆论,忽视当事人的平等地位和实体权利,依赖于青天老爷手中的权力,间接损害司法独立和司法权威等。因此,很多人提出在现代社会中要减少调解和信访的运用,要把纠纷解决的工作完全交给法院来承担。然而,由于诉讼本身也存在着弊端以及现代社会纠纷的多样性和主体需求的差异,诉讼不可能也不应该垄断所有的纠纷解决。大概在20世纪60年代,在西方发达资本主义国家掀起了一场替代性纠纷解决机制——又叫ADR(Alternative Dispute Resolution)——的运动,人们开始关注司法诉讼之外的其他纠纷解决手段,在这其中,人们对传统中国的调解制度非常感兴趣。经过法律上的改造,调解已经成为诉讼之外的重要而高效的纠纷解决机制,其适用范围包括民事纠纷、商业纠纷、劳动纠纷、国际纠纷等。

与此同时,来源于古代"京控"制度的信访在今天也依然具有强大的生命活力,对于普通公民来说,通过信访解决问题形式简单,费用低廉,而且没有特殊的程序要求;对于政府来说,信访能够加强官员和群众的沟通,有助于获得真实信息并缓解社会紧张情绪,因此它是一种符合中国国情的纠纷解决、民主表达和人权救济机制[①],经过合理设计和有效引导,信访制度完全可以在当代社会治理中有所作为。

总之,在推进法制现代化和实施法治国家的历史进程中,中国人要学会善待自己的法律历史,要善于发掘自己的本土法治资源,要避免盲目模仿他人,从而在追逐和模仿中失去了自己。

第二节 民法法系与普通法系

法系(legal family),是法学史上一个重要的概念,也是我们了解世界法律文化的一把钥匙。一般来说,法系可以理解为若干国家和特定地区具有某种共性或共同历史传统的法的总称,一个法系,就是一个法律的家族。在世界法律文明的长河中,曾经出现过许许多多的法系,包括美索不达米亚法系、希伯来法系、古埃及法系、希腊法系、凯尔特法系、印度法系、伊斯兰法系、中华法系、英美法系和大陆法系等。在这其中,一直存续到今天并对近现代法律发展产生重大影响的当属英美法系和大陆法系,它们是西方法律领域最具代表性的两大法律家族。

一、大陆法系:罗马的幽灵

(一)大陆法系的形成

大陆法系,有时候又叫罗马法系、民法法系、罗马日耳曼法系,是指以古代罗马法为基础和渊源而发展起来的主要集中在欧洲大陆的各国法律的总称。

像其他法系一样,大陆法系也是历史的产物,它经历了一个长期的形成和发展过程。大体上说,大陆法系起源于古代罗马法;在中世纪中期,伴随着罗马法在欧洲大陆的复兴,并受到当时教会法、习惯法和商法的影响,大陆法系得到了初步发展;到了17、18世纪,在资产阶级革命运动以及启蒙思想的刺激之下,大陆法系又得到了进一步发展。19世纪,法典编纂运动在欧洲大陆广泛展开。大陆法系的影响逐渐超出欧洲大陆而扩展到世界其他地区,大陆法系终于成为西方世界主要法系之一。[②]目前,属于大陆法系的国家主要有:法国、德国、葡萄牙、荷兰等欧洲大陆国家;非洲的埃塞俄比亚、南非、津巴布韦等;亚洲的日本、泰国、土耳其等;甚至包括英美法系国家的一些地区也属于大陆法系的成员,比如加拿大的魁北克省、美国的路易斯安那州、英国的苏格兰等。

罗马法是大陆法系最古老的法律渊源。这里所说的罗马法,指的是从罗马奴隶制社会逐渐形成到公元534年东罗马帝国皇帝查士丁尼编纂《民法大全》前后大约十个世纪的法律。其中,《民法大全》由《查士丁尼法典》《法学阶梯》《学说汇纂》和《查士丁尼新律》四个部

---

① 李红勃:《人民信访:中国式人权救济机制》,载《人权》2006年第2期。
② 沈宗灵:《比较法研究》,北京大学出版社1998年版,第78页。

分组成,比较完整和系统地保留了罗马法的精华。《查士丁尼法典》,是一部法律汇编,将历代罗马皇帝颁布的敕令进行整理、审订和取舍而成。《查士丁尼法学总论》,又叫《法学阶梯》,它以法学家盖尤斯的《法学阶梯》为基础加以改编而成,是阐述罗马法原理的法律简明教本,也是官方指定的"私法"教科书,具有法律效力;《查士丁尼学说汇纂》,又叫《法学汇编》。这是一部法学著作的汇编,将历代罗马著名法学家的学说著作和法律解答分门别类地汇集、整理,进行摘录,凡收入的内容,均具有法律效力。《学说汇纂》是《国法大全》中篇幅最多、价值最重的部分。查士丁尼皇帝死后,法学家汇集了他在位时所颁布的敕令168条,称为《查士丁尼新律》。以上四部法律汇编,至公元12世纪被统称为《国法大全》,因其内容主要是民法,所以也称其为《民法大全》。《国法大全》的问世,标志着罗马法发展到最发达、最完备阶段,形成了西方古代法律文明的高峰。

从其内容上看,罗马法以私法为主,包括人法、家庭法、继承法、财产法、侵权行为法、不当得利法、契约法等。这些法律制度与19世纪欧洲大陆出现的民法典有着密切的关联,它们都涉及了相同的一些问题和关系。西欧大陆的法学家认为,围绕着这些问题和关系形成的法律规范在整体上就是"民法"。在他们看来,"民法"是基本法,它构成了法律制度的基本内容,民法典就是法律的真正心脏。大陆法系的主要法律概念、基本法律结构和主要法律制度无一不是直接从民法中推演出来的。基于此,大陆法系才又被人们称为"民法法系"。

在欧洲,随着罗马帝国的衰亡,查士丁尼的《民法大全》及其所代表的古代罗马法也陷入了长久的沉寂。实际生活中适用的罗马法均是意大利半岛的各民族翻译过来的原始和粗糙的节本——又被称为"粗俗"的罗马法。据说在公元1135年左右,意大利人在战争时获得了《民法大全》部分手抄本。15世纪,抄本又转归佛罗伦萨城并由劳伦廷图书馆珍藏。随着古罗马法律典籍的发现,研习法律的学术风气在欧洲大陆又一次被掀起。民法学者将其称为"罗马法复兴"。这一文化运动肇始于11世纪晚期的意大利波伦亚城,并逐渐扩展到欧洲大陆的许多地区。

在罗马法复兴的过程中,罗马法的概念、原则、制度和精神逐渐与当时的社会实际结合在一起,被西欧大陆的多数国家所接受。罗马法因而成为大陆法系法律制度最重要的历史渊源。除罗马法以外,欧洲当时的习惯法、教会法和商法也对大陆法系的发展产生了不同程度的影响。

17、18世纪,资产阶级革命遍及欧美各国。革命推翻了封建制度,削弱了教会的势力,也打击了地方割据力量,从而使原本复杂的权力格局和法律制度变得简单;权力开始集中于主权国家,它也是法律产生的唯一来源。形形色色的法源被废止。古罗马法、习惯法、宗教法都成为历史的陈迹,此后的一切法律都是国家制定的成文法。革命为西欧各国早已开始的国家法律统一活动扫除了障碍,为19世纪大规模的法典编纂运动奠定了基础,而在此轰轰烈烈的法典编纂运动中,罗马法的精神、原则、概念被新兴资本主义国家立法所继承和吸收,成为新时代法律的渊源。

近代以来,罗马法的影响超出了欧洲,遍及亚、非、北美各国,形成了具有世界影响的大陆法系。德国、法国等都以罗马法为基础,结合本国的实际情况,先后制订了民法典。法国1804年的《拿破仑法典》就是以罗马法《法学阶梯》为蓝本,从结构、体系、内容、基本原则到法律术语均继承了罗马法,德国1900年实施的《民法典》,同样渊源于罗马法,具有"现代罗马法"之称。这两部民法典相继出现,如两根大理石柱,支撑起了大陆法系的辉煌大厦,成为大陆法系在世界范围内崛起的标志。

(二)民法典:大陆法系的基石

在大陆法系国家,人们一般认为,国家立法机关所颁布的成文法才是国家法的正式渊源。司法机关适用法律所作出的判例并不被认为是法的正式渊源。这一法律渊源理论与盛行于17、18世纪的权力分立学说有着密切的关系。根据权力分立学说,国家的立法权和司法权必须严格地加以区分。立法权由民选的立法机关所掌握,也只有这一机关才能反映人民的意志。掌握司法权的法院和法官只能在立法机关所创制的法律的约束下活动。法官在审判案件时不得把以往的司法判例作为法律加以引用,否则,就违反了权力分立原则,并会导致国家权力的滥用。严格的分权原则使司法的权力受到重大限制,也使得判例只能作为法的非正式渊源而存在。

而在国家所颁布的各种类型的成文法中,法典长期起着主导作用。大陆法系的学者一般认为,法典基本上指一种成文的作品,它用于对广泛的法律领域里最根本的原则和基础规范作权威性的陈述,诸如整个私法、商法,或者刑法,以及整个刑事或民事诉讼法。在一定意义上说,体系庞大、内容繁复的法典之所以能够在大陆法系国家占据主导地位,是当时法律实践的需要。既然只有立法机关才有权创造法律,司法机关不能通过创造判例的方式间接地产生法律,那么,立法机关所创制的法律就必须对社会生活进行全面调整,同时该法律从形式上必须是完整清晰、逻辑严密的。否则,就必然造成法官造法。"这是因为,第一,如果法官需要处理一个法律未加规定的案件,那他实际上就要立法,但这种做法是与严格的分权原则相违背的。在这种情况下,势必要求立法机关制定出完美无缺的法律。第二,如果法典中的条文互相矛盾,需要法官选择对案件事实更为适用的规定,那么这样做又形成法官立法。为了避免这类情况的发生,就要求法典规定本身不能有任何矛盾。第三,如果允许法官对模棱两可或者含混不清的法律条款确定其真正含义,那就无异于承认法官立法。因此,这又要求法典的规定必须明白无误。"①

内容广泛、结构严密、体系完备、表达严谨的法典除了有利于防止给法官提供创制法律的机会,而且有利于实现一国法律的统一。在政治革命爆发之前,欧洲大陆许多国家都处于严重的封建割据状态,其法律制度也是分散的。一个国家之内的不同地区拥有各自独立的法律系统,以至于"每当驿站换马,法律亦随之变化。"为了结束这种状态,建立一个强大而统一的国家,也需要立法者制定思虑周详、符合全国情况、普遍适用的法典。

1.《法国民法典》:拿破仑的伟大法典

拿破仑执政后,于1800年成立了民法典起草委员会,四个月写出草案,交司法机关征求意见后,送立法机关审议。在拿破仑的直接干预下,立法机关通过了法典草案。1804年,拿破仑签字正式颁布实施,定名为《法国民法典》,也称为《拿破仑法典》。

《法国民法典》确立了四个基本原则:(1)全体公民民事权利平等的原则。这是"天赋人权"理论在民法中的体现。(2)资本主义私有财产权无限制和不可侵犯的原则。法典对所有权明确的定义强调了所有权具有绝对无限制的特点。(3)契约自由的原则,即契约一经有效成立,不得随意变动,当事人须依约定,善意履行。(4)过失责任原则,即承担损害赔偿责任以过失为基础。

---

① 〔美〕约翰·亨利·梅利曼:《大陆法系》,顾培东、禄正平译,法律出版社2004年版,第32—33页。

拿破仑皇帝

《法国民法典》继承传统,又有超越,具有自己的鲜明特点:它是一部典型的资产阶级早期的民法典。在法典中,与自由竞争经济条件相适应,体现了"个人最大限度的自由、法律最小限度的干涉"这一立法精神;与此前的传统法律相比,《法国民法典》全面贯彻了资产阶级民法原则,具有鲜明的革命性和时代性;法典保留了若干旧的残余,在一定程度上维护了传统法律制度;法典在立法模式、结构和语言方面,也有特殊性,带有拿破仑和法兰西的浓厚色彩。

《法国民法典》是资本主义社会第一部民法典,是大陆法系的核心和基础,对法国以及其他资本主义国家的民法产生了深远影响。随着法国的扩张,《法国民法典》的影响还传播到美洲、非洲和亚洲等广大地区。

2.《德国民法典》:德国法学家的经典之作

19世纪初期,围绕着《德国民法典》的制定,法学家们展开了激烈的争论。多数法学家提出应尽快制定全德通行的民法典,以法律的统一促进国家的统一。但历史法学派的代表人物萨维尼反对匆忙制定民法典,其主要理由包括:法律是民族精神的产物,每个民族都有其特有的法律制度;法律是分阶段发展的,德国仍处于第二阶段,制定民法典为时尚早;法典这种法律形式本身存在局限性,任何法典都不可能涵盖全部社会生活和预知一切未来。

19世纪中后期,制定德国自己的统一民法典已是大势所趋、众望所归。围绕民法典的制定,历史法学派内部又出现了日耳曼法学派和潘德克顿法学派的争鸣。日耳曼法学派认为日耳曼习惯法是德意志民族精神的体现,而潘德克顿法学派则强调罗马法是德国历史上最重要的法律渊源。最终,潘德克顿法学派在争论中胜出,他们倡导的按照罗马法《学说汇纂》的"五编制"体例,为《德国民法典》所采用。

1874年,德国联邦议会成立了11人组成的法典编纂委员会,开始正式编纂民法典。委员会成员主要由法学家组成,历经13年完成了民法典第一草案,但这个草案受到多方批评。于是,联邦议会又成立了新的法典编纂委员会,吸纳各方意见后,经过5年时间制定出第二草案。随后又经过多次争论与修改,终于在1896年通过,1900年起正式施行。

《德国民法典》是19世纪末自由资本主义向垄断资本主义过渡时期制定的法典,也是德国资产阶级和容克贵族相妥协的产物,具有鲜明的时代特征。(1)法典适应垄断资本主义经济发展需要,在贯彻资产阶级民法基本原则方面有所变化。首先,法典肯定了公民私有财产权不受限制的原则;其次,法典肯定了资本主义"契约自由"原则,并直接保护资产阶级和容克贵族对雇佣劳动者的剥削;最后,在民事责任方面,法典也确认了"过失责任"原则。(2)法典规定了法人制度。《德国民法典》中单独规定了法人制度,承认法人为民事权利主体,依法独立享有民事权利和承担民事义务。这是资产阶级民法史上第一部全面规定法人制度的民法典。(3)法典保留了浓厚的封建残余。其主要表现在:以大量篇幅对容克贵族的土地所有权以及基于土地私有而产生的其他权利,如对地上权、地役权等加以特别保护;在亲属法方面,保留有中世纪家长制残余。(4)由于《德国民法典》主要是学者主导,耗时多年精雕细琢,因此法典在立法技术上相当先进,体系完备、逻辑严密、概念科学、用语精确。

总之,《德国民法典》是资产阶级民法史上的一部重要法典,它的颁行对统一德国法制作用巨大,并成为德国民法发展的基础。《德国民法典》是资本主义世界出现的最有影响的民法典之一,它体系完整、用语精确,既体现了自由资本主义时期民法的基本原则,又反映了垄断时代民法的某些特征。《德国民法典》是德国在统一后编纂的五部法典中最成功的一部,它以独特的风格出现在世界立法史上,打破了《法国民法典》近一个世纪的垄断,被多个国家和地区借鉴移植。因此,《德国民法典》的产生,使大陆法系划分为法国支系和德国支系。

(三)国家职权主义:大陆法系的诉讼模式

与其他法系尤其是英美法系相比,大陆法系的特别之处不仅体现在它的法律形式和法律结构上,而且表现在它的诉讼机制与诉讼模式方面。

大陆法系国家的诉讼模式一般都具有国家职权主义的特点。国家职权主义是和当事人主义相对应的,前者强调法院应在诉讼中代表着国家发挥积极主动作用,而后者则认为当事人才是诉讼的真正主角,法院只是消极中立的裁判者。从历史渊源上看,欧洲大陆曾经存在的"纠问式诉讼"是引发职权主义诉讼模式的重要原因。"纠问式诉讼"具有如下特点:诉讼的开始,不是根据被害人或他人的起诉,而是由法院通过侦讯和审判主动启动的;在诉讼过程中,法院同时扮演原告和审判者双重角色,被害人只是证人,被告人在诉讼活动中仅仅是受拷问的对象,对于法院的审讯没有任何辩护和防御能力。"纠问式诉讼"发端于罗马帝国时期,在中世纪时曾受到天主教会的推崇,自13世纪开始盛行于欧洲大陆各个国家,体现这种诉讼模式的最典型法律是德国1532年的《加洛林纳法典》。

在传统的"纠问式诉讼"中,掌握国家司法权的机关占据绝对优势地位,它可以依职权控制全部诉讼活动。这种诉讼模式有利于统治者主动介入和干预社会生活,维护社会秩序,但是,它也容易引发刑讯逼供、秘密审判等专横擅断的行为。

随着启蒙运动和资产阶级革命的兴起,"纠问式诉讼"方式逐渐被法、德等国所废止。提起控诉、进行审判的权力分别由不同的机关掌握,审判应当公开,被告人享有辩护权以及禁止刑讯逼供等法律规定被吸纳到新的诉讼模式之中。不过,大陆法系国家的诉讼模式仍然具有职权主义特点,这一特点在案件事实认定方面有着最为明显的表现。在大陆法系国家的现代诉讼活动中,法院——或者说职业法官——对证据的调查仍占主导地位。当事人并不直接对抗,而是将问题提交法官进行审查;法官直接对当事人、证人加以询问,当事人采用反询问对方证人的做法并不能以常规的方式出现。在整个诉讼过程中,法官代表着一种积极的力量、一种家长式的权威①,他们积极参与举证活动,帮助当事人双方理顺法律问题,并在此基础上形成最终的判决。

总而言之,在国家职权主义的诉讼模式中,法官是真正的王侯,是整场诉讼演出的总导演和设计师。

三、英美法系:大法官的智慧

(一) 英美法系的形成

英美法系,又称普通法系、海洋法系、判例法系,指的是以英国中世纪的法律、特别是以普通法为基础和传统发展起来的各国法律的总称。在资本主义法律体系中,英美法系与大陆法系有同等的影响,历史上有"罗马法为私法之模范,英国法为公法之典型"之说。

英美法系经历了一个长期的形成发展过程。一般认为,英美法系起源于英国12、13世纪开始出现的普通法;14、15世纪时,衡平法在英国迅速兴起。普通法和衡平法之间经历了相互冲突又相互合作的过程,并逐步走向了交融。18至19世纪,英国进行了大规模的法律改革。与此同时,英国法的影响扩大到包括美国在内的广大地区,英美等国的法律终于构成了一个具有世界性影响的法系。②目前属于英美法系的国家主要有英国(苏格兰除外)、美国、加拿大、印度、新加坡、澳大利亚、新西兰以及非洲的个别国家、地区等。

英美法系中的"普通法"是一个多义词。从宽泛的意义上说,它指英美法的一部分,即与议会颁布的制定法相对应的判例法;从严格的意义上讲,普通法指的是12世纪以来由普通法法院创制、适用和发展的判例法,它既区别于议会颁布的制定法,也区别于14世纪以来由英国大法官法院(又称衡平法法院)所创造的判例法——衡平法。

普通法的形成过程同时也是英国法律不断走向统一的过程。在历史上,英国一度被罗马统治。此后,又被日耳曼族诸部落——撒克逊人、盎格鲁人、朱特人、丹麦人——瓜分。③ 1066年,威廉一世统治下的诺曼人打败了盎格鲁撒克逊人,逐渐控制了不列颠全岛,结束了原有的各个部落的统治,威廉一世则自称为英国的主人以及盎格鲁撒克逊王位的合法继承人。一开始,他并没有立即废除英格兰原有的传统法律,而是声称尊重盎格鲁撒克逊人原有的各种地方习惯法。在司法方面,也沿袭旧制,仍由地方性的司法机关——如百户法院、郡法院、乡民大会等——继续执行职务。④然而,伴随着封建等级制度和强有力的中央王权的确立,诺曼诸王及其官吏对司法活动的影响开始越来越大。

诺曼征服后不久,诉讼一般仍向原有的地方性司法机关提出。国王只在一些特殊场合下行使"最高审判权"。这种最高审判权并不能随意干预所有的案件,以国王为核心的中央皇家管理机构——御前会议(curia regis)——也并没有全部案件的管辖权。直到12世纪和13世纪,中央皇家管理机构的权力才从对有关国事的特别管辖权,发展成为广泛的具有普遍性的司法管辖权。御前会议中则逐渐发展出了三种王室法院:财政法院(court of exchequer)、普通诉讼法院(court of common pleas)和王座法院(court of king's bench)。这三所法

---

① 〔日〕谷口安平:《程序的正义与诉讼》,王亚新、刘荣军译,中国政法大学出版社2002年版,第25—26页。
② 沈宗灵:《比较法研究》,北京大学出版社1998年版,第197页。
③ 〔法〕勒内·达维德:《当代主要法律体系》,漆竹生译,上海译文出版社1984年版,第293—294页。
④ 〔英〕阿瑟·库恩:《英美法原理》,陈朝璧译,法律出版社2002年版,第13页。

院都设在威斯敏斯特,由专业法官任职,在国王不参加的情况下,也可以主持审判。[①]作为中央一级的法院,王室法院还有权对各种地方上的法院(如百户法院、郡法院、领主法院、教会法院)实行严格的监督,有权撤销其判决。王室法院法官办案的依据,一是国王的诏书和敕令,二是分析整理后的各地日耳曼法律和习惯中公正、合理的部分。这些法官办案结束后,往往一起讨论,相互交流意见,将共同认可的一些可以作为办案依据的判例逐步加以统一。随着司法权逐渐集中于王室法官,一些被引为依据的判例便成为普遍适用于全国的法律——普通法(common law),上述王室法院则又被称为"普通法法院"。

通过判例积累起来的普通法,是一种在司法实践中发展起来的法律体系,也是一个有着严格和繁琐的程序要求的法律体系。比如,当事人要向普通法法院提起诉讼,就必须先向王室当局申请特定的诉讼开始令状(original writ)。正确地选择令状至关重要,如果选错了,法院将拒绝受理原告的起诉。自14世纪开始,这种严格按照形式主义程序运作的普通法开始面临危机。尽管法院已尽量利用类推解释来扩张法律的适用范围,但仍然有许多案件无法申请到相应的令状,得不到适当的救济,其中包括大多数契约及商业行为。当败诉的一方在不能获得王室法院的审判或对于这些法院所作处理感到不满时,往往会想到一个获得公正判决的可能途径:直接向"公正和宽恕之源"的国王申诉,由国王对这些法院的失误进行纠正。在这种场合,臣民们的申诉一般会经过大法官审查,在他认为必要时转呈国王,国王在枢密院就此作出决定。15世纪,大法官越来越成为独立于威斯敏斯特王室法院以外的法官,可以以国王和枢密院的名义独自做出判决。他们的决定,起初是考虑"个别案件的公允"而作出的,后来则变得越来越有系统。大法官所审理的案件,被称为"衡平案件"。到16世纪,随着衡平案件的不断增加,大法官官署终于发展成为与普通法法院并列的法院,即"衡平法院"或者称为"大法官法院"。大法官法院所作出的判决也逐步形成了一种与普通法并列的判例法——衡平法。[②]

衡平法的目的在于弥补普通法的不足,衡平法以"正义、良心和公正"为基本原则,以实现和体现自然正义为主要任务。这一点,可以从以下几个衡平法格言中显现出来:

  1. 平等即衡平。即对同一类人应给予相同的待遇。

  2. 衡平不允许有不法行为而无补救。如果由于某些技术上的缺陷,一种权利在普通法上不能强制实施,那么,衡平法将出面干预,以保护这种权利。

  3. 衡平法依良心行事。衡平法在处理案件时,凭借的是大法官的良心。它要求大法官按照社会的公平正义理念审理案件,作出判决。[③]

普通法院和衡平法院并列的格局在英国持续了大约四个世纪,到1873年时候,英国通过的《司法条例》最终结束了两个法院系统相互独立的局面,自此以后,同一法院可以同时适用普通法和衡平法。

随着英国的对外扩张,英国的判例法传统被不断传播到它的各个殖民地之中。曾经作为英国殖民地的美国也继受了这一法律传统,但美国人也对来自英国法律体制进行了重要

[①] 〔德〕茨威格特、克茨:《比较法总论》,潘汉典译,贵州人民出版社1992年版,第337页。
[②] 舒国滢主编:《法理学阶梯》,清华大学出版社2006年版,第243页。
[③] 由嵘主编:《外国法制史》,北京大学出版社1991年版,第471—472页。

的修正。

(二) 普通法与衡平法

普通法与衡平法之间的区分构成了英美法系所特有的基本法律分类。但是,它们并不像大陆法系的公法和私法那样处于一种截然分立的状态之中。

在衡平法兴起以前,普通法是一种独立的、自成一体的法律。但衡平法从一开始就不是一种独立的法律,它是以普通法为前提并围绕普通法而产生和发展起来的。在衡平法中有一个公认的准则:"衡平追随法律。"其大意是说衡平法并不推翻普通法,它应尽量依据普通法,仅对普通法加以补充和修改。即使衡平法中要创立自己特有的规则时,也应尽可能提出与有关普通法规则相似的规则。①这一准则说明,普通法和衡平法之间有着密切的联系。由于这一原因,普通法和衡平法并不像公法和私法那样本身就是两个相互独立、有着不同调整对象的部门法。相反,它们可以调整同一事项。比如,在合同法和财产法领域,就既有普通法所确立的规则,也有衡平法所确立的规则。衡平法规则主要用来从局部上补充、限制或者改进一些普通法规则。

在英国 1873 年《司法条例》生效以前,普通法和衡平法之间的区别主要有:两种法律分别由普通法法院和衡平法院行使,而这两类法院在案件管辖范围和诉讼机制上是存在差异的。普通法法院管辖的范围较广泛,衡平法院管辖的案件以民商事案件为限,衡平法在包括刑法在内的"公法"案件方面的影响是很有限的;普通法法院实行严格的令状制和诉讼形式,衡平法院的程序较为灵活;普通法法院在审理案件时采用陪审制,重视口头辩论,衡平法院的审判并不交付陪审团审理,重视书面审;普通法所提供的法律补救一般限于损害赔偿,衡平法的补救则可以针对当事人的行为命令其作出某种履行行为,如不服从法院命令,就可以加以惩罚;衡平法院的大法官与普通法法官相比,有较大的自由裁量权。②

在《司法条例》生效之后,英国已经不存在普通法法院和衡平法院两大系统,但是,这并没有改变普通法和衡平法两分的格局。法官在审理案件的过程中几乎都毫无例外地分别陈述这两种体系的准则;在法学教育上,普通法和衡平法也仍是不同的法律课程,代表着不同的法律原理。③就程序讲,两种法律在诉讼程序方面的传统差别大部分已不再存在,但有无陪审团参加以及用口头辩论还是书面审理,仍是区别两种法律的重要标志。④

(三) 当事人主义:英美法系的诉讼模式

与大陆法系国家不同,英美法系国家的诉讼模式一般都具有当事人主义的特征。在诉讼活动中,扮演积极角色的不是法官,而是双方当事人。面对双方当事人及其律师,法官的主要任务是在他们之间做一个中立的、消极的裁判人。庭审中法官不主动调查、询问,案件事实通过双方当事人及其律师调查证人、出示证据、进行法庭辩论等一系列活动而向法官展示。双方当事人及其律师之间的对抗贯穿整个诉讼过程;除非当事人及其律师违反诉讼程序,法官一般不干涉争讼双方的活动。在普通法系的司法审判中,法官的多嘴多舌喋喋不休不仅仅是行为不当,还有可能导致更严重的后果。

---

① 转引自沈宗灵:《比较法研究》,北京大学出版社 1998 年版,第 241 页。
② 沈宗灵:《比较法研究》,北京大学出版社 1998 年版,第 244—245 页;〔日〕望月礼二郎:《英美法》,郭建、王仲涛译,商务印书馆 2005 年版,第 21—23 页。
③ 朱景文:《比较法社会学的框架和方法》,中国人民大学出版社 2001 年版,第 117—118 页。
④ 沈宗灵:《比较法研究》,北京大学出版社 1998 年版,第 245—248 页。

第八讲　法律文化与法律传统

1957年,英国王座法院审理了琼斯诉国家煤炭委员会(Jones V. National Coal Board)一案,一审判决后双方都向上诉院提起上诉,原因之一是主审该案的哈利特爵士在法庭上讲话太多从而影响到公正审判。受理该上诉案的丹宁勋爵在改判判决中指出:"培根大法官说得很好,他说:'听证时的耐心和庄重是司法工作的基本功,而一名说话太多的法官就好比一只乱敲的铜钹'……而本庭认为控告是有道理的。"可怜的哈利特也因此丢掉了他的乌纱帽。①

英美国家这种当事人主义的诉讼模式与其陪审制度有着密切的关系。英国早期的陪审方式是一种"邻里审判方式":由法庭召集了解案情的十二名当地居民组成"知情陪审团",陪审团在法庭上所起的作用不是审查当事人提交的证据,而是向法庭提供他们所了解的案件事实。陪审员在法官的指导下宣誓讲出自己所知悉的与案件有关的事实或自己从他人那里听说的事实,作为审判的依据。大约在1305年到1352年间,"知情陪审团"向"不知情陪审团"转变。这种转变起因于一个陪审团在审理过程中遇到"知识不足"问题。由于陪审员对于被告提出的某一重要事实并不了解,必须由别人向他们提供有关的情况。法庭破例传唤了了解情况的证人到法庭来作证。随着陪审团的角色转换,它的功能逐步定位于认定案件事实以协助法庭审判。②

陪审制的采用促进了诉答制度(pleading system)和证据规则的发展。由于陪审团不是全能的神明,为了使他们的判断不至于出错,当事人双方就必须为自己的主张提出完整充分的根据。在审判程序上,既要给被告方面反驳的机会,也要根据情况进一步给予原告方面再反驳的机会。这种为了澄清当事人主张而设置的辩论、再辩论规则逐渐构成了极为精细的诉答制度。③除诉答制度外,为了约束陪审团认定事实的行为,避免其道听途说,各种复杂的证据规则也逐步形成。完整的诉答制度和证据规则强化了当事人及其律师的地位,使当事人及其律师在审判活动中能够扮演积极的角色。

到了现代社会,尽管英美国家的陪审团制度已经衰落,但是,有关诉答制度和证据规则的程序性法律规范仍然十分发达,其当事人主义的诉讼模式也保留了下来。

美国电影《十二怒汉》中的陪审团

---

① 贺卫方:《司法的理念与制度》,中国政法大学出版社1998年版,第89—90页。
② 何家弘:《司法证明方式和证据规则的历史沿革——对西方证据法的再认识》,载《外国法译评》1999年第4期。
③ 〔日〕望月礼二郎:《英美法》,郭建、王仲涛译,商务印书馆2005年版,第17—18页。

第三节　世界上的其他法系

一、大唐遗风：中华法系

在世界的东方,勤劳智慧的华夏民族曾经创造了汉唐盛世的伟大传奇,也创造了博大精深的法律文明——中华法系。中华法系始源于秦朝,到隋唐时期达到了高度成熟阶段,是当时亚洲乃至世界上最发达的法律文明。

在中国历史上,最初的法律产生于夏朝,后经商朝到西周逐渐完备。到春秋战国时期,郑国子产开创了成文法的先河,而魏国李悝的《法经》创造了系统的法典形式。到秦朝时,秦始皇君臣的立法活动形成了中华法系的雏形,湖北云梦出土的秦简显示,秦的法律已经初步确立了中国古代法律的基本原则。西汉时期,儒家思想主体地位的形成奠定了中国传统法律的人文品格和价值基础。七八百年之后,随着大唐盛世的到来,中国古代最完备、最发达的法律制度在霓裳羽衣曲的天籁之声中降临人间。

唐永徽二年,即公元651年,唐高宗命长孙无忌等人以《贞观律》为蓝本,制定出了《永徽律》十二篇。与此同时,鉴于当时司法审判中对法律条文理解不一、科举考试缺乏统一标准的情况,高宗又下令对《永徽律》进行统一而详细的解释,阐明《永徽律》的精神实质、重要制度的源流和立法意图,解决法律适用中的疑难问题。这些解释被称为"律疏",附于律文之下,经皇帝批准,于永徽四年颁行天下,律文与律疏具有同等法律效力。这部法典就是著名的《永徽律疏》,元代以后称之为《唐律疏议》。《永徽律疏》总结了中国历代统治者立法和注律的经验,继承了汉以来德主刑辅的思想和礼法结合的传统,代表了中国封建立法的最高水平。《永徽律疏》以其丰富的内容、高超的技术和鲜明的特色成为中华法系的代表性法典,并对当时周围其他亚洲国家的立法产生了深远影响。随着大量遣唐使来往于长安,唐的法律被他们传播到了东亚很多国家,日本的《大宝律令》、越南的《刑书》、朝鲜的《高丽律》等都以唐律为蓝本,唐律以其特殊的魅力征服了当时的东亚地区。

宋明以来,封建统治日渐走向独裁和专制,中华法系的辉煌也开始显示出日落西山的衰败气象。到了19世纪,当西方人的坚船利炮打开了贫弱的清王朝的大门,西方的法律文明伴随着他们的鸦片和科技开始涌入了古老的中国。丧钟已经敲响,而清末的修律正式宣告了中华法系的灭亡。

中华法系是古代东方最发达的法律文明。中华法系的精神和价值对今天中国人的生活和心灵依然具有不可替代的作用。德国历史法学派代表人物萨维尼强调,法律是民族精神的体现,它随着民族的生长而生长。即使是到了麦当劳快餐厅遍布世界每一个角落的今天,各个民族依然有其自己独特的生活、思想和行动。因此,对于中国人来说,中华法系的厚重遗产值得我们认真发掘和振兴。

二、真主的声音：伊斯兰法系

公元7世纪,在阿拉伯半岛,麦加人默罕默德创立了伊斯兰教,这是一种以真主安拉为唯一的神、以《古兰经》为经典的宗教。阿拉伯民族不仅创立了自己的国家和文化,也创造了一套与西方世界完全不同的法律文明——伊斯兰法系。

第八讲 法律文化与法律传统

伊斯兰法系,又称阿拉伯法系,是以《古兰经》为渊源和经典的若干个国家和地区的法律的总称,它的范围包括伊朗、伊拉克、印度尼西亚、巴基斯坦等国家。伊斯兰法兼具宗教和道德规范性质,同伊斯兰教有着密切联系,是每个伊斯兰教徒即穆斯林都应遵守的基本生活准则。在公元8至9世纪阿拉伯帝国全盛时期,伊斯兰法也臻于全盛,东起印度河流域,西临大西洋,从喜马拉雅山麓至地中海岸这一广大地区都曾实行伊斯兰法。

伊斯兰法系的法律渊源主要包括四个方面:其一是《古兰经》。《古兰经》被誉为"安拉的法度",是真主降示给人类的最后一部经典,它规定了伊斯兰教的基本教义和信仰基础,是伊斯兰教法最根本的立法依据和最主要的法律渊源。其二是《圣训》。《圣训》专指穆罕默德的言行或先例的纪录,即"圣行"。按照伊斯兰教的精神,先知的行为就是一种榜样,可以用来指引所有穆斯林。其三是"公议",即权威的教法学家一致性意见或判断,又称"决议"。其四是"类比"。类比即法学上的类比判断,在《古兰经》和《圣训》无明文规定时,将遇到的新问题依照比较推导等方式得出判断或结论,从而形成新的训例。

伊斯兰法系奉《古兰经》为最高的法典,其内容多为祈祷、斋戒、礼拜及诚信经商、禁止赌博等教谕。伊斯兰法是属人法,凡是穆斯林,都必须遵守伊斯兰法。

> 穆斯林呀!
> 《古兰经》给你带来保证,
> 是你的指路人,
> 你应当因它而欢欣快慰。①

与近现代西方法律相比,传统伊斯兰法律的一个特点是男女不平等。伊斯兰法允许一夫多妻制,在家庭生活中,丈夫是当然的家长,在公共生活中,妇女出门应带面纱,不得抛头露面;妻子要对丈夫忠贞,所以伊斯兰法对于通奸和强奸等性犯罪进行严厉的惩罚,违法者往往要被处以石刑,即埋入沙土用乱石砸死。当然,随着社会的发展进步,很多伊斯兰国家已经抛弃了男女不平等的做法,开始用法律维护女性的人格和地位,对性犯罪的惩罚也越来越人道化。

在诉讼制度方面,传统伊斯兰法设置了比较独特的沙里亚法院——卡迪法庭。"卡迪"是阿拉伯语的音译,其原意为"教法执行官"或"教法官"。卡迪是依教法的规定审理穆斯林之间的民事、刑事案件的司法官员。卡迪执行的是真主的法度,因此唯有学识渊博、精通经训和教法,而且品格高尚、廉洁奉公、信仰虔诚的伊斯兰教学者、法学家才有资格担任。沙里亚法院审理案件的基本程序是原告举证、被告盟誓。卡迪听取原告起诉后,如认为理由充足,即要求被告就所诉事实作出解释。如被告表示认可,即作出支持原告的判决。如被告否认原告所诉事实,则要求原告举证,如果原告拿不出证据,则要求被告盟誓否认,然后宣布被告胜诉。在证据方面,法院只接受成年穆斯林自由人的证词,奴隶或非穆斯林无权作证。证人必须有诚实、高尚的品行,具备宗教道德信念,在"安拉之法庭"面前不说假话,不作伪证。②

---

① 《一千零一夜》(第2卷),纳训译,人民文学出版社1983年版,第549页。
② 马玉祥:《论伊斯兰教与"神圣律法"伊斯兰法的辩证统一性》,载《西北民族学院学报(哲学社会科学版)》1999年第1期。

在现代社会,当以欧美人的标准建立起来的所谓"现代法律制度"开始席卷世界的时候,伊斯兰法系对传统的持守与呵护似乎显得格格不入。事实上,伊斯兰法系正面临着严峻的挑战,在很多穆斯林国家,世俗法律基本取代了伊斯兰法,而越来越多的年轻人开始向往欧美式的生活。但是,世界法制的现代化发展绝非意味着法律的一体化甚至是欧美化,在穆斯林看来,伊斯兰法系是真主恩赐给他的子民们的财富,是盛开在人类法律园地里一朵超凡脱俗的花,它会经过超越和革新获得新的生命力,并为这个在现代与后现代之间迷失的世界找到一条通往幸福的道路。

伊斯兰卡迪法庭

三、恒河的法文明:印度法系

恒河发源于喜马拉雅山脉南坡,在哈尔德瓦穿过西瓦利克山脉进入平原。恒河丰沛的流水不仅给沿岸人民带来舟楫和灌溉的便利,并且冲积形成了辽阔的恒河平原和三角洲。印度人民世代在这里劳动生息,创造了世界古代史上著名的印度文明,也创造了法律史上著名的印度法系。印度法系,是古代印度奴隶制法及以其为基础的古代缅甸、锡兰(今斯里兰卡)、暹罗(今泰国)、菲律宾等国法律的统称。

印度古代法起源于婆罗门教法,后来佛教兴起,孔雀王朝阿育王定佛教为国教,婆罗门教法逐渐为阿育王召集高僧编纂的三藏经典所取代。所谓"三藏"即《律藏》《经藏》和《论藏》。三藏佛教法,特别是其中的《律藏》,具有法律的性质。再后来佛教的影响日渐减弱,婆罗门教法又兴盛起来。公元8世纪至9世纪,婆罗门教吸收了佛教和耆那教的某些教义,改称为印度教。因此,古印度法也往往被称为印度教法。

《摩奴法典》是古代印度婆罗门教的经典,相传为"人类的始祖"摩奴所编,实际上是婆罗门教的祭司根据《吠陀》经与传统习惯在公元前2世纪至公元2世纪之间编成的。《摩奴法典》共12章,采用诗歌体裁,包括了宗教、道德、法律规范以及哲学等内容。《摩奴法典》确立了王权无限的君主专制制度,宣布国王是具有人形的伟大的神,其光辉凌驾于一切生物之上;《摩奴法典》的核心在于确认和保护种姓制度(Verna)。法典将人按等级高低分为四个种姓,并规定了各种姓的不同地位、权位和义务。四个种姓分别是:婆罗门,即僧侣贵族,掌握教权,垄断知识,享有种种特权,是最高种姓;刹帝利,即武士贵族,握有政治军事权力,是世俗统治者;吠舍,包括农牧民、手工业者和商人,是社会的基本生产者;首陀罗,是最低种姓,无任何权利,专为高级种姓服务,从事最低贱的工作。种姓实行世袭,界限森严,对印度社会影响极深。不同种姓的人的权利义务极不平等,这种不平等表现在财产所有权、债权债务、婚姻、继承等各个方面。在某种意义上,可以说《摩奴法典》是一部典型的种姓法和等级法。

随着15世纪最后一个印度王国的灭亡,古印度法系退出了历史舞台,成为死亡的法系。不过,虽然印度先后受到伊斯兰法和英国法的冲击,但印度教法作为一种属人法至今仍然发挥着很大作用,1947年印度独立后编纂的《印度教法典》就以《摩奴法典》为基础,而现在印度、斯里兰卡、泰国等国在习惯中还保留有一些古印度法的痕迹。

一、推荐阅读文献

1. 瞿同祖:《中国法律与中国社会》,商务印书馆2010年版。
2. 高鸿钧主编:《英美法原论》,北京大学出版社2013年版。
3. 何勤华:《大陆法系与西方法治文明》,北京大学出版社2014年版。
4. 张中秋:《进路与出路:中西法律文化比较论纲》,载《江海学刊》2002年第3期。

二、课后教学活动

在《孟子·尽心》篇中,记载了孟子的学生桃应和孟子的一次对话。桃应问:舜做天子,皋陶做司法大臣的时候,如果舜的父亲杀了人,该怎么处置?孟子回答说:那就只好让皋陶把他抓起来。桃应又问:难道舜不可以去阻止他吗?孟子答:舜不可以去制止皋陶,因为皋陶已经获得授权,有权处置犯人。桃应又问:那么舜可以怎么做呢?孟子回答:"舜视弃天下,犹弃敝屣也。窃负而逃,遵海滨而处,终身欣然,乐而忘天下。"

问题:上述对话反映了中国传统法律文化什么样的气质或性格?在迈向法治的新时期,该如何面对我们的法律传统?

第九讲

法的现代化与法治国家

> 对这块土地上的每一个臣民,不论他的力量多么强大,我都要奉献托马斯·富勒三百多年前说过的一句话:无论你的地位有多高,法律总要高过你。
>
> ——〔英〕丹宁勋爵

大约从西方工业革命以来,人类的生活开始从传统向现代转化,这个过程叫做现代化。在此过程中,法律也发生了巨大的变化,无论是从形式还是从精神,法律都经历着一个脱胎换骨的转变,这个转变可以称为法的现代化,而法的现代化的直接结果,是国家治理模式从人治到法治的转变。法治,作为一种全新的国家管理和公共治理的模式,开始走上了历史的舞台。

第一节　法的现代化

一、法的现代化及其模式

(一) 法的现代化的内涵

伴随着整个社会由传统转向现代,作为社会的一个重要方面的法制也同样面临着由传统向现代的转型问题。这个转型的过程,就是法制现代化的过程。法制现代化表现为从传统的法向现代的法的转变,换句话说,法的传统性因素开始不断减少,而现代性因素不断增长。

为了理解法的现代化这个概念,我们可以把人类漫长的法律史划分为两个大的阶段:古代法和近现代化。古代法大约就是17世纪以前人类的法律,有奴隶制的法,也有封建制的法。近现代法则是指17世纪以来,资本主义和社会主义的法。古代法有一些共性的因素,包括强调等级和身份、神学或伦理色彩浓厚、重义务而轻权利、刑罚比较残酷、重结果公正而轻形式公正等,我们可以把这些特征称为古代法的"传统性因素"。

近代以来,随着经济生活由小农经济转向商品经济,随着启蒙运动和宗教改革对人们的思想和价值观的改变,法律中的传统性因素不断被批判和质疑,法律开始不断改革和进步,其现代性因素开始增加。法的现代性因素,具体包括:法律公开强调和捍卫人人平等,法律以保障人的权利和自由为最高目标,法律逐步从宗教和伦理中脱离出来而拥有了相对独立性,法律开始注重形式正义和过程公正,刑罚日渐人道化。法律的这样一个从形式到内容、从精神到规范的转变过程,就是法的现代性因素不断增加的过程,换而言之,这就是法的现代化,也叫法制现代化。

作为现代化的一部分,法制现代化具有如下几个方面的特征:

第一,从历史角度来看,法制现代化的过程是文明社会发展过程中一场深刻的革命。在这个进程中,整个法律文明价值体系实现了巨大的创新。传统社会的法制所维护的是社会等级和人身依附,法律调整的基本特点是以确认等级依附关系为基本的价值目标。而现代法制则建立起了尊重人的价值、维护人的尊严、确认人的个性的价值机制,社会成员的广泛自由和权利在法律上得到确认和保障。

第二,从基本性质来看,法制现代化是一个从传统人治社会向现代法治社会的转型过程。法制现代化的最终目标即为实现法治。而法治社会的基本特点就是,社会生活的统治形式和统治手段是法律;国家机关不仅仅适用法律,而且其本身也为法律所支配;法律成为衡量国家及个人行为的最高标准。

第三,从内涵特征来看,法制现代化作为一个变革的过程,其包含了法律观念、法律制度及其实践等多个领域的现代化,但最核心的是人的现代化。一个国家的法制现代化能否成功,取决于作为主体的人的创造性能否得到最大限度的发挥。法制现代化首先是从事这一变革的主体自身的现代化,是把受传统观念支配并以传统模式行动的人转变为具有现代法律意识并依此来行动的人的过程。人的现代化是法制现代化的先决条件。一个先进的现代法律制度要获得成功,需要操作这些制度的人必须具备现代素质。一个国家的人民只有从心理、态度和行为上与法制现代化的历史进程相互协调,这个国家的法制现代化才能够实现。

(二)法制现代化的基本模式

尽管法制现代化是世界范围内的一种普遍现象,但这并不意味着所有国家的法制现代化所遵循的都是同一个模式,恰恰相反,法制现代化是一个具有浓郁民族风格的现象,受到其他多种因素的影响,不同民族或国家的法制现代化进程表现出多样性的特征。在法制现代化理论研究中,以法制现代化最初的动力来源为尺度,通常把世界范围内的法制现代化模式化分为内发型、外发型和混合型三种。

1. 内发型法制现代化模式

内发型法制现代化的模式,是指由社会自身力量产生的内部创新、经历漫长过程的法律变革道路,是因内部条件的成熟而由传统法制走向现代法制的转型发展过程,这种类型的法制现代化模式以英国、法国等西欧国家为代表。内发型模式一般是因为社会自身内部条件的逐步成熟而渐进式地发展起来的,法制现代化的过程是一个自然演进的自下而上的渐进变革的过程。在实现变革的过程中,商品经济的发展为法制变革提供了强大的内动力,民主代议制的政治组织形式则为法制变革提供了重要支撑力量。这种模式是历史上出现的最早的法制现代化。

2. 外发型法制现代化模式

外发型法制现代化模式则是指因一个较为先进的法律系统对较落后的法律系统的冲击而导致的进步转变过程。这一模式通常以日本、印度、俄国为代表。通过这种模式实现法制现代化的国家,其社会内部往往缺乏自发进行法制现代化的条件,因而,强大的外部因素的冲击是其进行法制现代化的直接动力。由于社会缺乏推动法制变革的动机与能力,于是,政府成为推动进行现代化的重要力量,在此过程中,往往伴随着政治变革运动。例如俄国的法制现代化运动与18世纪的彼得大帝改革和1860年的亚历山大二世废除农奴制的改革相联系,日本的法制现代化进程以1868年的明治维新为起点,而印度的法制现代化则是在被英国殖民的大背景下被迫进行的。

3. 混合型法制现代化模式

混合型法制现代化模式是指因各种内外因素相互作用而推动传统法制向现代法制的转型和变革过程。这种模式以中国为代表。混合型模式兼具内发型和外发型两种模式的特征。通过这种模式实现法制现代化的国家,一般都曾面临域外法律文化的强大压力和冲击,外来的西方法律文化的影响和冲击构成启动法制变革的动力。同时,从法制现代化运动的生成机理上看,在混合型法制现代化国家的内部,已经逐渐生成了法制变革的因素和基础。中国在清末时,由于遭遇西方文化的巨大压力,中国传统文化面临空前挑战,清政府被迫实行法律改革。然而,不能忽视的是,当时在中国社会,商品经济已经顽强生长起来,在社会经济系统中已经占有日益重要的地位,而新的思想也不断萌发,这些都为法制变革提供了必要的、自身的条件。

二、中国法制现代化

(一) 中国法制现代化的历史起点

中国的法制现代化是中国传统法制向现代法制的创造性转换过程,中国的传统法制构成了中国法制现代化的历史起点。所以,准确把握中国传统法制的特征就显得尤为关键。

中国的传统法制是在绵延数千年的历史长河中形成和发展起来的具有浓郁农业文明色彩的法律文化机制,是由特定的法律制度与法律观念所构成的法律文化系统。从形式结构上看,它表现为诸法合体的法律分化程度较低的法律结构体系;从内在价值上看,它则表现为以宗法为本位的熔法律与道德为一炉的伦理法律价值体系。

就形式结构而言,中国传统法制具有以下主要特征:在法律的地位上,中国传统法制缺乏独立性和自治性,成为伦理道德体系和行政命令的附庸;在法律的结构形式上,中国传统法制表现为公法与私法不分、诉讼法与实体法合一的诸法合体的法律结构体系;在司法过程的运作机制上,中国传统法律实行司法与行政合一,行政长官兼理司法。①

就内在价值取向而言,中国传统法律的最大特色就是法律的伦理化。这一价值取向包括三个方面:一是礼治主义。它反映的乃是建立在宗法结构基础上的等级森严、尊卑有序的社会政治伦理秩序体系;它所体现的乃是以宗法家庭为本位的个人与社会、个人与家庭、个人与国家的关系图式。二是泛道德主义。这种法律的泛道德主义,必然导致对法律的不信任,影响法律的权威性,进而动摇法律在治理国家中的重要地位。三是人治主义。帝王的绝对统治和吏治的发达,必然为法律世界中的人治主义提供现实的基础,法律成为皇权的附庸而丧失独立存在的地位。②

中国的法制现代化,就是以上述具有独特气质和中国式价值取向的传统法制为基础和起点的,这样的起点,在一定意义上决定了中国的法制现代化一定是与西方不同的。

---

① 公丕祥:《法制现代化的理论逻辑》,中国政法大学出版社1999年版,第81页。
② 同上书,第187—194页。

(二) 中国法制现代化道路

晚清时期,面对内政、外交的困局,朝野的有志之士开始推动政治和法律的改革,包括"预备立宪"和"清末修律"。清末的法制改革标志着中国法制现代化的启动,中国从此开始向西方法律学习。清朝之后,又经历了辛亥革命的法制实践、北洋军阀时期的法律发展、中华民国南京国民政府的法制活动,以及新民主主义法制建设、1949年新中国成立之后的社会主义法制建设等阶段。时至今日,法制现代化的进程仍然正在继续。在今天,从传统人治社会到现代法治社会的转型,建设社会主义法治国家,推进社会主义法治文明建设,依然是当代中国法制建设的最重要的目标。

对于中国法制现代化而言,要面对绵延千年的传统法律文化,还要面对复杂多样现实社会,因此,在法制现代化道路的选择上,应当注意以下两个方面的问题:

第一,是将政府推动与社会参与相结合,通过自下而上和自上而下的双向互动,为法制现代化提供强大的动力源。考虑到中国的国情和所面临的国际环境,不可能像历史上的西欧国家那样,依赖多元经济社会力量的自发互动去实现法制的现代化。相反,应当充分发挥政府在法制现代化中的主导作用,由政府设计法制现代化的发展规划,利用其掌握的政治资源去推动法制现代化,以减少由于速度过慢、法治化过慢而增长的社会压力。但也必须注意到这将不可避免地强化政府的权力,而法制现代化的初衷恰恰是为了约束政府过分膨胀的权力,从而维护公民的权利。政府利用法律推动改革时,为了追求效率和秩序,可能会不适当地压制社会公众的主动性。所以,法制现代化除了要依靠政府之外,还必须重视社会中多元化权力和利益的推动。这将有助于激发社会主体的主动性和积极性,同时也能够对政府权力进行有效的约束。总之,中国的法制现代化,必须将政府的推动和社会的参与结合起来。

第二,把立足于本国国情与借鉴国外成熟经验相结合,使法治的本土化与国际化相统一,法治的民族性与普遍性相统一。西方发达国家在实现法制现代化过程中已经积累了丰富的经验,这对于我国的法制现代化有着重要的借鉴意义。中国可以通过移植西方国家优良法律制度的途径,使中国的法制状况在较短的时间内有较大的改观,这是后进国家实现法制现代化的一条捷径。当然,在西方运行良好的法律制度未必在中国也能有好的实施效果,所以单靠法律移植还远远不能完成法制现代化的目标。因此,除了通过法律移植借鉴外国成熟经验之外,还需要立足于中国的国情,一方面在中国传统法律文化中发掘可以利用的资源,一方面在中国法治实践中大胆创新,探索自己的发展模式。总之,要把国外的先进经验与本土资源有效地结合起来,立足当下,放眼世界,古为今用,洋为中用,积极推动中国的法制现代化。

三、法律继承与法律移植

(一) 法律继承

法律如同河流,从源头流下来,绵延不息,代代传承。所谓法律继承,通常指的是新的法律制度与旧的法律制度之间的延续、相继和继受。法律继承一般表现为新法律制度(现行法)对旧法律制度(原有法)的承接和继受。法律继承是一种批判性的、选择性的继承,一般是在否定旧法律制度固有的阶级本质和整体效力的前提下,经过反思、选择和改造,吸收旧法律制度中某些依然可用的因素,赋予它新的阶级内容和社会功能,使之成为新法律体系的有机组成部分。

法律继承不是一种偶然的现象,法律继承现象的背后有深层次的理由和依据。

首先,社会生活条件的历史延续性决定了法律是可以继承和应当继承的。人类社会发展的每一个新的历史阶段,都不可避免地要从过去的历史阶段中继承许多既定的成分。法律是社会生活的反映,只要那些延续下来的生活条件在现实社会中具有普遍意义,那么,反映这些生活条件的既有规则就会或多或少地被继承下来并被纳入新的法律体系之中。人类不可抛弃传统,不可离弃过去,立法者也不可能随意同过去的法律传统割裂开来。

其次,法律的相对独立性使得法律继承成为可能。社会如身体,法律如衣服,社会决定了法律,但法律一旦成立,就具有自己相对的独立性。这种独立性表现在法律的诸多内容并不与特定社会形态和历史类型密不可分,它具有超越时空的生命力,可以服务于不同时代下不同的现实需求。就像罗马法,既可以为奴隶时代的罗马帝国使用,也可以被资本主义时代的欧洲各国所使用。正是由于法律的这种相对独立性,使得新的类型的法律制度在取代旧的类型的法律制度时,可以批判吸收旧法中适合新的社会形态需要的某些因素。

再次,法律作为人类文明成果所具有的科学性决定了法律继承的必要性。法律作为一种社会控制和调整的技术,是人类对社会领域客观规律的科学认识的结晶。某些法律文明的成果具有超越时空的长久而普遍的科学性、真理性和实践价值,任何后来的法律制度都会主动继承先前的法律制度中的合理的成分。另外,相对于割裂过去的法律传统、创造出一套全新的法律制度而言,经过选择和改造,批判地继承过去的法律并使之符合当下的需要也许是更为明智的选择。同时,对旧法律的适度继承可以有效避免剧烈的社会振荡,减少法律在实施过程中所遭遇的抵制。

正是因为上述这些原因,使得法律继承成为世界法律发展史上一个普遍的现象。近代以来,英国资产阶级持续沿用英国封建时代的法律,法国资产阶级以奴隶制时代的罗马法为基础制定《法国民法典》,日本资产阶级承袭日本封建时代的法律等事实,表明剥削阶级类型的法律之间具有继承性。另外,即便是不同历史类型的法律之间,也具有继承性。比如,苏联十月革命之后,在1922年制定民法典时大量采用旧俄国民法典的条款;社会主义新中国成立前夕明确宣布废除国民党"六法全书",但现在我国现行社会主义法律体系中仍不能不包含旧法律中诸多原则、规则、技术、概念和术语等。法律继承使得当下的法律与过去的法律血脉相连,从而也维系了生活和历史的一惯性。

(二) 法律移植

移植一词最早并非法律用语,而是植物学和医学中的语汇。在植物学上,移植意味着整株植物的异地栽培,因而有整体移入而非部分移入的意思。但是,如果从医学术语的角度来看,器官的移植显然是指部分的植入而非整体的植入。而且器官移植还可使人想到人体的排他性等一系列复杂的生理活动的过程。[1] 法律领域内的移植类似于医学领域内的移植。因为在法律领域,从来不可能有一个国家原封不动地照搬其他国家全部法律制度的情况发生,而只能是部分地移植他国的法律制度。所以,可以尝试将法律移植界定为"特定国家(或地区)的某种法律规则或制度移植到其他国家(或地区)"[2]。它所表达的基本意思是:在鉴

---

[1] 王晨光:《不同国家法律间的相互借鉴和吸收》,载《中国法学》1992年第4期。
[2] 沈宗灵:《论法律移植和比较法学》,载《外国法译评》1995年第1期。

别、认同、调适、整合的基础上,引进、吸收、采纳、摄取、同化外国的法律,使之成为本国法律体系的有机组成部分,为本国所用。法律移植的对象既包括外国法,也包括国际法律和惯例。

法律移植和法律继承存在显著差异。法律继承是指新法律对旧法律的借鉴和吸收,体现的是两种法律制度之间在时间上的先后顺序,表征的是一种历时性的关系;法律移植指的是同时代的国家间相互引进和吸收法律的实践活动,表征的是一种共时性的关系。在现实中,法律移植与法律继承常常是交织在一起的,也就是,既要借鉴异域的先进经验,也要吸收自己的优秀传统。

> 日本在明治维新时期,决定编纂一部统一的日本民法典。考虑到本国具有制定法传统,日本最终选择仿效《法国民法典》的体例来制定民法典。1873 年,巴黎大学法学院教授保阿索纳德(Boissonade)抵达日本,指导日本的法典编纂工作。经过多次反复,1890 年正式完成了民法典草案。这部草案深受《法国民法典》的影响,由人事、财产、财产取得、债权担保和证据等五编构成,共 1800 多条;人事编包括婚姻、亲子、侵权等的规定,财产取得编除规定买卖、交换等外,还规定了继承、赠与和夫妻财产契约。草案从内容到形式,处处都可看出模仿《法国民法典》的痕迹。当然,其中也包含了若干日本传统因素。即便如此,草案一经公布,立即遭到一部分学者和政界人士的反对,理由是草案过于法国化,与日本国情不符,甚至提出"民法出,忠孝亡"的警告,他们主张缓行或者干脆抛弃。鉴于强大的社会压力,明治政府于 1893 年成立了以首相伊藤博文任总裁,穗积陈重、富井正章、梅谦次郎等为委员的民法典调查会,参照已公布的《德国民法典》草案,同时结合日本国情,重新起草了新的民法典草案。在这部草案中,充分考虑了日本的国情,在财产法和身份法领域延续了许多日本封建时期的法律制度,比如"小作"制度(土地佃租制度)、户主制度等。最终,该民法典在日本得以顺利施行。①

在西方学术界,围绕法律移植的问题,存在着否定论和肯定论两种截然对立的观点。前者认为,法律与地域、民族相关,具有不可移植性,代表人物是法国著名思想家孟德斯鸠。孟德斯鸠认为:"一般地说,法律,在支配着地球上所有人民的场合,就是人类的理性;每个国家的政治法规和民事法规应该只是把这种人类理性适用于个别的情况",所以,"为某一国人民而制定的法律,应该是非常适合于该国人民的;所以如果一个国家的法律竟能适合于另外一个国家的话,那只是非常凑巧的事。"②但是更多的学者支持后一种观点,认为法律可以移植,好的法律具有超越时空的魅力,可以为其他民族和地区所适用。德国学者 K.W.诺尔认为:"法律和法律制度是人类观念形态,正如其他观念一样,不能够被禁锢在国界之内,它们能够被移植和传播,或者按照接受者的观点来说,它们能够被引进和接受。"③意大利比较法学家 R.萨科认为,从法律起源的角度来看,法律的变化可以分为首创性革新和模仿。据他估计,"在所有的法律变化中,也许只有千万分之一是首创性革新",而且,"可以肯定,特别是在现代社会,法律变化中大量是通过模仿,即借鉴与移植其他国家或者地区的法律,首创性革新

---

① 参见何勤华主编:《外国法制史》,法律出版社 2004 年版,第 350 页。
② 〔法〕孟德斯鸠:《论法的精神》(上),张雁深译,商务印书馆 1993 年版,第 6—7 页。
③ 〔德〕K.W.诺尔:《法律移植与 1930 年前中国对德国法的接受》,李立强、李启欣译,载《比较法研究》1988 年第 2 期。

是极少的"。①

对于后发国家而言,法律移植是法律发展的一条捷径。虽然各个国家的社会制度不同,但往往会遇到相同的社会问题,因此可以借鉴和吸收其他国家在处理同一问题上的法律经验。世界各国的法律实践也已证明,借助于法律移植,可以很好地完善本国的法制。但需要注意的是,法律移植的效果有好坏之分。有的法律移植效果好,对"输入国"的社会经济发展起到了促进作用,能与该国的既有法律制度较好地结合;有的法律移植效果不好,与"输入国"的社会制度格格不入,或者表面上有一套从其他国家移植来的法律制度、法律规范,但充其量它们不过是"书本上的法",无法进入现实生活,在这些国家实际通行的常常是自己的传统法、习惯法。法律移植成功与否,同"输入国"的社会土壤是否适合于该法律制度、规则直接相关。如果某个法律规则的原产地与移植地、输出国与输入国的社会土壤相似,那么在原产地、输入国能够行之有效的法律规则在新的土壤上也能达到预期的效果。否则,法律移植就难以达到预期的效果。因此,在法律移植时一定要注意与本国国情的结合。

因而,在法律移植的过程中,应当注意解决好如下问题:

首先,要注意国外法(供体)与本国法(受体)之间的同构性和兼容性,要对受体进行必要的机理调适,以防止移植之后出现被移植的"组织"或"器官"变异,从而导致移植的失败。

其次,要注意外来法律的本土化,即用本国法去同化和整合外国法。"必须记住法律是特定民族的历史、文化、社会的价值与一般意识形态与观念的集中体现。任何两个国家的法律制度都不可能完全一样。法律是一种文化的表现形式,如果不经过某种本土化的过程,它便不可能轻易地从一种文化移植到另一种文化。"②

最后,要注意法律移植的优选性。法律移植如同引进技术和设备,必须采用"优选法"。世界上有许多国家的法律可供借鉴,这就有一个选择移植对象的问题,只有优中选优,移植过来的法律才可能是最成熟、最先进、最实用的法律。当然,这种"优选法"的适用必须立足于本国的现实国情。

第二节 法治理论与法治国家

从18世纪到今天,法治,作为一种现代国家治理方式,正在成为一种普世的选择和全球性现象。对于中国来说,在科技进步、经济发展的同时,也正在经历着从传统国家形态向现代民主法治国家的伟大转型。

一、从人治到法治

"历史上,不同国家和民族为了生活有序,治理有方,曾经尝试过各种治道。其中有诉诸敬畏与超越的神治,追求和谐与崇高的德治,满足激情与归属的人治,达成庄严与一致的法治。各种治道均生发于世情和人心,彼此既无高下之别,也无优劣之分。然而自现代以来,知识科学化和思维理性化结构了神灵的魔力,关系陌生化和价值多元化颠覆了道德的威力,

---

① 参见沈宗灵:《论法律移植与比较法学》,载《外国法译评》1995年第1期。
② 〔美〕格林顿、戈登、奥萨魁著:《比较法律传统》,米健、贺卫方、高鸿钧译,中国政法大学出版社1993年版,第6—7页。

第九讲 法的现代化与法治国家

精神自由化和行动自由化否思了人主的魅力。鉴于神治失据,德治失灵,人治失信,各国逐渐选择了法治之路。不是法治选择了现代社会,而是现代社会选择了法治;各国选择法治,不在于它是完美之治,而在于它持之有据、行之有效和践之有信。法治并非万能,但在现代社会,舍法治而长治久安者,迄今并无先例。"①

那么,什么是法治呢,我们应该如何去理解这个蕴意隽永、意味深长的法律概念呢?为了能够质感地把握它的内涵,我们先来回顾历史上一个重大的法律案件——水门事件。

1972年6月17日夜里,正当美国总统大选活动进行得热火朝天的时候,有五个人因潜入位于华盛顿特区的美国民主党竞选总部——水门大厦而被捕。随后,这五个人被指控在民主党办公大楼安装窃听器和偷拍民主党文件,并因此被判监禁。此时,离尼克松以共和党候选人身份参加1972年总统选举的时间还有5个月。6月20日,《华盛顿邮报》称白宫顾问与该案中的窃听人物有关联,其中一个叫霍华德·亨特的人是尼克松的助手科尔森的顾问。民主党据此发动了政治攻势,对尼克松的"争取总统连任委员会"提出诉讼,控告它侵犯私人秘密,违反人权。

尼克松矢口否认他和他的班子曾插手这种"不可饶恕的行为"。但是随着事态的发展,尼克松被人们认为在案件调查中有重大的隐瞒。当法院要求尼克松交出白宫电话录音带时,法院发现录音带中有18分钟是空白的。法院怀疑白宫为了掩盖真相而将它故意抹去,因此做出判决要求白宫将全部录音带的原件立即呈交法院,但白宫以总统享有绝对的保密特权为由,把这场官司上诉到了美国最高法院。

1974年7月8日,最高法院开庭审理该案,针对白宫律师提出的"总统保密特权",首席大法官伯尔格尔明确指出:"总统特权并非绝对",并最终驳回了尼克松的上诉。在这种情况下,尼克松表示服从法院判决,交出了64盘录音带,而这些录音带确凿无疑地表明他本人确实与"水门事件"有瓜葛。与此同时,众议院司法委员会通过了三项针对尼克松的弹劾案:妨碍司法公正、滥用总统职权、试图反抗委员会的传唤以妨碍弹劾程序。如果被弹劾,尼克松要在参议院接受6个月的审讯,他将遭到巨大的屈辱。

毫无退路的总统决定辞职。8月9日早上,尼克松在办公桌上的一张写有"我谨此辞去美国总统之职"的纸上签字,然后黯然地走出白宫,和接替他职位的副总统福特拥抱告别。②

什么是法治? 即使贵为总统或国王,也必须服从和尊重法律,如果国王和总统做出了违法行为,也必须和普通公民一样接受法律的惩罚,人人在法律面前平等,没有任何人可以拥有超越法律之上的特权,法律在个人生活和公共生活中具有最高权威,这就是法治。

在历史上,人类最早的社会治理模式基本上可以归为人治的范畴。在人治的统治形态下,国家的命运被交给国王或者皇帝,他们的个人能力、智识、德性直接决定着社会的好坏,直接影响到民众生活的幸福或痛苦。在中国,孔子推崇"仁政",期望皇帝和百官以道德礼教为最高准则,以德服人,以德治民。在古希腊,柏拉图主张理想的国家应由哲学家来当国王,统治者的智慧、仁慈和个人魅力可以让国家实现盛世和大治。

---

① 高鸿钧:《认真对待英美法》,载《清华法学》2010年第6期。
② 余定宇:《寻找法律的印迹:从古埃及到美利坚》,法律出版社2004年版,第188—190页。

显然，法治是和人治相互对立甚至水火不容的一种全新的治国理念。按照法治的标准：人民才是国家真正的主人，人民参与制定宪法和法律，并通过这些法律来约束官员权力，保护公民自由和利益。法律在国家政治生活中具有最高的权威，"国王在万人之上，但在上帝和法律之下"，所有人都必须服从法律，所有的国家机关都应当依法办事。

在思想史上，较早的法治理论是由古希腊思想家亚里士多德提出来的。亚里士多德的老师柏拉图终生追求智慧之王统治之下的理想国家，可是，这样充满浪漫主义的理想在人性的暗礁面前被撞得粉碎。为了避免柏拉图式的失败，亚里士多德把一个以法律为基础的国家视为达到"善的生活"的唯一可行手段。在亚里士多德看来，法治确实要优于人治，这是因为：第一，法治代表理性的统治，而人治则难免使政治混入兽性的因素，因为即使最好的贤人也不能消除兽欲、热忱和私人情感，这就往往在执政时引起偏见与腐败，而法律则是免除一切情欲影响的理性的体现；第二，法治是以民主共和为基础的，民主共和的政体有助于消除危及城邦幸福与和谐的某些个人的情欲或兽欲；第三，法律内含平等、自由、善德等社会价值，可以说，"法律不应该被看作是奴役，法律毋宁是拯救"。[①] 在此基础上，亚里士多德提出："法治应包含两重含义：已成立的法律获得普遍的服从，而大家所服从的法律又应该本身是制定得良好的法律。"[②]

经过了漫长的中世纪，文艺复兴以来，随着资本主义商品经济及与之相适应的自由、平等、人权等民主意识的繁荣，法治的观念开始广泛传播并不断发展。洛克提出，"应该以正式公布的既定的法律来进行统治"，这样，"一方面使人民可以知道他们的责任并在法律范围内得到安全和保障，另一方面，也使统治者被限制在他们的适当范围之内"。[③] 孟德斯鸠把法治归结为"法律之下的自由和权利"，没有法律，自由便不会存在，权力就会为所欲为，而为防止权力的滥用，必须实行三权分立。卢梭指出，实行法治的国家必须是也只能是民主共和国，在民主共和国，法律是社会公意的体现，具有至上的权威，而统治者仅仅是法律的臣仆，他们的一切权力来源于法律并须依法行使。

英国法学家戴雪第一次比较全面地阐述了法治的概念。他指出，"法治"应该有三层含义：首先，法治意味着，与专横权力的影响相对，正规的法律至高无上或居于主导，并且排除政府方面的专断、特权乃至宽泛的自由裁量权的存在；其次，法治意味着法律面前的平等，或者说，法治意味着所有的阶层都平等地服从由法院执掌的国土上的普通的法律；最后，宪法源于特定案件中对私人权利的司法判决，故宪法为法治之体现或反映，因此，个人权利乃是法律之来源而非法律之结果。[④]

纵观西方法治演化的历史，可以看出，思想家对法治的概念说法各异，但从不同的见解中也可以抽象出法治最基本的方面：尊重法的权威、保障个人人权、约束国家权力、严格依法办事、保障司法独立等。大概是从18世纪开始，西方资本主义国家开始按照法治的标准改良和设计国家的政治格局和法律体系，法治作为一种现代国家理想，首先在西方世界得到了践行和实现，英国成为人类第一个民主法治国家。

---

① 〔古希腊〕亚里士多德：《政治学》，吴寿彭译，商务印书馆1981年版，第275页。
② 同上。
③ 〔英〕洛克：《政府论》，瞿菊农等译，商务印书馆1964年版，第88页。
④ Albert. V. Decey, Introduction to the Law of the Constitution (1885), 1960, pp. 202—203.

二、法治的要素

关于法治,虽无统一的标准,但有基本的共识。人们认为,法治有一些最起码的标准和要素,而如果不具备这些要素,任何一个国家都没有资格宣称自己是法治国家。

1955年6月,国际法学家委员会在雅典举行会议,并通过了著名的"雅典条例"(Act of Athens),庄严地提出了法治的要求:"(1)国家必须服从法律;(2)政府应当根据法治尊重个人权利,并提供尊重个人权利的有效手段;(3)法官应当受法治的指导,毫无畏惧且毫无偏袒地保护和实施个人权利,并就政府或政党对其作为法官的独立性所做的侵犯进行抵抗;(4)全世界的律师都应当维护其职业的独立性,应当根据法治捍卫个人权利,并应当主张任何被告都须得到公正的审判。"[①]

结合不同的理论观点与法治实践,我们认为,法治应该满足如下基本条件,具备如下一般要素:

其一,法治是良法的治理。

法治应当是良法之治,这个思想来源于亚里士多德。在治理国家的过程中,法律的好坏对于政治至关重要,如果一个国家只强调依法办事而不考虑法律本身的善恶,那么这个国家就有可能陷入灾难,希特勒时代的德国就是典型的代表。恶的法律,越是依法办事,越是在制造伤害和仇恨,好的法律,大家都依法办事,则会实现生活的良善。

霍布斯说:"良法就是为人民的利益所需而又清晰明确的法律。"[②]这句话指出了良法的两个维度:首先,良法必须以民众的福祉为目的,必须与社会公认的价值保持一致,这些价值包括平等、效率、安全、自由、正义、和平等;其次,良法必须具有确定、清晰、规范、统一的外在形式。比如,法律的表述应清清楚楚,能够向公民提供确定的行为指引;法律之间应保持和谐,不存在冲突和矛盾,以免公民不知所措,无从选择;法律应该不溯及既往,仅在其向社会发布后对此后的行为有约束力。

其二,法治强调尊重与保障人权。

法国1789年通过的《人权宣言》开篇讲到:"不知人权、忽视人权或轻蔑人权,乃是公众不幸和政府腐败的唯一根源。"而美国的《独立宣言》也指出:"人人生而平等,造物主赋予他们若干不可转让的权利,其中包括生命权、自由权和追求幸福的权利。"

人权是人之为人所应拥有的基本权利,人因为拥有人权才成其为人,人因为享有了人权才获得了人的尊严。个人无法靠自己的私人能力来包保障自己的人权,因而需要国家和法律的扶助。法治国家应该确保每个公民的政治权利、人身权利和财产权利不受侵害,确保所有人平等地享有法律规定的各项自由。只有切实地规定和贯彻这一人的"目的性",肯定人在法律上的主体地位,而不是把人当成无足轻重的客体,法律的存在才是"合目的"的、有价值的和合法的。

其三,法治要求控制公权力。

法治强调法律至上,而为了实现这一点,就必须对国家公权力进行控制与约束。柏拉图曾指出:"如果一个国家的法律处于从属的地位,没有权威,我敢说,这个国家一定要覆灭;然

[①] Report of the International Congress of Jurists (The Hague, 1956), p.9.
[②] 〔英〕霍布斯:《利维坦》,黎思复、黎廷弼译,商务印书馆1985年版,第270页。

而,我们认为如果一个国家的法律在官吏之上,而这些官吏服从法律,这个国家就会获得诸神的保佑和赐福"。①

从本源上说,法治本身来自于对公权力的恐惧与不信任。孟德斯鸠断言:"一切有权力的人都容易滥用权力,这是万古不易的一条经验。"②而阿克顿勋爵则说得更干脆:"权力导致腐败,绝对权力导致绝对腐败"③,而解决的办法就是"以权力约束权力",给权力划分界限,并形成彼此制衡的关系。政府的权力必须来自法律的明确授权,并依法行使。只有官员的权力被限制在宪法和法律的范围内,公民的权利非经正当法律程序不受剥夺,一切非法的侵害都能得到公正、合理、及时的补偿,公民对政府的信任、认同和支持才能够唤起,而这是一个社会最深层的稳定因素和最强大的发展力量。

其四,法治以司法独立与律师自由为保障。

奥古斯丁曾说:"国家一旦没了正义,就会沦落为一个巨大的匪帮"。④ 在法治国家,如果要保障法律得到有效实施,法律的正义目的得到实现,两样东西必不可少的,一个是独立的法院,另一个是自由的律师。

在法治社会,只要是法律问题,最终的裁决者就一定是法院,法院掌握着司法大权,可以对任何法律争端进行裁判,而它的裁判,一方面关系到当事人的权益,另一方面维系着民众对法律正义的信心。因此,唯有司法独立,不受任何外部因素的影响,法院才可以撑得起民众的期望,才可以维护法律的权威。

与此同时,法治强调保护人权,而对于公民而言,人权的保护往往需要专业的律师的帮助。律师是自由的职业者,他受雇于当事人,以其专业的知识和技能为当事人服务。如果没有自由的律师,普通公众面对复杂的司法审判便会手足无措,没有律师的制衡,司法权力可能懈怠甚至异化,而司法公正的目标就有可能无法实现。

三、实现法治的条件

(一) 市场经济:法治的经济基础

纵观人类历史,法治总是与市场经济密切相关。法治不仅是市场经济的必然选择,而且市场经济也为建立法治社会提供了良好的土壤与环境。换句话说,市场经济是法治的"创造者"和"催生剂"。

在以农业为主的自然经济下,人和人之间的关系相对简单和稳定,血亲、宗法和伦理道德就可以把社会管理得很好;在依赖政府权力的计划经济下,行政命令和长官意志也可以让日常生活井井有条。但是,在一个高度复杂和多元化的市场经济中,陌生人社会、激烈的竞争和商业逐利的本性使得习俗、道德、宗教显得软弱,而平等的市场本身又先天排斥权力干预要求意思自治,在这样的经济社会中,除了法律,没有别的社会规范可以承担起维持秩序和保障公平的责任。

在市场经济下,如果没有完备而公平的法律,商人的长远投资便无法实施,公平的交易

---

① 〔古希腊〕柏拉图:《法律篇》,转引自《西方法律思想史》编写组:《西方法律思想史资料选编》,北京大学出版社1983年版,第25页。
② 〔法〕孟德斯鸠:《论法的精神》(上),张雁深译,商务印书馆1987年版,第154页。
③ 〔英〕阿克顿:《自由与权力》,侯健等译,商务印书馆2001年版,第342页。
④ 〔德〕拉德布鲁赫:《法律智慧警句集》,舒国滢译,中国法制出版社2001年版,第49页。

秩序不能得到有效维护,而竞争中不断涌现的纠纷与冲突会增加社会交易成本耗费社会资源。因此,市场经济的健康发展客观上呼唤着法律的完善,要求树立法律的最高权威。

更重要的是,市场经济的实施有助于在全体社会成员中形成一种自由、平等、契约的观念,而这种观念对法治建设起着至关重要的作用。英国历史法学派代表人物梅因曾说:古代法到现代法的转化表现为一个"从身份到契约的运动"。以自然经济为基础的传统社会强调身份和等级,不同的人在法律上有不同地位和待遇,而市场经济是天生的平等派,它主张所有的人在市场面前平等,平等地出价,平等地合作,平等地竞争,因此,人和人之间的关系不再是身份和等级关系,而是平等的契约关系。有了这样的平等观念,社会上的人就能够实现从"臣民"到"公民"的身份转换,就能够正视自己的权利与义务,通过自己的行动参与到一个法治国家的建设中来。

(二)民主政治:法治的政治基础

没有民主,就没有法治,这是一个被历史事实不断证明的公理。就像植物的成长离不开阳光和水一样,法治作为一种现代治国模式,它也离不开民主政治。所以拉德布鲁赫说:"民主的确是一种值得赞赏之善,而法治国则更像是每日之食、渴饮之水和呼吸之气,最好是建立在民主之上:因为只有民主才适合保证法治国。"①

法治必须与民主联姻,其根本原因在于民主能够保障法律的权威并有助于现代法律价值的实现。法治意味着法律至上,必须维护法律在国家公共生活中的最高权威。从实践看,对法律权威的最大侵害往往来自于政府权力的肆意横行,而为了约束政府权力,就必须实行充分的民主,通过发动公民参与和影响政治,能够最大化地避免权力集中和独裁统治;法治还意味着保障人权,必须把公民的自由和幸福当做法律的核心目标。在民主体制之下,每个公民都有机会参与到立法中来,以特定的方式发表自己的意见,而在法律实施过程中,公民有权监督政府,从而有效防止了权力腐败,保证了人权的实现。

近代以来的历史证明,民主是法治的基础,而法治是民主的保障。"在典型的现代民主社会中,民主是法治不可分割的一部分。法治支持民主,民主也兼容法治。法治通过对一切私人的、公共的权力施以必要的法律限制,从而保障了基本人权,支持了民主秩序。"②

(三)理性文化:法治的文化基础

法治是社会发展的必然结果,是对依赖圣贤治国和依赖神灵治国的传统模式的扬弃,因而,法治以理性文化为其文化基础。

在法治之前,无论是神治、人治还是德治,社会都不具备现代式的理性文化。在神治之下,人将超自然的神灵奉为最高权威,依据神意来安排社会制度和生活方式,制定判断是非的规范标准。在人治类型中,统治者自称秉承天意,或血统高贵,使社会成员心甘情愿地效忠和服从。而在德治之下,某一类型的道德规范被奉为是官方的意识形态,成为权威的政治和社会生活的准则。

进入近代以来,随着哲学和科学的发展,人类的心智不断得到启蒙和开拓,以科学精神、人权思想、公民意识、权利义务观念等为内容的理性文化得到成长,并以此滋养和成就着现代法治。科学精神要求人们正视人性脆弱的一面,清醒地认识到领导个人智慧和德性的

---

① 〔德〕拉德布鲁赫:《法律智慧警句集》,舒国滢译,中国法制出版社2001年版,第49页。
② 刘军宁:《从法治国到法治》,载《中国政治》,今日中国出版社1998年版,第259页。

有限性,从而把对政治安全的期望更多放在制度上而不是人性上;人权意识和公民意识的苏醒使全体社会成员认识到自己是国家和社会的主人,每一个人都享有天赋的不可剥夺的基本权利,政治和法律的存在不是用来约束人和奴役人,而是要去保护人、尊重人和成就人。与此同时,在享有待遇的同时,每个公民都应承担起自己对共同体的不可推卸的责任;权利义务观念要求人们对自己的权利要有明确的认识,勇敢追求自己合法的权利并注意权利的边界,做到维护权利但不滥用权利,要求人们应忠实履行自己的法律义务,敢作敢当,不规避因为自己的过错而应承受的法律责任和法律制裁。

（四）法律信仰:法治的精神基础

最坚固的法律在哪里?不在铜板上,也不在大理石上,而是在最柔软的人心之中。如果法律被他的子民尊重并信仰,它将具有神圣的地位和巨大的力量,而当法律在人民中失去权威,被人弃之如敝屣时,法治社会便会成为一个永远都无法实现的幻想。

美国法学家伯尔曼说:"没有信仰的法律将退化成僵死的教条"[1],法律必须被信仰,否则它将形同虚设,无法得到实施,无法进入生活,只能是"死的法律"。法律信仰是人们有关法律的知识、情感和意志的高度统一,它不仅是人们对法律的认知,还包含了人们对社会生活依法而治的情感体验以及激发自身参与其中的意志努力。

法律要依靠国家的强制力量来保证其实施,但仅有国家强制力尚不足以确立法律的权威。法律权威的确立必须以法律信仰作为前提和基础,而法律权威的形成最终取决于普通民众和执法官员对法律的发自内心的尊重与信仰。从根本上说,法治固然是"法的统治",但同时也必须依赖于人的活动,不经过人的努力施行,再精妙的法律制度也是无用的。伯尔曼指出:"正如心理学研究现在已经证明的那样,确保遵从规则的因素如信任、公正、可靠性和归属感,远较强制力更为重要。法律只在受到信任、并且因而并不要求强制力制裁的时候,才是有效的;依法统治无须处处都依赖警察。……总之,真正能阻止犯罪的乃是守法的传统,这种传统又植根于一种深切而热烈的信念中……"[2]虽然通过赤裸裸的暴力和强权也许可以迫使人们普遍服从法律,但这与法治的根本精神则是不相容的,这样的统治也不会持久,无法实现社会的长治久安。

四、百年中国法治之路

（一）近代以来的法治追求

传统中国,儒家文化主张道德治国或礼教治国,其本质是人治。"'其人存,则其政举。其人亡,则其政息'。这句儒家箴言表达了中国人的基本信条:征召有才能的人较之西方所进行的依靠法律和制度,能更好地解决国家的种种问题。"[3]

在中国近代史上,鸦片战争之后接连不断的失败和灾难,打破了"帝国富庶强大"的迷思,在深感痛苦和困惑的同时,政治家和思想家终于开始为这个衰弱的国家寻找新的出路。

近代著名的思想家梁启超,面对内外交困的时局,曾经大声疾呼:"法治主义是今日救时

---

[1] 〔美〕伯尔曼:《法律与宗教》,梁治平译,生活·读书·新知三联书店1991年版,第64页。
[2] 同上书,第43页。
[3] 〔美〕斯塔夫里阿诺斯:《全球通史:从史前史到21世纪》(下),吴象婴、梁赤民、董书慧、王昶译,北京大学出版社2006年版,第360页。

之唯一主义"①。为了践行其主张,在光绪皇帝支持下,康有为、梁启超等人倡导和发动了清末最重大的法律改革,其目标就是要把中国改造为一个有法度有规则的新国家。"戊戌变法"虽然只有百日,但无疑是当时中国政治当局谋求法治的勇敢尝试。

1901年,面对时局的压力,满清王朝开始"变法自强"。1902年,清政府任命沈家本、伍廷芳为修订法律大臣,要求他们"将一切现行例律,按照交涉情形,参酌各国法律,悉心考订,妥为拟议,务期中外通行,有裨治理"。自此以后,清末修律运动拉开序幕,延续千年的封建法制被逐渐抛弃,最起码在形式上,中国开始有了现代意义上的法律体系。

但是,满清王朝的努力并没有挽救灭亡的命运,革命党人用炮火彻底摧毁了最后一个封建帝国。辛亥革命的爆发,在推翻了封建帝制的同时,建立了具有资产阶级性质的中华民国政府,也建立了相应的资产阶级法制。《中华民国临时约法》规定:"中华民国之主权,属国民全体",承认人民有广泛的权利和自由。而南京政府颁布了一系列法律法规,第一次在中国确立了"帝制非法""共和合法"的观念,开创了中国法治化的先河。在中国近代史上,法治的曙光在这一刻匝然一现。

辛亥革命后的法治发展,经历了北洋军阀和国民政府统治两个时期。总体而言,这两个时期在形式方面进一步补充和完善了资产阶级法律体系,但在法律的内容和价值理念上,却继承和保留了一些中国封建法律文化的成分,某些方面甚至吸收了一些法西斯主义的法律制度。

在中华民国38年的历史中,尽管法治的思想相当活跃,法律建设也得到一定程度的发展,但是基于历史的局限,理论家和政治家依然无法把法治国家的口号喊得自信而响亮,也无法提出建设法治国家的具体目标和可行的方案。对于当时的法律发展,法学家蔡枢衡指出:"从历史观点言,今日中国显然彷徨在法治之门,而不得入。40年来中国史似乎启示我们:到法治之路是条迷津。目前社会现实似乎还没有发现迷津中的正确路线,更谈不到有效的实践。法治之于明日的中国,当然非常渺茫。"②

显然,在20世纪的上半页,面对政治的困局,中国人做了艰苦卓绝的努力和极具勇气的尝试,但是,作为一种国家出路的法治,对于古老的中国来说依然是一个遥远、虚幻和让人伤感的迷梦。

(二)新中国法治的曲折发展

1949年,新中国成立,历史给了中国的政治家以充分的时间和条件,可以让他们去实现曾经的承诺与理想。但是,后来的实践却表明,走向民主与法治其实是一个非常艰难曲折的过程。

应该说,在1949年到1957年之间,新中国的法律事业还是有很大发展的。1954年,全国人大颁布了第一部宪法,构建了社会主义新中国的政治体制,确认了公民的基本权利和义务,为新中国的法制建设打下了良好的基础。在制定新中国第一部宪法典的过程中,立法者广泛听取民意,社会各界积极参与,展现出一副人民当家作主的全新气象。当时的政治,处在一个"迢迢如清晓"的新时期,人们对民主和法治在中国的实现充满了希望和热情。

1954年9月20日,第一届全国人民代表大会第一次会议在中南海怀仁堂举行,当

---

① 梁启超:《中国法理学发达史论》,载《饮冰室合集·文集之十五》,中华书局1989年版,第43页。
② 蔡枢衡:《中国法理自觉的发展》,清华大学出版社2005年版,第135页。

天会议的议题是对《中华人民共和国宪法(草案)》进行投票表决,会议由周恩来主持。投票结束后,会议宣布表决结果:出席代表1197人,投票数1197张,同意票1197张。代表们全体起立鼓掌,"中华人民共和国万岁"的欢呼声持续良久。中华人民共和国第一部宪法就此诞生。第二天,《人民日报》社论指出:"这部宪法是中国人民一百多年来革命斗争胜利的产物,是中国人民自新中国成立以来的新胜利和新发展的产物。"

1954年第一届全国人大召开

"五四宪法"是一部维护民主、保障人权的宪法,如果宪法得到足够的尊重和切实的实施,中国社会从此渴望迈向法治。但是,历史的变化让人感到意外并且刻骨铭心。从1957"反右"开始,政治日益走上了不正常的道路,领袖迷信和群众运动代替了法律和制度。在到底要不要法律的问题上,甚至连毛泽东都说:要人治不要法治,《人民日报》一篇社论,全国执行,何必要什么法律。①

在"左"倾思想的影响下,轻视法制的思想日渐抬头并成为政治主流。从1957年开始,国家立法基本上处于停顿状态,国家甚至连基本的民法和刑法都没有,而司法领域中的辩护制度、律师制度则基本被废除,中国开始走上了"运动治国"的道路。这一时期,像钱端升、谢怀栻等主张重视法律、反对用政策完全取代法律的法学家被划为右派,受到了极端不公正的对待。② 这样的政治氛围一直持续并不断恶化,及至"文化大革命"时期,公检法机构几乎完全被砸烂,所有纠纷都交给军队来处理,中国社会进入了一个"老和尚打伞,无法(发)无天的"的混乱时代。

二十多年的无序之后,群众运动的治国模式以其巨大的破坏性为自己挖掘了坟墓,饱受

---

① 王碧蓉整理:《专题座谈:健全法制厉行法治》,载《群言》1988年第5期。
② 陈夏红:《百年中国法律人剪影》,中国法制出版社2006年版,第211页、第242页。

煎熬的人们期待着新的政治气象。从1978年开始,在不正常年代饱受其害的政治家邓小平开始尝试寻找一种新的能够带领中国走出困境的发展道路,在反思人治的危害之后,中国的政治家们认为必须重视民主和法治的作用。邓小平指出:"为了保障人民民主,必须加强法制。必须使民主制度化、法律化,使这种制度和法律不因领导人的改变而改变,不因领导人的看法和注意力的改变而改变。"要实现中国的文明与富强,在政治上就必须结束"党政不分""党权高于一切"的政治格局,建立一套明确的法律规则,并且保持它的权威,也就是说,必须实现治国方略上的转型,实施依法治国。

进行法律治理,前提是完善法律,而其核心是制定合时合身的宪法。1982年,新中国历史上的第四部宪法得以颁布和实施,这部《宪法》全面规定了公民的基本权利与自由,完善了人民代表大会制度,规定了国家领导人的任期制和限任制。

1982年4月26日,第五届全国人大常委会第二十三次会议通过了《关于公布宪法修改草案的决议》,会后,全国人大常委会向社会公布了宪法修改草案,交付全国各族人民进行讨论。这次全民讨论,有几亿人参加,持续的时间达四个月之久,规模之大、群众热情之高,前所未有。仅在贵州省就组织了两千多次讨论。除了有的地方统一汇总寄来的意见之外,还有许多民众单独寄来自己的意见。比如北京的一位公民建议规定"法律面前人人平等",河北邢台的一位公民建议规定"在法律面前人人平等,不允许有特殊公民",而广东的一位公民则建议规定"废除领导终身制"等。

1999年和2004年,《宪法》的两次重大修改分别把"建设法治国家"和"尊重和保障人权"载入神圣的宪法,人们认为,这些举措是中国坚定迈向法治的信心和决心的明确表达。2014年,中国共产党第十八届中央委员会第四次全体会议通过了《关于全面推进依法治国若干重大问题的决定》,明确提出:"全面推进依法治国,总目标是建设中国特色社会主义法治体系,建设社会主义法治国家。这就是,在中国共产党领导下,坚持中国特色社会主义制度,贯彻中国特色社会主义法治理论,形成完备的法律规范体系、高效的法治实施体系、严密的法治监督体系、有力的法治保障体系,形成完善的党内法规体系,坚持依法治国、依法执政、依法行政共同推进,坚持法治国家、法治政府、法治社会一体建设,实现科学立法、严格执法、公正司法、全民守法,促进国家治理体系和治理能力现代化。"

全面推进依法治国是一个系统工程,是国家治理领域一场广泛而深刻的革命,需要付出长期艰苦努力。"明日中国将实现法治,这是中国历史社会必然的归宿。"[①]尽管可能还会有曲折,还会有困难,但是,改革开放之后的几十年的实践表明,中国已经选择了法治的道路,中国人尊重自己的传统,但并不排斥异域的法律文明,中国将在法治的路上一往无前,绝不退步。

第三节 法律职业

依法治国,是以法律为治国的基本标准,用法律全面规范社会生活,但法律并非无人操纵即可运行的机器,"徒法不足以自行,"法律终归要有人来执行和适用,这就是法律职业。

---

① 蔡枢衡:《中国法理自觉的发展》,清华大学出版社2005年版,第134页。

法律职业的能力、素养、品德,将直接影响到法律的实施效果,影响到法治的实现。

一、法律职业

西方传统意义上的"职业",主要指具有某种学识、享有特殊权利并承担特殊责任的服务性行业。法律职业(legal profession)是现代社会众多职业中的一类,是受过专门法律教育或训练、拥有专业化的法律知识和技能、从事专门法律工作的角色群体,它是一个以法官、检察官、律师和法学家为主体的法律人共同体。

(一)法律职业的历史

在人类历史上,同别的职业——比如医生、演员——相比,法律职业的出现是比较晚近的事,它是社会分工和法律发展到一定阶段的结果。在西方,最早的法律职业大概出现在古罗马时期。随着复杂的罗马法的产生,古罗马出现了一个职业法学家阶层,他们以讲授和解释罗马法为业,以法律为自己安身立命之所在,他们在罗马社会呼风唤雨,对政治和司法产生了巨大影响。

近代的法律职业首先出现在西方资本主义国家,比如在英国,最早的职业律师出现在13世纪亨利三世时期的伦敦市,而14世纪还逐渐形成了专门培养职业律师的中殿、内殿、格雷、林肯等四大律师公会。① 17、18世纪以后,随着宪政和法治的发展,法律活动的职业化成为世界性趋势,律师、法官、法学家组成的职业群体日益庞大,成为一个显赫的社会阶层。

> 英国的四大律师会馆已经有超过600年的历史,是伦敦古老的法律行会的代表,也是英国早期法律职业培养的基地。1215年的《大宪章》规定:皇家民诉法庭不再跟随国王,而是设定一个固定的地点,即伦敦的威斯敏斯特。后来,那些学法律的学生开始聚集在法庭附近的小客栈或小旅馆里,作为法律学会的"学徒"学习法律。在数量众多的会馆中,中殿会馆、内殿会馆、林肯会馆和格雷会馆被称为英国的四大律师会馆。
>
> 从13世纪开始,任何要从事出庭律师职业的人,都需要在当时众多会馆中的一家接受学徒式教育,并获得会馆授予的律师执业许可。其实,律师会馆就是跟剑桥、牛津一样的中世纪大学。剑桥、牛津招收的多为寒门子弟,贵族、骑士和其他有权势的人更愿意把子弟送到律师会馆接受教育。案例讲解和模拟庭审是律师会馆提供的主要法律训练手段。随着时间的推移,律师会馆逐渐改变了它们自身的特点,逐渐变成一所贵族大学,在那里学习的很多人都接受了包括政治学、文学等在内课程的全面的培养和教育。
>
> 在四大律师会馆中,内殿会馆因其美丽的花园而负盛名,它的草坪更宽、树更高、大厅更古老,庭院更古雅别致。穿过绿色的草坪,堤岸、泰晤士河尽入眼帘,而且可以远眺烟雾缭绕的萨里山区。从这里毕业的阿斯奎斯、乔治·坎宁、乔治·格伦维尔等杰出的政治家都曾登上过首相的宝座;托马斯·利特尔顿勋爵、爱德华·柯克、斯蒂芬·勒欣顿、弗兰克·洛克伍德爵士等则是法科学生中的翘楚;约翰逊、查尔斯·兰姆、诗人塞缪尔·罗杰斯等亦曾在这里居住、生活过。②

---

① 陈绪纲:《法律职业与法治——以英格兰为例》,清华大学出版社2007年版,第140、160页。
② 范本腾:《伦敦的四大律师会馆》,载北京法院网:http://bjgy.chinacourt.org/article/detail/2015/03/id/1564137.shtml,2016年7月10日访问。

英国内殿律师会馆

在中国,古代社会一直没有形成独立的法律职业,在行政与司法合一的传统体制下,法官只不过是行政官员的一个附属身份和兼任职业,而助人诉讼的"讼棍"则一直是个近乎非法的灰色职业。真正意义上的法律职业在中国的出现,那是20世纪西法东渐之后的事了。

现在,人们一般认为,西方意义上的法律职业可以分为五类:第一类是对法律冲突或纠纷作出裁判的人,包括法院的法官、仲裁机构的仲裁员、其他准司法机构中的官员;第二类为代理人,即代表有关当事人出席各类裁判活动的人员,包括律师、检察官及其他代理人;第三类为法律顾问,即为当事人提供法律咨询服务而不出席法庭的人员,如英国的事务律师、法国的公证员等;第四类为法律学者,他们从事法学教育和研究,培养法律职业人员;第五类为受雇于政府机构和私人机构的法律职业者。在我国,广义上的法律职业包括法官、检察官、律师、法学家、公证员、公司法律顾问,而狭义上讲的法律职业则仅指法官、检察官、律师三种。

(二)法律职业的特点

法律职业是现代社会众多职业的一种,但是,由于法律职业是以法律为业,而法律的运作又与人权、民主和社会正义紧密相关,所以,法律职业具有和工程师、作家、艺术家等职业不同的特点。

其一,法律职业的专业性。

随着法律日渐复杂,法律工作已经成为普通公众无法胜任的工作,必须要由行业专家来承担。"司法并不是每个人都能胜任的轻松活,由普通人直接来执法或者直接操纵审判过程就像由普通人直接行医或控制治疗过程、由普通人指挥军队控制军事技术一样,都是不大可能的。"[①]

在出现较早法律职业的英国,13世纪以前,法院的法官们就是普通的行政官员(civil

---

① 〔美〕庞德:《普通法的精神》,唐前宏等译,法律出版社2001年版,第57页。

servant),由于法律和宗教密切关联,他们中很多人就是教士。直到 1200 年之后,法律职业才从一般行政官员中分离出来成为一个专业的行当。这其中有两点因素推进了法律职业的独立和专业:一是法庭使用的语言是诺曼法语(Norman French),普通人不懂,二是地理原因,很多当事人没办法离开家乡跑去遥远的皇家法院,因此人们开始需要专业的代理人替自己打官司。①

法律职业的专业性表现在多个方面:专业的知识,法律学问是社会科学中一个重要而富有特色的学科;专业的技能,法官和律师在办理案件中必须具备特殊的判断、表达、沟通、论证的技能;专业的思维,法律职业强调逻辑思维和理性思维,反对艺术家的浪漫和政治家的矫情;专业的意识,法律职业是保守的"卫道士",他们以捍卫宪法和法律的尊严为自己的责任。

对于法律职业共同体的专业性特征,有学者作了形象的描绘:"这个共同体是由这样的一群人构成的:他们是一群刻板而冷峻人,如同科学家一样,他们孜孜研究自己的发明工具,努力提高这种工具的性能和技术,他们希望这个工具扶助弱者保护好人,但即使服务强者放纵坏人,他们也无动于衷,他们称之为形式理性……他们是一群虔诚的人,如同教士信守圣典一样,他们也信守自己的圣典和教条,他们小心翼翼的解释这些圣典上的文字,即使这种解释似乎显得不合时宜……他们是一群神秘的人,如同秘密社会,有自己的切语和暗号,有自己的服饰和大堂,他们不屑于使用日常语言,他们把鸡毛蒜皮的小事上升在神圣的原则层面上来讨论,外人并不知道他们在说什么,为什么这样说,他们把这种以远离日常生活的方式来关注日常生活称之为'专业化'。"②

其二,法律职业的公共性。

近现代以来,随着经济市场化的发展,社会分工的规模迅速扩大。这一分工将社会从业者分为公共职业者和私人职业者,前者从业的目标是实现社会公益,后者从业的目标是实现个人自利。

法律职业就是典型的公共职业,法律职业的公共性表现在两个方面:首先,法律职业的服务对象是不特定的社会公众,任何人都有权利获得平等的法律救济,而这种法律救济是由法律职业来提供和实施的,即使是对那些无恶不作的坏人,法律职业也必须为其提供同等的服务;其次,法律职业的服务目的不是获取自身的经济利益或者实现政治家的意图,而是要承担社会责任实现社会正义,即使像律师这样的法律职业者,在强调以法律作为其就业和解决生计的途径之外,更强调要负起对整个社会的民主、人权和法治的责任。

在美国,职业人士指出,随着商业主义的发展,高质量的法律服务向有钱人或者大公司转移,从而损害了大多数中低收入者的利益,这表明美国法律职业出现了严重的危机。③ 其实,不仅仅是美国,在世界其他国家包括中国,法律职业尤其是律师职业越来越由公共职业转变成为少数人服务的私人职业,这种情况必须得到改变,否则,诚如上面所讲,法律职业者事实上就撕毁了他与社会和法律所订立的契约。

---

① John N. Adams and Roger Brownsword, Understanding Law, Sweet and Maxwell, London 2003, p.255.
② 强世功:《法律共同体宣言》,载《中外法学》2001 年第 3 期。
③ 〔美〕理查德·卡伦伯格:《毁约:哈佛法学院回忆录》,林婷、李玉琴译,商周出版社 2006 年版,第 4 页、第 333 页。

其三,法律职业的独立性。

人们认为,要让法律职业真正担负起法治的责任与使命,就必须保证法律职业的独立性或自治性,必须使其独立于政治控制,独立于道德考量,独立于外部权力干预。

法律职业的自治性表明,法律职业严格区别于其他职业,它不受行政机关的直接领导,也不是政治家的附庸,法律职业是一个自主、自律、自治的职业群体。法律职业通过共同的训练,参加共同的考试,具有共同的知识背景和业务技能,因此,他们在知识层面上是一个独立而自治的统一体。同时,法律职业实行一定程度的自我管理和自我服务,并拥有各种重要的自主、自律的手段,包括建立职业社团、确定职业准入的条件、制定职业伦理规则、规定收费标准、进行纪律惩戒等。

2013年9月,在为一起未成年人涉嫌强奸刑事案件承担辩护工作的过程中,北京律师周某某陆续在微博、博客上发布案件当事人的通讯内容、会见笔录、侦查卷中警方拍摄的现场图片、律师现场勘验报告,用文字形式披露有关辩护人的辩护内容、鉴定结论等。

2014年1月,北京律师协会对周律师的上述不当行为作出了处分,处分决定书显示,周某某作为辩护人不当披露案情(如公开发布鉴定结论、监控视频、警方照片等案件证据材料)、泄露当事人隐私(如发布有关妇科检查材料),并发布民警对王某刑讯逼供的虚假信息,将不公开审理案件的庭审情况以微博、博客和媒体披露的方式公之于众;且其在庭审过程中违反法庭纪律和在庭外对公众情绪失控等行为,严重损害律师职业形象。北京律协执业纪律与执业调处委员会决定,给予周某某律师公开谴责的行业纪律处分,并建议司法行政机关给予相应的行政处罚。

只有实行严格的职业自治,律师才能尽责尽职,切实维护委托人利益,积极维护律师形象;法官才能真正做到"以事实为依据,以法律为准绳",依法、独立、公正裁判,维护法律的公正与权威。

二、法律职业的素养

西方法谚曰:"如果你要进行审判,就要了解案情、懂得法律、理解人情世故。"[1]换句话说,法律职业者必须具备从事该职业所必须的知识、技能和经验。事实上,正如英国柯克法官所说:"法律是一门艺术,它需要经过长期的学习和实践才能掌握,在未达到这一水平前,任何人都不能从事案件的审判工作。"[2]法律职业的素养,包括了诸多内容,比如知识、经验、能力以及思维方式等。

(一)法律人的学识

法律人必须是有学识的智者,因为他既要判断事实真相,又要解释和运用法律,还要考量和权衡具体案件背后复杂的利益关系,唯有具备丰富的知识和广阔的视野,他才会在复杂的冲突中作出正确的判断。

首先,法律人应当具备扎实的专业知识,对法学的各个领域、各个部门、各个层次都有相

---

[1] 孙笑侠编译:《西方法谚精选》,法律出版社2005年版,第69页。
[2] 〔美〕罗斯科·庞德:《普通法的精神》,唐前宏等译,法律出版社2001年版,第41—42页。

当的研究。法学是一个有机的整体,公法和私法之间、实体法和程序法之间、法条和法理之间都是紧密联系不可分离的,法律人应当熟悉局部又总揽全局,把握制度又理解精神,是一个真正的法律方面的行家里手。

与此同时,由于法律问题和社会生活息息相关,法律人还应当了解有关社会、自然的知识,布兰迪斯(Brandeis)大法官曾说:"一个法律人如果不曾研究过经济学和社会学,那么他就极容易成为社会的公敌。"[①]在一个法律人的职业生涯中,他可能遇到形形色色的案件,而每个案件都可能涉及法律之外的东西,如果对这些知识和信息有足够的了解,就有可能成为一个像林肯那样成功的法律人。

林肯是美国历史上颇有声誉的一位总统。他在担任总统之前,曾经当过一段时间的律师。有一次,他得悉自己亡友的儿子小阿姆斯特朗被控谋财害命,并已初步判定有罪,于是就以被告辩护律师的资格向法院查阅了全部案卷。阅卷之后,林肯要求法庭复审此案。

这个案子的关键在于,原告方面的一位关键证人福尔逊发誓说:案发当天晚上11点钟,他在月光下清楚地目击了小阿姆斯特朗用枪击毙死者的过程。按照美国法庭的惯例,作为被告辩护律师的林肯和作为原告证人的福尔逊,进行了一场面对面的对质。

林肯:"你发誓说认清了小阿姆斯特朗?"

福尔逊:"是的。"

林肯:"你在草堆后,小阿姆斯特朗在大树下,两处相距二三十米,能认清吗?"

福尔逊:"看得很清楚,因为月光很亮。"

林肯:"你肯定不是从衣着方面认清的吗?"

福尔逊:"不是的,我肯定认清了他的脸蛋,因为月光正照在他脸上。"

林肯:"你能肯定时间在11点吗?"

福尔逊:"充分肯定。因为我回屋看了时钟,那时是11:15。"

询问到此结束,林肯转过身,对陪审团说:"我不能不告诉大家,这个证人是个彻头彻尾的骗子。"

林肯解释说:"证人发誓说他于10月18日晚11点钟在月光下看清了被告阿姆斯特朗的脸,但历书证明那天晚上是上弦月,11点钟月亮已经下山了,哪来的月光?退一步说,就算证人记不清时间,假定稍有提前,月亮还在西边,而草堆在东大树在西,月光从西边照过来,被告如果脸朝大树,即向西,月光可以照到脸上,可是由于证人的位置在树的东面的草堆后,那他就根本看不到被告的脸;如果被告脸朝草堆,即向东,那么即使有月光,也只能照着他的后脑勺,证人怎么能看到月光照在被告脸上,而且能从二三十米的草堆处看清被告的脸呢?"

在这无懈可击的辩驳面前,福尔逊灰溜溜地败下阵来,在众人咒骂声中,他承认了自己是被人收买来陷害被告的事实。于是,小阿姆斯特朗获得了清白,被当庭释放。

在这场审判中,林肯辩护成功的关键在于他对相关天文学知识的掌握,他用强有力的事实和分析,推翻了证人的证词,澄清了事实真相,为小阿姆斯特朗洗清了不白之冤。

[①] 〔美〕理查德·卡伦伯格:《毁约:哈佛法学院回忆录》,林婷、李玉琴译,商周出版社2006年版,序言。

（二）法律人的经验

法律职业不仅强调学识，而且强调经验，"经验是法律举世无双的领袖"①，因为法律职业处理的是人和人之间的矛盾和纠纷，这些矛盾和纠纷涉及到相当多的利益，牵扯到相当多的关系，存在相当多的不确定因素，所以，对于法律人而言，一个案件的判决，根本不是一个课堂上的案例题，只要找出法律关系就能得出正确答案，法律人需要考虑太多的东西，而这在很大程度上取决于其人生经验和职业经验。因此，对司法审判深有体会的霍姆斯大法官说：自始至终，法律的生命不在于逻辑，而在于经验。

早在 16 世纪，在著名的柯克法官与国王的争辩中，他就以法律是一门技艺而婉拒了国王对司法的干预②，一个成熟的法律人需要有丰富的人生经验，只有这样他才能最大化地体会到不同当事人的请求、想法和利益考虑，才能找到处理复杂关系的最佳方案；一个成熟的法律人更需要丰富的职业经验，只有这样他才能透过驳杂多变的法律现象抓住法律问题的实质，才能判断出证据的真实性和诉求的合法性并在此基础上作出公正裁决。

实际上，对于法律职业者而言，法律技能相当广泛，美国律师协会发布的《麦考利特报告》提出了法律职业的十项基本技能，具体包括：问题的解决；法律分析和推理；法律检索；事实调查；交流；咨询；谈判；起诉和其他纠纷解决程序；法律事务的组织与管理；确认并解决道德困境。③

与学识不同，法律职业的经验不是在课堂上学来的，而是在实践中琢磨出来的，是在一次又一次的失败和成功中总结出来的，而这需要时间，需要年龄。柏拉图在其《理想国》一书中说："一个好的法官一定不是年轻人，而是年纪大的人。他们是多年后年龄大了学习了才知道正义是怎么回事的。"④在西方国家，通过一系列条件的严格限制，使能够披上法袍走上法庭的人往往年龄较高，刚从法学院毕业的小青年一般是无望作法官的，即使你学富五车也不行。而且法院的级别越高，法官的年龄也越大，比如美国联邦最高法院，多年来一直是七个或九个被称为"老男人"的法官主宰着一切。"法官老的好，律师少的俏"，英国的法官之所以戴上假发，或许其中原因之一就是让自己显得老态龙钟。争讼者常常因为法官下巴的胡须和额头上的皱纹，而拥有一种莫名的可靠和安全感。在这一点上，是同病人愿意找老医生相同的，年老和经验为法官带来了尊敬和信赖，为司法争取了有利因素。

为了帮助法学院的学生在进入法律职业之前就具备初步的职业经验，在美国的法学教育中，公益性法律援助作为重要组成部分，一直极受美国各大法学院的重视。在一些学校，提供公益性法律服务已经成为学生取得学位的要求之一。如哥伦比亚大学法学院规定，每个学生都应在毕业前完成 40 个小时的公益性法律服务；已经完成 40 小时要求的学生，则被校方鼓励继续提供志愿性的减免费法律服务。在宾西法尼亚大学法学院，学生若想顺利毕业，则需完成 70 个小时的减免费法律服务。美国法学学生进行公益性法律服务的形式一般有两种，即参加以课程为基础的法律援助诊所项目或参加独立项目，其中选择前者的人更

---

① Tom C. Clark, Students Advocates in the Courts, 1 Seton Hall L. Rev. 1, 4(1970).
② 1612 年，在著名的"星期日上午会议"上，面对英王詹姆士一世要收回部分案件审判权的无理要求，柯克大法官进行了有理有据的抵制，他说："法律是一门艺术，它需经长期的学习和实践才能掌握，在未达到这一水平前，任何人都不能从事案件的审判工作。"〔美〕罗斯科·庞德：《普通法的精神》，唐前宏等译，法律出版社 2001 年版，第 42 页。
③ 转引自李傲：《互动教学法——诊所式法律教育》，法律出版社 2004 年版，第 74—75 页。
④ 〔古希腊〕柏拉图：《理想国》，郭斌和、张竹明译，商务印书馆 1995 年版，第 119 页。

多。美国法学院设立的法律援助诊所项目多依托于各院自设的专门办公机构,如哥伦比亚大学的公益法律中心、宾西法尼亚大学的公益法律办公室、加州大学伯克利分校的诊所教学中心等。2012年,纽约州律师协会先行一步,将强制公益性法律服务作为考取律师执照的必要条件。如今在美国法律界,不少法律人已经达成一种共识,即法学毕业生要想成为律师,需先完成一定时长的公益性法律援助,而后才能考取律师资格证书。①

(三)法律人的思维

除了深厚的知识、丰富的经验,法律人还应具备专业的法律思维。法律思维是理性思维,拉德布鲁赫说:"法律职业人的工作是一种理智的工作,它通过概念的条分缕析来调整混乱模糊的人际关系。"②

法律思维不同于艺术思维、经济思维和政治思维,它是一种理性的和逻辑的思维。"法律思维的根本特点是判断性,建构规范需判断哪些事实当由法律来调整,应用规范需判断事实是否与规范相适应,法律思维穿行于事实与规范之间。"③

法律思维必须遵守程序,只在程序内进行思考和判断;法律思维是一种保守性的而非创造性的思维,它遵循向过去看的习惯,重视已经制定的规则的权威;法律思维是一种形式理性的思维,在一般的情形中,它强调按照形式逻辑的规则进行推理和判断,警惕甚至反对在法律领域运用道德标准和意识形态;法律思维是一种平衡的思维,在法律上没有像自然科学中那样的绝对的真和假的区分,法律人面对的是对错和是非,而这本身是个基于社会因素之上的价值判断,是一个权衡利弊与妥当的问题;法律思维还是一种论证性思维,任何观点的提出都必须提供证据和法理的支撑,法律人没有资格下命令,欠缺支持的观点在法律思维中毫无价值可言。④

三、法律职业的道德

法律职业是一种特殊职业,法律人的行为在某种程度上代表了法律,并深深影响着法律的实施状况和现实命运。因此,法律职业家不仅应具备娴熟的技能与经验,还要具有高尚的职业道德。古人言:其身正,不令而从,其身不正,虽令不从。法律人作为执掌司法呵护正义的使者,必须以身作则,弘扬正气,像白天鹅爱惜自己的羽毛一样珍惜自己个人的和行业的名誉,法律人如果惟利是图、徇私枉法,则无疑是自毁前程,更是法律的不幸。

(一)法律职业道德的内容

1. 法官的职业道德

在著名的元剧《窦娥冤》中,楚州太守出场时唱道:"做官都说要清名,偏我要钱不要清。纵有清名没钱使,依旧连官做不成。"⑤寥寥几个字,形象地道出了这位大老爷的为官之道和职业操守,在这样的法官操持司法大权的年代,窦娥的冤案其实并非是偶然的。

---

① 吴琼、高迪:《美法学院或推强制性公益法律援助》,载《法制日报》2013年9月3日第6版。
② 〔德〕拉德布鲁赫:《法律智慧警句集》,舒国滢译,中国法制出版社2001年版,第132页。
③ 郑永流:《法学野渡》,中国人民大学出版社2010年版,第67页。
④ 郑永流教授将法律思维的特征概括为:合法律性优于合道德性、普遍性优于特殊性、复杂优于简约、形式优于实质、程序优于实体、严谨优于标新、论证优于结论、逻辑优于修辞、推理优于描述等。郑永流:《法学野渡》,中国人民大学出版社2010年版,第67—70页。
⑤ 余宗其:《中国文学与中国法律》,中国政法大学出版社2002年版,第67页。

今天,在强调依法治国和司法公正的时代,法官的职业道德对法律正义的实现显得至关重要。英国上诉法院大法官培根曾说:一次不公正的审判比多次犯罪为祸犹烈。因为这些犯罪不过弄脏了水流,而不公正的审判则直接把水源败坏了。

一般说来,法官职业道德的内涵应当主要包括:

其一,忠于宪法和法律。法官是法律帝国中的王侯,他的职责和使命在于维护法律的公正与权威。因此,法官不仅应在行为上符合法律的具体规定,还应在精神和理念上认同法律、尊敬法律、信法为真,愿意为法律正义奋斗,甚至作出牺牲,就像拉德布鲁赫所说的:"法官的品行应该是不惜一切代价,甚至包括牺牲生命,以正义为本。"①

其二,保障司法独立与公正。"一个公正的法官是一个冷冷的中立者。"法官应当"贫贱不能移、威武不能屈",只认可事实,只服从法律,在身份独立和利益中立的基础上作出公正的裁判。

其三,珍惜职业荣誉、维护职业形象。在现代法治社会,法官是光荣而神圣的职业,是法律职业中的贵族,他必须珍视和爱惜自己的名誉,在司法审判中兢兢业业清廉公正,在生活中也要做诚信、仁爱和高尚的公民。

2. 律师的职业道德

一般说来,律师的职业道德和国家司法官员的职业道德存在一定的差异,这种差异的根本原因在于律师的工作是有明确顾主的工作,是为特定当事人提供的有偿服务。因此,律师职业道德的最基本内容包括:

其一,诚信履行合同,忠实于委托人利益。律师执业应当诚实信用、勤勉尽责,这乃是由律师业务的法律性质和职业特点所决定的。律师的工作内容,取决于当事人的托付,律师在工作中享有的权利,除开法律直接规定外,主要来源于当事人的授予,因此,从合同必须履行的要求出发,律师应当诚实信用、"言必行、行必果",尽职尽责,善意而谨慎地承担代理事务,尽最大努力维护当事人的合法权益。

其二,保守秘密。律师在执业中会了解和获得很多机密和信息,律师对这些信息的使用应仅限于执行业务所必须的范围,不得向外泄露,更不得利用这些信息从事商业或其他活动。在美国,著名的波希尔案件是最为人们津津乐道的一个关于律师保密的典型案件。

波希尔(Purcell)先生在与他的律师进行了多次接触之后,感到这位律师不仅十分不称职,而且令人不可理喻。于是他对这位律师说:"我将要烧掉你的律师楼。"律师立刻奉劝波希尔先生说:"如果你焚烧掉我们的律师楼,那会是非常糟糕的事情,你将因此受到法律的制裁。"尽管如此,在波希尔先生离开律师楼后,这位律师仍然十分紧张,担心波希尔先生会做出过激的举动,于是拨通"911"报了警。警方当即拘捕了波希尔先生,但到了法庭调查取证的时候,戏剧性的场面出现了:报警的律师拒绝向法官透露波希尔先生与他谈话的一切内容,理由是他必须为当事人的所有言行保密。就这样,波希尔先生被无罪开释。

这就是美国律师严格遵守的"忠诚于当事人"的原则,即使律师楼将被烧掉,他们也会遵循这个原则。②

---

① 〔德〕拉德布鲁赫:《法律智慧警句集》,舒国滢译,中国法制出版社2001年版,第134页。
② 《美国名律师谈职业道德——我的嘴巴是密封的》,载《中国青年报》2002年1月16日。

其三,服务社会、维护人权。律师是社会性职业,其任务在于服务社会利益,而在各种社会利益中,尤其要以维护人权为重。历史经验表明,对人权的侵犯往往来源于公权力的滥用,而在利用法律机制维护人权的斗争中,律师是最重要的力量之一,是反抗专制保护人权的斗士。律师对人权的贡献,首先体现在律师参与刑事诉讼,维护被告人的合法权益,同时在其他诉讼及非诉讼活动中,律师的介入促进了法律公平的实现,保护了弱者的利益;而在当事人处于贫困或其他艰难境况中时,律师提供的无偿法律援助,更是人道主义的体现。

需要指出的是,律师伦理是世俗伦理的一部分,它出乎于世俗,却超然于世俗,以至于,在公众眼里,律师是天使与魔鬼的结合体,他们有时候是可爱的,而有时候却十分可恨。律师伦理与世俗伦理的冲突,时有发生,从某种意义上讲,这是律师职业的宿命。

20世纪70年代,美国纽约发生了一起著名的"快乐湖"案件。两名律师法兰西斯·贝尔格和富兰克·阿玛尼共同为谋杀嫌疑犯罗伯特·格鲁辩护,后者被指控在露营中谋杀了菲力普·敦布普斯基。当事人告诉两位律师,他还犯有另两宗不为警察所知的谋杀案,其中包括把一名在野外露营的少女杀死。两位律师对其获悉的犯罪事实守口如瓶,即使在这位少女的父亲请求他们告知失踪女儿的情况时,仍不置可否。在其后的审判中,律师试图以此信息与检察官达成辩诉交易,求得对被告人的从轻处罚,但遭到了拒绝。只是在罗伯特·格鲁最终供述了这两起未予指控的谋杀事实后,律师才公开承认他们对此早已知情。此事一经披露,美国社会一片哗然,两名律师遂被千夫所指,公众唾骂他们这种隐瞒真相的行为,指责他们从"正义的追求者"沦为了"职业枪手",他们甚至受到过死亡威胁,不得不搬离原居住地。

当律师伦理遭遇世俗伦理,律师应该何去何从?职场中人与普通百姓的看法大相径庭。在一般人看来,律师的职业角色应该服从于他们的公共角色,为当事人尽忠,抑或守密,自是无可厚非,唯其前提,必当守持基本的人性标准,尤需推动社会公平正义的实现。而业界人士普遍认为,律师之为律师,乃在于他们要以悖于"常规"的方式,去谋求公平正义的社会福祉,他们的"另类"与"反叛",正是制度设计的应然要求。倘律师变得"正统",也去揭发自己的当事人,则这个职业便失去了生存的根基。在"快乐湖"案件曲终人散后,来自美国律师协会的评价是:律师的上述行为不仅是允许的,而且,如果律师披露客户信息,将违反律师执业规制。

中国的律师制度虽然缺乏悠久的文化传统,但在与世界接轨方面,却也悟出了不少真谛。现行《律师法》第38条规定:"律师对在执业活动中知悉的委托人和其他人不愿披露的有关情况和信息,应当予以保密。但是,委托人或者其他人准备或者正在实施危害国家安全、公共安全以及严重危害他人人身安全的犯罪事实和信息除外"。这是典型的伦理入法,于此前提下,律师背负着法律的和道德的双重义务,如果遇到类似"快乐湖"案的情况,应不难作出选择。从这个层面讲,中国律师是幸运的。[①]

(二) 良心不安是一种美德

坐落于波士顿的坎布里奇、拥有一百八十多年漫长历史的哈佛法学院一直被誉为美国"超级律师的摇篮",这座摇篮里诞生了不计其数的大律师、大法官甚至美国总统,哈佛法学

---

① 孙渝:《律师伦理及其冲突》,载《财经》2013年第32期。

第九讲　法的现代化与法治国家

院也因此而享有盛名。但是,在1989届毕业的学生中却出了一个逆子和叛徒,他就是理查德·卡伦伯格(Richard. Kahlenberg),在他出版的《毁约:哈佛法学院亲历记》一书中,他对自己的母校——哈佛大学法学院——提出了尖刻的抨击和指控。

卡伦伯格是个有心人,他在入学的时候就决定要写一本书,忠实地记录下自己在哈佛法学院生活的点点滴滴。《毁约》这本书就是卡伦伯格在哈佛法学院读书的回忆录,它以讲故事的方式,叙述了哈佛法学院学生的成长经历,他们如何从满怀济世救民理想的学生,在知名法学学府的教育和熏陶下,逐渐怀疑自身肩负的社会责任,而向金钱与权力不断靠拢,最终走上了服务权贵的职业道路。

这是一本非文学虚构的书,书中所描述的都是真实发生的故事。尽管书中涉及美国政治、法律领域的很多深层次问题,但是,"本书基本上还是一部回忆录,而非理论分析。它是一个关于成长的故事:关于我如何为人夫、为人父;如何失去自信,而又慢慢地重建信心;如何满怀理想,却让理想破碎,最后又尝试着把它拼凑起来;如何在现实与理想之间,在随波逐流与破茧而出之间,做出困难的选择。"①

哈佛法学院无疑是世界上最好的法学院之一,她的教育对每个学生的职业选择和人生规划影响巨大。"1986年到1989年期间,我就读于哈佛法学院。我原先的志向是公共法律服务,但是三年后,我和大多数的同学一样,还是跑到了律师事务所去执业。那是一条名利双收、富有挑战性且永不知足的成功之路。"②

"你可以责怪他们违背了自己的良知,因为他们当初之所以学习法律,不是为了金钱,而是想做好事。你也可以责怪哈佛法学院违背了教育的承诺,那句刻在法学院大楼墙壁上的主张:法律是为正义而设置的。但是,无论谁该为现状负责,一个不容忽视的、悲哀的事实是:每当充满理想的法学院学生最后变成冷酷的律师时,他也就撕毁了社会与法律所订立的契约。"③

"正如最好的产品就会有最高的价格一样,但是对某些专业,例如法律、医疗以及艺术而言,更深刻的事实是,这些行业常常吸引一些不只是想挣钱的人。"④为什么那么多学生为了实现自由平等的社会理想而进入法学院,但是三年之后却在社会上为那些既得利益者辩护?为什么入校时学生谈论的是如何以法律去澄清天下,但在毕业时却不约而同地选择了最反对改革的大型律师事务所?这正是哈佛法学院最荒诞的现象,也是卡伦伯格想要揭露和批判的问题。

作为哈佛法学院的毕业生,卡伦伯格在向读者袒露他心中疑惑的同时,也严肃地批评了美国现代法律教育的盲点和弊病。在他看来,哈佛法学院绝对可以成为最棒的学习之地,但是,那里有最博学的教授,却绝口不提深层次的道德探究;那里有最聪明的学生和不平凡的潜力,却无法教育出一代最好的学生。因此,正如美国律师兼小说家约翰·格雷森所评价的:本书不只是回忆录,它残酷而真实地描写法学院怎样把理想主义转化为对金钱和权力的贪婪,这是一本美国法律教育的起诉书。

---

① 〔美〕理查德·卡伦伯格:《毁约:哈佛法学院亲历记》,胡正勇、林正译,世界知识出版社2003年版,第9页。
② 同上书,第5页。
③ 同上书,第306页。
④ 同上书,第305页。

从事法律职业必须具备专业的技能，英国柯克法官曾将法律实施的专业技能归结为人为理性（artificial reason）而非天赋理性（natural reason），"法律是一门艺术，它需要经过长期的学习和实践才能掌握，在未达到这一水平前，任何人都不能从事案件的审判工作。"①

在美国，法学教育属于典型的职业教育，也就是说，它以传授法律操作技能为内容，以培养职业律师为目标。在法学院中，法律教育与人文教育相分离，法学院的任务在于为学生提供分析和解决法律实务问题的各种技术性训练，其宗旨是训练他们"像律师那样进行思考"。

在这样的法律教育模式之下，法学院的教授像流水线上的工人一样，源源不断地生产出专业的律师、法官、检察官等教育产品，这些人在社会上形成了一个庞大的法律共同体，"这个共同体是由这样的一群人构成的：他们是一群刻板而冷峻的人，如同科学家一样，他们孜孜研究自己的发明工具，努力提高这种工具的性能和技术，他们希望这个工具扶助弱者保护好人，但即使服务强者放纵坏人，他们也无动于衷，他们称之为形式理性。"②

然而，法律职业毕竟是一种特殊的职业，法律人的行为在某种程度上代表了法律，并深深影响着法律的实施状况和现实命运。因此，法律职业者不仅应具备娴熟的知识与技能，还要具有高尚的职业道德，要有担当社会道义的气概和能力。培根大法官说过："一次不公正的裁判，其恶果甚至超过十次犯罪。因为犯罪虽然是冒犯法律——好比污染了水流，而不公正的审判则毁坏法律——好比污染了水源。"③实际的情况确实如此，没有职业道德和社会责任感的法律人对社会造成的伤害可能远远大于许多个犯罪人。应该说，没有任何一种职业，像法律职业这样重视和依赖于职业者的道德和良知。因此，"如果法律仍旧是一项职业的话，就必须采取一些手段向学生灌输责任和义务的意识，这是一种职业的精髓。"④如果我们的学生知识丰富、技能娴熟但对社会正义漠然无视，如果他们腰缠万贯却对社会公益毫不关心，则无疑是对法律职业包括法律教育的莫大反讽。

可惜，卡伦伯格在哈佛法学院的求学经历却表明，哈佛法学院缺乏关于法律职业道德和社会责任感的培养。当初，"申请加入法学院学习的学生往往有为大众服务的热情和理想，但是，也往往会在法学院学习的巨大开支所引发的资金压力面前堕入世俗。法学院制度化的'自私'击碎了他们对于法律事业浪漫式的期望。"⑤这样的结果是："每当充满理想的法学院学生最后变成冷酷的律师时，他也就撕毁了社会与法律所订立的契约"⑥，虽然，法学教育不应该剥夺学生职业选择的自由，更不能仅仅因为学生服务于权贵就简单的从道德层面上对其予以否定。但是，法律如同医学，毕竟不是纯粹的商业活动，它与社会公平正义相关，它与民主法治相联。对于法学院的学生来说，正如强世功教授在其《法律共同体宣言》中所说的：我们承继的不仅仅是一个职业或者手艺，而是一个伟大而悠久的文化传统。⑦ 与此相关，法律职业也不仅仅只是一个谋取名利双收的金饭碗，它还寄托着社会公众对法律正义的期望，并在深层次上影响着一个国家民主与法治的未来命运。

---

① 〔美〕罗斯科·庞德：《普通法的精神》，唐前宏等译，法律出版社2001年版，第41—42页。
② 强世功：《法律共同体宣言》，载《中外法学》2001年第3期。
③ 〔英〕培根：《培根人生随笔》，何新译，人民日报出版社1996年版，第192页。
④ Sidney P. Simpson, The Function of the University law School, 49 Harv. L. Rev. 1068, 1070(1936).
⑤ 李学尧、余军：《法律职业的危机与出路》，载《法制与社会发展》2004年第5期。
⑥ 〔美〕理查德·卡伦伯格：《毁约：哈佛法学院亲历记》，胡正勇、林正译，世界知识出版社2003年版，第306页。
⑦ 强世功：《法律共同体宣言》，载《中外法学》2001年第3期。

第九讲 法的现代化与法治国家

"哈佛出产最慧黠的法学生,却称不上是知识分子——他们可以解决谜题、分析案件、建构论证,却无法从更宏观的角度去看待问题。"①卡伦伯格这种决绝甚至刻薄的对哈佛法学院的讥讽,对沉浸在法学大发展迷思中的中国法律教育,或许也会引发启迪和反省。尽管,法学院的毕业生逃离公共利益及贫弱者服务并非仅仅只是法学教育的问题,它更主要是一个综合性的社会问题,②但是,法学院不能因此推卸自己为人师者的最起码的教导责任。

卡伦伯格对法学教育和法律职业的担忧,在美国已经引起了越来越多的关注和反思。然而,卡伦伯格的揭示的问题并不是美国特有的,它实际上具有普遍意义。不仅仅是美国,还包括当代中国,在资本的魔力和商业文化的推动下,高质量的法律服务正在不断向大公司和权贵者转移,而贫弱者获取法律服务的渠道和机会却相当狭窄,曾经在西方世界出现的法律职业危机离我们中国人的生活也越来越近。人们发现,当下中国律师界的唯利是图并非只是一种偶然现象,"追求利润最大化的机会主义倾向在一定程度上已成为中国律师社会形象的写照,律师阶层似乎在未成功塑造品位之前即已'堕落'"。③

民国时期东吴大学法学教授孙晓楼先生认为,合格的法律人才需要满足三个条件:"要有法律学问;要有社会常识;要有法律道德。"④即使是依据他的这个上个世纪早期的标准来衡量,我们今天的法学教育可能也只是达到了教授法律学问的目标,而在社会常识、社会责任和职业道德教育方面无疑还存在严重不足甚至缺失,而以这样的法律教育来服务于中国法治国家的建设,显然是不够的。

法律职业也是一种职业,律师也得养家糊口,可是,在当代中国,法律职业者也必须强调要通过职业活动为贫弱者服务和承担起社会责任。"法律职业者不应该是惟名利是从的市侩,而应该是社会正义的追求者、社会制度的'工程师'。法律职业应该是一个对社会、对人生负责、尽职的群体。为社会服务,应该成为法律职业的核心理念,成为法律职业最根本的价值追求。在法律职业的精神境界中,应该特别强调的是利他主义的伦理性。在现代法治社会中,法律职业甚至被作为制衡庸俗的商业文明和喧嚣的平民政治的'法律贵族'或'学识贵族',并因此而由国家彰显其地位。"⑤

德国法学家拉德布鲁赫曾说:"法学对人的智识乐于提供也许是最好的科学思维技巧的训练,——任何人,当他从法学转向其他科学时,都会感激曾有过这种法学的润养。"⑥然而,法学教育对于每一个法律人的启迪与润养绝非仅仅及于技能和思维。无论是对于学生还是教授,当我们走进法学院,就意味着要继承一种传统,接受一项事业,负起一份责任,我们要把法律公平、正义、自由、人权的精神和信念不断传承并发扬光大,我们应该无愧于"法律人"(lawyer)这个光荣的名称。

---

① 〔美〕理查德·卡伦伯格:《毁约:哈佛法学院亲历记》,胡正勇、林正译,世界知识出版社 2003 年版,第 9 页。
② 研究者指出,当下的美国社会开始出现"法律职业的危机",法律界正在面临失去其传统的职业灵魂和精神,鼓励社会公德的法律奉献和奖励技术竞争基础上的公正审判的价值体系已经或者开始崩溃。对于这场危机的罪魁祸首,人们一般都将之归咎于"法律商业主义"(legal commercialism)。在"以财产的多寡论英雄"的职业文化的引导下,带有赌博性质的对抗制、排除公众监管的自我规制体制等都使律师只为富人或者大公司服务,从而最终损害了大多数人的利益(公共利益)。李学尧、余军:《法律职业的危机与出路》,载《法制与社会发展》2004 年第 5 期。
③ 同上。
④ 孙晓楼:《法律教育》,中国政法大学出版社 1997 年版,第 9 页。
⑤ 张志铭:《法治社会中的法律职业》,载《人民法院报》2001 年 11 月 23 日。
⑥ 〔德〕拉德布鲁赫:《法律智慧警句集》,舒国滢译,中国法制出版社 2001 年版,第 138 页。

四、建设法治国家：中国法律人的时代使命

英国作家狄更斯在其《双城记》中开篇讲道："这是一个最美好的时代，这是一个最糟糕的时代。"从法律的角度讲，这句话大致可以用来描述中国法律人所处的当下的时代。说这个时代美好，是因为它已经选择了法治的道路，它为所有法律职业人提供了大有作为的广阔天地；说这个时代糟糕，是因为法律还存在诸多的不足和缺陷，而屡见不鲜的权力腐败和司法不公时时还在吞噬着社会的良知。

但是，无论是美好还是糟糕，这都是一个属于法律人的伟大时代。

"徒善不足以为政，徒法不足以自行"，归根到底，法律是一种外在的工具，法律的创制、实施和发展离不开作为主体的人的能动作用。人们说，古代的社会是国王统治的社会，现代社会是法律统治的社会，但是，由于法律是由法律人来操作和实施的，因此所谓"法律的统治"归根到底就是"法律职业人的统治"。

历史选择了法治，而为了实现这个理想，社会赋予了法律职业者以崇高的地位和极大的信任。作为回报，更作为一种职业使命，法律职业者必须对我们的国家、民族和历史担负起责任，法律人必须保障法律在社会生活的各个领域得到切实的执行，必须保护法律实施不受权贵、金钱、舆论和意识形态的不正常干预，必须把尊重人权和实现正义当作自己最高的职业追求，必须承担起建设和捍卫法治的历史使命。法学家庞德说："法律职业的首要任务是保证人们获得法律所能为的安全、及时与有效的正义……没有什么能比给所有人以完全平等的正义更为重要了，我们是法律人，因此有义务为职业和社会贡献我们的所有。"[①]

在新中国的历史上，我们曾经经历过一段砸烂公检法、法律职业被彻底消灭而司法审判演变为群众运动的悲惨时期。好在时代不断进步，这样的故事永远成为了历史记忆，我们正在迎来一个新的时代，一个民主、自由、人权的时代，一个属于法治的时代。

在这样的时代，我们郑重呼吁：

所有的法律人，团结起来！

无论是最高法院的大法官还是乡村的司法调解员，无论是满世界飞来飞去的大律师还是小小的地方检察官，无论是学富五车的知名教授还是啃着馒头咸菜在租来的民房里复习考研的法律自考生，我们构成了一个无形的法律共同体。共同的知识、共同的语言、共同的思维、共同的认同、共同的理想、共同的目标、共同的风格、共同的气质，使得我们这些受过法律教育的法律人构成了一个独立的共同体：一个职业共同体、一个知识共同体、一个信念共同体、一个精神共同体、一个相互认同的意义共同体。我们承继的不仅仅是一个职业或者手艺的传承，而是一个伟大而悠久的文化传统。我们不仅仅在市场上寻找出价的机会，更主要的是在大学神圣的殿堂里，在这悠久的知识传统中寻找启迪、智慧与灵感。如果我们没有共同的法律语言，对法律没有共同的理解，没有共同的社会信念，没有共同承担社会责任的勇气和能力，有谁来支撑我们的法治大厦？有谁来抵制专断权力的任性？有谁来抵制暴民政治带来的无序和混乱？

今天，我们必须清醒地认识到我们的主张。这些主张不是简单地停留在感情的接

---

① Roscoe Pound, The Task of the American Lawyer, 25 Miss. L. J. 108(1953).

受上,而是建立在理性思维的反思和认识上,我们必须对法律共同体的历史、理论逻辑和思维方式以及我们对待我们这个社会的态度有一个清醒的认识;我们必须对这个共同体的现状、社会功能、所遇到的问题以及未来的走向有一个清醒的认识。唯有如此,我们才能自觉地主动地团结起来,抵制专断和特权,抵制暴力和混乱,维持稳定与秩序,捍卫公道和正义,现实改良与发展。这正是我们今天的历史使命。

道德的社会解体了,政治的社会正在衰落,法治的社会还会遥远吗?[①]

对于中国人而言,自大秦帝国以来,一直到清末,国家的治理都是典型的人治的模式。鸦片战争之后,曾经引导世界先河的中华文明衰落,中国人开始寻找新的道路。在谋求中华民族伟大复兴的一百年之后,经由法治,实现社会进步和国家昌盛,成为清晰的目标,于是,法律职业成为实现这一目标的第一责任人,法律人背负了实现"法治中国"的伟大时代使命。

一、推荐阅读文献

1. 苏力:《法治及其本土资源》,北京大学出版社2015年版。
2. 公丕祥主编:《全球化与中国法制现代化》,法律出版社2008年版。
3. 〔美〕汉密尔顿、杰伊、麦迪逊:《联邦党人文集》,程逢如等译,商务印书馆2004年版。
4. 陈新宇:《寻找法律史上的失踪者》,广西师范大学出版社2014年版。
5. 强世功:《法律共同体宣言》,载《中外法学》2001年第3期。

二、课后教学活动

1. 请同学们观看张艺谋的影片《秋菊打官司》,然后讨论如下问题:

(1) 秋菊要求的"说法"是什么?官方给的结果又是什么?这两者之间有什么样的差别,背后的原因是什么?

(2) 根据电影反映的情况,讨论中国法制现代化的路径?

2. 黄炎培是民国时期有名的教育家与社会活动家,六十多年前他曾在延安与毛泽东有一场精彩的"窑洞对"。

1945年6月,褚辅成、黄炎培、冷遹、王云五、傅斯年、左舜生、章伯钧七位国民参政员联名致电毛泽东、周恩来,表示希望访问延安,为两党谈判搭建桥梁。不久,中共中央回电欢迎。7月1日,延安的中共领导人,自毛泽东、周恩来、朱德以下,全部到机场迎接。第二天,黄炎培等人到杨家岭,拜访毛泽东。毛泽东问黄炎培有什么感想,黄炎培坦率地说:"我生六十多年,耳闻的不说,所亲眼看到的,真所谓'其兴也勃焉','其亡也忽焉',一人,一家,一团体,一地方,乃至一国,不少单位都没有跳出这周期率的支配力。大凡初时聚精会神,没有一事不用心,没有一人不卖力,也许那时艰难困苦,只有从万死中觅取一生。既而环境渐渐好转了,精神也就渐渐放下了。有的因为历史长久,自然地惰性发作,由少数演变为多数,到风气养成,虽有大力,无法扭转,并且无法补救。也有为了区域一步步扩大,它的扩大,有的出于自然发展,有的为功业欲所驱使,强求发展,到干部人才渐见竭蹶、艰于应付的时候,环境倒越加复杂起来了,控制力不免趋于薄弱了。一部历史'政怠宦成'的也有,'人亡政息'的也有,'求荣取辱'的也有。总之没有能跳出这周期率。中共诸君从过去到现在,我略略了解的

---

① 强世功:《法律共同体宣言》,载《中外法学》2001年第3期。

了。就是希望找出一条新路,来跳出这周期率的支配。"

毛泽东听了他这番话后,回答说:"我们已经找到新路,我们能跳出这周期率。这条新路,就是民主。只有让人民来监督政府,政府才不敢松懈。只有人人起来负责,才不会人亡政息。"在黄炎培看来:"这话是对的",因为"只有把每一地方的事,公之于每一地方的人,才能使地地得人,人人得事。把民主来打破这周期率,怕是有效的。"[①]

问题:结合当前的国内和国际形势,说说中国如何跳出"历史周期律",如何走向法治?

[①] 杨津涛:《黄炎培与毛泽东畅谈"历史周期率"》,载《国家人文历史》2013年第3期。

第十讲

法与宗教、道德

> 为政以德,譬如北辰,居其所而众星共之。……道之以政,齐之以刑,民免而无耻,道之以德,齐之以礼,有耻且格。
>
> ——孔子《论语·为政》
>
> 法律赋予宗教以社会性,宗教则给予法律以其精神、方向和法律获得尊敬所需要的神圣性。在法律和宗教彼此分离的地方,法律很容易退化为僵死的法条,宗教则易于变为狂信。
>
> ——〔美〕伯尔曼

社会规范有很多种,包括道德规范、宗教规范、法律规范等。在人类不同历史阶段,这些规范在社会治理中的地位、作用和重要性有所差异。例如,在欧洲的中世纪,宗教规范的效力和地位要高于法律规范;而在古代中国社会,统治者主张"德主刑辅",更强调道德规范的作用。但是进入现代社会之后,法律规范的地位和作用逐渐加强。美国法学家庞德曾经指出,"自16世纪以来,法律已成为社会控制的最高手段了"①,因为自那时起,"社会政治组织已成为首要的了。它具有或要求具有,而且就整个来说事实上保持着一种对强力的垄断,所有其他社会控制的手段被认为只能行使从属于法律并在法律确定范围内的纪律性权力。"②在现代社会,法律虽然在社会规范体系居于主导地位,但它却离不开宗教与道德,法律的局限需要宗教和道德去弥补。

第一节　法律和宗教

一、宗教对法律的引领

宗教源于人对死亡的恐惧,若世上没有死亡这回事,也就不会有宗教了。面对死亡,人会显得无助,需要借助来自人之外的力量支撑,因而,依赖感乃是宗教的根源。对此,梁漱溟在其《中国文化要义》一书中有精辟的概括:"宗教的真根据,是在出世。出世间者,世间之所托。世间有限也,而托于无限;世间相对也,而托于绝对;世间生灭也,而托于不生灭。"③

---

① 〔美〕罗·庞德:《通过法律的社会控制、法律的任务》,沈宗灵、董世忠译,商务印书馆1984年版,第131页。
② 同上书,第12页。
③ 梁漱溟:《中国文化要义》,上海人民出版社2011年版,第96页。

宗教对人类文明的影响可谓深远。"人类文化都是以宗教开端,且每依宗教为中心。人类秩序及政治,导源于宗教;人的思想知识以及各种学术,亦无不导源于宗教。"[①]法律作为文化的一部分,自然也不可避免受到宗教的影响。

《圣经·出埃及记》记载,为了逃离埃及法老的迫害,摩西带领犹太人离开埃及,去寻找那"流奶与蜜之地"。在西奈山上,耶和华授予摩西十条戒律,基本内容是:除了耶和华之外,以色列人不可再有别的神;不许雕制和崇拜任何偶像;不许妄称耶和华的尊名;当守安息日(星期六)为礼拜耶和华的圣日;当孝敬父母;不可杀人;不可奸淫;不可偷盗;不可作伪证诬陷他人;不可贪图他人的房屋、妻子、仆婢、牛驴,并他一切所有的。《摩西十诫》,既是希伯来人的经典法律,也是人类最早期的法律成就之一。并在此基础上,演绎出一整套指导犹太人三千多年社会生活的权威律法《犹太法典》。从《摩西十诫》的产生过程以及它的内容,我们可以看出,《摩西十诫》既是犹太人的宗教信条,也是他们的法律规范,它本身就是集宗教、道德、习俗、禁忌等社会规范于一体的。这种法律与道德、宗教浑然一体的情形在其他国家和地区的体现也是明显的,如印度的《摩奴法典》、巴比伦的《汉谟拉比法典》等。

同样,在伊斯兰世界,《古兰经》作为伊斯兰教的宗教经典,同时也是源于真主的法律,成为其他法律的渊源。在中国,尽管没有出现政教合一的政治,但宗教对法律的影响也是非常重要,佛教作为中国主流的宗教,佛学是国学的一部分,中国传统法律中具有很明显的佛教的内容,中国法律在精神和气质上受到了佛教文化深刻的影响。

玄奘法师负笈图

在古代社会,宗教和法律的关系非常密切,可以说,几乎在任何一个国家,法律的产生、发展都深深受到了宗教的影响。进入近现代以来,即使在科技解释了许多问题而哲学家宣布上帝已经死亡的时代,在许多发达国家,宗教对其法律仍然有重要的影响,宗教的要求在法律中仍然有所表现。因此,美国法学家伯尔曼说:"既便是在那些严格区分法律与宗教的

---

① 梁漱溟:《中国文化要义》,上海人民出版社2011年版,第93页。

社会,它们也是相辅相成的——法律赋予宗教以其社会性,宗教则给予法律以其精神、方向和法律获得尊重所需要的神圣性。在法律与宗教彼此分离的地方,法律很容易退化成为僵死的法条,宗教则易于变为狂信。"①

(一) 宗教影响国家立法

从法律的产生和发展的历史看,在一定意义上,我们可以说宗教是法律的导师和伴侣。在历史上,宗教曾对法律的前身——原始社会的习惯——产生过巨大的影响。进入奴隶社会以后,原始社会的习惯逐步上升为奴隶社会的法律,在这种人类最早的法律形态的身体中,就流淌着宗教的血液。进入封建社会以后,宗教对国家立法的影响尤其明显,立法的指导思想往往表现为宗教观念,也有把法律与宗教的教规、戒律等融和在一起的现象。

在古代中国,佛教深刻影响了中国的立法,佛教的观念、准则都在国家立法中得以不同程度的体现。比如,著名的《唐律疏议》中就规定在佛的"十斋日"不准实施死刑,公元629年,松赞干布以佛教教义为依据制定了《法律二十条》,开创了吐蕃成文立法之先河,其中很多条文就是佛教戒律的体现。

在欧洲中世纪,基督教渗透到社会生活的方方面面,与国家的世俗法并立的教会法不仅涉及教会本身的组织和教徒生活规范,并且对土地、婚姻家庭、犯罪与惩罚等世俗问题都有具体规定,所以恩格斯说:"中世纪政治和法律都掌握在僧侣手中,也和其他一切科学一样,成了神学分支,一切按照神学中通行的原则来处理,教会教条同时就是政治信条,圣经词句在各法庭中都有法律效力"。②

在伊斯兰世界,《古兰经》既是伊斯兰教的经典,又是伊斯兰国家的最高法典。《古兰经》规定了穆斯林的宗教义务,包括净仪、礼拜、斋戒、朝觐、交纳天课等;《古兰经》提出了孝敬双亲、主持公正、接济亲属、怜惜贫孤、慷慨助人、反对浪费等一系列伦理主张,《古兰经》还提出了很多关于借贷、继承、婚姻等规定,如上这些,要么直接具有法律效力,要么在伊斯兰国家的立法中得到贯彻和体现。

(二) 宗教影响司法审判

从法律发展历史看,宗教不仅影响着法律的创制,还深刻影响到法律的实施,在法律的各种实施方式中,司法受到宗教的影响也许最为明显,在司法的审判程序和证据规则随处可见宗教的影子。

伯尔曼指出:法律与宗教具有一些共同的因素,包括仪式、传统、权威和普遍性。③ 宗教特别强调程序仪式,没有程序,宗教的思想几乎就无法传播,宗教活动几乎就无法开展。由于人类早期的司法审判主要表现为神判,也就是通过巫师召唤神灵对诉讼做出审判,所以司法从一开始就在程序方面继承了宗教的诸多内容。即使到了现代,司法中严格而繁琐的程序仪式也与宗教有着直接的关联。比如在英美法系国家,法官身穿长袍,戴着假发,装扮得如同圣洁的牧师,法官进入法庭,全体当事人必须起来致敬,原被告在法官主导下进行交叉询问和互相辩论,最后由陪审团和法官作出审判。在这个严肃而庄重的过程中,法官的判决被赋予了神圣的色彩,而当事人对于判决也往往从内心深处给予认同和接受,就像接受神的

---

① 〔美〕伯尔曼:《法律与宗教》,梁治平译,中国政法大学出版社2003年版,第12页。
② 《马克思恩格斯全集》(第7卷),人民出版社1959年版,第400页。
③ 〔美〕伯尔曼:《法律与宗教》,梁治平译,中国政法大学出版社2003年版,第21页。

谕令一样。因此可以说,"法律像宗教一样起源于公开仪式,这种仪式一旦终止,法律便丧失其生命力。"①

在司法实践中,为体现法庭的严肃性及法官的公正性,通常于审判前由法官进行宣誓。这种程序体现了法律与宗教的共同特点——仪式性,即以一定的形式来表现法律或宗教的神圣庄严。芬兰《司法程序法》中就规定了极具基督教色彩的法官誓词:"我,以上帝与他赐予的福音之名,庄严承诺并宣誓,我将以我所能奉愿的最深沉的理性与良知,不论贫富,不论何案,严格依照上帝与吾国的法律和规约,在每一次审判中持守正义;不论是何托辞,我将永不因血缘、亲属、交往、结友、嫉妒、憎恨或恐惧,或为了收取财礼,或其他任何理由——将无辜之人定罪惩处,或让有罪之人逍遥法外。此外,我亦不会,在宣告判决前后,向其他任何人物或群体,泄露法庭在紧闭之门扉后的任何评议。所有誓愿,为我所深深期望,且我必将忠诚、正直地履行,以符我作为一个热忱之法官之名,绝无欺骗,不存私谋——请佑护我,身体力行、思虑纯善,请帮助我,我的上帝。"②根据该法律,法官就任时必须进行宣誓,否则不能获得法官资格。

除了对司法程序的影响以外,宗教还对司法的证据制度产生影响。比如,在英美法系的审判中,证人出庭作证必须用手按着《圣经》承诺自己不说谎话,而在伊斯兰的卡迪法庭审判中也特别重视当事人的宣誓。在卡迪法庭的诉讼中,原告负有举证责任,如果没有证据,被告宣誓证实本人陈述,他就胜诉,他若拒绝宣誓,原告宣誓即可胜诉。在某种意义上,把宗教因素引入证据制度中,有助于法官发现事实真相,作出公正裁判。在芬兰,证人出庭作证也须进行宣誓,保证所提供证词真实无误。"我,以全能全知的上帝之名承诺并宣誓,我将证明及陈述关于本案的全部事实,不隐瞒、不添加、不改变信息。"③对于无宗教信仰的证人,可以使用其他替代性的誓词。证人无合理理由拒绝宣誓的,法庭将对其处以罚金甚至 6 个月以下监禁。④专家证人与普通证人的誓词还有细微差别:"我,以全能全知的上帝之名承诺并宣誓,我将尽我之能完成授予我的任务。"⑤

(三)宗教影响公民守法

由于宗教是一种信仰,因此宗教有助于提高人们守法的积极性和热情。更重要的是,由于宗教上的戒律基本内容和法律相同,所以,宗教规则的实施是对法律实施的积极帮助。比如,佛教提出的"不杀生、不偷盗、不邪淫、不妄语、不饮酒"的五戒,就是刑法和民法中的重要内容,因此,当一个佛教徒按照佛教戒律从事活动时,同时也就是一个服从法律的守法过程。

北欧的斯堪的纳维亚地区,被誉为全世界"最接近天堂"的地区。这里的生活安逸闲适,健全的社会福利制度下人们可安度一生,幸福指数全球第一。北欧地区拥有深厚的宗教传统,信教人群可达总人口的 70% 以上,宗教信仰对于当地人们来说是生活不可或缺的部分。在法律之下,人们充分享受宗教信仰自由的权利,社会生活安定而和谐。

---

① 〔美〕伯尔曼:《法律与宗教》,梁治平译,中国政法大学出版社 2003 年版,第 23 页。
② Finland, Code of Judicial Procedure, Section 7.
③ Finland, Code of Judicial Procedure, section 29.
④ Finland, Code of Judicial Procedure, section 37.
⑤ Finland, Code of Judicial Procedure, section 49.

二、法律对宗教的作用

（一）确立宗教与政治的关系

宗教在人类发展史中占有重要的地位,同时对一国的政治、社会生活也有重要影响。中世纪时期,封建统治阶级为了维护和加强自己的政治统治与教会联合,神权与政权相互依赖,宗教领袖同时是政府首脑,教会的律法与戒律即为国家的法律。目前,这样的政教合一制度仍少量存在于一些国家。

政教分离(separation of state and church)是启蒙运动中为反对封建统治者与基督教会相互结盟维护其专制统治而提出的概念,当今世界大多数国家实行政教分离制度。政教分离意味着国家不能建立国教,宗教与国家权力相对分离,宗教不能干预国家管理活动。坚持政教分离原则的国家在宪法中或明确规定"本国是世俗国家""本国实行政教分离""本国没有国教"等,或否定性地规定"不得制定建立国教的法律""国家不受宗教的约束""国家不资助任何宗教"等。[①] 通过政教分离,可以使宗教与政治的各得其所,各司其职。

在美国的历史上,17 世纪北美第一批移民,从英格兰乘坐"五月花"号逃离自己祖国的清教徒,就是受英国本土宗教迫害的"宗教难民",他们是宗教不宽容的直接受害者。建国之后,美国国父们在宪法之后增加了旨在保障公民权利的十条修正案,史称"权利法案"。"权利法案"第一条就指向宗教问题,它明确规定:国会不得制订设立宗教或者限制宗教自由的法律。美国人选择把"宗教自由"置于公民基本权利的第一项,而不是生命、财产或者其他权利,也许反映了当时美国制宪者对宗教不宽容的厌恶和恐惧。

作为解决宗教问题最主要、最根本的法律基石,宪法第一修正案确立了处理政教关系问题的基本原则,即政教分离原则与宗教自由原则。第一修正案对政府而言,意味着国家不得确立国教或州教,对所有宗教应平等对待,而对公民而言,则意味着可以自由选择信教或不信教,信仰此宗教或彼宗教。简而言之,宪法第一修正案的意义在于捍卫一种宗教宽容的精神,力求实现不同宗教的和平共处,并最终推进所有宗教都倡导的爱和慈悲。

与其他重要的宪法条款一样,第一修正案具体内涵的界定依赖联邦最高法院的判例。1947 年,在著名的"艾沃森诉教育委员会"一案中,新泽西一位名叫艾沃森的纳税人认为政府给予教会学校学生以交通补贴的做法违反了宪法第一修正案,将教育部门告到了联邦最高法院。在该案的裁决书中,最高法院对第一修正案的含义作了权威解释:不论州政府还是联邦政府,都不得将一个教会确立为州教或国教;不得通过法律援助一种宗教或所有宗教,或偏护某一宗教而歧视另一宗教;不得强迫或影响某人违背自己意志加入或不加入一个教会,或强迫他信奉或不信奉任何一种宗教。任何人不得因持有或宣布宗教信仰或不信教,去或不去教堂做礼拜而受到惩罚;不得课征任何数量的税收以支持任何宗教活动或机构,不论他们以任何名目出现;不论是州政府还是联邦政府,都不得以公开或隐蔽的方式参与任何宗教组织或集团的事务。[②]

[①] 王秀哲:《政教关系的全球考察》,载《环球法律评论》2012 年第 4 期。
[②] 李红勃:《法律之墙,人神共存》,载《财经》2015 年第 9 期。

宗教的盼望不在此岸，因而应保持与尘世适当的疏离。把宗教生活和政治生活适度隔离开来，才能营造一种宽松的生态环境，让不同宗教均得发展，让信教者和无神论者得以和谐共存。

（二）法律对宗教的保护

宗教作为一种社会现象，有其合理性和积极意义，它对于化解矛盾、促进文明、凝聚社会发挥着积极作用。

因此，法律必须对正常的宗教活动提供保护，维护宗教的健康发展。具体来说，法律对宗教的保护应包括如下几个方面：

其一，国家应当在宪法上规定宗教的地位和宗教活动的基本原则。国家应根据具体历史传统和社会现实，对宗教的地位做出正确的法律定位，并在宪法上明确规定宗教自由的基本原则，赋予公民宗教信仰的权利。比如我国《宪法》第36条规定："中华人民共和国公民有宗教信仰自由。任何国家机关、社会团体和个人不得强制公民信仰宗教或者不信仰宗教，不得歧视信仰宗教的公民和不信仰宗教的公民。国家保护正常的宗教活动。任何人不得利用宗教进行破坏社会秩序、损害公民身体健康、妨碍国家教育制度的活动。宗教团体和宗教事务不受外国势力的支配。"

其二，国家应为宗教团体开展正常宗教活动提供法律指引。国家应制订专门的宗教法律，对教会的组建及其管理、教徒的权利义务、教会与政府的关系、教会的财产保护等问题作出明确规定，以维护教会的合法权益。例如，芬兰于2003年颁布《宗教自由法》，将宪法赋予的与宗教有关的公民基本权利以更具体的条款呈现，其内容包含宗教团体的注册、成员的加入或退出程序、宣誓与确认以及公开集会时适用的法律。

其三，防止和惩罚对宗教的破坏和宗教对抗。国家应通过立法预防和惩罚破坏宗教活动的违法行为，保护宗教活动的正常开展。比如挪威刑法中有关于侵犯宗教圣誉的规定：任何人以语言、公开的侵犯性的行为对合法的宗教团体的信义、教条、仪式等进行侮辱的，将被处以罚金、拘留或6个月以下监禁。但该条第2款对本条的适用做了限制，规定本罪只有基于公共利益的要求才成立。[①] 在多宗教国家，法律还要协调不同宗教之间的关系，避免出现宗教之间的冲突和对抗。

（三）法律对宗教的规范

宗教活动应该依法进行，不得对抗政府和危害社会，这已经成为世界各国在宗教问题上的基本共识。因此，为了防止有人利用宗教进行谋取非法利益、危害社会、破坏国家等违法行为，法律应当对宗教活动予以规范。在这方面，最重要的就是法律必须惩罚和杜绝邪教活动。

一般来说，邪教是吸收正统宗教的某些成分形成的，不服从正统宗教，在正统宗教的教职系统之外运作，思想上、行动上具有反正统、反社会、反科学、反人类、反政府倾向的极端主义的异端组织。美国的太阳圣殿教、日本的奥姆真理教、中国的"东方闪电教"（又叫"全能神"），都属于典型的邪教组织。当今世界，邪教和恐怖主义、黑社会并称社会三大"毒瘤"。据不完全统计，目前，全世界邪教组织有1万多个，信徒有数亿人。因此，通过法律手段预防和打击邪教，成为各国政府面临的共同问题。

---

① The General Civil and Penal Code of Norway, Section 142.

2014年5月28日,山东招远发生了一起"全能神"邪教成员故意杀人案件,六名该邪教成员在麦当劳餐厅向周围就餐人员索要电话号码以便传教,在遭到拒绝后,竟当众施暴,残忍地将被害人吴某殴打致死,情节极其恶劣、手段令人发指。2014年10月,烟台市中级人民法院一审宣判,被告人张帆、张立冬等2人被判死刑,被告人吕迎春被判无期徒刑,被告人张航被判有期徒刑10年,被告人张巧联被判有期徒刑7年。

1995年3月20日,日本东京的地下铁发生了邪教组织实施的恐怖袭击事件。发动恐怖袭击的"奥姆真理教"邪教组织人员在东京地下铁三线共五列列车上发放沙林毒气,共造成13人死亡,约5500人中毒,1036人住院治疗。事件发生的当天,日本政府所在地及国会周围的几条地铁主干线被迫关闭,26个地铁站受影响,东京交通陷入一片混乱。2004年,东京地方法院对制造东京地铁沙林事件的"奥姆真理教"教祖麻原彰晃进行一审宣判,以杀人罪、拘禁罪、非法制造武器罪等13项罪行的"首谋"罪名判处麻原死刑。

在日本,鉴于奥姆真理教的一些违法活动受到《宗教法人法》的保护,日本国会于1995年底通过《宗教法人法》修改案,在行政和财政方面加强了对宗教团体的监督管理。1999年年底又出台《团体限制法》和《被害人救济法》,从而使奥姆真理教的活动处于法律的监视之下。日本内阁还进一步制定了"奥姆对策法案",进一步限制"奥姆真理教"的活动,防止其死灰复燃。在法国,法国国民议会于2001年通过了"阿布·布尔卡法案",即《反邪教法》。该法规定,对那些被控对个人造成身体或精神伤害的,被控利用邪术非法行医、非法售药、刊登欺骗性广告的邪教组织,法院有权通过审判,予以取缔,法律还将惩治那些"滥用易受伤害的软弱与无知的人们信任"的邪教头目,教主若利用有"心理和身体服从倾向"的信徒进行诈骗活动,将被判刑和罚款;该法还允许邪教受害者的家属或社会团体对邪教提出起诉,特别是可对教主对于信徒造成的心理和精神伤害提出起诉。这项立法是世界上第一个明确的打击邪教的立法。

在中国,尽管没有专门的反邪教法,但也不乏相关规定。最高人民法院和最高人民检察院的司法解释把"邪教组织"解释为"是指冒用宗教、气功或者其他名义建立,神化首要分子,利用制造、散布迷信邪说等手段蛊惑、蒙骗他人,发展、控制成员,危害社会的非法组织。"现行《刑法》第300条规定:"组织和利用会道门、邪教组织或者利用迷信破坏国家法律、行政法规实施的,处3年以上7年以下有期徒刑;情节特别严重的,处7年以上有期徒刑。组织和利用会道门、邪教组织或者利用迷信蒙骗他人,致人死亡的,依照前款的规定处罚。组织和利用会道门、邪教组织或者利用迷信奸淫妇女、诈骗财物的,分别依照本法第236条、第266条的规定定罪处罚。"

三、宗教自由:公民的基本人权

宗教是人类社会发展到一定阶段的历史现象,有它发生、发展和消亡的过程。宗教信仰、宗教感情,以及同这种信仰和感情相适应的宗教仪式和宗教组织,都是社会的历史的产物。因此,每个国家都应当认真对待宗教问题,切实保护公民的宗教信仰自由,这是社会发展对法律提出的合理要求。

一般来说,宗教信仰自由,就是指每个公民均有信仰任何宗教或不信仰任何宗教的自由,有维持或改变他的宗教信仰的自由,有以个人的和社会的方式举行宗教仪式,表明他的宗教信仰的自由;每个公民均不得因为信仰或不信仰宗教以及宗教信仰的不同,而拥有任何特权或使公民权利受到限制;不得因为信仰或不信仰宗教及宗教信仰的不同,而改变、限制或剥夺一个人应享有的一切权利。

宗教信仰自由源于15、16世纪的宗教改革运动,1555年,《奥格斯堡条约》规定,在神圣罗马帝国,天主教徒和路德教徒享有平等地位。资产阶级革命胜利以后,各国逐步以法律的形式将宗教信仰自由规定为公民的一项基本权利。

在经历了两次世界大战之后,宗教信仰自由已不仅是一个国内法问题,而且成为国际法所保护的基本人权。1948年联合国大会通过的《世界人权宣言》第18条规定:"人人有思想、良心和宗教自由的权利;此项权利包括改变他的宗教或信仰的自由,以及单独或集体、公开或秘密地以教义、实践、礼拜和戒律表示他的宗教或信仰自由。"1966年联合国大会通过的《公民权利和政治权利国际公约》第18条作了如下规定:(1)人人有权享受思想、良心和宗教自由。此项权利包括维持或改变他的宗教或信仰的自由,以及单独或集体、公开或秘密地以礼拜、戒律、实践和教义来表明他的宗教或信仰自由。(2)任何人不得遭受足以损害他维持或改变他的宗教或信仰自由的强迫。(3)表示自己的宗教或信仰自由,仅只受法律所规定的以及保护公共安全、秩序、卫生或道德或他人的基本权利和自由所必需的限制。(4)本公约缔约各国承担,尊重父母和(如适用时)法定监护人保证他们的孩子能按照他们自己的信仰接受宗教和道德教育的自由。

1981年,联合国大会还专门通过了《消除基于宗教或信仰原因的一切形式的不容忍和歧视宣言》,该《宣言》第1条规定:"人人皆应享有思想、良心和宗教自由的权利。这项权利应包括信奉自己所选择的宗教或信仰的自由,以及个别或集体地、公开或私下地以礼拜、遵守教规、举行仪式和传播教义等表示他的宗教或信仰的自由。任何人不得受到压制,而有损其选择宗教或信仰的自由。"该《宣言》要求:凡在公民经济、政治、社会和文化等生活领域里对人权和基本自由的承认、行使和享有等方面出现基于宗教或信仰原因的歧视行为,所有国家均应采取有效措施予以制止及消除;所有国家在必要时均应致力于制订或废除法律以禁止任何此类歧视行为;同时,还应采取一切适当的措施反对这方面的基于宗教或其他信仰原因的不容忍现象。

第二节 法律与道德

一、法律与道德的学术争议

法律和道德,是人类社会的两大基本规范,法律约束人的行为,道德指导人的心灵。哲学家康德说:最使我感到敬畏和不能忘记的,是头上的星空和心中的道德律。头顶的星光灿烂,指引夜行者回家的方向,而心中崇高的道德律,引领我们追求善和公正的生活。

就像离不开法律一样,社会生活也离不开道德。我们每一个人,时时刻刻都生活在法律和道德的调整中,道德如一位慈爱的母亲,教导我们积极向善正直为人,法律则如一位严厉的父亲,督促我们享受权利承担义务,并阻止我们作错误的事。

如果说法律是国家对人们权利义务的规则,那么道德则是人们关于善与恶、正义与非正

第十讲 法与宗教、道德

义、公正与偏私、光荣与耻辱等问题上的观念以及同这些观念相适应的由社会舆论、传统习惯和内心信念来保证实施的行为准则。从本质上讲,道德并不是来源于抽象的人性,而是根源于一定的物质生活条件和以此为基础的社会关系,因此,道德具有鲜明的时代性、地域性和阶级性。

法律与道德具有密切的联系,它们在国家治理和社会活动中相互扶持、相互配合。在古代中国,历代封建统治者遵循儒家"德主刑辅"的治国理念,主张治理国家应当主要靠道德教化,皇帝本身就是一个道德楷模,而臣民则以"忠孝"为立身之本。至于法律,只是用来对付无德小人和违法者的辅助工具,所谓"刑不上大夫,礼不下庶人"。到了现代社会,随着商品经济的发达和社会关系的复杂化,道德在国家治理中的地位有所下降,法律与道德之间的关系也在不断调整。具体说来,在现代社会,法律与道德具有很多共同的调整对象,在功能上形成互补关系。法律以权利义务的机制安排和协调人和人之间的利益关系,道德则宣扬责任和友爱促进人际和谐;法律关注主体的行为本身,道德则直视人的内在心灵;法律是刚硬的规则,道德是柔和的原则。两者相互支持相互呼应,在现代社会国家治理中发挥着积极的作用。

法律与道德的关系错综复杂,而对这两者之间关系的理解影响着人们对法律的定位。法律和道德之间是否可以分离,道德在什么意义上影响着法律,法律必须符合道德吗?这些问题,是法学史上的难解之谜,很多的思想家和学术流派参与到这个问题的讨论中,其中最有影响的就是自然法学和实证分析法学。

自然法学和实证分析法学在很多问题上的观点是对立的,尤其在法与道德这个核心命题上,两大学派曾展开过长期的争论。

自然法秉承源于古希腊的法律二元论的传统,主张法律与道德应当具有内在的统一,法律应当体现道德和基本人性的要求,国家的制定法必须符合正义的自然法,反过来,如果国家的法律违背了人类社会的道德共识和基本良知,那它就不配再被称为"法律",简单地说,"恶法非法"。

然而,实证分析法学派则认为:"法律是什么"的问题与"法律应当是什么"的问题是互相分离的,法律与道德存在着根本上的差异,将两者人为地连接只会使法律变得怪诞和模糊。在凯尔森看来:"法律概念没有丝毫的道德涵义"[1],因此他主张将价值判断和意识形态因素从法学中完全排除出去。分析法学在法律与道德问题上的基本观点体现在其著名的"分离命题"(separability thesis)中:法律的有效性并不在于它是否与道德准则或高级法相一致,而是来自于立法程序所要求的条件是否得以满足。就像奥斯丁在《法理学范围的限定》中的表述:"法律的存在是一回事,其好与坏是另外一回事;法是否存在是一个问题,它是否符合某一假设的标准是另一个问题;一个实际存在的法就是法,即使我们恰巧不喜欢它。"[2]换句话说,"一项规范是否具有法律效力,取决于它的渊源(source)而并非它的价值(merit)"[3],所以,"恶法亦法"。

自然法学与实证分析法学在法律与道德命题上的争论不但对法学发展产生了深远影

---

[1] 〔美〕E.博登海默:《法理学:法律哲学与法律方法》,邓正来译,中国政法大学出版社1999年版,第376页。
[2] 〔英〕约翰·奥斯丁:《法理学范围的限定》,中国政法大学出版社2003年(影印)版,第157页。
[3] 《法理学学习小词典》,中国法制出版社2006年版,第63页。

响,而且还影响和改变了西方法律制度的设计和实施。实证分析法学主张对法律进行内在的形式关注保障了现代法律具有明确、统一和可计算性的优点;自然法学关心的法律的道德评价不断引导法律走向正途,而对国家制定法的警惕使之避免了成为暴政的工具。

尽管在20世纪初,自然法学曾一度受到冷落,但在第二次世界大战之后的纳粹审判中,对法西斯法制的反思让人们重新认识到了自然法理论的价值,自然法学得以复兴,并影响到了战后德国著名的告密者案件审判。

1944年,一个德国士兵私下里向他妻子说了一些他对希特勒及纳粹党其他领导人物不满的话。他的妻子因为在他长期离家服兵役期间"已投向另一个男子的怀抱",并想除掉她的丈夫,就把他的言论报告给了当地的纳粹党头目。结果,他丈夫遭到了军事特别法庭的审讯,被判处死刑。经过短时期的囚禁后,未被处死,又被送到了前线。

纳粹政权倒台后,那个妻子因设法使其丈夫遭到囚禁而被送上法庭。她的抗辩理由是:据当时有效的法律,她丈夫对她所说的关于希特勒及纳粹党的言语已构成犯罪。因此,当她告发她丈夫时,她仅仅是使一个罪犯归案受审。

对这个案件,德国法院认为:"妻子向德国法院告发丈夫导致丈夫的自由被剥夺,虽然丈夫是被法院以违法的理由被宣判的,但是,这种法律违背了所有正常人的健全良知和正义观念",后来的许多案件都采用了这种推理方式,在有些案件中,法院明确宣布,"完全否认人格价值和尊严的法律不能够被看作是法。"

在告密者案件中,法院认为,告密者不能以自己当时的行为符合当时的法律为由为自己开脱罪责,因为法西斯的法律违背了人类最基本的良知和人性,这样的"恶法"根本就不具有合法性和正当性。

二、法律与道德的互助与冲突

法学家论战千百年,法律与道德之间的恩怨情仇依然没有定论,人们必须承认的是:法律与道德作为人类社会最基本的两大规范,实际上是一对很难分开的冤家和伴侣,法律不过是显露的道德,而道德则是隐藏的法律。

在一个成熟安静的社会里,法律与道德之间是相互关联、相互扶持的。一方面,法律与道德在内容和取向上虽存在差异,但主要方面却是相互渗透、相互交织的。法律必须和必然体现大部分的道德要求,否则法律很难得到社会的认可和遵守,所以人们说"法律是最低限度的道德"。法律与道德在价值取向和追求上也存在共性,它们都渴望实现人际和谐,实现社会的公正、自由与正义;另一方面,法律与道德在实施中相互扶持,在功能上形成互补。由于法律体现了道德的基本精神和要求,所以通过法律教育和法律实施,通过对合法行为的保护和对违法行为的处罚,可以促进道德的实现,提高人们的道德素质。与此同时,道德对法律的实施具有积极的促进作用,良好的道德状况有助于法的更有效实现,有助于减少违法行为和执法成本。总之,法律与道德形成良性互动,各得其所各司其职,则社会必然和谐繁荣。

但是,在某些领域或某些情况下,法律与道德之间也有可能出现矛盾与冲突,出现争吵和对立,诚如拉德布鲁赫所说:"法有利于道德——它同时也有碍于道德"。[①] 在古代社会,法

---

① 〔德〕拉德布鲁赫:《法律智慧警句集》,舒国滢译,中国法制出版社2001年版,第11页。

律必须符合道德教条或宗教规范,在这种情况下,法律与道德出现冲突的可能性很小,比如在古代中国儒家法律传统下,大义灭亲既受道德赞扬,亦为法律所认可,而"亲亲相隐"——也就是父母子女之间为其犯罪行为互相隐瞒和包庇——甚至成为法律义务和法律原则,因为它符合礼教"父慈子孝"的根本要求。到了现代社会,法律开始强调其相对独立性和形式理性,因此在许多场合与道德发生了冲突。法律与道德的冲突可以分为两种情况:一种是合法但不合理,另一种是合理却不合法。在前一种情况下,某种行为依法律是合法的,但却为社会主流道德所不容,比如一些企业对外国著名商标在本国抢先注册后再高价卖给商标人的行为;在后一种情况下,某个行为违反了法律的规定,但在道义上却值得称道和赞扬,再比如费孝通先生在其《乡土中国》一书中曾提到的例子:某地乡间有男子同有夫之妇通奸,女人的丈夫抓住奸夫暴打了一顿,被打者就到法院告状,要求获得法律的保护。①

法律与道德的冲突不仅会给司法带来困惑,更主要的则是给立法提出难题:对于道德上的合理要求,能否将其直接转化为法律义务,从而避免合理不合法的情形出现?这个问题在法学上被称为"道德的法律强制"(legal enforcement of morality)。对于这个问题,有人主张法律必须支持道德,道德的要求重要到一定程度就必然要转化为法律要求,两者之间并没有不可逾越的界限和鸿沟,但也有人坚决反对这种主张,认为这是法律道德化和法律万能论的危险尝试。在思想家密尔的《论自由》一书中,他提出了两个原则:"第一,个人的行动只要不涉及自身以外什么人的利害,个人就不必向社会负责交代。……第二,关于对他人利益有害的行为,个人则应当负责交代,并且还应当承受或是社会的或是法律的惩罚,假如社会的意见认为需要用这种或那种惩罚来保护它自己的话。"②也就是说,某种行为即使不道德,但并未对他人利益有害,则不应用法律去惩罚,法律没有实施道德的义务。

众说纷纭,你来我往,在道德要求能否法律化这个问题上,法学史上出现的一个事件曾深刻影响到人们关于这个问题的讨论,这个法律事件叫"沃尔芬登报告",即《同性恋和卖淫调查委员会报告》。

20世纪40年代以来,英国的同性恋人数猛增。但是在传统法律中,同性恋一直为法律所禁止甚至要受到非常严厉的制裁。为了争取自己的合法权利,英国同性恋者成立了组织并开展了长期的斗争。1954年,英国议会任命了一个特别委员会——"同性恋与卖淫调查委员会"("沃尔芬登委员会"),来调查同性恋与卖淫问题,并就此提出法律改革的立法建议。该委员会于1957年提交报告,建议改革有关同性恋和卖淫的刑法。其主旨是:不应继续把同性恋和卖淫行为作为犯罪惩罚,但是应通过一项法律禁止公开卖淫。报告说:"我们认为,它(刑法)的功能在于维持公共秩序及体面的行为,对公民进行保护,使他们不受到侵犯和伤害,并且提供充分的安全措施以防止剥削和腐化他人,尤其是对于那些因为年轻、身心较弱、没有经验,或者是特别在现实上、身份处境上以及经济上要依赖他人者。……成年人之间同意且在私下进行的同性恋行为,不应再被视为犯罪。……在私人道德领域,社会与法律应该给予个人选择及行动的自由。……法律应当留下一个属于私人道德与不道德的领域,这个领域,简言之,不关法律的事。"最后,沃尔芬登报告中的建议得到立法上的贯彻和体现,同性恋不再被视为犯罪行为。

---

① 费孝通:《乡土中国》,三联书店1985年版,第53—59页。
② 〔英〕约翰·密尔:《论自由》,程崇华译,商务印书馆1959年版,第102页。

作为法学历史上的一个重大事件,"沃尔芬登报告"出台后曾在英国引发了德富林勋爵和分析法学家哈特之间的激烈争论。"沃尔芬登报告"的法律意义在于它在道德与法律之间划出了一条界线:它主张法律的职责是调整公共秩序,维护可接受的公共风俗标准,而不是侦察人们的私生活;主张应避免试图通过立法去建立道德风尚,实际上是反对在卖淫和同性恋问题上进行道德的法律强制。"沃尔芬登报告"在欧洲影响很大,随着个人私生活日益受到尊重,法律开始放弃了禁欲主义时代那种充任"道德警察""道德法官"的立场,很多现象——比如成年人之间隐秘的性行为——开始脱离法律的束缚,成为纯粹道德领域的不受法律调整的问题。

第三节 法律与宗教、道德争议案例

法律与道德、宗教,作为人类最基本的社会规范,彼此交织,相互渗透,三者之间具有目标、原则、内容上的相似性,但也存在诸多的差异和区别。通过对如下若干法制史上的典型案例的分析,我们可望了解法律、道德、宗教之间错综复杂的关系。

一、堕胎的争议

1969年,美国德克萨斯州一个叫罗伊(Jane Roe)的女孩子因为一次意外事件而怀孕,根据当时德州的刑法,堕胎属于犯罪行为,要受严厉的处罚。迫于无奈,罗伊将孩子生下来,并于不久之后送给他人收养,随即与收养人失去了联系,无从查找孩子的下落。罗伊对此非常伤心。当时,有两个主张堕胎自由的律师正在寻找试验案件以挑战德州刑法,他们找到了罗伊,愿意为她代理本案。于是罗伊以德州刑法违宪并剥夺了她的堕胎自由为由,将德州政府告上了法庭。联邦最高法院开庭审理了这一广受关注的宪法案件。最终,最高法院在1973年以7:2的多数意见作出了裁决,认为德州刑法禁止堕胎的规定过于宽泛地限制了妇女的选择权,侵犯了宪法第14修正案的正当程序所保护的个人自由,违反了宪法中公民的"隐私权",构成违宪,裁定相关条款无效。

罗伊案涉及的是在美国引发巨大争议的堕胎问题。几十年来,这一话题一直是美国宪法辩论中的最重大话题。如果孕妇认为堕胎是正确和必要的话,那么她们是否有权利这么去做?政府在何时、何种程度上可以用法律干预堕胎行为?对于不同的社会团体和利益阶层来说,这些论题具有愈来愈重要的意义:在妇女团体看来这关系到平等权,在宗教组织看来,堕胎是可恶的渎神的行径,而由于妇女个体中的大部分人贫穷困顿、无权无势,所以对她们来说这是关于个人自由的基本论题。在近代美国,"历史上还从未有过一个宪法问题对这么多的人如此至关重要,甚至可能连20世纪50年代至60年代的重大公民权利案都不曾引起如此关注。"[①]

在美国法学家德沃金看来,关于罗伊案争论的中心不是关于人格的这么一个形而上学的问题,也不是关于胚胎是否具有灵魂的神学问题,而是一个如何正确解释宪法的法律问题,即在美国的政治体制中,对宪法的解释必须由联邦最高法院通过司法途径进行,而不是通过政治途径进行。联邦法院在对宪法的解释,即体现了道德解读的展现和运用。关于堕

---

① 〔美〕罗纳德·德沃金:《自由的法:对美国宪法的道德解读》,刘丽君译,上海人民出版社2013年版,第40页。

胎,美国宪法上并没有明确规定。因此,很多批评者认为,堕胎权实际上是"法官制造"的权利,它"在美国宪法的语言和设计中找不到明确依据",也有人说:"这一权利在我们宪法条文或我们所熟知的其他宪法性文件中根本没有支撑点,由此,不能以法律界的解释传统来支持这一权利。"①德沃金坚决支持联邦最高法院的判决,并且依据他的道德解读的方法为此判决进行了辩护。

首先,从宪法的历史背景和传统来看,历史提供了最好的证明,州政府颁布的反堕胎法,其目的是用来保护母亲的身心健康,而不是出于对保护胚胎的宪法权利的认可。在罗伊案发生之前,即使是最严厉实施反堕胎法的德州也没有将堕胎以谋杀惩治。此外,它们也没有试图追究前往其他州或其他国家接受人工流产手术的妇女的法律责任。因而可见,"胚胎不属于宪法意义上的人"这一结论是对美国宪法和宪法实践的最佳诠释。②

其次,从宪法的整体性来看。③ 法官应该从作为一个整体的宪法,以及适用宪法抽象语言作出了的司法判决中,来设法确立所蕴含的原则,进而将这些原则适用于新的法律纠纷,从而使法律稳定地保持其一致性。虽然宪法并未明文规定堕胎权,但是,如果我们非得以宪法没有明文规定堕胎权为由而否决堕胎权利的话,那么我们就不得不同时否决许多其他不可置疑的宪法权利,这包括已经被政府强调属于宪法权利的使用避孕药物的权利,还包括选举权、结婚权、州际旅行权、与大家庭同住权、在符合教育标准的学校里私授学生,以及就学于种族融合的学校等。如果这些都是"未列举"的宪法权利,也就是说它们都是"法官制定"的宪法,那么,这与同样类别的罗伊诉韦德判例并无二致。④

因此,人们必须有自由根据自己的良知作出决定,而不容社会将集体性意志及其决策强加给他们。"堕胎权与其他法院所保护的隐私权一样,是一种私人决定,它在很多方面甚至更为隐私,因为这种决定不仅涉及妇女如何掌控与他人的联系,而且关系到掌控使用自己的身体,同时,宪法从许多方面认可了人们与其躯体完整性相关的特殊隐秘性。"⑤

判决出台之后,法律上的运作算是告一段落,但社会争议仍未尘埃落定。直至今日,还有人在不断努力,试图推翻这一判例,共和党就多次把这个问题作为竞选和执政的目标之一。里根总统和布什总统都曾对联邦最高法院"篡夺"人民特权的上述判例极度愤慨,他们在其总统竞选纲领中谴责了1973年的判决,并号称他们挑选的法官会推翻这个错误判例。然而,当这两位总统有机会这样做的时候——即在后来意在推翻罗伊案判决的密苏里州韦伯斯特诉生育卫生服务处(Webster v. Reproductive Health Services)和凯西诉宾西法尼亚州计划生育中心(Casey v. Planned Parenthood of Pennsylvania)等案件中,他们挑选的三位法官却出乎意料地作出了截然相反的决定:他们不仅维护了罗伊案原判决的有效性,而且为此案判决提供了新的法律基础,这更为明显地采用并依赖于宪法的道德解读。德沃金很欣慰地指出:"我相信,罗伊判决不应受到任何本质上的修改。它所勾画的主线至关重要,从而

---

① 〔美〕罗纳德·德沃金:《自由的法:对美国宪法的道德解读》,刘丽君译,上海人民出版社2013年版,第49—50页。
② 同上书,第47页。
③ 法律的整体性具有几个层次。第一,它强调司法判决是一种关于原则的问题,而不是妥协、策略,或政治通融。第二,整体性具有纵向连贯性:一个法官在主张一种特定自由权利为基本权利时,必须展示他的这一主张符合以前的诸多判例,同时也符合我们宪法设置的主要结构。第三,整体性还具有横向的连贯性:一个法官如果采用了某项原则,那他将该原则适用于他自己审理或赞同的其他案件时,应不折不扣地遵守。参见同上书,第83页。
④ 参见同上书,第50—51页。
⑤ 同上书,第48—49页。

得以有效地服务于州所旨在实现的合法目的,即提高公民对人类生命本质价值的负责态度。"①

二、安乐死的争议

当生命的延续面临巨大的困难,譬如无法治愈的绝症,个人是否可以实施安乐死,选择自主终结生命,这在伦理和法律上存在着巨大的争议。套用莎士比亚在《哈姆雷特》中的那句话:是痛苦地活着,还是有尊严地死去,这是一个问题。

一度引起社会关注的"助母安乐死"案发生在2011年。当年5月16日,广州市番禺区石基派出所接到邓某的报案,称其母李某在出租屋内自然死亡,但公安机关对李某尸体初步检验却是有机磷中毒死亡。事后,邓某供称,是应母亲的请求才买农药助母亲"安乐死"。邓某是来自四川省阆中县金子乡的在粤打工者。2010年5月,邓某的老父过世,母亲没有人照看,邓某遂将患病老母亲接到广州与自己同住,就近照料。他的母亲中风半瘫痪已经有18年,最近一次意外摔跤,母亲身体疼痛加剧,经常夜半痛醒。为此,不堪病痛折磨的母亲再次向他提起"想死"的意愿,照顾了老母亲18年的他这次选择了顺从母亲的意愿。2012年,广东省广州市番禺区人民法院对"助母安乐死"一案作出一审判决,以故意杀人罪判处邓某有期徒刑3年,缓期4年执行。②

"安乐死"一词源于希腊文,原意为无痛苦死亡,又称安死术。按照传统基督教的观点,安乐死属于自杀,是一种罪错,是个人对神的宇宙秩序的破坏。自20世纪30年代以来,随着对生命质量和个人权利的尊重,安乐死在西方日渐得到正视,围绕安乐死的正当性,人们进行了长期的争论。

反对安乐死的观点认为:生命为上天所赐,至高无上,乃是一切价值之源,是个人的基本权利和自由的基础;疾病和痛苦都是上天对个人的考验,不能拒绝,也无法逃避。因而,面对病痛,个人与社会,都应不惜一切代价与之抗争,以期延续生命;生命权也是宪法所保护的最基本的权利,不可剥夺,不可侵犯。

一些医学团体坚决反对医生参与实施安乐死,认为这是协助自杀,严重违背了医疗道德,也是对"希波克拉底誓言"的叛逆。《美国医学会杂志》发表的社论称:"我们可以原谅为避免疾病造成的折磨或丧失尊严而实施的自杀,但是,我们拒不认可医生在任何条件下以任何方式故意缩短病人生命具有某种程度的正当性和合法性。"③救死扶伤是医生的职责,而赐人以死亡则和医生的职责背道而驰,医务人员对病人实行安乐死,实际上是变相杀人。另外,从医学发展的历史来看,世界上没有永远根治不了的疾病,医学科学的目的就在于去揭示疾病的奥妙并逐步攻克它。现在是不治之症,将来可能成为可治之症。安乐死可能导致病人错过诸多机会,包括病人可能自然改善的机会、继续治疗可望恢复健康的机会,以及因某种新技术、新方法的应用使疾病得到治疗的机会。

针对道德上的责难,支持安乐死的人主张人道主义生死观:生死同值,生有意义,死也有

---

① 〔美〕罗纳德·德沃金:《自由的法:对美国宪法的道德解读》,刘丽君译,上海人民出版社2013年版,第113页。
② 邓新建:《"安乐死"是否应立法再引社会热议》,载《法制日报》2012年5月31日第8版。
③ Shai J. Lavi, The Modern Art of Dying: A History of Euthanasia in the United States, Princeton University Press, 2005, p.85. 转引自黄贤全、陈学娟:《评析美国安乐死合法化的进程》,载《世界历史》2012年第1期。

尊严。人道主义要求尊重人、关爱人，首先尊重人的生命，但当生命仅剩下病痛煎熬时，人的同情心便体现在帮助病人结束已丧失生存价值的生命。面对现代医疗技术无法救治的晚期病人的痛苦，应尊重病人意愿，允许病人自主选择离开人世，这也是道德上的至善追求。

在主张安乐死的人看来，现代科技的发展可以延长寿命，但却无法使人永生。人既有生的权利，也应有死的自由。另外，安乐死也符合病人自身利益。对于生命垂危的晚期绝症病人，延长生命实际上是对他们变相的折磨和虐待。死亡并不都是坏事，因为它是不可抗拒的自然规律，与其把有用的物资用在毫无希望的病人身上，还不如允许他平静地死去。这也有利于节约医疗费用，减轻社会和家属的负担。

在进行理论争辩的同时，主张安乐死的团体也在采取积极的社会活动，宣传他们的主张，从而发展出了一项新的人权运动——安乐死运动。安乐死运动的最终目标在于推动国家出台法律，将死亡列为公民的一项法定权利。

在美国，1938年，美国安乐死协会成立，其后在1974年更名为"死亡权利协会"，协会的主要工作是宣传"自主选择死亡乃是公民的一项基本权利"。协会推动《纽约时报》、《美国新闻与世界报道》、《新闻周刊》和《时代周刊》等主流期刊正面报道安乐死事件及其辩论，引导民众理性看待安乐死问题；协会积极推动各州议会制定《自然死亡法》，争取公民的"死亡的权利"。20世纪60年代初，协会发起了"生命遗嘱"立法行动：公民在身心健康时签署一项权利声明，要求在生命垂危没有能力做出决定时，有权拒绝任何延长生命的治疗，请求法律准许其死亡，这被称为"消极安乐死"。到了20世纪90年代，美国的安乐死运动进入第二阶段：倡导晚期病人有"尊严死亡"的权利，即晚期病人有请求医生协助实施自杀的权利。"尊严死亡"运动主张的是"积极安乐死"，它以医生协助晚期病人自杀合法化为奋斗目标。

1997年，美国的安乐死运动首先在俄勒冈州获得了突破，该州成为全美第一个允许实行安乐死的州。从此以后，病人可以依据一项名为"有尊严的死亡"法案（Death with Dignity Act），使用医生开出的致命药物，结束了自己痛苦的生命。几年之后，荷兰议会于2001年通过了安乐死法案，荷兰成为欧洲第一个安乐死合法化的国家。

生如夏花之绚烂，死如秋叶之静美，每一个珍爱生命者，对生有期待，对死亦有期待。佛家讲，人应拥有智慧，参透生命的本质，当负累太重时，要懂得看破，要学会放下。面对无可维系的生命之苦，现代法律也许该放下执着，考虑给个人以选择的自由：可以继续前行，勇敢地活着，也可以有尊严地死去，与红尘作别，把痛苦放下。

三、情欲罪与罚

古典自由主义思想家密尔在其著作《论自由》中指出：文明社会中，只有个人做出的会伤害到他人的行为，才应受到法律的限制和惩罚，那些对他人无害的行为，社会最多只能以劝告、说理等方式施以影响。性自由的问题在法律史上极具争议，尤其是卖淫和同性恋，是否会对社会造成伤害，是否可以通过法律来惩戒，在个体的情欲冲动与国家的规制冲动之间，始终存在着巨大的张力和冲突。

在欧洲，卖淫被称为"最古老的职业"，古希腊官营妓院的收入主要用来修建神庙。《圣经·旧约》中提到的索多玛城（Sodom），流行男色，人们沉溺于同性之爱不能自拔。在英国，贵族中同性恋曾尤其盛行，其寄宿式的"公学"制度，被视为滋生同性恋的温床，从这些学校出身的英国男性贵族从少年时代就具有同性恋情结，中学毕业后，他们又将此风带到牛津、剑桥。

然而,在19世纪的维多利亚时期,英国社会奉行极其严苛的性道德。性话题成为普遍禁忌,公然讲出"胸""腿"等字眼,也会被视为猥亵。有人甚至调侃说,为求端庄,英国人连家具的脚都要遮盖住,因为"裸露脚踝是一种感官刺激"。

在这样的氛围下,对卖淫和同性恋的法律惩罚自然大行其道。当时的刑法规定:男性之间的性交是"卑劣恶行",要被处以死刑。英国还是欧洲唯一对男性之间手淫治罪的国家,连自慰都可能成为犯罪,那么卖淫也当然被视为危害社会、必须严惩的恶行。

英国作家、诗人王尔德(Oscar Wilde)就是当时英国色情法令最著名的受害人。1895年,一位叫昆斯伯瑞的侯爵发现自己儿子与王尔德不当交往而控告王尔德,并到其常去的名人俱乐部贴上纸条:"致奥斯卡·王尔德——装腔作势的鸡奸客。"虽然王尔德在法庭上进行了激烈抗争,但最终还是被法院以"与其他男性发生有伤风化的行为"的罪名判处入狱两年。出狱之后,王尔德远离英国,最终客死他乡。

随着社会的发展,维多利亚时期严酷的反色情法遭受到了越来越多人的质疑和反对,最终引发了法律改革。1954年,以沃尔芬登(Wolfenden)议员牵头组成了"同性恋与卖淫调查委员会",在历时三年的调查之后,委员会向议会提交了调查报告。报告认为,成年人之间自愿的同性恋行为不应被看作是犯罪行为;而卖淫活动本身也不应遭受惩处,因为它并未给他人造成损害,但是,在大庭广众之下拉客却是违法的,毕竟它扰乱了公共秩序。报告总结到:仅仅根据一个社会的惯习将某种行为视为不道德而对其施以惩戒,并非法律职责之所在。

沃尔芬登报告很快引发了争议,英国高等法院大法官德富林和牛津大学法理学教授哈特为此展开了一场著名的论战。论战从法律和道德之间的关系出发,集中讨论了"卖淫和同性恋是否应该由法律加以禁止"的问题。

在德富林法官看来,法律并不仅仅维护私人权利,它还负责保卫社会。道德是一个社会的粘结剂,如果人心中的是非标准紊乱,就会像暴力动乱一样伤害到社会安全,因而,国家"明显有权力通过立法惩治不道德行为",比如卖淫、同性恋、堕胎和乱伦。对此观点,哈特断然反对,他在密尔的"损害原则"的基础上提出主张:法律只有在防止伤害行为发生时,其适用才属正当,一种没有对他人造成损害的不道德行为,最多受到舆论谴责,但绝不应该受到法律的制裁。在私人幸福的问题上,政府不应当树立唯一标准,或替个人做出判断。

最终,哈特的观点占了上风,几年之后,英国议会修改了法律,个体的卖淫行为和同性之间的性爱,被归入私人道德的范畴,不再接受法律的评价和制裁。

到了今天,除少数国家外,同性恋现象已经得到了社会的认可和尊重。然而,卖淫却依然是个极具争议性的话题,各国的态度和立法大相径庭。尽管联合国早在1949年就通过了一个名为《禁止贩卖人口及取缔意图赢利使人卖淫的公约》的决议,认为卖淫和人类的尊严不符,但包括德国、荷兰、英国、美国在内的90多个国家,始终拒绝接受这项协议。

"沃尔芬登报告"指出:我们必须保留一部分私人生活领域交给道德去评判,换句话说,调整这些领域,并非法律的职责。沉重的肉身,潜伏的情欲,徘徊在法律和道德之间,游离在私人自治与国家管制的边缘,法律如何面对和处理这个问题,或许多少可以反映一个民族和时代的胸怀、见识和文明程度。

四、生还是死：死刑问题

杀人偿命，欠债还钱，历来被视为天经地义。然而，近代以来，随着人类对自我生命及尊严认知的变化，欠债依然需要还钱，而杀人则未必偿命。换句话说，死刑存在的正当性，开始成为一个有争议的问题，而限制乃至废除死刑，开始成为越来越强劲的潮流。

在欧洲，较早对死刑发起攻击的是意大利刑法学家贝卡利亚，在其1764年出版的《论犯罪与刑罚》一书中，贝卡利亚指出：滥施极刑从来没有使人改恶从善，在一个优良的社会里，死刑既非有效，也不人道和不公正。"体现公共意志的法律憎恶并惩罚谋杀行为，而自己却在做这种事情。它阻止公民去做杀人犯，却安排了一个公共的杀人犯。"杀人被当做犯罪，受到法律的严惩，但对罪犯施以死刑也是一种杀人，因而，政府不能禁止别人杀人而自己却不受约束。用中国人的话说，法律不能只让官府放火，却不让百姓点灯。

经由贝卡利亚竖起的反对死刑的大旗，被后来一波接一波的人文主义思想家所继承。伟大学者的思想和智慧深刻影响了欧洲的立法和决策，19世纪60年代，死刑废除运动在欧洲开始兴起。最初，有些国家的做法是对非军事犯罪停止执行死刑，也即把死刑搁置起来。到了1867年，葡萄牙首开先河，在欧洲率先废除了死刑。1905年，挪威废除了死刑，1933年，瑞典和丹麦废除了死刑。1977年，杀害了一名妇女的罪犯哈米达在法国南部被送上断头台，成为欧洲最后一个被执行死刑的人，标志着欧洲死刑史的彻底终结。

在美国，受英国普通法的影响，死刑在其建国初期非常泛滥，当时美国各州规定的死刑罪名包括叛国、海盗、强奸、鸡奸等，甚至包括许多财产犯罪。20世纪后期，虽有民权运动团体开始质疑死刑的正当性，但主流民意依然主张保留死刑。在此背景下，以民主为傲的美国，自然无法像欧洲那样无视民意而直接通过立法废除死刑。于是，联邦最高法院开始扮演了积极的角色，运用其手中的释宪权，通过判例不断缩减死刑的范围，并以此引导美国主流民意的转变。

美国的死刑问题一直是围绕其宪法第八修正案展开的。1791年通过的第八条修正案规定了"禁止对人民索取过多的保释金、科以过重的罚金或处以残酷与不寻常之刑罚"。最初，由于时代的原因，死刑并不属于"残酷与不寻常之刑罚"，其适用畅通无阻。然而，随着社会的进步，禁止"残酷与不寻常之刑罚"条款如同美国宪法其他条款一样，渐渐生出了新意。

在美国死刑史上，最著名的判例当属 Furman v. Georgia 案。在这个案件中，被告福尔曼以法院判决自己死刑系"武断和反复无常"从而违反美国宪法为由向联邦最高法院提起上诉。法院在审理之后，于1972年发表了一段简短的法庭意见：随意和武断地判处被告死刑，构成"残酷与不寻常之刑罚"，违反了宪法修正案第8条。福尔曼一案在很大程度上改变了人们对死刑的看法，使得各州在适用死刑时不得不谦抑和谨慎，从此之后，美国死刑实际执行数量大为降低。

自20世纪70年代末至90年代，美国的犯罪率节节攀升。社会秩序的恶化激起了公众对犯罪的恐惧，赞成死刑的人数随之攀升。作为对民意的回应，美国国会扩大了死刑的适用范围，在联邦范围内，可适用死刑的罪名一度拓展到60多个。在此背景下，联邦最高法院被迫再次出手，对滥用死刑"说不"。

在 Kennedy v. Louisiana 一案中，被告帕特里尼·肯尼迪因强奸自己年仅8岁的继女，被路易斯安那州法院以强奸儿童罪判处死刑,肯尼迪不服,将案件上诉到联邦最高法院。最高法院在 2008 年作出了裁判,推翻了路易斯安那州法院的判决,安东尼·肯尼迪大法官主笔的多数意见指出:对宪法第八修正案的解释,应遵循这样的原则,"其含义取自与时俱进的文明标准,该标准标志着一个走向成熟的社会所取得的进步",该原则要求死刑的适用必须受到约束和限制,死刑只能适用于罪大恶极的犯罪,即在人身侵害犯罪中剥夺了他人生命的犯罪。从此以后,罪犯是否致人死亡,成为是否适用死刑的基本标准。

可见,美国宪法第八修正案的"残忍与不寻常之刑罚"条款,如同一把剃刀,被联邦最高法院的大法官们不时加以挥舞,从死刑的清单上一次又一次地剃掉了许多犯罪。

死刑是个极其复杂的社会、政治、法律、文化问题。欧美的经验告诉我们,这个生死难题的解决,既需要有伟大思想的引导,需要有民意与共识的支撑,更需要法律,在适当的时刻,展现出勇气、远见和智慧。

一、推荐阅读文献

1. 〔美〕伯尔曼:《法律与宗教》,梁治平译,中国政法大学出版社 2003 年版。
2. 〔美〕罗斯科·庞德:《法律与道德》,陈林林译,商务印书馆 2015 年版。
3. 雷磊:《拉德布鲁赫公式》,中国政法大学出版社 2015 年版。

二、课后教学活动

1. "中国是个无信仰的社会"已然成为时下的热门话题,食品安全问题、道路交通安全问题、环境污染问题,往往都被归结到中国人没有信仰、没有敬畏而失去了基本的道德底线。

问题:在解决当代中国面临的上述严重社会问题中,如何更好发挥宗教的功能,以弥补法律的局限和不足?

2. "见死不救"是我们这个时代多次被提起的严峻话题,它具有着强烈的道德谴责意味。如何解决这种耻辱性的"见死不救"为标志的时代道德困境,诉诸法律,还是重建道德?人们面对道德失范,往往会想起法律的武器。今天,以"见死不救"这种最为极端的道德恶行,是否可以用法律拯救呢?

早在 2001 年的全国人民代表大会上,即有 32 名代表就增加刑法罪名提出议案。建议刑法增加新罪名:"见危不救和见死不救罪"。在这次人代会上,刘如军等 32 位代表也就此提出议案,他们建议在刑法中增加"见危不救和见死不救罪",立法内容应包括犯罪行为的法律界定和惩治条款等。

有法律学者建议规定:公民对于国家公共利益与他人的合法权益遭受危害时,负有救助义务;对于"见死不救"的行为,可以按其社会危害性及责任人当时的主客观条件,追究其刑事责任。是否应该追究所有"见死不救"者的法律责任呢?有法律专家认为法律追究责任的对象应被圈定在特定人群范畴内,比如特定公职人员,比如与面临生命威胁者有特殊关系的人,如当时在场的配偶、恋人等。如果只是一般路人,应当或者能够去追究其法律责任吗?见到有人自杀而未施救者有时不止一两人,难道能将他们都以"见死不救罪"判个几年吗?又如何来判定哪些人看到或没看到呢?也就是说,泛泛设立"见死不救罪"没有可操作性。

反对意见认为之所以不宜专门设立"见死不救罪",是因为作为非特定人员,"见死不救"

第十讲 法与宗教、道德

在很大程度上是个道德问题,只能从道德上予以谴责,不能将对一般人员而言属于道德层面的问题"法律化",从而混淆道德与法律间的界限。甚至有人认为将"见死不救"列入法律,是法律对道德行为的过分介入的非理性做法,并会成为一种道德专制或暴力。①

问题:结合材料,从法律与道德的关系谈谈你对设立"见死不救罪"的看法。

---

① 参见《见死不救,能否用法律拯救》,载《人民日报》2004年12月15日。

参考及推荐阅读文献

一、中文文献

1. 刘星:《西窗法雨》,法律出版社 2013 年版。
2. 舒国滢:《在法律的边缘》,中国法制出版社 2016 年版。
3. 赵明:《正义的历史映像》,法律出版社 2007 年版。
4. 冯象:《政法笔记》,北京大学出版社 2012 年版。
5. 郑永流:《法学方法阶梯》,北京大学出版社 2015 年版。
6. 梁治平:《寻找自然秩序中的和谐:中国传统法律文化研究》,商务印书馆 2013 年版。
7. 陈夏红:《政法往事》,中国法制出版社 2006 年版。
8. 张明楷:《刑法格言的展开》,北京大学出版社 2013 年版。
9. 苏力:《法治及其本土资源》,北京大学出版社 2015 年版。
10. 陈新宇:《寻找法律史上的失踪者》,广西师范大学出版社 2014 年版。
11. 〔美〕安东尼·刘易斯:《批评官员的尺度》,何帆译,北京大学出版社 2011 年版。
12. 〔英〕雷蒙德·瓦克斯:《法哲学:价值与事实》,谭宇生译,译林出版社 2013 年版。
13. 〔美〕弗里德里克·肖尔:《像法律人那样思考:法律推理新论》,雷磊译,中国法制出版社 2016 年版。

二、英文文献

1. Raymond Wacks, Law: A Very Short Introduction, Oxford University Press, 2008.
2. Tony Honore, About Law: An Introduction, Clarendon Press, Oxford, 1995.
3. A. Bradney, F. Cownie, J. Masson, A. Neal, D. Newell, How to Study Law, Sweet & Maxwell, London, 2000.
4. John N Adams and Roger Brownsword, Understanding Law, Sweet and Maxwell, London, 2003.
5. James Holland and Julian Webb, Learning Legal Rules: A Students' Guide to Legal Method and Reasoning, Oxford University Press, Oxford, 2010.